中国文字研究

教育部人文社会科学重点研究基地
华东师范大学中国文字研究与应用中心
华东师范大学语言文字工作委员会 主办

臧克和 主编

第三十六辑

华东师范大学出版社
·上海·

THE STUDY OF CHINESE CHARACTERS

Vol.36

Chief Editor

Zang Kehe

Organized by

Center for the Study and Application of
Chinese Characters at East China Normal University
(Key Research Institute in University Authorized by
the Ministry of Education of
People's Republic of China)
East China Normal University Language Work Committee

EAST CHINA NORMAL UNIVERSITY PRESS

· SHANG HAI ·

Editorial Board

目　录

Contents

[古文字研究]

"尺""乇""卜"及相关诸字考辨*

李春桃

【摘　要】 长期以来，学界多认为战国文字中"尺"是假借"乇"字为之，其实这种看法缺乏证据。同时楚文字中"尺""卜""乇"作为单字和偏旁时，过去多被误释。文中分别讨论了以上三类形体的写法，并对相关材料进行了考证。认为"尺"字与"乇"应该相互区分，三晋文字中过去一些被认为是从乇的字，事实上是从尺的。而楚文字中"尺""卜"写法相近，文中辨析了郭店简、望山简中文字，认为旧说分析这些形体从乇是有问题的，这些形体所从或为"尺"旁或为"卜"旁。楚国玉印中以往释成"乇"的字，应改释成"尺"或"卜"。包山楚简和木牍中以往释成"紝"的字，应改释为"纠"。

【关键词】 尺；乇；卜；考释

【作者简介】 李春桃，吉林大学考古学院、古籍研究所教授，博士生导师，研究方向为古文字学。（吉林 长春 130012）

一　"尺""乇"考辨

河北省平山县战国中山王墓出土的兆域图版为大家所熟悉，图版上铭文长达四百余字，铭文中用为"尺"的字出现了三十余次，其形体相对固定，写法如下：

形体所在词例较为统一，都是用为长度量词。此字用作"尺"，学界均无异议，但对该形的认识却不相同。少数学者认为此形本身就是"尺"字；还有很多学者认为该形为"乇"字，由于读音相近假借为"尺"。目前来看，学界中绝大多数学者信从后一说法。如《战国古文字典》①《古文字谱系疏证》②《三晋文字编》③《战国文字字形表》④等工具书将此类形体收在"乇"字下。《商周青铜器铭文选》⑤《殷周金文集成引得》⑥《殷周金文集成（增补本）》⑦等释文类书亦释作"乇"；一些研究著述也持释"乇"说⑧，而专门研究通假字的学者也多将此形隶定作"乇"，在其后面括注成"尺"，以明确是假"乇"为"尺"⑨。可见，目前学界多认为此类形体是"乇"字。其实充分排比相关材料可知此形与"乇"字不近，释"乇"说并

---

* 基金项目：本文是古文字与中华文明传承发展工程项目"古文字人工智能识别系统的建设"（项目编号：G3829）的阶段性成果，同时得到国家社科基金项目"出土文献视野下的先秦青铜器自名、定名、功用研究"（批准号：18BYY135）的资助。

① 何琳仪：《战国古文字典——战国文字声系》，中华书局，1998年，第522页。

② 黄德宽主编：《古文字谱系疏证》，商务印书馆，2007年，第1465页。

③ 汤志彪编著：《三晋文字编》，作家出版社，2013年，第867页。

④ 徐在国、程燕、张振谦编著：《战国文字字形表》，上海古籍出版社，2017年，第821页。

⑤ 马承源主编：《商周青铜器铭文选》第四册，文物出版社，1990年，第585页。

⑥ 张亚初编著：《殷周金文集成引得》，中华书局，2001年，第161页。

⑦ 中国社会科学院考古研究所编：《殷周金文集成（修订增补本）》，中华书局，2007年，第5633页。

⑧ 朱德熙、裘锡圭：《平山中山王墓铜器铭文的初步研究》，《文物》1979年第1期，第51页；王颖：《战国中山国文字研究》，博士学位论文，华东师范大学，2005年，第62页。周法高编著：《金文诂林补》，台北福元印刷事业有限公司，1982年，第2032—2033页。

⑨ 李瑶：《战国燕、齐、中山通假字考察》，硕士学位论文，吉林大学，2011年，第38页；徐俊刚：《非简帛类战国文字通假材料的整理与研究》，博士学位论文，吉林大学，2018年，第167页。

不可信。

按照目前战国文字分域体系，学者把中山国文字划分在三晋文字中，这已为大家广泛接受。而三晋文字中有明确的“乇”字，其形作：

（货系 2060）[①]　（货系 2061）　（货系 2062）

所在词例为“乇昜”，用法十分明确，即地名“宅阳”。其为“乇”字无疑，以之与形相比，两者差异明显，很难将它们看成是同一个字。范围再扩大一点说，古文字中“乇”字较为常见，如甲骨文中（合集 22246）[②]、（合集 8280 正）[③]，西周金文中作（集成 3840.1）[④]、（集成 3840.2）[⑤]，其写法无太大变化，于省吾先生最早将甲骨文中形体释作“乇”，其云：

> 甲骨文字也作，旧释为力。……或所从之，乃乇之初文。甲骨文宅字习见，其从乇均作或。……晚周货币厇阳之厇从乇作者常见，犹存初形。然则或之为乇字的初文，昭然若揭。[⑥]

此说已为学界广泛接受。战国文字中“乇”与甲骨文、金文中写法一脉相承。于省吾先生谓“晚周货币厇阳之厇从乇者常见犹存初形”，也即说明“乇”形变化不大。而用作“尺”的形与上录各个阶段的“乇”字写法都不相近，也不存在形体的演变与承袭关系，很难想象会发展成类形体。所以从字形上看，过去将释为“乇”缺乏依据。

过去学者之所以信从释“乇”说，可能与中山王器铭文中如下两形相关：

（　）集成 11758　（　）集成 2840

第一形见于中山侯钺，以往释作“𡚁”，不可信，董珊先生据上录第二形将其改释作“乇”，读作“徒”[⑦]。此说影响很大，现在很多工具书都将该形释作“乇”。然而对比上面所论之“乇”字形体可知，形与之并不相近。而三晋文字中用为“宅”的“厇”字作、[⑧]、（集成 11546），形应是从此类“厇”字发展而来。燕王职壶铭文中“厇”字作[⑨]，上博简《姑成家父》“厇”字作（7 号）[⑩]，其写法可与形相互对比。其实这种写法就是把本来写成两笔的“厂”旁，以一笔从右至左写下来。近来见到周波先生、刘云先生分别讨论形，他们也认为是“厇(宅)”，并非“乇”字，并有相关分析[⑪]，其说可信。上录第二形，见于中山王大鼎，所在词例为“考度唯型”。因为形体用为“度”，所以学者多认为该形是“厇”字，假借为“度”。若以此为出发点进行分析，该形左上部为“厂”，右下部就成了“乇”旁。其实，这种分析并

① 汪庆正主编：《中国历代货币大系 1 先秦货币》，上海人民出版社，1988 年。本文简称“货系”。

② 中国社会科学院历史研究所：《甲骨文合集》，中华书局，1978—1982 年。本文简称“合集”。

③ 甲骨文中更多“乇”字，参刘钊主编：《新甲骨文编(增订本)》，福建人民出版社，2014 年，第 383—384 页。

④ 中国社会科学院考古研究所编：《殷周金文集成》，中华书局，1984—1994 年。本文简称“集成”。

⑤ 此二“乇”形为“话”字所从，金文中另有形体作（集成 11773），学者多释作“乇”，因该形在铭文中用作人名，姑附录与此。

⑥ 于省吾：《甲骨文字释林》，中华书局，1979 年，第 167—168 页。三晋文字中“乇”旁写法，冯胜君、温皓月先生也曾有例举，详参冯胜君、温皓月：《释㒸羌钟铭文中的“戉”》，《古文字研究》第三十三辑，中华书局，2020 年，第 191—195 页。

⑦ 董珊：《中山国题铭考释拾遗(三则)》，《北京大学中国古文献研究中心集刊》第四辑，北京大学出版社，2004 年，第 345—346 页。

⑧ 以上两形，参朱华：《三晋货币——山西省出土刀币圜钱丛考》，山西人民出版社，1994 年，第 107 页。

⑨ 此字考释意见较多，释“厇”说最为可信，相关讨论，参朱晓雪：《陈璋壶及郾王职壶综合研究》，硕士学位论文，吉林大学，2007 年，第 22—24 页。

⑩ 马承源主编：《上海博物馆藏战国楚竹书(五)》，上海古籍出版社，2005 年，第 75 页。

⑪ 周波：《郾王职壶铭文及所涉史实、年代问题补说》，《出土文献与古文字研究》第八辑，上海古籍出版社，2019 年，第 172—173 页，该文对中山王大鼎中形亦有讨论，可参看。刘云：《读东周兵器铭文札记二则》，《古文字研究》第三十三辑，第 295—297 页。

不可信，从形体上看，[字形]形也是"厇"字，[字形]只是在此基础上叠床架屋又增加了"厂"旁。古文字中从"乇"之字往往繁化成从"厇"，如曾姬无恤壶铭以及新蔡简中用为"宅"的形体分别作[字形]（集成 9710）、[字形]（甲三 11）①，都是在"厇"字基础上增加"宀"旁，这类形体黄德宽、程鹏万先生都有讨论②。古文字中还有类似写法，如上博五《三德》中作[字形]、[字形]（6 号）③，上博八《兰赋》中[字形]（1 号）、[字形]（2 号）④，都是在"厇"字上再累增"广"或"宀"，这与[字形]形在"厇"字上部再增"厂"旁构形相同。而魏宜辉先生曾告诉笔者，他认为[字形]形上部是"石"旁之省，中山王方壶铭文中用为"诋"的字作[字形]，右面"底"旁所从也是"石"之省，该形可与[字形]相类比。而[字形]形从石省、从厇，"石"旁是累增的声符⑤。按，清华简《楚居》1 号简用为"宅"的字作[字形]，整理者分析字形时云："乇，从石省，从厇，借笔双音符字。"⑥简文构形可与魏宜辉先生的分析相互类比。上述两种分析无论哪一种可信，都说明[字形]形所从的[字形]不是"乇"，而是"厇"形。那么，中山侯钺[字形]和大鼎中[字形]两个形体的基本声符"乇"应分别是[字形]和[字形]，这和上录三晋文字中"乇"作[字形]写法相合，而与兆域图中[字形]形不同。

与[字形]形体相近的还有吴越系铜器姑冯句鑃中[字形]（《集成》424）形，此字旧释作"昏（舌）"，多分析成从口、乇声。后来赵平安先生对"昏"字进行了专门研究，他将甲骨文中[字形]、[字形]分别释作"昏（舌）"和"秳"⑦。这是十分正确的，本文赞同其说。赵先生文章还列出"昏（舌）"的演变序列：[字形]—[字形]—[字形]—[字形]。可见该文认为上录第三形[字形]（姑冯句鑃）的上部是"乇"形之讹变。若此说也可信，则证明"乇"字有讹变为[字形]形之例，这似乎不利于我们上文的分析。但[字形]形的释读还存在争议。该形原拓作[字形]，右上部有残泐的圆圈状，是否应摹写作[字形]，还不能确定。郭永秉先生就认为该形应摹写作[字形]，是"缶"字⑧。可见此字本来的写法尚难确定，不宜将其上部与"乇"字相比较。退一步说，就算此形原本真的写作[字形]，其与从乇得声的"昏"字也无关联。广濑熏雄先生对[字形]进行了客观分析，认为该形并非"昏（舌）"字⑨。本文赞同其说，既然[字形]它不是"昏（舌）"字，其上部自然也不能是"乇"形。

在排除上述中山王器和姑冯句鑃铭文的影响后，可知三晋文字中"乇"无论是单独成字还是作为偏旁与"尺"字写法都不相同。鉴于两者形体上的差异，[字形]形不应释作"乇"，而宜直接释作"尺"。

除了中山国文字外，三晋文字中还存在"尺"及从"尺"之字，三晋玺印中有如下印文：

玺汇 3278⑩

玺汇 2243

玺汇 5661

汇考 237 页⑪

玺汇 1856

① 河南省文物考古研究所编著：《新蔡葛陵楚墓》，大象出版社，2003 年，图版七七。

② 黄德宽：《曾姬无恤壶铭文新释》，《古文字研究》第二十三辑，中华书局，2002 年，第 102—105 页；程鹏万：《曾姬无恤壶铭"吾宅"二字补释》，《古文字研究》第二十八辑，中华书局，2010 年，第 336—340 页。

③ 马承源主编：《上海博物馆藏战国楚竹书（五）》，第 132 页。

④ 马承源主编：《上海博物馆藏战国楚竹书（八）》，上海古籍出版社，2011 年，第 97—98 页。

⑤ 此意见是魏宜辉先生 2018 年 7 月 26 日看完本文初稿后通过 QQ 告诉笔者。

⑥ 清华大学出土文献研究与保护中心编，李学勤主编：《清华大学藏战国竹简（壹）》，中西书局，2010 年，第 183 页。

⑦ 赵平安：《续释甲骨文中的"乇"、"舌"、"秳"——兼及舌（昏）的结构、流变以及其他古文字资料中从舌诸字》，《华学》第四辑，紫禁城出版社，2000 年，第 9—11 页。

⑧ 郭说参下引广濑熏雄先生文注 20。

⑨ 广濑熏雄：《释清华大学藏楚简（三）〈良臣〉的"大同"——兼论姑冯句鑃所见的"同"》，《古文字研究》第三十辑，中华书局，2014 年，第 416—417 页。关于[字形]形还有其他释读意见，马晓稳先生曾有详述，详参：《吴越文字资料整理及相关问题研究》，博士学位论文，吉林大学，2017 年，第 471 页。

⑩ 罗福颐主编：《古玺汇编》，文物出版社，1981 年。本文简称"玺汇"。

⑪ 施谢捷：《古玺汇考》，博士学位论文，安徽大学，2006 年。本文简称"汇考"。

上录第一方玺印首字作为姓氏用字,《古玺汇编》释文阙疑,吴振武先生释作“尺”①。其后陈汉平先生也释作“尺”②,但此说信从者不多。何琳仪先生认为古无“尺”姓,他将印文改释为“乇”,读为“斥”③。此后学者多从之,如字编类工具书多将此形释作“乇”。相互对比不难看出,印文第一字与兆域图中“尺”字写法别无二致,所以当以释“尺”为是。“尺”字虽然未见用为姓氏者,但古书中“乇”字也没有用作姓氏的例证,“尺”“斥”读音亦十分相近,且可通用,如《庄子·逍遥游》:“斥鴳笑之曰。”释文:“斥,本亦作尺。”两者相互通用的例子,在简帛文献中亦多有出现④。释“尺”也可读作“斥”。当然,印文中“尺”字也可能破读为其他音近之字,如“赤”“郝”等字,都是古老的姓氏。上录第二至四方玺印,应分析成从疒、从尺、从心,在印文中作为人名用字。最后一方玺印第二字右部所从亦是“尺”字。

二 “尺”“卜”考辨

楚系文字中也存在与“尺”形有关的文字资料,但问题较为复杂,下面先讨论“尺”作为偏旁的用例,再讨论单独成字者。郭店简《老子甲》23号简有形,今本与之对应的字作“橐”。整理者分析成从口,乇声,读作“橐”⑤。其他提及此形的学者多信从整理者的说法。似未见不同意见。

楚系文字中“乇”字似乎并未单独出现,其所为偏旁者倒是十分常见,多作形,其写法与中间不同。而且楚文字中从乇得声之字多繁化作“厇”,把形中间当成“乇”是十分可疑的。吴振武先生曾提示笔者此形中间所从应是“尺”旁⑥,其说可信,下面从用字习惯上进行论证。此形见于郭店简《老子甲》,而研究郭店简字迹的学者已经指出,郭店简中《老子甲》《老子乙》《老子丙》及《太一生水》等篇为同一种字迹,这几篇文献由同一抄手抄写完成⑦。而郭店简《老子乙》:“若可以厇天下矣。”其中“厇”字作(8号),今本对应之字作“托”;《太一生水》:“亦托其名。”其中“托”字作(11号),这两个形体中的“乇”旁与中间所从明显不同。一般来说,在不考虑抄写底本因素影响的情况下⑧,抄手的书写及用字往往相对统一,同一写手大概不会把“乇”旁写得差异如此之大。这似可说明形中间应非“乇”旁。联系兆域图版中“尺”字形,中间形体与其十分近似,应该也是“尺”。所以简文应分析成从口、尺声。《古文四声韵》中“橐”字有隶定古文作(5·24崔)⑨,此形可分析成从口、石声,此古文可与《老子甲》形相互类比,简文与古文形体都从口表意,至于两者的声符“尺”“石”声母关系密切,韵部相同⑩,读音相近,作为声符可替换。而古文与简文均为“橐”之异体。

明确了楚系文字中存在“尺”字,还可对一些形体进行重新讨论。《古玉印集存》收录如下一方战国玺印⑪:

---

① 吴振武:《〈古玺汇编〉释文订补及分类修订》,《古文字学论集(初编)》,香港中文大学、中国文化研究所、吴多泰中国语文研究中心,1983年,第514页。

② 陈汉平:《古玺文字考释》,《屠龙绝绪》,黑龙江教育出版社,1989年,第283页。

③ 何琳仪:《古玺杂识续》,《古文字研究》第十九辑,中华书局,1992年,第477页。何琳仪:《战国古文字典——战国文字声系》,第522页。

④ 白于蓝编著:《简帛古书通假字大系》,福建人民出版社,2017年,第708、720页。

⑤ 荆门市博物馆编:《郭店楚墓竹简》,文物出版社,1998年,第112页、第116页注[五六]。

⑥ 此说2012年3月承吴振武师面告。

⑦ 李零:《郭店楚简校读记(增订本)》,北京大学出版社,2002年,第3页;李松儒:《郭店楚墓竹简字迹研究》,硕士学位论文,吉林大学,2006年,第35页。

⑧ 关于战国简抄写底本问题,可参冯胜君:《郭店简与上博简对比研究》,线装书局,2008年,第251页。

⑨ 郭忠恕、夏竦:《汗简 古文四声韵》,中华书局,2010年。

⑩ 陈复华、何九盈:《古韵通晓》,中国社会科学出版社,1987年,第220、223页。

⑪ 韩天衡、孙慰祖编著:《古玉印集存》,上海书店出版社,2002年,第3页。

这是一方楚玺，该书所附释文作“千足”。楚文字中“千”字写法与此不同[1]，故此说不可信。程燕女士曾对《古玉印集存》一书释文进行过校正，她将印文第一字改释成“乇”，读为“斥”[2]。相关字编类工具书多失收此形。由上文讨论可知，释“乇”说亦可商。印文的释读有两种可能：一种是释作“尺”，印文与上录郭店简中形中间所从一致，故可释为“尺”。还有另一种释法，就是印文也有可能释作“卜”。究竟哪一种释法更接近事实呢？下面先讨论与此形写法相近的望山简中形体，然后再谈印文的释读。

望山一号墓竹简中有（132 号）形，整理者云：

> 此字与平山中山王墓兆域图为一字，兆域图用为长度单位，或释“尺”，或释“乇”读为“尺”。简文此字意义未详。[3]

整理者已将简文与兆域图形体联系到一起。何琳仪先生认为简文当释作“乇”，读为“绎”，《尔雅・释天》：“绎，又祭也。”[4]而郭店简公布以后，《缁衣》中“卜”字作（46 号），颜世铉先生据此将望山简改释为“卜”[5]。而袁国华先生赞同此说，但他认为实为“卜”之讹体，而非异体或变体[6]。后来有的学者赞成释“卜”说，如李守奎、滕壬生、蔡丽利等[7]；而有的学者则仍将该形释作“尺”，如《望山楚简文字编》《战国文字字形表》两书便将此形收在“尺”字下[8]。近年刚出版的《楚地出土战国简册合集（四）》一书在注释中引用了各家意见，而正文中直接摹录原篆，未加释写[9]。可见目前对该形的释读还存在争议。下面便从形体写法以及词例两方面来讨论该形。楚文字中带有饰笔的“卜”字如下：

缁衣 46	卜书 1[10]	卜书 2	卜书 6	卜书 8
金縢 1	楚居 4	说命上 4[11]	说命上 5	新蔡 189
零 66 甲三 234	乙四 98	摄命 3[12]	摄命 3	诗经 94[13]

观察以上形体不难看出，其中作为饰笔的短横都加在左侧竖画上而非右侧的折画。同时“卜”作为偏旁的情况笔者也进行了排查，此类写法的“卜”旁主要见于“䣅”“让”二字。“䣅”字在新蔡简中出现了

① 李守奎编著：《楚文字编》，华东师范大学出版社，2003 年，第 138 页；滕壬生：《楚系简帛文字编（增订本）》，湖北教育出版社，2008 年，第 208 页。

② 程燕：《〈古玉印集存〉释文校订》《古文字研究》第二十八辑，第 370 页。

③ 湖北省文物考古研究所、北京大学中文系编：《望山楚简》，中华书局，1995 年，第 103 页。

④ 何琳仪：《战国古文字典——战国文字声系》，第 522 页。

⑤ 颜世铉：《郭店楚简散论（一）》，《郭店楚简国际学术研讨会论文集》，湖北人民出版社，2000 年，第 103 页。

⑥ 袁国华：《〈望山楚简〉考释三则》，《古文字研究》第二十三辑，第 372 页。

⑦ 李守奎编著：《楚文字编》，第 210 页；滕壬生：《楚系简帛文字编（增订本）》，第 322 页。蔡丽利编著：《楚卜筮简文字编》，学苑出版社，2015 年，第 543 页。

⑧ 程燕：《望山楚简文字编》，中华书局，2007 年，第 77 页；徐在国、程燕、张振谦编著：《战国文字字形表》，第 1232 页。

⑨ 武汉大学简帛研究中心、湖北省文物考古研究所、黄冈市博物馆编：《楚地出土战国简册合集（四）》，文物出版社，2019 年，第 13 页。

⑩ 马承源主编：《上海博物馆藏战国楚竹书（九）》，上海古籍出版社，2012 年。

⑪ 清华大学出土文献研究与保护中心编，李学勤主编：《清华大学藏战国竹简（叁）》，中西书局，2012 年。

⑫ 清华大学出土文献研究与保护中心编，李学勤主编：《清华大学藏战国竹简（捌）》，中西书局，2018 年。

⑬ 安徽大学汉字发展与应用研究中心编，黄德宽、徐在国主编：《安徽大学藏战国竹简（一）》，中西书局，2019 年。

近30例[1]，其中有20余例作(甲三365)，短横加在竖画上；有4例作(甲三170)，短横加在折画上；还有2例作(甲三19)，横画同时穿过竖画和折画。"卜"字在青铜器铭文及楚简中共40余例[2]，其中30余例作(包山16)，短横在竖画上；仅有几例作(《王居》7)[3]，这类形体后文会专门讨论，还有两例作(包山112)、左冢漆梮，横画同时穿过竖画和折画[4]。

以上之所以不厌其烦地排查众多"卜"和从卜之字，意在尝试总结出一些形体特征及规律。目前来看，单独成字时，带有饰笔的"卜"字短横都加在竖画上，这一点在上录字形中几乎没有例外。而作为偏旁时，绝大多数也符合这种规律，但存在一些例外。之所以会存在这种例外，一方面是由于书写主体随意性所致；另一方面是因为有偏旁及结构限制，"𠧙""卜"为常见字，即使部分偏旁偶有变化也不会导致误认。如、中间横画直接穿过竖画和折画，这显然不是"卜"的常规写法，但是也不会因此而导致人们误认。可知作为偏旁的"卜"与作为单字的"卜"呈现出的形体特点略有不同。而与"卜"字相比，目前见到的"尺"字中短横基本都加在右部的折画上。从目前的材料看，这一点似可作为楚系文字中"卜"和"尺"字的区别特征。那么单纯从形体来看，望山简形与单独的"卜"字不同，而与"尺"字相合。但考虑到"卜"作为偏旁有把短横施加在折画上的情况，再加上书写主体的随意性，形不能排除是"卜"的可能性。所以该形的释读还需结合文字所在的语言环境来确定。

望山132简文所在词例为："☑君特牛。己未之日。庚申内斋。"卜筮简中还有如下两条载有"斋"字且记有两个干支日的简文：

> ……祭禽甲戌[5]。己巳内斋。　　望山1.137
>
> 甲戌兴[6]乙亥祷楚先与五山。庚午之夕内斋[7]。　　新蔡甲三134、108

上录两条简文分别记载了两个干支日，其中第一条简文记载己巳日斋戒，而甲戌日祭祷，前者较后者早五天；第二条简文记载庚午日斋戒，而乙亥日祭祷，前者较后者亦早五天。可知祭祷通常发生在斋戒之后的第五日。以此例之，望山132简中"☑君特牛"，是以特牛作为祭品对"☑君"进行祭祷。这条简文前半已残损，见不到有关祭祀日期的记载。但按照上述情况推测，其祭祀的日期应该是"庚申"之后的五天也即乙丑日。以此为据，何琳仪先生将释作"乇"读作"绎"，恐怕是不可信的。"绎"字作为祭祀动词是祭祀之后第二日又祭之意。《尔雅·释天》："绎，又祭也。"郭璞注："祭之明日，寻绎复祭。"《春秋·宣公八年》："辛巳，有事于大庙，仲遂卒于垂。壬午，犹绎。"按照《春秋》经文的记载，壬午正是辛巳的第二天。如果望山简文记载的真是"绎"祭，其发生时间应该在乙丑日的第二天丙寅日，而不是简文所记的己未，己未日是乙丑日的前六天。所以释"绎"说不可信。

按照上面所录两条简文的内容，后一个干支记载的事情发生时间早于前面的祭祀时间，那么"庚申内斋"应早于"☑君特牛"的发生时间。而"己未之日"又早于庚申一天，按照学者所总结的祭祷过程，祭祀、斋祭之前需要"卜日"[8]，据此可知将释为"卜"在文意上是合适的。

鉴于文意方面的限制，而且作为偏旁时"卜"有把横画施于折画之例，本文赞同将形释作"卜"的观点。如此一来，楚文字中带有饰笔的"卜"字就有、两种写法，前者占绝大多数。下面再看上文

① 新蔡简中形体，可参张新俊、张胜波：《新蔡葛陵楚简文字编》，巴蜀书社，2008年，第76—77页。

② 分别出现在望山简、信阳简、包山简、新蔡简及青铜器铭文中。

③ 马承源主编：《上海博物馆藏战国楚竹书(八)》。

④ 当然，包山112中形体中间也可能是两个分开的短横。

⑤ 简文中"禽"的释读参湖北省文物考古研究所、北京大学中文系编：《望山楚简》，第103页。

⑥ "兴"字释读参何有祖：《楚简散札六则》，简帛网，2007年7月21日。

⑦ 关于此条简文的释读可分别参看宋华强：《新蔡葛陵楚简初探》，武汉大学出版社，2010年，第424页。武汉大学简帛研究中心、河南省文物考古研究所编：《楚地出土战国简册合集(二)》，文物出版社，2013年，第36页、第87页。

⑧ 对于这一过程的分析见前引颜世铉先生《郭店楚简散论(一)》一文，同时也可参于成龙：《楚礼新证——楚简中的纪时、卜筮与祭祷》，博士学位论文，北京大学，2004年，第69页。于成龙文蒙蔡丽利女士帮忙拍摄相关页码并赐下，谨致谢忱。

讨论的玉印文字，作为姓氏用字，词例限制性不强，更多需要依靠形体写法进行区分。按照上面讨论的"卜""尺"区别特征来看，该形可释为"尺"，其用法与上文讨论的三晋玺印中用作姓氏的"尺"字相同。但考虑到"卜"字也存在形这种变例，故释"卜"的可能性也存在，"卜"也是古老的姓氏[①]。无论如何，该形不能像过去那样释成"千"或"乇"。

三 "乇""卜"考辨

由于过去学界多将"乇""尺"误当成一个字，而"尺""卜"形体又较为接近，所以导致楚文字中部分从卜之字长期被误释作从乇，下面试着讨论这种现象。包山简牍中有如下两个形体：

277号 　　牍1

此形整理者释作"紝"[②]，后来研究者多从之[③]。楚文字中"乇"声字十分常见，基本写作形，这种写法也是承袭甲骨、金文而来，变化不大。包山简中"厇"字作(171号)，"邔"字作(167号)，"适"字作(18号)，其中"乇"旁也与楚文字中常见形体相合。而上录形右部与楚文字"乇"旁写法不同。范围扩大一点来说，古文字中"乇"旁基本都写成两笔作形，其顶端没有撇画或者横画。而形右部由三笔写成，上端明显还有一斜笔，此形与"乇"并不相同。可见从字形上说，将释作"紝"，并没有多少依据。两形所在词例分别为[④]：

二紶绢之幢。灵光之结冪(项)。一。縢组之缨。　　包山277号

四马晧面。緖芋结项。告。纓紴。一雕複。緅秋之纛。　　包山牍1

277号简中"幢"是马头部某种饰品，"项"是马颈部饰品[⑤]，简文与牍文中都位于"项"后，所表示的是同一个词，学者过去认为该形从乇得声，分别有读为"絉""縼""帾"三种意见，田河先生对此曾评论道："按，以上释读非为确诂，'紝'之所指还有待进一步研究。"[⑥]可见旧说从词例上亦无法找到适合的词语。

本文认为这两个形体不能释作"紝"，其右部所从为"卜"，整个字形应释作"纠"。下面试作论述。包山简265中有形体作，所在词例为"二缶"，与其相关的材料还包括信阳简2-014号简"缶"、禹山庙嘴楚墓出土的"赴缶"、蔿夫人孀鼎铭文中"鼎"、曾公子弃疾斗铭文中"斗"，经过多位学者的努力[⑦]，将这类形体隶定成"辻"读作"沐"几乎已经成为古文字学界的共识。后来公布的上博简《王居》7号简中"辻"作，与包山简写法一致，也可证明将后者释"辻"是可信的。既然、二形都可确定释作"辻"，它们所从的声符与包山277号简、1号木牍、右部写法相同，可知后者所从亦为

① "卜"氏者如孔子弟子子夏，以卜为氏，参林宝撰，岑仲勉校记：《元和姓纂》，中华书局，1994年，第1443页。

② 湖北省荆沙铁路考古队编：《包山楚简》，文物出版社，1991年，第39页。

③ 据笔者所见，学者提及这两处释文时绝大多数都依从整理者观点，仅李守奎编著《楚文字编》(740页)隶定作"纠"，但后来李守奎先生也放弃此说，其在《包山楚墓文字全编》(上海古籍出版社，2012年，第460页)一书中改从释"紝"的观点。一些学者更是不赞成释"纠"说，如苏建洲先生明确反对此观点，参苏建洲：《论楚竹书"厇"字构形》，复旦大学出土文献与古文字研究中心网站，2011年4月10日。而近期范常喜先生将此二形释作"纸"，参：《包山丧葬简牍中的"赤金之紙"及其他》，《古文字研究》第三十三辑，第400页。

④ 简文原篆隶定及诸家意见可参朱晓雪：《包山楚简综述》，福建人民出版社，2013年，第734页。

⑤ 刘国胜：《楚丧葬简牍集释》，科学出版社，2011年，第55页。朱晓雪先生对诸家之说曾有集释，可参朱晓雪：《包山楚简综述》，福建人民出版社，2013年，第641—642页。

⑥ 田河：《出土战国遣册所记名物分类汇释》，博士学位论文，吉林大学，2007年，第139页。

⑦ 李零：《读〈楚系简帛文字编〉》，《出土文献研究》第五辑，科学出版社，1999年，第141—142页；陈昭容：《从古文字材料谈古代的盥洗用具及其相关问题——自淅川下寺春秋楚墓的青铜水器自名说起》，台北"中研院"《历史语言研究所集刊》第七十一本第四分册，2000年，第898页；广濑熏雄：《释"卜缶"》，《古文字研究》第二十八辑，第504—509页；广濑熏雄：《释卜鼎——〈释卜缶〉补说》，《古文字研究》第二十九辑，中华书局，2012年，第441页；马智忠：《释"沐斗"——随州义地岗曾国铜器铭文补说》，《江汉考古》2014年第1期，第119—120页。

"卜"。还可通过包山楚简的字迹分类对本文这一改释进行侧面论证。沈成彦先生曾对包山简文字迹有过专门研究，他从笔法、搭配比例、字形、标点符号、整体布局、文字写法特征等六个方面把包山简笔迹分为33类，其中第八类是265号简至277号简，其书法特征被沈成彦先生概括为：

> 第8类笔迹从笔法上看，呈现出钉头鼠尾的姿态。从结构搭配看，一字之中笔划很长，但是间距很小，因此字形也比较扁方，文字的倾斜度不明显。文字之间一般为一字之距。这类笔迹还有一个特点，就是连笔明显且频繁，文字写法比较特别。

而木牍上的文字是第14类笔迹，其书法特征被沈成彦先生概括为：

> 第14类笔迹写在竹牍上，虽然竹牍与竹简形制上存在差异，但是由于此类笔迹特征鲜明，因此也不难比较。这类笔迹最大的特点就是连笔较多，文字倾斜度明显间距紧凑。**乍一看去有点像变形的第8种笔迹**。①

通过沈成彦先生的研究我们知道包山265和277是同一种字迹，即他所谓的第8类笔迹，也就是说这组简文由同一个书手书写，那么265号简中为"辻"字，而277简中右部偏旁与之写法相同，当释作"紏"字无疑②。而木牍虽然为另一书手所写，但正如上引沈成彦先生所说，其书写特征与第8类(简265至277号)相近，所以该简中的形写法与相同，也应释作"紏"，以往将它们释作"紝"是不正确的。改释"紏"后，在简文中可能读作"紨"。"卜"是唇音屋部字，而"紨"是唇音侯部字，两者声母一系，韵部对转，典籍中两声系字常相通用③。《说文》："紨，布也。一曰粗紬。"段玉裁注："谓大丝缯之粗者。"《广雅》："紨，紬也。""紨"即粗绸。在简文、牍文中应该是马的布绸类饰品。

楚简中还有如下形体：

孔子见季桓子22　范家坡27.2号④

后者见于江陵范家坡27号墓2号简，因相关材料尚未完全公布，此处先讨论前者。前者见于《孔子见季桓子》，所在词例为：

> 桓子曰："斯不，虐(吾)子迷〈悉〉言之⑤，犹恐弗知，皇(况)其如【22】微言乎？"【19】⑥

很多学者对此形曾有讨论。整理者原释为"赴"⑦，陈伟先生改释作"迁"，疑当读为"宅"。宅训居，引申为"存心"⑧。李锐先生读"不迁"为"不敏"⑨。陈剑先生认为"斯不宅"不辞，而"乇"与"敏"古音悬隔，通假可能性不大。他根据楚简中"年"字多作形，其下部与所从形体相近，认为形从年省，在简文中读为"佞"⑩。何有祖先生认为该形应分析成从辵、从卜⑪。苏建洲先生曾在网上留言，也认为形从辵、从卜，可读为"敏"⑫。关于此简文的释读说法众多，俞绍宏、张青松两先生曾有集释，在罗列众

① 以上两段引用沈成彦先生的观点均可参沈成彦：《包山楚简笔迹研究》，硕士学位论文，华东师范大学，2013年，第26—29页。

② 包山木牍中还有一字，词例为"赤金之"，摹本作(《包山楚墓文字全编》492页)，学界过去多释作"釺"，当不可信。该形右部究竟是"氏"旁(上引范常喜先生观点)，还是"卜"旁，由于原简模糊不清，此处暂不讨论。

③ 张儒、刘毓庆：《汉字通用声素研究》，山西古籍出版社，2002年，第292页。

④ 滕壬生：《楚系简帛文字编(增订本)》，第170页。

⑤ "迷"为"悉"误字的观点参陈剑：《〈上博(六)·孔子见季桓子〉重编新释》，《出土文献与古文字研究》第二辑，复旦大学出版社，2008年，第178—179页。

⑥ 将简22和简19连接以及读"皇"为"况"从李锐先生说。李锐：《〈孔子见季桓子〉重编》，简帛网，2007年8月22日。

⑦ 马承源主编：《上海博物馆藏战国楚竹书(八)》，第221页。

⑧ 陈伟：《〈孔子见季桓子〉22号简试读》，简帛网，2007年7月24日。

⑨ 李锐：《上博六札记二则》，简帛网，2007年7月24日。

⑩ 陈剑：《〈上博(六)·孔子见季桓子〉重编新释》，《出土文献与古文字研究》第二辑，复旦大学出版社，2008年，第180页。

⑪ 何有祖：《上博六札记(三)》，简帛网，2007年7月13日。

⑫ 参复旦吉大古文字专业研究生联合读书会：《上博八〈王居〉、〈志书乃言〉校读》文后苏建洲留言，复旦大学出土文献与古文字研究中心网站，2011年7月17日。

说后，他们在按语中云："陈剑读'侫'也可备一说。"①可见现在大家对简文的释读仍未有一致性意见。从词例上看，将简文读为"不侫"，十分通顺。但此说在形体上缺乏直接证据，正如陈剑先生在文中所言："'年/季'字下半所从的就是'千'形，但古文字中独立的'千'字，和在其他字中作偏旁的'千'字，似皆没有看到写作[illegible]形的。"可见陈先生自己也颇显犹豫。[illegible]形与楚文字中"乇"字不类，释"迁"说恐怕也不可信。由上文所论可知，该形所从应是"卜"旁，应将[illegible]、[illegible]释作"让"，这种写法的"让"还可与上文讨论的[illegible]、[illegible]二形相互对应。用法方面，简文中"不让"为季桓子的自谦之词，过去学者把这个词与古书中的"不敏"联系起来，本文也赞同这种说法，"卜""敏"声母都是唇音，韵部前者属屋部，后者属之部，关系密切②。"不敏"为典籍中常见的自谦之词，用例甚多，不凡赘举。至于范家坡简文尚未完全公布，其简文全貌尚不可知，此处无法展开更多的讨论。

余论

与"乇""尺"关系较为密切的便是"厇"字。"厇"在战国各系文字中都有出现，齐系文字作[illegible]（筹府厇戈）③。燕系文字作[illegible]（燕王职壶）、[illegible]（集成 10421）。而三晋、楚系文字都十分常见，尤其在楚文字中出现频率极高，一些从乇之字都繁化成从厇。从用法上看，"厇"可读为"宅""度""托"等字。同时，"厇"还有一类特殊的用法，即读为"尺"。如严仓楚简中作为长度单位的"尺"字即借"厇"字为之。李天虹先生在《由严仓楚简看战国文字数据中"才""圣"两字的释读》一文中曾引用了严仓楚简中的部分材料④，其中与"尺"字相关的共有四条简文，现摘录于下：

厇（尺）七弃（寸），广乇一幅圣幅	491 号
寻二厇（尺）四弃（寸），广二幅二圣幅	537 号
长二厇（尺）二弃（寸），畲（合）一福（幅）	493＋423 号
长二厇（尺）二弃（寸），畲（合）一☐	381 号

虽然上录简文的图版尚未公布，但从该文的隶定可知，严仓简文中用为"尺"的字原篆应该作[illegible]类形体，即借"厇"字为"尺"。楚系金文中也有类似用法。近期学界公布了邟市王尺图像及铭文⑤，铭文中用作"尺"的字作[illegible]（[illegible]），资料公布者吴镇烽先生直接释作"尺"。此释恐不精确，"厇"字在上博简中作[illegible]（容成氏 2）、清华简中作[illegible]（尹至 5），其中左边竖画均向上穿出，对比可知邟市王尺铭文中[illegible]就是这种写法的变体，铭文也应释作"厇"，用法上假借为"尺"，与上录严仓楚简用法相同，都属于是音近通假现象⑥。

---

① 俞绍宏、张青松编著：《上海博物馆藏战国楚简集释》第六册，社会科学文献出版社，2019 年，第 93—95 页。

② 两者韵部关系上引苏建洲先生意见已有讨论，可参看。另外，"敏"以"母"为基本声符，而"母"与侯部字关系密切，白一平先生曾认为"母"的上古音应为侯部，后来在某些方言中合并到之部。徐丹先生从之（两说可一并参看徐丹《也谈"无"、"毋"》，《语言科学》2007 年第 3 期），如果此说可信，那么侯、屋两部关系更为密切。但需要注意的是，"母"的归部还涉及到"毋""侮"等相关诸字，比较复杂，此处暂不展开讨论。

③ 黄锡全：《介绍一件新见铜戈》，《纪念徐中舒先生诞辰 110 周年国际学术研讨会论文集》，巴蜀书社，2009 年，第 172—174 页。而刘刚先生将此戈称作"筹府乇戈"，释"厇"为"乇"，似可商。其说参刘刚：《晋系文字的范围及内部差异研究》，博士学位论文，复旦大学，2013 年，第 60 页。

④ 李天虹：《由严仓楚简看战国文字资料中"才"、"圣"两字的释读》，《简帛》第九辑，上海古籍出版社，2014 年，第 23 页。

⑤ 吴镇烽：《商周青铜器铭文暨图像集成三编》（第四卷），上海古籍出版社，2020 年，第 329 页，第 1665 号。

⑥ 《桓台文物》曾著录一方陶文有形体作[illegible]，徐在国先生认为该形右部与[illegible]相同，此字当分析成从木、宅声，释作"柝"（参徐在国：《古陶文字考释六则》，《印学研究（2012）》山东大学出版社，2012 年）。按，徐文分析可从，该形右部[illegible]与邟市王尺[illegible]正同，两者可作类比。徐先生观点本文初稿失引，2021 年 12 月 10 日在安徽大学讲座时，蒙徐在国先生赐告。

最后总结一下本文的结论。本文认为兆域图中的形就应该直接释作“尺”①，该形并非“乇”字。三晋玺印中的形和旁也应直接释作“尺”。楚文字中“尺”“卜”二形写法相近，但独立成字时略有差别，“尺”字中的短横多施加在右部折笔上；而“卜”字中短横多施加在左面的竖笔上，但也会偶有例外。望山简中形应释作“卜”；楚玉印形，过去释作“千”和“乇”均不可信，该形很可能是“尺”字，也有可能是“卜”字。楚文字中“卜”“尺”二形作为偏旁时写法略有讹混，包山277号简和木牍中的形旧释“紝”并不可信，该形应改释为“纣”。而上博简《孔子见季桓子》中也应释作“𨑓”。

2018年6月初稿

2019年3月修改

2021年2月增订完稿

附记：本文的写作受到吴振武师启发良多，2018年6月完成初稿，成稿过程中先后与魏宜辉、程鹏万两先生讨论，分别得到他们的帮助，定稿后又蒙徐在国先生提示补充意见。谨致谢忱。作者曾于2021年12月10日在安徽大学汉字发展与应用研究中心学术讲座上宣讲此文，后来同月16日《清华大学藏战国竹简(拾壹)》成果发布会在京举行，清华简《五纪》面世，得见其中第90号简中“乇”字三次出现，分别作、、；而同一支简上“咫尺”二字分别作、，是“乇”“尺”二形区别明显，似可作为本文核心观点的佐证。

Textual Research on “尺” “乇” “卜” and Related Characters

Li Chuntao

(School of Archaeology and Institute of Ancient Books, Jilin University, Changchun, 130012, China)

Abstract: For a long time, many scholars believe that the “尺” in the Warring States characters is based on the word “乇”. In fact, this view is lack of evidence. At the same time, “尺” “卜” and “乇” in Chu characters were misinterpreted in the past. This paper discusses the writing methods of the above three types of shapes, and makes a textual research on the relevant materials. It is believed that the word “尺” has nothing with “乇”. In fact, some words in the Sanjin characters that were thought to be from “乇” in the past are from “尺”. The writing of “尺” and “卜” in Chu characters are similar. This paper discriminates the characters in Guodian bamboo slips and Wangshan bamboo slips, and believes that there are problems in the analysis of these characters in the past. These characters are either next to “尺” or next to “卜”. In the jade seal of Chu state, the word “乇” in the past should be interpreted as “尺” or “卜”. The word “紝” previously interpreted in Baoshan Chu bamboo slips and wooden slips should be interpreted as “纣”.

Key words: 尺；乇；卜；textual research

① 至于“尺”字来源，颇疑是截取“尾”下部而来。但不能将、“尾”二形相混，因为在战国文字中已经与“尾”同时出现，且可作为构形偏旁，这都说明已经完全独立成字。

“⿵冂八”及相关诸字研究

李文佳

【摘　要】叔夨方鼎中的“⿵冂八”字是麦尊等器所见之“冂”加“八”形饰笔，二者用例相同，在铭文中与“衣”连属而据“衣”之前，为册命赐服之首，应是戴于首上之物。“冂”和“⿵冂八”读为“冕”，文通意顺，并可与出土器物和传世文献相印证。本文还对“[字形]”“[字形]”等字进行了考证和补充说明。

【关键词】叔夨方鼎；冕；京

【作者简介】李文佳，女，华东师范大学中国文字研究与应用中心博士研究生，研究方向为古文字学。（上海 200241）

⿵冂八字见于叔夨方鼎，关于其字形的分析主要有两种观点。第一种是将这个字与其下方的“衣”合为一体，即“⿱⿵冂八衣”，吴振武认为很可能就是“裳”，从“尚”得声。[①] 黄锡全认为：“如此处的确是衣物，可能就是‘裳’字，从衣、尚省声。《说文》常：‘下帬也。从巾，尚声。’或体从衣作裳。”[②]第二种是较为主流的观点，认为⿵冂八是麦尊、大盂鼎、复尊所见“冂衣”之“冂”的另一种写法。现将叔夨方鼎铭文拓本移录如下：

（见《文物》2001 年第 8 期，第 9 页）

从铭文行款来看，⿱⿵冂八衣所在的第四行整体较为拥挤，下半部分几个字之间的距离都很近，⿵冂八的位置明显是独立的一个字，和“衣”应该没有构形上的关系。

① 饶宗颐等：《曲沃北赵晋侯墓地 M114 出土叔夨方鼎及相关问题研究笔谈》，《文物》2002 年第 5 期。

② 黄锡全：《晋侯墓地诸位晋侯的排列及叔虞方鼎补证》，《晋侯墓地出土青铜器国际学术研讨会论文集》，上海书画出版社，2002 年，第 237 页。

既然[字形]是单独成字，便可进一步讨论它和“冂衣”之“冂”的关系。唐兰在《古文字学导论》中说，“凡字首为横画者，常加八”①。刘钊在《古文字构形学》中进一步阐释：“在古文字中，‘八’形常常是作为饰笔或区别符号出现的……如犹字甲骨文作‘[字形]’，从犬酉声，金文作‘[字形]’，酉上已加上‘八’形饰笔。”②类似的例子还有叔尃父盨中读为“郑”的“奠”字，在同一器铭中既写作[字形]（集成 4455.2），又写作[字形]（集成 4455.2）；又如“平”一般写作[字形]（鄀公平侯鼎·集成 2771），但在平陆戈中写作[字形]（集成 10926）。陈剑认为这种作为饰笔的所谓“八”形实由两小横笔演变而来。③

“冂”字金文有三例：

[字形]（大盂鼎·集成 2837）　[字形]（复作父乙尊·集成 5978）

[字形]（麦方尊·集成 6015）

若在其字形上增“八”形饰笔则可变为叔夨方鼎中的[字形]。上述三件器铭中“冂”字下方均为“衣”字，辞例与叔夨方鼎中“[字形]衣”相同，学界普遍认可这三例即为“冂衣”，未将“冂衣”释作一字者，因此[字形]是“冂”的另一种写法的观点是比较可信的。

“冂”和[字形]的读法众说纷纭。刘心源认为“冂”是“冕”省。④ 杨树达怀疑“冂”为“[字形]”字，“[字形]”衣就是褧衣。⑤ 唐兰早年曾释为“堂”之初文，又在释读麦方尊时认为其“演化为冃字、冃字，冃就是冒（帽）字，又音转为冕字，从免声”，是盖在头上的头巾⑥，后又推翻此观点，将其释为“冖”，音“觅”，是“幎”字的原始象形字，“冖是罩在衣上的大巾，即絅，当然，也可以蒙在头上，所以在衣之前”⑦。陈汉平认为，“冂字非衣字之形容词，大盂鼎及麦尊铭文，当‘冂、衣、市、舄’四字断读。冂为舆服赏赐中之一种物品，当与衣、市、黄、舄等物品并列。册命赐服按人之身体穿戴部位上下排列，而冂列为册命赐服之首，知冂当为戴于首上之物”，并据“冂”“冕”二字字音阴阳对转，疑其为“冕”字初文。⑧ 李伯谦认同唐兰释为“堂”之初文的观点：“此字如于冂下加‘口’，与金文‘尚’字极相似，唐兰早年曾释[字形]为‘堂’之初文，也许是可信的。[字形]、衣应释为‘裳、衣’。”⑨李学勤旧释“冂”为“冃”⑩，又推想[字形]可能是从“八”声的读为“黻”⑪。饶宗颐认为“冂衣，即絅衣”，“[字形]当是冋之异体”。⑫ 黄盛璋将“[字形]”的形体解释为从冂上加帽饰，认为“[字形]”是最早“帽”字的原始象形字。⑬

上述将“冂”读为“常”或“裳”的说法，概是将“冂”释为“堂”的初文，其演变轨迹为在“冂”上加两饰笔作[字形]，其下再增繁饰“口”旁，变为[字形]，即成“堂”和“裳”所从的声符“尚”字。陈剑认为“冂”“尚”与“堂”几字的关系密切：

> “冂”变为[字形]、“[字形]（堂）”（《说文》古文），因“冂”、[字形]两形后来不再单用，其造字本义辗转保存在了以之为声符的“堂”字里，古文字中类似的演变情况也是习见的。可见将“冂”释为“堂”字初文确系信而有征。⑭

① 唐兰：《古文字学导论》，齐鲁书社，1981 年，第 225 页。
② 刘钊：《古文字构形学》，福建人民出版社，2006 年，第 293 页。
③ 陈剑：《金文字词零释（四则）》，复旦大学出土文献与古文字研究中心网，2008 年 2 月 5 日。
④ 刘心源：《奇觚室吉金文述》，《金文文献集成》第十三册，线装书局，2005 年，第 176—181 页。
⑤ 杨树达：《积微居金文说》，上海古籍出版社，2007 年，第 94 页。
⑥ 唐兰：《论周昭王时代的青铜器铭刻》，《古文字研究》第二辑，中华书局，1981 年，第 61—62 页。
⑦ 唐兰：《西周青铜器铭文分代史征》，中华书局，1986 年，第 105 页。
⑧ 陈汉平：《西周册命制度研究》，学林出版社，1986 年，第 224 页。
⑨ 李伯谦：《叔夨方鼎铭文考释》，《文物》2001 年第 8 期。
⑩ 李学勤：《新出青铜器研究》，文物出版社，1990 年，第 46 页。
⑪ 李学勤：《谈叔夨方鼎及其他》，《文物》2001 年第 10 期。
⑫ 饶宗颐等：《曲沃北赵晋侯墓地 M114 出土叔夨方鼎及相关问题研究笔谈》。
⑬ 饶宗颐等：《曲沃北赵晋侯墓地 M114 出土叔夨方鼎及相关问题研究笔谈》。
⑭ 陈剑：《金文字词零释（四则）》。

这种观点的依据是：古文字中“尚”字在与其他形体组合成复合形体时常常可省去所从之“口”。“”即“尚”字之省，如金文“尝”之作（效卣·集成5433A）、“赏”之作（曶鼎·集成2838）、“棠”之作等（周棠壶·集成9690）。[①]

但是现在看来，作为赏赐物的和省去“口”形作偏旁的“”不可混为一谈。陈剑认为“”是“堂”的初文，在、等字中作为声符的“”旁的来源是殷墟甲骨文（合集22249）中间的所谓“冂”形，此形体是“高”字初文（下不从“口”）的下半，象高堂之上有建筑之形，而“冂”象高出地面之形，与象坎陷之形的“凵”字可对比，“冂”形上加两饰笔，下加“口”旁，即成字。[②] 周宝宏的观点与陈剑不同，认为“”所从“”上加的两短横绝非饰笔，“是指事高尚之义，当指堂上、或房基、或高台之类的高形建筑，加两短横指事高堂之高，已是比较抽象的高之义”[③]。陈剑在解释的结构和造字方式时，提出此字跟“涉”字非常相似：“‘涉’字画出一前一后的左右两脚，分别位于河流的两边，来表达出‘涉’过河流之意；则画出一前一后的左右两脚，一位于高堂之下，一位于高堂之上，来表达出‘踊’上高堂之意。一个人的两脚，当然不可能同时在河流的两岸或高堂的上下，‘涉’和字之形，当看作使用了一种抽象的会意手法。”[④]可见，“冂”在中并不能单独表示“尚（上）”的意义，而是作为一个参照物，其在字中所承担的功能也是类似的。所以我们认同周宝宏的观点，“”所从“”上加的两短横不是饰笔，“”也不能单独成字。综上所述，作为“堂”初文的“”和叔夨方鼎中作为赏赐物的“”来源不同，而“”上部的“八”形为饰笔无疑。

此外，值得注意的还有“尚”与“向”字的关系，“向字本作‘’，后来在上边加上两小横为区别符号作‘’，从而分化出‘尚’字”[⑤]这一说法大概也是有问题的。“向”字从“宀”，金文作（向簋·集成5250）、（多友鼎·集成2835）、（吊向父簋·集成3851），“尚”金文作（尚方鼎·集成1769）或加饰笔的（者尚余卑盘·集成10165）、（陈侯因資敦·集成4649），二者有明显的区别。

可见作为赏赐物的和与“尚”无关，也不是“堂”的初文，当然也不能释为“裳”。查其用例：

1. 匽侯赏复、衣、臣妾、贝。 （复尊）
2. 侯易者䟫臣二百家，剂用王乘马、金虢、、衣、市、舃。 （麦尊）
3. 易女鬯一卣、、衣、市、舃、车马。 （大盂鼎）
4. 叔夨以、衣、车马、贝卅朋。 （叔夨方鼎）

“冂”列为册命赐服之首，而册命赐服按人之身体穿戴部位上下排列，“冂”显然不是应该穿在“衣”之下的“裳”。古时“上衣下裳”的规制是比较严格的，传世文献中也多有记载，《诗经·国风·绿衣》“绿兮衣兮，绿衣黄裳”，《诗经·齐风·东方未明》“东方未明，颠倒衣裳”，毛传：“上曰衣，下曰裳。”郑玄笺：“挈壶氏失漏刻之节，东方未明而以为明，故群臣促遽颠倒衣裳。”孔颖达疏：“传：上曰衣，下曰裳。此其相对定称，散则通名曰衣……传言此，解其颠倒之意，以裳为衣，今上者在下，是谓颠倒也。”“裳”是用于遮蔽下体的服装，不论男女尊卑，均可穿着。亦借指下体之服，如裤、裙之类。其制出现于远古时期，其形制分为两种：一为帷裳，系以整幅布帛裹于腰际，即如今之筒裙；二为普通之裳，两侧开缝，前身三幅，后身四幅。进入汉代之后，裳渐被裙子所代替，惟礼服中仍保留此遗制。《周易·系辞下》：“黄帝尧舜，垂衣裳而天下治。”刘熙《释名·释衣服》：“凡服，上曰衣……下曰裳。裳，障也，所以自障蔽也。”金文中只有一个赏赐“裳”的例子，见于春秋中期的子犯编钟：

王，克奠王立（位），王易（锡）子范（犯）辂车、三（四）駐（牡）、衣、常、带、市、佩。

---

① 刘钊：《〈金文编〉附录存疑字考释（十篇）》第八则“释堂”，《人文杂志》1995年第2期。

② 陈剑：《金文字词零释（四则）》。

③ 周宝宏：《近出商周金文字词考释（八则）》，《古文字研究》第二十九辑，中华书局，2012年，第260页。

④ 陈剑：《金文字词零释（四则）》。

⑤ 刘钊：《古文字构形学》，第293页。

铭文中□各家均读为“裳”，衣、裳、带、市、佩应是一套完整的礼服。“裳”在“衣”之后，由此也可证西周金文中书写于“衣”之前的□、□不为“裳”。

上古裳贱衣贵，《诗经·魏风·葛屦》“掺掺女手，可以缝裳”，毛传：“掺掺，犹纤纤也。”郑玄笺：“裳，男子之下服，贱，又未可使缝。”《礼记·曲礼上》：“诸母不漱裳。”郑玄注：“庶母（指诸母）贱，可使漱衣，不可使漱裳。裳贱，尊之者亦所以远别。”孔颖达疏：“‘诸母不漱裳’者，诸母，谓父之诸妾有子者。漱，浣也。诸母贱，乃可使漱浣盛服，而不可使漱裳。裳，卑亵也，欲尊崇于兄弟之母，故不可使漱裳耳，又欲远别也。”《晋书·孙登传》：“孙登字公和……于汲郡北山为土扁居之，夏则编草为裳。”西周金文赏赐物多见上衣，属于下装的只提到了“市”，可见赐“裳”不合当时礼制，因此未见相关记载。

作为赏赐物的“冂”亦不是唐兰所说“蒙在头上的罩巾”。黄盛璋认为：“麦尊、大盂鼎所记王所赏锡皆为封井侯与盂嗣其父祖的世袭官服，复尊所记燕侯锡复‘冂衣’至少也是礼服，如何能以巾蒙在头上，成何体统，不仅为记载所未见，古今中外制度所不能有，而且古代只有罪人才蒙墨巾，从常识看也实在不成样子，不能为人接受。”①此外，“冂”也不能释作“冃”。《说文·冃部》：“冃，小儿及蛮夷头衣也。”②段玉裁注：“谓此二种人之头衣也。小儿未冠，夷狄未能言冠，故不冠而冃。荀卿曰：‘古之王者，有务而拘领者矣。’杨注：‘务读为冒，拘与勾同。’淮南书曰：‘古者有鍪而绻领以王天下者。’高注：‘古者盖三皇以前也。鍪著兜鍪帽，言未知制冠。’按高注兜鍪二字盖前人所加。务与鍪皆读为冃，冃即今之帽字也。后圣有作，因冃以制冠冕，而冃遂为小儿蛮夷头衣。”③也即上古时期王者有“冃”，但后圣将“冃”改良制作出了“冕”，“冃”便成为了小儿和蛮夷专用的头衣。

我们认为金文中的□和□当读为“冕”。“冕”字《说文》“从冃声”，唐兰：“冖……演化为冃字、冃字，冃就是冒（帽）字，又音转为冕字，从免声。”□的读音赵平安在讨论金文中□字上部所从之“□”形时有解释：

> 这当中关键的是□，战国古玺文作□（《古玺汇编》3437），小篆用为偏旁。《说文解字·自部》：□，宫不见也。阙。
>
> 许慎没有分析□的构形，大概汉代已对此不太明了了。
>
> 在三期甲骨卜辞中，有一个□（《殷墟书契后编》二二·一六），从自从丙，它和《说文》□所从□无疑是一个字。因此可以把□分析为□□两个部份。《字汇补·自部》：“□，籀文箹字”，谢彦华《闻载》：“□即箹的古文。”都指出了□与箹是古体和今体的关系。《说文》大徐本给□注“武延切”，《广韵》注“名延切”，这些材料表明□读音应该与箹、武延切、名延切相近，亦即古音应为元部字，从这种语音关系出发，我们认为□乃冕之勾廓，是冕的初文之一，在□中充当声符，出土铜冕作□之形④，“画成其物，随体诘诎”，就成了□。……□的或体作□。如《番生毁》□作□，《师克盨》□作□，《裴岭纪功碑》□作□。⑤

《说文》“□”，段注：“□宀叠韵，宀宀，密致皃。《毛诗》曰：‘绵绵’，《韩诗》曰：‘民民’，其实一也。”⑥关于“□”的读音，大徐本作“武延切”，段玉裁认为“□”从宀得声，似是将其下部所从□分析为两个相叠的“宀”形，“宀”大徐本也注“武延切”。“宀”和“绵”都是明母元部字，“□”从宀得声，“□”为元部字是确切无疑的。我们认为“□”下部所从形体与“□”上所从“□”相同，因此将“□”读作同为元

① 黄盛璋：《晋侯墓地M114与叔矢方鼎主人、年代和墓葬世次年代排列新论证》，《晋侯墓地出土青铜器国际学术研讨会论文集》，第215页。

② 许慎：《说文解字》，中华书局，1963年，第156页。

③ 段玉裁：《说文解字注》，上海古籍出版社，1981年，第353—354页。

④ 张亚初：《甲骨金文零释》，《古文字研究》第六辑，中华书局，1981年，第163页。

⑤ 赵平安：《西周金文中的□□新解》，《金文释读与文明探索》，上海古籍出版社，2011年，第134页。

⑥ 段玉裁：《说文解字注》，第136页。

部字的“冕”在语音上是可以得到证明的。

赵平安文中所引作“[字形]”形的出土铜冕见下图：

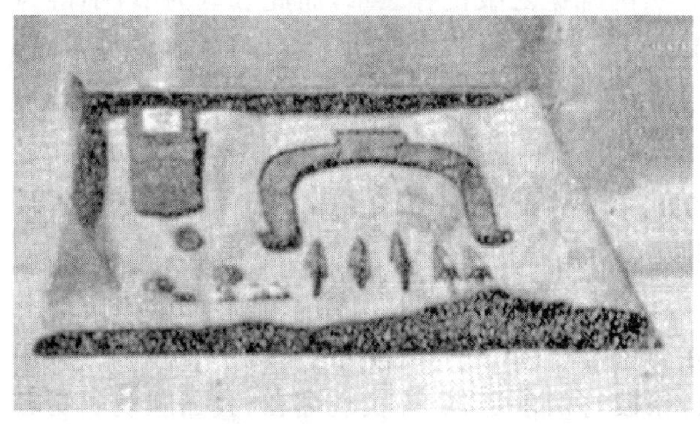

图一①

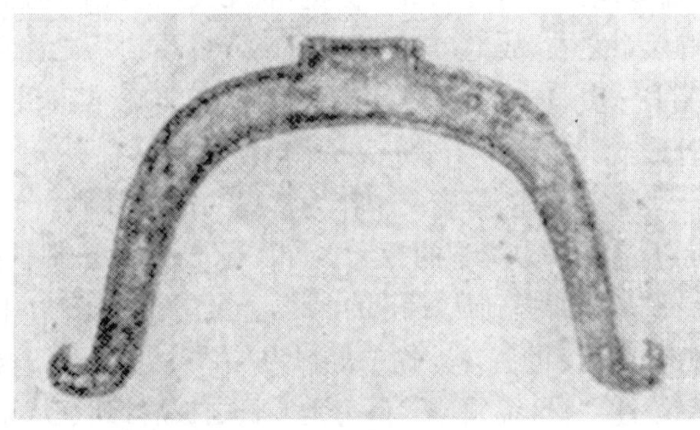

图二②

发掘报告中提到，这种铜饰品据说是在死者头部出土的，两边后部有穿孔各一个，应为头上戴的“冕”。此外，1971 年在山西省保德县发现一座商代晚期的墓葬，其中有两件叠放在死者胸部的赤金饰品，与上图所示两个铜冕形制相同：

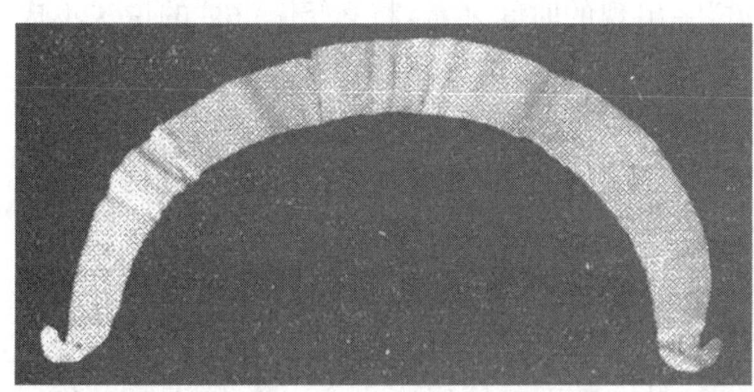

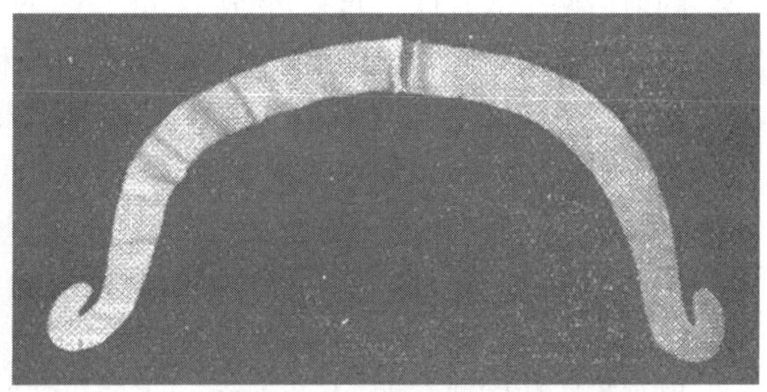

图三③

甲骨文中的“冕”作[字形]（合集 33069），金文中“冕”作[字形]（[字形]免觚·商·集成 7067）、[字形]（周免爵·商·集成 8156）、[字形]（免簋·集成 4240），均为人头戴“[字形]”形，与出土文物可相互印证。就形体来看，“冂”和“冋”大概是由“[字形]”经过笔画的线条化平直化简省而来，“冂”上加饰笔作“⿵冂丫”，是“冕”的表意初文。《说文·冃部》：“冕，大夫以上冠也。”④段玉裁注：“冠下曰：‘弁冕之总名。’浑言之也。此云冕者，大夫以上冠，析言之也。大夫以上有冕，则士无冕可知矣。……许书无免字，而俛勉字皆免声，盖本有免篆而佚之。……古者黄帝初作冕。《太平御览》引《世本》曰：‘黄帝作旃冕。’宋衷注云：‘通帛曰旃。’应劭曰：‘周始加旒。’《周易·系辞》曰：‘黄帝尧舜垂衣裳而天下治，盖取诸乾坤。’”⑤

传世文献中冕和衣常常同时出现。《论语·子罕》：“子见齐衰者、冕衣裳者与瞽者，见之，虽少，必作。”《诗经·唐风·无衣》：“岂曰无衣六兮？”毛传：“天子之卿六命，车旗、衣服以六为节。”孔颖达疏：“《典命》云：‘王之三公八命，其卿六命。其国家、宫室、车旗、衣服、礼仪亦如之。’是毛所据之文也。云

① 谢青山、杨绍舜：《山西吕梁县石楼镇又发现铜器》，《文物》1960 年第 7 期。

② 郭勇：《石楼后兰家沟发现商代青铜器简报》，《文物》1962 年第 4 期。

③ 吴振录：《保德县新发现的殷代青铜器》，《文物》1972 年第 4 期。

④ 许慎：《说文解字》，第 156 页。

⑤ 段玉裁：《说文解字注》，第 354 页。

车旗者，盖谓卿从车六乘，旌旗六旒。衣服者，指谓冠弁也，饰则六玉，冠则六辟积。《夏官·射人》云：'三公执璧，与子男同也。'则其服亦毳冕矣。三公既毳冕，则孤卿服絺冕，大夫服玄冕，则《司服》注云：'絺冕，衣一章，裳二章。玄冕，衣无文，裳刺黻而已。'然则絺冕之服止有三章，而此云六为节，不得为卿六章之衣，故毛、郑并不云章。或者《司服》之注自说天子之服，隆杀之差，其臣自当依命数也。"《后汉书·舆服志下》："显宗遂就大业，初服旒冕，衣裳文章，赤舄絇屦，以祠天地，养三老五更于三雍，于时致治平矣。"

综上所述，将金文中作为赏赐物的"冂"和"□"读为"冕"，在字形、读音和文献上都是有根据的。大盂鼎和麦方尊中的"冕、衣、市、舄"当为从头到脚的一身礼服。

前文所提到从"冋"的"□"，金文中作□（十三年㾓壶·集成 9723）、□（㾓盨·集成 4462），诸家多将其归为□的省体。徐中舒释为"裙"[①]，刘士莪、尹盛平认为□增繁作□、□，从斤声，为帬之古文，并引段注："帬，绕领也"，认为是今日之披肩，其字从束，象披肩束系之形。[②] 黄现璠在《我国服装演变之研究》中认为段注对"帬"的解释"殊误"，并引述《说文解字注匡谬》卷二"帬"条："衿领字虽古通用，然方言绕衿谓之帬，非以帬为领，郭注云：俗人呼接下，江东通言下裳，又上文袓饰谓之，直衿注云：妇人初嫁所着上衣直衿也，则所谓绕衿者，连接直衿围绕下幅，与《说文》《释名》初无异解，非覆于肩上之领"[③]，由此可见披肩的说法不可取。《说文·巾部》释"帬，下裳也"[④]，《释名》释"裙"为"联结群幅也"。目前所见古文字资料中，"裙"字到战国时期才出现，古时用以蔽下体的服装为"裳"，汉代以后人们把"裳"的前后两个衣片联缀起来，变成了"裙"。[⑤] 从"裙"字出现的时间来看，将□释作"裙"的说法不成立。另有学者将□与清华简《系年》中的□（简 38）和□（简 111）联系起来，认为都是"袭"字。[⑥] 但清华简中□为二衣相叠之形，□我们分析为从"冕"从"衣"之形，二者差别颇大，亦不为一字。

综上，我们认为，赵平安的观点比较可信，即□是"冂""衣"的合文，读为"冕衣"。观其辞例，"易䮠冕衣，虢韨"（十三年㾓壶·集成 9723），"易㾓画冕衣、牙僰、赤舄"（㾓盨·集成 4462），"'䮠'、'画'都是修饰词，分别是冕衣的共享成分，同时修饰冕和衣，冕衣和韨、牙僰、赤舄紧接，都是赏赐给人的服饰，在文例中的顺序完全合乎铭文的习惯"[⑦]。

既然□是"冕衣"合文，由此推之，隶定为"𦆀"的□（吴方彝盖·集成 9898A）、□（师克盨·集成 4467.2）、□（三年师兑簋·集成 43182）、□（番生簋盖·集成 4326）等诸字上加的"束"和"斤"可能不是在□基础上的增繁或加的声符，而是与"冂""衣"一同构成合文的表示另一种内容的字，即"䉹"。"䉹"从束斤声，读为"靳"。《说文·革部》"靳，当膺也，从革斤声"[⑧]，孔颖达疏："《说文》云：'靳，当膺也。'则靳是当胸之皮也。"铭文中的"朱虢靳冕衣"与"䮠冕衣""画冕衣"成分相同，"朱虢""䮠""画"都是修饰词，"䮠""画"同时修饰冕和衣，"朱虢"同时修饰靳、冕和衣。在册命赐物中靳冕衣处在车马器之列，赵平安认为："靳冕衣的冕衣是指马的头衣和甲衣。这是一种朴素的拟人的说法，它和马冠、马铠的冠、铠用法相似。"[⑨]我们肯定这种说法，湖北随县曾侯乙墓出土的马甲可为证明。但是赵文中认为"靳"又作"韡"，是横束于马身中部的腹背间的皮带，此处可以商榷。段玉裁在"靳"字下云："《左传曰》：'吾从子如骖之有靳。'杜曰：'靳，车中马也。言已从书，如骖马之随靳也。'《正义》曰：'骖马之

① 徐中舒：《殷周金文集录》，四川人民出版社，1984 年，第 198—199 页。
② 刘士莪、尹盛平：《西周微氏家族青铜器群研究》，文物出版社，1992 年，第 25 页。
③ 黄现璠：《我国服装演变之研究》，《古书解读初探：黄现璠学术论文选》，广西师范大学出版社，2004 年，第 231、238 页。
④ 许慎：《说文解字》，第 159 页。
⑤ 阎玉山：《我国古代的裳和裙》，《文史知识》1985 年第 7 期。
⑥ 刘洪涛、付强：《据清华简释金文中的"裼袭"》，简帛网，2014 年 12 月 20 日。
⑦ 赵平安：《西周金文中的□□新解》，第 136 页。
⑧ 许慎：《说文解字》，第 61 页。
⑨ 赵平安：《西周金文中的□□新解》，第 137 页。

首当服马之胸，胸上有靳，故云我从子如骖当服之靳。'按《左传》：'晋车七百乘，韅靷鞅靽。'杜曰：'在胸曰靷。'此正在匈曰靳之误。以《秦风》传'靳环或作靷环'证之，其误正同矣。游环在服马背上，骖马外辔贯之，以止骖之出，故谓之靳环。靳者，骖马止而不过之处。故引伸之义为靳固。"[1]长安张家坡第二号车马坑与曾侯乙墓中出土的"韅"，均为从马背处往下在腹部扣结[2]，"靳""韅"应不是一种物品。孙机在对秦皇始陵墓出土的二号铜车马的研究中提到：

二号车的骖马曳的是偏套，套绳分别沿两骖内侧向后通过前轸左右之吊环而系于舆底的桄上。此套绳应称为靳，《左傅·定公九年》记王猛对东郭书说："吾从子如骖之有靳"，杜注："猛不敢与书争，言己从书，如骖马之随靳也。"所以靳才是骖马套繩的名称。而靳的被认识，又使许多问题随之迎刃而解。如《小戎》："游环胁驱"之游环，旧本毛传释作"靳环"，郑笺："游环在背上，无常处，贯骖之外辔，以禁其出。"二号车之靳正在骖马背部接出一短带，带端系环，骖之外辔恰恰从此环中穿过，与毛、郑之说若合符契，故此环无疑即是游环。[3]

将"靳"释为骖马的套绳，可备一说。早年郭沫若在《两周金文辞大系》中说："釿乃古靳字，马之胸衣也"，曾侯乙墓出土的马甲由胄、胸颈甲及身甲等部分组成，胄为一整片，胸颈甲及身甲则由各式甲片用丝带编缀而成。[4] 或许"靳"确是"马之胸衣"，即马的胸颈甲，则"靳冕衣"为包含胄、胸颈甲和身甲的一整套马甲。曾侯乙墓出土的马甲为皮胎经模压成型，内外均髹黑漆，外部用朱漆彩绘各种纹饰，与金文中所见用"朱虢"和"朱歒（或嚣）"修饰的"靳冕衣"颜色质地相合。

最后我们讨论一下以下三个字：

（𢦏方鼎·集成 2789）（𢦏簋·集成 4322.1）（𢦏簋·集成 4322.2）

此三字在𢦏方鼎和𢦏簋中作地名，"自"为𢦏受命之处。学者多据《说文》中"堂"字的古文""将隶为"臺"释为"堂"。黄盛璋认为"堂自"应是《春秋·定五年》吴王弟夫概奔楚所封之堂溪，在今西平西北百里，战国时是韩国著名的兵器铸造地。[5] 刘钊将"臺"释为叠加京为声符的从尚从止的"𫝀"。[6] 刘钊对构形的分析是比较可信的，关于此字的读法，林竹有较为细致的考证，或读为"京"。[7] 上部所从""与小臣俞尊铭中为"京"字之省的形体相同，下部与金文中（尝）、（赏）所从的""无别。从""从"止"可释为"𫝀"。前文讨论过，""是"堂"的初文，"堂"字古文作""，小徐本谓"从尚京省声"，可见"𫝀"也可看作从京得声。综上，"臺"是从京从𫝀，从京得声的字，与前文所引""字的情况相同，可读为"京"。

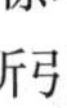

周穆王时期的都城镐京，据考古调查和发掘工作情况，遗址位于高阳原上，西边濒临丰水，北界丰水和彪池，东至北丰镐村，在今西安市沣东斗门镇一带[8]，𢦏方鼎和𢦏簋出土于陕西宝鸡扶风县庄白村西南约 250 多米的窖藏[9]，距沣东不足百公里，将"自"释为"京师"从音韵和器物出土情况来看都是合理的。

附记：本文写成后，得到董莲池师阅正，谨此致谢。

---

① 段玉裁：《说文解字注》，第 109 页。

② 孙机：《从胸式系驾法到鞍套式系驾法——我国古代车制略说》，《文物》1980 年第 5 期；湖北省博物馆编：《曾侯乙墓》，文物出版社，1989 年，第 344 页。

③ 孙机：《始皇陵二号铜车马对车制研究的新启示》，《文物》1983 年第 7 期。

④ 湖北省博物馆编：《曾侯乙墓》，第 342—349 页。

⑤ 黄盛璋：《彔伯𢦏器及其相关问题》，《考古与文物》1983 年第 5 期。

⑥ 刘钊：《古文字构形学》，第 308 页。

⑦ 林竹：《伯𢦏墓铜器铭文整理与研究》，硕士学位论文，华东师范大学，2020 年，第 212—215 页。

⑧ 卢连成：《西周丰镐两京考》，《中国历史地理论丛》1988 年第 3 期。

⑨ 罗西章等：《陕西扶风出土西周伯𢦏诸器》，《文物》1976 年第 6 期。

A Research of the Character "[冂+八]" and the Related Characters

Li Wenjia

(Center for the Study and Application of Chinese Characters,
East China Normal University, Shanghai 200241, China)

Abstract: The character "[冂+八]" in the Shu Yu Fang Ding is considered to be the "冂" with "八" decoration found in the Mai Zun and other vessels. Both characters are used in the same way, they appear in the inscription together with "衣" and before "衣". They are supposed to be worn on the head, which is the first level of granting titles and robes to high officials and generals. Contextually it is very smooth, if "冂" and "[冂+八]" are pronounced as "冕(Mian)". Interpreting them as such can also be corroborated with excavated artifacts and heirloom documents. In the following, the relevant characters such as "[illegible]" and "[illegible]" are also studied and supplemented.

Key words: Shu Yu Fang Ding; Mian; Jing

说“晨”

王精松

【摘　要】从出土文献用例看，古文字中的“晨”及从“晨”之字主要记录同{振}相关的词。“晨”应该看成“振举”之“振”的表意初文。由于字形演变，金文中的“晨”写作从“臼”“辰”，这一写法一直延续到了战国文字中。“臼”形在金文和楚文字中可作为构字部件，表示“晨”一类的音。通行的“農”字写法源于“晨”与“晨”的杂糅。

【关键词】晨；晨；振举；糅合

【作者简介】王精松，清华大学出土文献研究与保护中心博士研究生，研究方向为古文字学。（北京 100084）

《说文》卷三上有“晨”字：

“晨，早昧爽也。从臼从辰。辰，时也。辰亦声。丮夕为㚋，臼辰为晨，皆同意。凡晨之属皆从晨。”

《说文》仅提到“臼辰为晨”，对其含义没有进一步说明。康桂馨认为：“耕者晨起即趣田事，所卧之床以两手举置他处以示不用，则晨起之义见矣。”杨树达认为：“農民两手持蜃往田，为时甚早，故以两手持辰表昧爽之义。”朱芳圃看法略同。亦有学者反对《说文》训解，如李孝定认为：“辰之在字，盖只表声，唯从‘臼’之意不明耳。”①

要解决这个问题，我们先来看看古文字中“晨”字相关的各类写法。甲骨文中的“晨”凡一见：

令多[字形]……𢦏……𢦏……（《合集》9477）②

此处似表示某种身份，但辞例残缺，无法判断。

甲骨文中还有几个从“晨”之字：

丁丑王卜，贞：其[字形]旅，征（延）[字形]（游）③于盂，往来亡灾。王占曰：吉。在七[月]。（《合集》36426）

丙子卜，贞：翌日丁丑王其[字形]旅，征（延）[字形]（游），不遘大雨。兹孚。（《合集》38177）

其字从“辶”、从“晨”，可以隶作“遉”。“遉”从“晨”声，“遉旅”即传世文献中常见的“振旅”。

金文中相关字形较多：

𦥑：王大省公族于庚，[字形]旅（中觶，《铭图》卷19，474页）

晨：[字形]（伯晨鼎《集成》2816）[字形]（晨盘，《集成》10092）

[字形]（鄀公平侯鼎《集成》2417）[字形]（中山王嚳鼎，《集成》2840）

叡：[字形]（叡簋，《铭图》卷8，336页）

𡉉：[字形]（师𡉉盘，《集成》2817）[字形]（大师虘簋，《集成》4252）

[字形]（大师虘簋，《集成》4252）

遉：[字形]（遉鼎，《集成》2070）

① 以上说法俱见李圃主编：《古文字诂林》卷三，上海教育出版社，2001年，第241—243页。

② 《合集》9477较为模糊，又见于《殷虚书契前编》4.10.3，本文根据拓本进行了精细处理。

③ “游”字的释读参见陈剑：《甲骨金文用为“游”之字补说》，《出土文献与古文字研究》第八辑，上海古籍出版社，2019年，第1—46页。

先说"⿱辰廾"字，唐兰、徐中舒已指出此处当读为"振旅"[1]。与上述字形相比，""形不过是将上部的双手移到下面并变作"廾"形[2]，不影响文字本身的表意性。中山王嚳鼎的辞例作："今吾老贾亲率三君之众，以征不义之邦，奋桴铎，辟启封疆"，无疑当读为"振"。剩下几例则为人名，无意可说。

从字形演变的角度看，甲骨文中的"晨"两手中间所举正是"辰"形。金文的写法发生了变化，"辰"形下移，使得"臼"形中部空了出来，滋生出一点或是两点，如上引""""""形。

禤健聪认为，甲骨金文之"晨"就是"振奋"之{振}的用字[3]。从用字习惯看，甲骨、金文中"晨"及相关字形表示的词都是{振}。甲骨文中记录"晨昏"之{晨}的词，往往写作"農"[4]。大盂鼎(《集成》2837)的"汝妹辰有大服"句，清代学者已将"妹辰"与"昧爽"联系起来[5]，于省吾亦指出"妹辰"即"妹晨"[6]，则金文中似乎以"辰"记录{晨}。竞孙旟鬲(《铭图》卷6，489页)中有"晨"字，用为"吉辰不忒"之{辰}，与后世的"晨"仅为同形字关系，可见禤说可从。

下面来看楚文字中的情况：

楚简中相关字形主要作"(郭店简《五行》简19)"，其下也有从"口"的写法，如"(清华简《筮法》简48)"，由于古文字中系统"口"与"日"形会相互讹变，因此我们将这两类字形统一隶定作"⿱晨日"。其字上部的形体可以和甲骨、金文的"晨"字联系起来，上面提到的"臼"形中部的短横在楚简中演变为"丨"，这在文字演变中比较常见，不烦赘述[7]。""形可看成从"日"，"晨"声的形声字。"⿱晨日"的辞例如下：

> 金声而玉之。(郭店简《五行》简19)
>
> 司雷，是故谓之。(清华简《筮法》简48)
>
> 毋思(使)百神、风雨祎乱作。(子弹库帛书《四时》)
>
> 挟经(?)秉枹，鸣□□□亲辱于寡人之敝邑。(清华简《越公其事》简3+4)
>
> 越邦庶民则皆动，荒(明?)畏勾践，无敢不敬。(清华简《越公其事》简58)
>
> ……觅，兹唯悾䇞无爽嬴。(清华简《四告》简40)

《五行》的文例对应"金声玉振"之"振"。禤健聪指出，联系《五行》和上引中山王嚳鼎的写法，楚简以"⿱晨日"记写"振奋"之{振}[8]。周波亦持类似观点[9]。《筮法》几例则均用为八卦之"震"。《越公其事》简3+4内容不太完整，整理者读为"振"[10]。"振"与"鸣"含义接近，傅玄《云门篇·铎舞歌行》有"列代有五，振铎鸣金，近大武"句，将"鸣""振"并举。简58应读为"震动"。《四告》简40前面"兹唯悾䇞[11]"含义不好理解，但"无爽⿱晨日嬴"应从整理者读为"无爽振嬴"[12]，指在振救嬴弱之事上无有差错。以此来看，禤健聪、周波的看法大致是正确的。准确来说，应该是楚简中的"⿱晨日"形可记录的词有"振动"之{振}、"赈救"之{赈}与八卦之{震}。

子弹库帛书《四时》句的含义需要讨论一下。从上下文语境看，这里是说因为"共工亢步"导致天

① 李圃主编：《古文字诂林》卷九，上海教育出版社，2001年，第677—678页。

② 刘钊：《古文字构形学》，福建人民出版社，2006年，第43—44页。

③ 禤健聪：《战国楚系简帛用字习惯研究》，科学出版社，2017年，第423—424页。

④ 常正光：《"辰为商星"解》，《古文字研究论文集》，四川人民出版社，1982年，第137—146页。《新甲骨文编》将上述字形收入"晨"字条下，不确。(参见刘钊主编：《新甲骨文编(增订本)》，福建人民出版社，2014年，第153页)

⑤ 刘师培：《字义起于字音说》，《清儒得失论》，吉林出版社，2017年，第127—130页。

⑥ 于省吾：《甲骨文字释林》，商务印书馆，2017年，第123页。

⑦ 也有一些字形已经省去了中间的"丨"。

⑧ 禤健聪：《战国楚系简帛用字习惯研究》，第423—424页。

⑨ 周波：《战国时代各系文字间的用字差异现象研究》，线装书局，2012年，第182页。

⑩ 李学勤主编：《清华大学藏战国竹简(柒)》，中西书局，2017年，第114页。

⑪ 王翊怀疑"䇞"从"虞"声，"悾䇞"可读为"控御"。

⑫ 黄德宽主编：《清华大学藏战国竹简(拾)》，中西书局，2020年，第123页。

地失序，要“置闰”解决这个问题[①]。不少学者将“晷祎”读作“辰纬”，饶宗颐认为“‘晨纬’可包括星辰之经纬，经为天之五官，纬为五星，乃天之无佐”[②]。何琳仪赞同此说，并引《宋书 · 拓跋氏传》中“精气贯辰纬”为证[③]。今按，“辰纬”一词出现年代较晚，将其与帛书联系未必可信。且读为{辰}也与上面提到的用字习惯不符。禤健聪引《淮南子 · 本经》“共工振滔洪水”句，将此处读为“震违”，与后面的“乱作”同意[④]，其说或可从。

总结上面的讨论，出土文献中“晨”及相关的“遈”“晷”形记录的词是相当固定的，目前尚未发现其字记录{辰}、{晨}的积极证据。有的学者认为楚文字中“晷”为“晨”之异体[⑤]，按照上面的分析，当从禤健聪、周波的看法，将“晷”“晨”两种字形应彻底分开[⑥]。

现在来说“晨”的构形。不少学者以中山王嚳鼎的写法为定点讨论“晨”字的构形。如赵诚认为其字所从之“”象双手抱铃柄而振之[⑦]。禤健聪则认为“”为双手持锥之形[⑧]。前面提到，甲骨文中的“晨”作“”形，金文中因为“辰”形下移，上部的“臼”在中部添加的笔画而产生了“”、“”、“”的形体。“臼”进一步发展，就变成了中山王嚳鼎的“”形，此种写法其实是由“臼”形中间的点状物演变而来。中山王嚳鼎中类似的笔画会写作肥笔，同器的“遗”字写作“”，其中的小点亦变为水滴状结构。不能直接根据“”形推求“晨”的构形本义。我认为“晨”字系“振举”之“振”的表义初文，下面来申说这一点：

从字形上看，“晨”字早期写法作“”、“”、“”诸形，象两手举“辰”形。上部的“臼”形或独用手形在古文字系统中可以表示提起、奉举一类的含义，如甲骨文中的“再”字作“（《合集》）6087”、“（《合集》31784）”诸形，象以手称举某种东西。“晨”字的含义应该与“举”密切相关。“辰”作为被奉举之物与“振”读音接近，正与“受”“奉”等字的情况相似。

“振”有“举”义，《逸周书 · 小明武》“振以长旗”，朱右曾训为“举”。贾谊《过秦论》“振长策而御宇内”，亦即“举长策”。“振举”可连用，《释名》卷四：“絓，挂也，挂于杖端，振举之也。”古书常见“振过”，如《荀子 · 尧问》“天使夫子振寡人之过”，又《春秋繁露 · 必仁且智》“以为天欲振吾过”，同“举过”含义接近，《白虎通 · 寿命》云：“滔天则司命举过。”又《潜夫论 · 忠贵篇》：“文昌奠功，司命举过。”又《左传 · 昭公元年》有“举之表旗，而著之制令”，此处之“举”的含义同“举过”接近，强调的是彰显一类的含义。“振”又有“举救”之义，《说文》：“振，举救也。”《左传 · 昭公十四年》：“分贫振穷”，《国语 · 周语下》：“路冢不振”。由此可见“振”“举”在词义上的密切联系。

我们已经说过，“臼”形的产生是“晨”形中“辰”下移的结果。可注意的是，古文字中有一批可代表“晨”音读的“臼”形，试看下面的材料：

毛公鼎（《集成》2841）中有如下字形：

“遣（错）衡、金踵、金豙（軶）、舸（约）、金簟（簟）弼（茀）、鱼葡（箙）”。

“舸”一直未能得到确解。陈汉平认为此字位置同“衡”接近，结合前面的“约”字，正当读为“约

① 陈剑：《试说战国文字中写法特殊的“亢”和从“亢”诸字》，《战国竹书论集》，上海古籍出版社，2013年，第318—351页。

② 饶宗颐：《楚帛书天象再议》，《中国文化》第三期，生活 · 读书 · 新知三联书店，1991年。

③ 何琳仪：《战国古文字典——战国文字声系》，中华书局，1998年，第1333页。

④ 禤健聪：《战国楚系简帛用字习惯研究》，第423—424页。沈奇石认为，“毋思使百神风雨震违乱作”可理解为“毋使百神震违、风雨乱作”，其说有一定道理。

⑤ 见曾宪通、陈伟武主编：《出土战国文献字词集释》卷七“按语”，中华书局，2019年，第3429页。

⑥ 记录{震}、{振}两词的字形在楚文字中确实不止“晷”一种。清华简《命训》中以“䛒”形记录“事不震”之“震”。《殷高宗问于三寿》简16有“晨若叙态，冒神之福，同民之力”句，“晨”字整理者读为“振”，此处文意不明。即使确实可以读为“振”，也跟我们上面提到“晷”形主要记录{震}、{振}两词的看法不矛盾。

⑦ 赵诚：《中山壶、中山鼎铭文试释》，《古文字研究》第一辑，中华书局，1979年，第247—272页。

⑧ 禤健聪：《战国楚系简帛用字习惯研究》，第423—424页。

軝”，《诗・采芑》：“约軝错衡，八鸾玱玱。”[①]郭沫若持类似看法[②]。平心认为其字下部为“成”，可读为“軝”[③]。今按，细审毛公鼎字形，其下部主体部分为“戌”问题不大，但左下角是否有一笔则不好判断。田炜已经指出，金文中“戌”“成”两字均可记录{戌}、{成}两个词[④]，即使认为下部为“戌”，同样也可以记录{成}。

真正麻烦的是上部的“”形，吴红松将其与金文中的“晨”字的“”“”联系起来[⑤]，后一字形上部同毛公鼎写法非常接近。“晨”“軝”古音可以通假。《礼记・内则》“祇见孺子”，郑注：“祇，或作振。”《说文》“脤”字有异体作“祇”。何尊（《集成》6041）中有“眂”字，从“氏”声读为“视”。“示”“辰”亦可通假，《诗・吉日》“其祁孔有”，郑注“祁当作‘麎’”。又“氏”“氏”为一字分化关系[⑥]，上博简《容成氏》篇题即写作“讼成氏”。我们此处所讨论的“軝”字，亦见于臣谏簋（《集成》铭图卷 11，419 页），李学勤指出，“軝”之名正缘于“泜水”[⑦]。“氏”“辰”相通例证也很多，《书・皋陶谟》“月严祇敬六德”，“祇”，《史记・夏本纪》引作“振”。《书・盘庚下》“曷震动万民以迁”，“震”，汉石经作“祇”。清华简《四告》简 21 有“宜厥攸同，晨于服御”句，整理者读为“宜厥攸同，祇于服御”，可从[⑧]。“成”与“軝”古音亦相去不远，不烦赘述。则“”可看作从“𦥑”声之字。

仅用这一例很难说明“𦥑”有“晨”的音，楚简中还有如下几例字形：

（上博简《用曰》简 6）　（清华简《司岁》简 2）

先来说《用曰》的字形，其字上部从“虍”，下部为两手持类似于“角”的部件。此字文例作“亡齿寒”，显然对应“唇亡齿寒”之“唇”。苏建洲认为此字从“迁”省声[⑨]，试比较楚简中“迁”字写法：“（清华简《四时》简 7）”“（清华简《四时》简 8）”，可以看出来两者形体接近。但迁、唇读音不近，“迁”字早期写法作“（宜侯夨簋《集成》4320）”“（大盂鼎《集成》2837）”诸形[⑩]，其演变过程非常清晰，不能和“”联系起来。

单育辰将其与中山王譽鼎的“”形联系起来，认为“虍”下很可能是“”的讹变[⑪]。刘信芳同意这一看法，并引郭店简的“”形作为佐证[⑫]。今按，从“”形到“”形符合文字发展规律。其中部被添加饰笔，类似例子如汉印中的“山”字作“”“”[⑬]诸形。可见“𦥑”形在此充当“唇”字声符。

《司岁》的“”字同样将我们导向这个方向。此处即对应“摄提格”之“提”。整理者认为此字从“是”、从“𦥑”，是“提”字异体[⑭]。从楚简“是”有“”（清华简《筮法》简 46）的写法看，确实可以分析为从“𦥑”，“是”声。但此字的上部同“𦥑”形也很接近，“”“”一类写法中部很容易演变为墨丁。古文字中从“龹”之字正可与此类比：

---

① 陈汉平：《西周册命制度研究》，学林出版社，1986 年，第 249 页。

② 郭沫若：《两周金文辞大系图录考释》，《郭沫若全集・考古编（第 7 卷）》，科学出版社，2017 年，第 135—139 页。

③ 平心：《甲骨文及金石文考释》，《华东师大学报》1956 年第 4 期。

④ 田炜：《西周金文字词关系研究》，上海古籍出版社，2016 年，第 194 页。

⑤ 吴红松原文提到其字可以与“晨”联系起来，按照我们的理解，此处同“晨”联系更恰当。参见吴红松：《西周金文考释三则》，《江汉考古》2015 年第 4 期。

⑥ 何琳仪：《战国古文字典》，第 755，1210—1211 页；陈剑：《〈孔子诗论〉补释一则》，《中国哲学》第 24 辑，岳麓书社，2019 年。

⑦ 李学勤：《元氏青铜器与西周邢国》，《新出青铜器研究》，文物出版社，1990 年，第 60—67 页。张富海亦有类似观点，参见张富海：《据古文字论“氏”、“视”等字的上古声母》，《古文字与上古音论稿》，上海古籍出版社，2021 年，第 297—303 页。

⑧ 黄德宽主编：《清华大学藏战国竹简（拾）》，第 117 页。

⑨ 苏建洲：《读〈上博（六）・用曰〉笔记五则》，简帛网，2007 年 7 月 20 日。

⑩ 字形摹本选自李守奎：《出土文献中“迁”字的使用习惯与何尊“迁宅”补说》，《出土文献》第四辑，中西书局，2013 年，第 121—129 页。

⑪ 单育辰：《占毕随录之二》，简帛网，2007 年 7 月 28 日。

⑫ 刘信芳：《上博藏六〈用曰〉试解四则》，《中国文字学报》第二辑，商务印书馆，2008 年。

⑬ 以上字形选自李鹏辉：《汉印文字资料整理与研究上篇：汉印文字字形表》，博士学位论文，安徽大学，2017 年，第 818 页。

⑭ 黄德宽主编：《清华大学藏战国竹简（拾）》，第 146 页。

（秭室门键，《集成》10456） （曾𢍜父匜，《铭图》卷13，53页）

（曾𢍜父匜，《铭图》卷25，523页）

此字旧多释为“朕”，谢明文改释为从“𢍜”之字①。从上面的写法看，其字既有如秭室门键中部为墨丁状的写法，亦有曾𢍜父匜的点状写法，可见“”形可看成“”“”的异体。张富海所释楚简中的“匊”字作“”（郭店《缁衣》简12）、“”（上博《缁衣》简7）形，此系两手捧一抽象事物，即“匊捧”之“匊”的初文②。其中部所捧之物亦为墨丁，与《司岁》的情况相似。

我认为不妨将“”形中部的墨丁看作共笔，其字可分析为从“𦥑”、从“是”的双声字。“是”与“氏”古音同属禅母支部。《容成氏》简2帝王之“氏”，一律写为“是”。《战国策·赵策》：“于是为长安君约车百乘”，“是”，《战国纵横家书》作“氏”。马王堆帛书《九主》“以氏守御”，“氏”当读为“是”。“氏”“振”古音的密切关系已如前所述，“𦥑”没有问题可充当“提”字的声符③。

从上面的分析看，认为“𦥑”有“晨”的读音是问题不大的。对此有两种分析方式，一是认为“𦥑”是“晨”的割取形体，因而具有“晨”的音义。另一种可能是，由于字形变化，西周之后的文字使用者已不能正确分析“晨”字构形，时人很可能将“𦥑”形看成是双手振举事物的表意字，从而使“晨”被重新分析为从“𦥑”“辰”声的形声字。两种情况都有可能，目前未详孰是。

最后还有一个问题需要交代，不少工具书将“晨”与“農”看成一字异体④。《说文》：“農，耕也。从晨囟声。”从实际用例看，金文中的“農”字与“晨”无关。其形体主要写作“”（令鼎，《集成》2803）”、“”（墙盘，《集成》10175）”、“”（梁其钟，《集成》1871）”，“辰”上之形体或作“林”、或作“田”，或两者兼有之。楚文字中的“農”一律写作“農”，当即承袭墙盘的写法而来。秦文字中的“農”实际上有两种写法，一种作“”（里耶秦简14－4）、“”（里耶秦简14－639＋14－672），此种写法仍从“林”“田”，从“辰”，与上引梁其钟写法一致。另一种写法则更多见，作“”（睡虎地秦简《秦律十八种》简14）”“”（龙岗秦简简175）”形，与《说文》一致，即为现在通行“農”字之来源。

《古汉字发展论》中认为散氏盘中的“”（《集成》10176）系“”与“”异体糅合而来⑤。其说基本可从。准确点说，我认为是因为“辰”“𦥑”音近，所以时人习惯性用“𦥑”来替换“農”字中的“辰”形，从

① 谢明文：《金文丛考（二）》，《商周文字论集》，上海古籍出版社，2017年，第333—343页。

② 张富海：《郭店楚简〈缁衣〉篇研究》，硕士学位论文，北京大学，2002年，第14页。

③ 还可联想到的是，清华简《筮法》简39有“”字。《筮法》的“”形用为八卦之“坤”，整理者虽将其与“坤”字传抄古文字形联系起来，但其构形长期悬而未解。程燕认为此字当从“昆”声（程燕：《谈清华简〈筮法〉中的“坤”字》，《周易研究》2014年第2期）。张富海指出，楚简“昆”的字形同“”形仍有距离（张富海：《说“坤”》，《中国文字学报》第十辑，商务印书馆，2020年）。今按，张富海的看法可从。“坤”字写法后起，不能作为通假的根据。早期文字当从汉石经、马王堆帛书写法作“川”。“昆”“坤”虽中古音很近，但与“昆”关系密切之字如“君”“艮”等都是牙喉音，同照系之“川”较远，“昆”“川”的读音难以沟通起来。我们认为，此处的“”形仍当分析为从“𦥑”、从“大”。“川”与“振”古音可以沟通。陈剑指出，“水”“川”为一字分化，两者在甲骨文中共用同一形体（陈剑：《说“昔”字并论“巛”形的真正来源》，《饶宗颐国学院院刊》第八辑，中华书局（香港）有限公司，2021年）。准与水、川音义接近，三者是同源词。“水”为审母字，“准”为章母字，两字无疑应属照系，“川”字来源于上古声母“th-”的可能更大。《说文》：“水，准也。”《周礼·辀人》：“辀注则利准。”郑注：“故书准作水。”又《栗氏》：“权之然后准之”，郑注：“准，故书或作水。”左冢漆盘之“水”，程少轩读为“准”（程少轩：《论左冢漆盘所见“水”字当读为“准”》，《古文字研究》第三十三辑，中华书局，2020年，第236—240页），可从。马王堆帛书《系辞》：“易与天地顺”，传世本作“易与天地准。”“振”与“准”亦关系密切，马王堆帛书《易·解卦》“公用射敻（隼）”，又《易·恒》：“敻（振）恒”。是“敻”可以代表{振}、{隼}两个词。又“辰”可与“臀”通假，帛书《易·困》“辰困于株木”句，“辰”，传世文献作“臀”。帛书《足臂脉·足》有“脽痛”，周一谋、萧佐桃读为“臀痛”（周一谋、萧佐桃：《马王堆医书考注》，天津科学技术出版社，1988年，第3页），《长沙马王堆汉墓帛书集成》整理者从之（裘锡圭主编：《长沙马王堆汉墓简帛集成（伍）》，中华书局，2014年，第188页）。是“辰”“隼”同可以表示{臀}。友人指出，其字下面的部分未必为“大”形，而可能是两个阴爻作“坤”字之义符。《筮法》一篇中有不少少见的字形，此字未尝不可看成是时人为“坤”所造的专字。此外，郭店简《五行》简30的“”字，此字所代表的词无疑即为{智}，过去学者多疑为坏字。从字形上看，其字的下半部分很像是《用曰》的“”形省去中间的“圈”的写法。我很怀疑此字下半部分被进行了声化改造，“是”“智”的古音极近，则此字下部似可分析为“𦥑”声。

④ 江学旺：《西周文字字形表》，上海古籍出版社，2017年，第101—102页。

⑤ 黄德宽等：《古汉字发展论》，中华书局，2014年，第172页。

而形成杂糅字体。省略掉下面的“止”形后，就演变为秦简的后一种形体。可见《说文》说“農”从“晨”是有道理的。但从来源上讲，“晨”与“農”用法界限明确，不能看作一字异体。

附记：小文先后承蒙黄德宽师、石小力师、沈奇石、王翊、刘晓晗等诸师友审阅并提出宝贵意见，谨致谢忱！

【参考文献】

[1] 李圃主编.古文字诂林[M].上海：上海教育出版社，2001.
[2] 陈剑.甲骨金文用为“游”之字补说[A]//出土文献与古文字研究（第八辑）[C].上海：上海古籍出版社，2019.
[3] 裘锡圭.裘锡圭学术文集[M].上海：复旦大学出版社，2012.
[4] 刘钊.古文字构形学[M].福州：福建人民出版社，2006.
[5] 禤健聪.战国楚系简帛用字习惯研究[M].北京：科学出版社，2017.
[6] 常正光.“辰为商星”解[A]，古文字研究论文集[C].成都：四川人民出版社，1982.
[7] 刘钊主编.新甲骨文编[M].福州：福建人民出版社，2014.
[8] 刘师培.清儒得失论[M].长春：吉林出版社，2017.
[9] 于省吾.甲骨文字释林[M].北京：商务印书馆，2017.
[10] 周波.战国时代各系文字间的用字差异现象研究[M].北京：线装书局，2012.
[11] 李学勤主编.清华大学藏战国竹简（柒）[M].上海：中西书局，2017.
[12] 黄德宽主编.清华大学藏战国竹简（拾）[M].上海：中西书局，2020.
[13] 陈剑.战国竹书论集[M].上海：上海古籍出版社，2013.
[14] 饶宗颐.楚帛书天象再议[J].中国文化（第三期）.北京：生活·读书·新知三联书店，1991.
[15] 何琳仪.战国古文字典——战国文字声系[M].北京：中华书局，1998.
[16] 曾宪通、陈伟武主编.出土战国文献字词集释[M].北京：中华书局，2019.
[17] 赵诚.中山壶、中山鼎铭文试释[A]//古文字研究（第一辑）[C].北京：中华书局，1979.
[18] 陈汉平.西周册命制度研究[M].上海：学林出版社，1986.
[19] 郭沫若.郭沫若全集.考古编（第7卷）[M].北京：科学出版社，2017.
[20] 平心.甲骨文及金石文考释[J].华东师大学报，1956(4).
[21] 田炜.西周金文字词关系研究[M].上海：上海古籍出版社，2016.
[22] 吴红松.西周金文考释三则[J].江汉考古，2015(4).
[23] 陈剑.《孔子诗论》补释一则[J].中国哲学（第24辑）.长沙：岳麓书社，2019.
[24] 李学勤.新出青铜器研究[M].北京：文物出版社，1990.
[25] 张富海.古文字与上古音论稿[M].上海：上海古籍出版社，2021.
[26] 李守奎.出土文献中“迁”字的使用习惯与何尊“迁宅”补说[A]//出土文献（第四辑）[C].上海：中西书局，2013.
[27] 刘信芳.上博藏六《用曰》试解四则[J].中国文字学报（第二辑）.北京：商务印书馆，2008.
[28] 谢明文.商周文字论集[M].上海：上海古籍出版社，2017.
[29] 李鹏辉.汉印文字资料整理与研究上篇：汉印文字字形表[D].合肥：安徽大学博士学位论文，2017.
[30] 张富海.郭店楚简《缁衣》篇研究[D].北京：北京大学硕士学位论文，2002.
[31] 程燕.谈清华简《筮法》中的“坤”字[J].周易研究，2014(2).
[32] 刘洪涛.清华简“斵”与甲骨文“黽”合证[J].语言研究，2019(3).
[33] 陈剑.说“昔”字并论“巛”形的真正来源[J].饶宗颐国学院院刊（第八辑）.香港：中华书局（香港）有限公司，2021.
[34] 程少轩.论左冢漆盘所见“水”字当读为“准”[A]//古文字研究（第三十三辑）[C].北京：中华书局，2020.
[35] 周一谋、萧佐桃.马王堆医书考注[M].天津：天津科学技术出版社，1988.
[36] 裘锡圭主编.长沙马王堆汉墓简帛集成[M].北京：中华书局，2014.

[37] 江学旺.西周文字字形表[M].上海：上海古籍出版社，2017.
[38] 黄德宽等.古汉字发展论[M].北京：中华书局，2014.

Research on the Word “晨”

Wang Jingsong

(Research and Conservation Center for Excavated Texts, Tsinghua University, Beijing 100084, China)

Abstract: From the unearthed literature use cases in the ancient “晨” and from the words of “晨” primary record with{振} vibration related words. “晨” should be seen as “vibration” table at the beginning of righteousness. In wen-zhong jin for glyph evolution, writing “晨” from “臼” and “Chen”, and the writing has been continued during the warring states period in the text. “臼” form can be used as structural words in the Jin Wenhe chu text widget, said “晨” type of sound. Passage of the word “農” writing is the result of “晨” and “晨” mix.

Key words: 晨; 晨; vibration; mix

说甲骨文中从“羊”的两个字*

张　昂

【摘　要】本文考证了甲骨文中从“羊”的两个字，指出卜辞中所谓的“羞方”，从字形与辞例上看，实际上与“绊方”是同一个方国。对旧有的何组卜辞与黄组卜辞中的“羞方”作更正，填补了这两个组类不见“绊方”的空缺。

【关键词】甲骨文；方国；“羞”字；“羊”字

【作者简介】张昂，女，复旦大学出土文献与古文字研究中心（“古文字与中华文明传承发展工程”协同攻关创新平台）博士生，研究方向为甲骨学、古文字学。（上海　200433）

“绊方”是甲骨文中所见的众多方国之一，“绊”字象以“绳结”或“绳套”捆缚羊之形①。卜辞中“绊方”凡十几见，《合集》1118有“绊伯”②，其地望位于殷西③。“羞方”亦是一个殷西的方国，在卜辞中凡两见，见《合集》27998、36528反④，其中“羞”字从“羊”，分别作、。考证这两个所谓的“羞”字后，我们认为，卜辞中所谓的“羞方”，很可能与“绊方”是同一个方国。下文从字形与辞例两个角度展开说明。

“绊方”之“绊”，以是否从手形，分为、与两类写法。不从手形者又可细分为“两重绳结”形，作，见于典宾B类、宾出类⑤；“一重绳结”形（或称“绳套”形），作，见于典宾B、宾出、出二、历二、无名等类。从手形之目前仅三见：（《合集》20373自肥笔）⑥，、（《合集》8596＝《铁》252.1不全，宾出）。将与、认同，学界认识上没有问题。殷墟甲骨文中“羞”字常见的写法作、⑦，从羊从又，与相比，仅有“羊”形中部有无“绳套”形之别。

一方面，“绳套”形有直接讹成“又”形的可能。谢明文先生注意到，周原甲骨H31∶4“陊（墬）”作

* 本文为国家社科基金重大项目“出土先秦两汉医药文献与文物综合研究”（项目编号：19ZDA195）子课题“甲骨文、金文、玉石、战国秦汉玺印、封泥中的涉医资料整理与校释”的阶段性成果。

① 此字并不从“纟”，为方便排印，本文暂将它隶定为“绊”字。另外，西周金文中“善”字所从“羊”形也有带“绳套”形的写法，如（《集成》2822）、（《集成》2825）、（《集成》4465）、（《近二》408）；谢明文先生指出（）、、、等形与形为一字异体，即为“山羊细角”的“苋”字，“苋”“羊”作为表意偏旁，往往可换作，参看谢明文：《商代金文的整理与研究》，博士学位论文，复旦大学，2012年，第690—703页。“善”“苋”二字中部的“绳套”形，似可与所谓的“绊”字合观。刘钊师告诉笔者，他怀疑也有横笔、斜笔变成小圆的可能。另，《合集》5659有一字作，该片来源于《天壤阁甲骨文存》52，唐兰先生摹作，隶定作“羘”字（唐兰：《天壤阁甲骨文存并考释》，上海古籍出版社，2016年，第155页），录之备考。

② 《合集》1119作“绊”，此字一般隶定作“ ”，何景成先生认为其上部从“𢍏（卷）”（《试释甲骨文的北方风名——兼说甲骨文的“ ”字》，《殷都学刊》2009年第2期），可参考。该方国的基本情况可参看宋镇豪主编，韩江苏、江昌林：《商代史（卷二）·〈殷本纪〉订补与商史人物征》，中国社会科学出版社，2010年，第520—522页。

③ 宋镇豪主编，孙亚冰、林欢：《商代史（卷十）·商代地理与方国》，中国社会科学出版社，2010年，第278—280页。

④ 《商代史（卷十）·商代地理与方国》一书中“羞方”一节下还提到《合集》111（第280—281页）。今按，该片字体风格为典宾A类，其辞云“贞：呼取羞刍”。甲骨文中“某刍”数见，如“𤔲（伯）刍”“雝刍”等，卜辞中暂不见“𤔲（伯）方”“雝方”，其中“𤔲（伯）”字之释读从周忠兵先生之说（《出土文献所见“仆臣台”之“台”考》，台北“中研院”《史语所集刊》第九十本第三分册，2019年，第367—398页）。故“羞刍”之“羞”与“羞方”无必然联系。此外，商金文中以“羞”为族氏者数见，参严志斌编著：《商金文编》，中国社会科学出版社，2016年，第448页；毕秀洁编著：《商代金文全编》，作家出版社，2012年，第946页。

⑤ 本文采用的甲骨分类据黄天树：《殷墟王卜辞的分类与断代》，文津出版社，1991年（繁体版）；科学出版社，2007年（简体版）。

⑥ 此字辞例为“王𡨄𣪠”，其所从羊形实为“苋”旁，可能与“苋”“羊”之间可换作有关，也可能是自肥笔类刻手的笔画圆润所致。

⑦ 参刘钊主编：《新甲骨文编（增订本）》，福建人民出版社，2014年，第826页；李宗焜编著：《甲骨文字编》，中华书局，2012年，第344—345页。

，胡簋（《铭图》5372）“墜”作，保员簋（《铭图》5202）“墜”作，县妃簋（《铭图》5314）“隊（墜）”作，其中周原甲骨与县妃簋之形“豕”形中部已近似“又”形①。另一方面，甲骨文中的“绳结”或“绳套”形的写法有不少变体，这些变体有时过于简略（下详），不易认出。出于上述两方面的原因，今人识读甲骨卜辞时，可能会将有的刻手所写的“绊”字误认为“羞”，从而衍生出一个名为“羞方”的陌生方国。

《合集》36528 的释文为：

(1) 乙丑王卜，贞：畲巫九畚，余乍(作)障(尊)，徹(启)告侯、田册𢼄方、兹(羌)方、羞*方、辔方，余其比侯、田甾戋四丰(邦)方。　　《合集》36528 反②[黄组]

比照以下一组卜辞，可知例(1)中的“羞*方”是“绊方”的可能性很大：

(2a) 勿壘呼，王其每。

(2b) 惠可白(伯)(助)③呼，𪏰*④(绊)方⑤、𢼄方、辔方。

(2c) 勿(助)呼。　　《合集》27990[无名]

例(1)为黄组卜辞，正接续例(2)所属的无名组卜辞。由例(2)可知，“绊方”是当时商王朝的敌对方国，与𢼄方、辔方一同被商王讨伐，而例(1)中的“羞*方”也与𢼄方、辔方一同被商王讨伐⑥，这为“羞*方”即“绊方”提供了辞例上的证据。

从字形上看，例(1)中“羞*方”之“羞*”作，黄组卜辞中确定的“羞”字似仅一见，见《合集》37392作，其辞云“甾告曰‘兕来羞’”，两字写法有别——虽然“又”形位置之变动对“羞”这样的字而言，并不影响其表意。但需指出，此版均缺刻横划⑦，此字亦有缺刻笔画的可能。黄组中的“羊”旁上承何组、无名组中的写法，两侧歧笔往往增繁作两重，或作，或作。“”字中羊角形与“又”形最上端之间的距离十分狭窄，很难想象刻手要在如此狭窄的空间内，再在左右各添上两笔。因此，前人将此字分析为从“羊”从“又”的“羞”字，不合于黄组卜辞的书写习惯，并不可信。

《合集》27998 的释文为：

(3a) 惠网⑧步，擒羞*。

(3b) ……步……[羞*]方。　　《合集》27998＝《甲编》2027[何二]

例(3)为正式卜辞，不存在缺刻笔画的现象，其中“羞*方”之“羞*”字旧拓作、（下残），彩照作、，陈逸文先生摹作、⑨。今按，“”字中部斜笔当表示“绳套”形⑩，可参“兹(羌)”字异体作

---

① 谢明文：《说“狄”》，《文史》2019 年第 1 期，第 15—22 页。

② 参看陈剑：《释甲骨金文的“徹”字异体——据卜辞类组差异释字之又一例》，《出土文献与古文字研究》第七辑，上海古籍出版社，2018 年，第 7 页。

③ 参看方稚松：《关于甲骨文“叀”字构形的再认识》，《故宫博物院院刊》2015 年第 2 期。

④ 黄天树先生指出，此字疑读为翦灭之“翦”，《殷墟甲骨文助动词补说》，《古汉语研究》2008 年第 4 期；又收入《黄天树甲骨金文论集》，学苑出版社，2014 年，第 245—252 页。

⑤ 有学者将此字直接看作“羌方”，我们不同意此观点。按照马智忠的研究，该片属于无名二 B 类，此类“兹(羌)”字作为特征字，作、等形，见《殷墟无名类卜辞的整理与研究》，博士学位论文，吉林大学，2018 年，第 135 页。此字下部明显不从人形，与“兹(羌)”字判然有别，况且无名类中“绊方”见于《合集》27976，作。

⑥ 不论从字形上看，还是从它们与商各时期之关系上看，“绊方”与“羌方”绝非同一国族。“绊”与“羌”二字字形上的差异，可参王子杨先生文中所说的“”与“”二字之下部的差异（王子杨：《甲骨文字形类组差异现象研究》，中西书局，2013 年，第 310—312 页）。据学者研究，“羌方”在自组、宾组、历类卜辞时期与商为敌，出组时期臣属于商，何组、无名类、黄组时期则有服有叛；“绊方”在自组、宾组、历组时期与商时敌时友，出组时期关系不明（“绊”字在出组卜辞中似仅见于《合集》25914，辞残），无名类时期则与商为敌（参看《商代史（卷十）·商代地理与方国》，第 268—270 页、第 278—280 页）。若我们考释不误，何组、黄组卜辞中旧释的“羞方”就是“绊方”，那么“绊方”在何组、黄组时期也应与商为敌。

⑦ 赵鹏指出，从占卜位置上看，此辞为习刻辞，这版黄组胛骨上应没有可以占卜它的钻凿。

⑧ 旧拓作，有学者将其释作“其”字，“考古数字典藏数据库”公布该片彩照后，此字显然不是“其”字。其实黄天树先生早已指出，此字应为“网”字，见《殷墟王卜辞的分类与断代》，第 279 页。

⑨ 陈逸文：《“中研院”历史语言研究所殷墟第一到九次发掘所得甲骨之整理与研究》，博士学位论文，高雄中山大学，2013 年。

⑩ 甲骨文中有的“羊”字作，中部为一横笔。“绊”字中部写作一斜笔时，并不会与这种写法的“羊”字相混，况且二者所见组类亦不同。

(《合集》22044午组)、(《合集》519自宾间)。另外,历二类有一字作(《英藏》2424),很可能也是“绊”字之异体[①]。例(1)整版缺刻横划,字很可能就是缺刻斜笔的()。黄组卜辞接续何组卜辞,极有可能存在字形上的影响和承袭。故此例何组卜辞中所谓的“羞*方”,很可能亦是“绊方”。

何二类的卜辞中,还有一个残字很可能是“绊”字,其作(),见于《合集》27986(《甲编》1792)。仔细辨认两版甲骨(尤其是彩照),不难发现二者并非同一种字迹。总体上看,以《合集》27998为代表的字迹,笔画细而锋利;以《合集》27986为代表的字迹笔画较粗,显得沉顿。两种笔迹在何组二类的甲骨中都很常见,二者字形和书体有许多相似之处,若将两种字迹看作是不同刻手的产物,那么他们同一时期在村北系的占卜机构共事,常在同版上分别刻写不同的卜辞,比较明显的例子可举《合集》26894(《甲编》1353)、《合集》28101(《甲编》1225)、《合集》29088(《佚存》288=《美藏》426=哥大13)等。另外,何组二类中有确定的“羞”字作(《合集》30768),其辞为“祀其羞,王受又(佑)”,亦可证()并非“羞”字。

不同刻手刻写的“绳结”或“绳套”形往往各具特色,这体现了甲骨文字形体的组类差异。除上举几例“绊”字异体外,《合集》8598(典宾B)上的“绊”字亦值得一提。此字原拓上作,《甲骨文字编》一书中摹作[②],按“羊”旁省去左右歧出二笔者在何一A类甲骨之外较为罕见[③],可参看谢明文先生举出的(《醉古集》第197组)、(《怀特》899)等片[④]。故《合集》8598原拓中“羊”形中部之圈形,看似为“绳套”形,实乃歧出二笔与泐痕共同作用而致使误摹。《新甲骨文编》一书中,此字处理作则不误,细看仍可见“绳套”之形()[⑤]。此字特殊之处,在于将原应刻在羊形中部的“绳套”形刻于羊角[⑥],致使“绳套”笔画与左边羊角有所重合。

综上所述,“绊方”自最早的𠂤组卜辞中开始,在甲骨文中就十分活跃,无名组卜辞中亦见其身影,按照旧说,与其时代大致相当的何组卜辞中却不见,其后的黄组卜辞中亦不见,这是十分特异的。“绊方”延续多年,在晚期甲骨文中突然“销声匿迹”的可能性大概很小。我们对旧有的何组卜辞与黄组卜辞中的“羞方”作更正,填补了这两个组类不见“绊方”的空缺。

2020年9月一稿

2022年3月二稿

附记:本文曾蒙刘钊、蒋玉斌、周忠兵、赵鹏、谢明文、杨熠等先生批评指正,作者向他们表示衷心的感谢!

① 张珊:《散见甲骨图像的搜集与整理》,硕士学位论文,首都师范大学,2019年,第63页。

② 李宗焜编著:《甲骨文字编》,第550页。

③ 何组卜辞中的“宰”字中的“羊”旁有不少省去左右歧出二笔的,见《合集》27269+27515、《合集》29676+31830+27576、《合集》29678等,我们将这类甲骨称作“何一A类”。

④ 谢明文:《商代金文的整理与研究》,第694—695页。

⑤ 刘钊主编:《新甲骨文编(增订本)》,第745页。

⑥ 甲骨文中“绳套”“绳结”一类形体,其位置上的变动,并不影响表意。我们知道,早期古文字中的“羊”字象羊头,作、、等形,采取的是以局部之羊头,借代整体之羊身的办法,与之类似的还有“牛”字。正如表示“细角山羊”的“苋”字既作以羊头代指羊身整体的形,又作勾勒出整个羊形的(谢明文:《商代金文的整理与研究》,第688页)。故不宜将、等字简单地理解为,将绳索捆缚于羊颈处;同样地、、等字也不宜机械地看作将绳索捆缚于人颈处,只是所谓的“颈部”处刻写位置正好较充足,所以古人在造字时作如是选择。与之情况类似的字(《合补》8584),也不宜机械地理解为在犬腹部处捆绑绳索。

The Explanation of the Two Characters “Yang(羊)” in Oracle Bone Inscriptions

Zhang Ang

(Center for Research on Chinese Excavated Classics and Palaeography, Fudan University, Shanghai 200433, China)

Abstract: This paper makes a textual research on the two characters “Yang(羊)” in oracle bone inscriptions, and points out that the so-called “xiu fang(羞方)” is actually the same country as “xiang fang(绊方)”, filling the vacancy where the inscriptions of He group and Huang group disappeared.

Key words: oracle bone inscriptions; country; the character “xiu(羞)”; the character “yang(羊)”

殷墟邵家棚遗址新出土青铜觥盖铭文别解*

苏文英

【摘 要】河南安阳殷墟邵家棚遗址新出土一件商代晚期青铜觥盖，刘源先生认为其铭文应读作"箙㠱赐埜贝二朋"，"埜"是作器者，此器可定名为埜觥。本文将"埜"释读为"华山"的"华"，指出铭文是一个受事主语句，"箙㠱"是作器者，此器应定名为箙㠱觥。此外，还依据合文惯例将"二朋"改释为"三朋"。

【关键词】邵家棚；箙㠱觥；华；受事主语

【作者简介】苏文英，女，西南大学汉语言文献研究所、出土文献综合研究中心讲师，研究方向为古文字学。（重庆 400715）

刘源先生《殷墟邵家棚遗址出土青铜觥盖铭文初读》①介绍了一件新出土的商代晚期青铜觥盖，其铭文作"箙㠱赐埜贝二朋"。刘先生认为"埜是接受赐贝的贵族，也就是作器者，按学界以作器者命名青铜器的原则，此器可定名为埜觥。"但此句是否一定要如此理解，似乎是可以讨论的。因为汉语是缺乏形态标志的语言，这个句子也可能是个受事主语句，意即"箙㠱被赏赐埜贝二朋"。而这句话的理解涉及此器的定名，很有进一步讨论的必要，下面试为别解，就教于方家。

一 将"箙㠱赐埜贝二朋"理解为受事主语句的依据

王力先生说："在远古汉语里，在结构形式上没有主动和被动的区别。直到甲骨金文里也是这种情况。真正的被动式在先秦是比较少见的，而且它的出现是春秋以后的事。"②但甲骨金文中的这类受事主语句的谓语动词在意念上或者语义上表示被动已是学界共识。③ 武振玉《殷周金文中的特殊句型》在讨论被动句时说："从数量上看，无形式标志的（殷 3 例，西早 10 例，西中 8 例，西晚 3 例）略多于有形式标志的（西早 10 例，西中 3 例，西晚 2 例，战早 3 见）。"④潘玉坤《西周金文语序研究》第一章第一节专门讨论了 26 个"语义被动句"，涉及 12 个谓语动词，其中"赐"使用的频率最高。潘先生认为这是一种普遍而重要的现象，在当时的实际语言中，应该还有不少动词用于被动语义，囿于青铜器铭文的表现内容和形式，它们没有被真实反映出来。⑤ 的确，这类句子完全靠语义限制和语境限制确定被动关系，很容易被忽略或误读。

如果我们将"箙㠱赐埜贝二朋"看作受事主语句，"箙㠱"则是被赏赐者，"埜"大概应该看作地名。

刘源先生指出殷金文中的"箙"有作两个矢的，基本是族徽，且箙钺经常组成复合氏名，此铭作一

---

* 基金项目：本文为西南大学中央高校基本科研业务费专项资金项目"甲金文异体字研究"（项目编号：SWU1709606）、西南大学中央高校基金创新团队项目"古文字与出土文献研究"（项目编号：SWU2009108）、"西南大学创新研究 2035 先导计划"（项目编号：SWUPilotPlan017）的阶段性成果。

① 刘源：《殷墟邵家棚遗址出土青铜觥盖铭文初读》，《殷都学刊》2022 年第 1 期，第 1—3 页。下引该文不再出注。

② 王力：《汉语史稿（重排本）》，中华书局，2004 年，第 485 页。

③ 参看管燮初：《西周金文语法研究》，商务印书馆，1981 年，第 62—63 页；杨五铭：《西周金文被动句式简论》，《古文字研究》第七辑，中华书局，1982 年，第 309—316 页。

④ 武振玉：《殷周金文中的特殊句型》，《燕赵学术・2009 年春之卷》，四川辞书出版社，2009 年，第 118—123 页。

⑤ 潘玉坤：《西周金文语序研究》，华东师范大学出版社，2005 年，第 2—14 页。

个矢形，应是官名，“箙㠱就是指来自㠱氏、掌管多箙的长官。”这个意见无疑是正确的，商代晚期的箙亚罍角（铭图[①] 08793）铭文中有人名“箙亚罍”（“箙”字形亦只作一个矢形），金文中“某亚”之“某”多是官名，可为“箙”指官名的旁证。我们还注意到，“箙”还经常与作兵器形的“或”字组成复合氏名（如铭图 03215、10228、12945），还有“弓箙”（铭图 12940）、“卫箙”（铭图 11449）等，可见“箙”是一种武官。殷金文中还有“箙□”（铭图 07487）、“箙㚔”（铭图 04145、08057、12194 等）、“箙寿”（铭图 07488、12012）、“箙参”（铭图 14672）等复合氏名，“□、㚔、寿”都是常见的族氏名，可见殷商时期多个族氏都有出任箙官之人。上举铭文中的“某箙”或“箙某”显然都是作器者，符合商代晚期多数只出现族氏铭文和祖先日干名的情况。

商代晚期出现的简短的赏赐铭文一般作“王赐某贝，某作尊彝”或“王赐贝，某作尊彝”这样的格式，其赏赐者主要是“王”，偶见王姒、子等其他人，但尚未见“某箙”或“箙某”作为赏赐者之例，因此把邵家棚新出觥盖铭文“箙㠱赐华贝二朋”中的“箙㠱”看作受事主语，看作受赐作器者，大概更符合殷周金文的文例。

二 “⿱来王”字的释读

铭文中的“⿱来王”字作“□”形，刘先生指出是“新见字，其下部为‘于’，上部可能是‘花’（华）局部，或是‘来’的局部，不能遽定，暂写作⿱来王，此字不会是一个合文，但其名中有王字，也是身份的印证。”刘先生将此字上部释为“花”（华）局部的意见很有启发性，而此字底部则是“山”形，商周金文中的“山”字不乏同形者，如[②]：

集成 05396 商代　集成 05410 西周早期　铭图 14536 西周中期　铭图 05677 西周中期　集成 02836 西周晚期

因此这个字其实就是甲骨文中一般所谓的“岳”字。“岳”字在甲骨文中大概有五类字形[③]：

合 5520　合 14489　合 30417　合 30420　合 32833　合 29384

1　2　3　4　5

其主要区别在于顶部，新见觥盖铭文中的“□”，与上表第 3 类字形几乎一致，字形顶部三角形和底部三角形填实是商代晚期记名金文的常见特征，中间两重折笔拉直也是古文字演变的常例。詹鄞鑫先生将此字释为“华山”的“华”字，他在《华夏考》中对这个字进行过详细的讨论，认为“华”是甲骨卜辞中“是最常见的神祇之一，在很多场合下它跟‘河’（黄河）同版并卜或同辞并举”，“‘华’与‘河’地位相当，而且形体结构从山，必是商代重要的山岳之神，看来非华山莫属。”在甲骨卜辞中，“既是大山之名，也是及其重要的神祇”。“周代以降，华山同样是极其重要的神祇。例如《史记·封禅书》记秦称帝之后的祭祀制度，自华以西名山七。即以华山为首。”而西周金文“华”字不从山，顶部三角形变作 T 形、再有省变。[④]

① 吴镇烽编著：《商周青铜器铭文暨图像集成》，上海古籍出版社，2012 年。以下引用此书皆按学界惯例简称，所引铭文除字形特别需要讨论者，皆使用通行字，不一一出注。

② 参看董莲池编著：《新金文编》，作家出版社，2011 年，第 1337—1339 页。

③ 参看李宗焜编著：《甲骨文字编》，中华书局，2012 年，第 445—450 页；刘钊主编：《新甲骨文编（增订本）》，福建人民出版社，2014 年，第 539—541 页。

④ 詹鄞鑫：《华夏考——詹鄞鑫文字训诂论集》，中华书局，2006 年，第 315—324 页。

尽管学界对此字的释读仍有争议，但我们认为詹先生的意见有一定道理，因此下文将此字释为“华”。

其实西周金文中仍有以“华”指祭祀对象的例子：

(1) 唯八月既望戊辰，王在上侯应，华祼，不指锡贝十朋，不指拜稽首，敢扬王休，用作宝肆彝。(不指鼎，铭图02362，西周早期)

“华祼”的构词结构如同德鼎(铭图02266，西周早期)中的“珷祼”，“珷祼”指对周武王的祼祭，“华祼”意即对华进行祼祭。那么这个“华”可能仍然还是指甲骨卜辞中常见的华山及其所代表的山神。

也有以“华”表示地名的，例如：

(2) 唯十又一月初吉甲申，王在华，王锡命鹿，用作宝彝，命其永以多友簋飤。

(命簋，铭图05082，西周中期)

(3) 今余命汝啻官司邑人，先虎臣后庸：西门夷、秦夷、京夷、纂夷、师笭、侧新□、华夷、弁狐夷、𫲨人、成周走亚、戍秦人、降人、服夷。(询簋，铭图05378，西周中期)

(4) 唯三月初吉庚午，王在华宫，王呼虢仲入右𫠆，王锡𫠆赤市朱衡、銮旗。

(𫠆簋，铭图05227，西周晚期)

还有以“华”表示族氏名的，如：

(5) 唯正月初吉，君在潒既宫，命逋使于述土，逋諆各姒司寮女寮：奚、微、华。

(逋盂，铭图06228，西周晚期)

(6) 仲义父作旅盨，其永宝用，华。(仲义父盨，铭图05553，西周晚期)

当然也有以“华”表示私名的，其例在西周晚期之后，如师华父(大克鼎，铭图02513，西周晚期)、己华父(己华父鼎，铭图01967，西周晚期)、邾公华(邾公华钟，铭图15591，春秋晚期)等。

众所周知，在甲骨卜辞和金文中，人名、地名、族氏名往往是三位一体的，那么新见觥盖铭文中的“华”是地名、族氏名还是私名呢？我们认为它表示地名的可能性更大，“[illegible]”字顶部三角形和底部三角形填实的写法其实已经说明它是保存了较为原始形态的记名金文，这类金文一般都表示族氏名或地名。同时，商周金文中还有不少“贝”前加地名的例子，如：

(7) 丁巳，王省夒京，王锡小臣艅夒贝。(小臣艅尊，铭图11785，商代晚期)

(8) 丙申，王錫箙亚𡆥奚貝，在纂，用作父癸彝。(箙亚𡆥角，铭图08793，商代晚期)

(9) 丁亥，𫹉赏又正婴婴贝，在穆，朋二百。(婴鼎，铭图02257，商代晚期)

(10) 丙午，天君飨禮酒，在斤，天君赏厥征人斤贝，用作父丁尊彝，天黾。

(征人鼎，铭图02267，西周早期)

例(7)—(10)上下文意清楚，可以确认“贝”前之字表示地名。下面还有一些例子中“贝”前之字也可能表示地名：

(11) 丁巳，王锡巂[illegible](甾)贝，在𩰫，用作兄癸彝。(巂甾壶，铭图13304，商代晚期)

“甾”是甲骨金文中常见的地名和族氏名，“巂”是金文中常见的族氏名，虽然“巂甾”有可能是复合族氏名，但复合族氏名一般写在铭文的末尾或能明显表示是独立成分的位置。此铭写在句子中做宾语，“甾”表示地名的可能性较大。

(12) 子光赏毂启贝，用作文父辛尊彝，[illegible]。(启尊，铭图11751，商代晚期)

铭文中“毂”是“光赏”的间接宾语，表示受事，“启贝”则可看作直接宾语，“启”大概也指地名。

(13) 甲寅，子锡天黾�贝，用乍(作)父癸尊彝。(天黾䵼角，铭图08792，商代晚期)

“天黾”虽然是金文中常见的族氏名，但“䵼”字从“覃”，西周早期伯具簋(铭图04443)铭文中“䵼敫伯”中的“䵼”明显是氏族名，此例“䵼”表示地名的可能性较大。

(14) 王蔑敔历，使尹氏授赉敔：圭、瓒、𫥇贝五十朋。(敔簋，铭图05380，西周晚期)

从句子结构看，“𫥇贝五十朋”与“圭瓒”一样是“授赉”的直接宾语，揆度文义，“𫥇”指地名的可能性较大。

以此类推，“箙萛赐华贝”中的“华”指地名大概是没有问题的，“华贝”与上举诸例结构相似，其义当为华地之贝。

例(7)—(14)，其主语“王、天君、子、𡚱”等是赏赐铭文中经常出现的赏赐者，根据上下文语境我们很容易判断谁是施事，谁是受事，也比较容易确定“贝”前之字表示地名。“箙萛赐华贝”虽然从形式上看与这些句子没有任何区别，但结合金文的一般文例和上文对“箙萛”身份的分析、“华”指地名的论证来看，把“箙萛赐华贝”看作受事主语句是比较合适的。

三　从合文看“二朋”的释读

最后，附带谈一下“二朋”的问题。刘源先生说：“从合文角度看，可能是三朋，但仔细观察朋字最上面一横，还是比其上的两横稍长，也就是说，稳妥起见，还是释为二朋，当成两个字较好。”其摹本作，对比照片查看，摹写真实，但将“朋字最上面一横，还是比其上的两横稍长”作为读为两个字“二朋”的依据是不够坚实的。我们认为还是应该读作“三朋”，因为金文中数字与“朋”的合文中有借笔，几乎没有例外。① 再查阅金文拓片，“三朋”合文中“朋”字上面横画写得更短的尚有(铭图 02022)、(铭图 05009)、(铭图 05010)等，“二朋”合文中类似的写法也不鲜见，兹不赘举。西周早期的作册大鼎有四件，铭文内容相同，“四月”在铭图 02390、02391、02393 中都写作合文，“月”上仅三笔横画，铭图 02392 之“四”字在第一行行末则写作四笔横画。可见在这类数字合文中，“二、三、四”等字笔画的长短不宜作为判断的依据，其笔画多少才是判断的依据。

结论

综上所述，河南安阳殷墟邵家棚遗址新出的觥盖铭文大概应释为“己亥，箙萛赐华贝三朋，用作彝。”此句应看作受事主语句，“箙萛”因为受赐华地之贝三朋而铸器纪念，此器按惯例宜命名为“箙萛觥”。受事主语句是金文中的常见句型，尤其早期金文中没有出现“王”等常见的赏赐者、只有孤零零的“某赐贝”这样的句子很有可能是受事主语句。充分认识并重视这一现象，有助于我们正确释读铭文并确定器名。

附记：本文蒙导师喻遂生教授审阅指正，谨致谢忱！

【参考文献】

［1］　刘源.殷墟邵家棚遗址出土青铜觥盖铭文初读[J].殷都学刊，2022(1)：1-3.

［2］　王力.汉语史稿(重排本)[M].北京：中华书局，2004.

［3］　管燮初.西周金文语法研究[M].北京：商务印书馆，1981.

［4］　杨五铭.西周金文被动句式简论[A]//古文字研究(第七辑)[C].北京：中华书局，1982：309-316.

［5］　武振玉.殷周金文中的特殊句型[A]//燕赵学术·2009年春之卷[C].成都：四川辞书出版社，2009：118-123.

［6］　潘玉坤.西周金文语序研究[M].上海：华东师范大学出版社，2005.

［7］　吴镇烽编著.商周青铜器铭文暨图像集成[M].上海：上海古籍出版社，2012.

① 参看杨五铭：《两周金文数字合文初探》，《古文字研究》第五辑，中华书局，1981年，第139—149页。

［8］ 董莲池编著.新金文编[M].北京：作家出版社,2011.
［9］ 李宗焜编著.甲骨文字编[M].北京：中华书局,2012.
［10］ 刘钊主编.新甲骨文编(增订本)[M].福州：福建人民出版社,2014.
［11］ 詹鄞鑫.华夏考——詹鄞鑫文字训诂论集[M].北京：中华书局,2006.
［12］ 杨五铭.两周金文数字合文初探[A]//古文字研究(第五辑)[C]北京：中华书局,1981：139－149.
［13］ 中国社会科学院考古研究所.殷周金文集成(修订增补本)[M].北京：中华书局,2007.

A Different Interpretation of the Bronze Gong(觥) Lid Inscriptions Newly Unearthed at Shaojiapeng Site in Yin Ruins

Su Wenying

(The Institute of Chinese Language and Text Studies, Southwest University, Chongqing 400715, China)

Abstract: A new bronze Gong(觥) lid of the late Shang Dynasty was unearthed at the shaojiapeng site of Yin Ruins in Anyang, Henan Province. Mr. Liuyuan thinks that the inscription should be read as "Fuqi(箙㠱) rewards Lai(𡒊) two strings of cowries" so that Lai(𡒊) is the man who made the bronze, while this bronze Gong(觥) should be named Lai Gong. This article interprets Lai(𡒊) as Hua(华) of Huashan and points out that this is a patient subject sentence. Fuqi(箙㠱) is the man who made the bronze, and this bronze Gong(觥) should be named Fuqi Gong. In addition, according to the writing practice of inscriptions, "two strings of cowries" should be changed into "three strings of cowries".

Key words: Shaojiapeng; Fuqi Gong; Hua(华); patient subject

附：殷墟邵家棚遗址新出觥盖铭文照片(安阳市文物考古研究所供图,新华网发表)和刘源先生所作摹本

释倗匜中的"𠬝"字

林　竹

【摘　要】倗匜铭文中的"𠬝"字右旁从卩，左旁当是"千"字，此字可隶定为"𠨙"，从卩千声，可读为"信"。在铭中训为"相信""信任"，所谓"信先誓"就是"相信先前的誓言"之意。过去诸家将其释为"代""任"等字，皆难以从字形上找到根据。若本文所论不误，此字也是西周时期目前被发现和释读出的第一例"信"字。

【关键词】倗匜；千；信

【作者简介】林竹，女，华东师范大学中国文字研究与应用中心博士研究生，研究方向为古文字学(金文方向)。(上海　200062)

倗匜，1975 年 2 月出土于陕西岐山县董家村 1 号铜器窖藏，铭文最早发布在《文物》1976 年第 5 期①(下文简称《文物》)上，由于技术限制，拓片字划不甚清晰，且无铭文照片。2016 年出版的《陕西金文集成》收录了匜器、盖高清彩色照片并重新拓印匜铭。其中匜器、盖铭文十分清晰，揭之如下：

倗匜器腹底内壁铭文

倗匜盖口外壁铭文

① 庞怀清等：《陕西省岐山县董家村西周铜器窖穴发掘简报》，《文物》1976 年第 5 期。

“汝上”下“先誓”上的形体作⿰千卩,是“先誓”的动作发出字,下文用A指代此字。其形右从卩十分清楚,左旁则未有定论。《文物》在对匜器铭考释时把这个形体隶定为“⿰弋卩”,注云:

“⿰弋卩”即“代”字,从卩与从人同,至于左侧与至于右侧同。“代”字的本义为更改,改变。《说文》人部“代,更也,从人弋声。”又心部“忒,更也,从心弋声。”段玉裁注:“按人部代,庚也,弋声。忒与代意义同。”今经传均用忒。“上代先誓”意即背弃先誓。

唐兰先生同时对这个字做了考释,他认为A字“原作‘⿰𡈼卩’,通‘挺。’《说文》:‘挺,拔也,’拔出,拔去,都是背离的意思”①。晁福林先生则于不久前在文章中提到:

铭文“⿰壬卩”字诸家多释为从弋从卩之字,读若“忒”,似未确。此字从壬而非弋,唐兰先生说原作“⿰壬卩”是个从壬之字,是正确的。② 马承源先生也辨明此说,并读其为听,也是可以的。但笔者认为读“任”为优。“任”,有相信、信任之意,……誓言乃郑重之事,不大可能更改。所以将铭文“先誓”前一字释为“忒”(更也),从通读铭文的角度看,也当是有疑问的。现在重新认识这个字,若读为“⿰壬卩”,读为“任”,将铭文此句理解为“你的师长相信你先前的誓辞”,语意通畅。③

结合相关辞例可知,金文中“上”似未有表“之前,先前”义的用法,铭中的“上”应该就是代指牧牛之师长无疑。因此将A字释为“代”,解释为“更改”或“背弃”,在语义上是讲不通的。仔细考察字形可知,释为“任”也是不可从的。先将A字拓片及照片揭之如下:

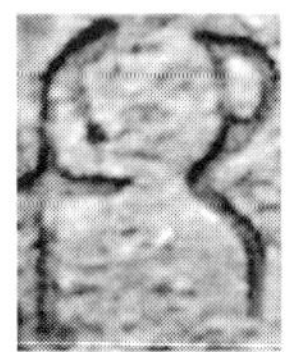

金文中的“弋”“壬”“𡈼”字分别可作以下形体:

1. 弋

癲钟,《集成》246,西周早期

㦰方鼎,《集成》2824,西周中期

农卣,《集成》5424·1,西周中期

史墙盘,《集成》10175,西周中期

且同出𠑇匜铭的另一例“弋”字形体如下:

𠑇匜,《陕金》0074,西周晚期

2. 壬

木父壬鼎,《集成》1665,商

小臣宅簋,《集成》4201,西周早期

公贸鼎,《集成》2719,西周中期

---

① 唐兰:《陕西省岐山县董家村新出西周重要铜器铭辞的译文和注释》,《文物》1976年第5期。

② 此处晁先生所引唐兰先生的意见有误,根据唐兰先生原注,其认为A字左旁为“𡈼”字,而非“壬”字。二字楷化后的写法相近。但古文字字形相差甚远。《新金文编》此字误释与其类同。

③ 晁福林:《〈儹匜〉铭文补释及其性质再考》,《历史研究》2020年第2期。

伯中父簋，《集成》4203，西周中期

蔡大史鉌，《集成》10356，春秋

3. 壬

（从壬，此簋，《集成》4310，西周晚期）

（从壬，颂簋，《集成》4339，西周晚期）

（从壬，秦公簋，《集成》4315，春秋中期偏晚）

对比可知，A字所从断非“弋”“壬”“王”字，我们认为，A字左旁当为“千”字，金文中“千”字通常作“”（大盂鼎，《集成》2937，西周早期）、“”（翏生盨，《集成》4460，西周晚期）、“”（散氏盘，《集成》10176，西周晚期）等形。古文字构形中，往往左右无别。𧹞伯庸盘（《集成》10130，春秋早期）铭“年”字作“”形，所从的“千”旁即右向。且在甲骨文中，“千”字亦作“”（合8424）、“”（英1288）等形。因此我们认为释A字为“千”是有道理的。过去学者未能做出正确释读或是由于A字拓片中竖笔末端似有笔画，然而我们对比照片可知，此处应为铸刻不善所造成的类似粗笔的现象。同铭中的“甲”字作“”形，其竖笔末端与此类同。

所以A字可隶定为“卪千”，从千卪声，读为“信”。千，上古音在清母真部。信，上古音在心母真部。二字韵部相同，声母都属齿头音，因此读音极近。在战国时期的出土文献材料中，“信”字常以“千”作为声符。现举如下：

《玺汇》5509　《玺汇》4502　《玺汇》5537①

《玺考》334②　《忠信之道》05③　《成人》23④

据统计，战国文字中的“信”字有很多形态，其结构分别作“信”“訐”“訫”“䚱”“㐰”“忏”“忎”“䛸”“㖾”、“㤜”“聁”“䑣”“詔”“𥨸”⑤等，可见这一时期“信”字还未形成一种稳定的写法。因此，上溯至倗匜所处的西周晚期出现并不常见的从“卪”的信字形体，也就不奇怪了。

《说文》：“信，诚也。从人、从言会意。，古文从言省。，古文信。”“信”之本义为言语真实不说谎，其后引申出诚实不欺、相信、信用等诸多含义。在本铭中，A字作动词用字，故而我们认为应该解释为“相信、信任”。《诗经・小雅・巧言》：“乱之又生，君子信谗。”《尚书・君奭》：“天不可信，我道惟宁王德延，天不庸释于文王受命。”《论语・公冶长》：“听其言而信其行。”又《颜渊》：“足食足兵，民信之矣。”《孟子・尽心下》：“孟子曰：‘尽信《书》，则不如无《书》。’”《史记・扁鹊仓公列传》：“信巫不信医，六不治也。”所以“汝上信先誓”就是“你的师长相信了你之前的誓言”。

倗匜铭文共157字，如此长的篇幅记载了牧牛违誓并与其师长争讼，最终受到伯扬父处罚的法律案件。关于此铭的具体内容和文本性质，一直是学界所关注的焦点。其字词训释和句意解读是解决这些问题的基础和关键所在。本文仅就其中一例以见教于方家。与此同时，若本文所论不误，“”字

① 罗福颐主编：《古玺汇编》，文物出版社，1981年。简称《玺汇》。

② 施谢捷：《古玺汇考》，博士学位论文，安徽大学，2006年。简称《玺考》。

③ 荆门市博物馆编：《郭店楚墓竹简》，文物出版社，1998年，第45页。

④ 清华大学出土文献研究与保护中心编，黄德宽主编：《清华大学藏战国竹简（九）》，中西书局，2019年，第86页。

⑤ 刘钊：《从秦“交仁”等印谈秦文字以“仁”为“信”的用字习惯》，《出土文献与古文字研究》第八辑，上海古籍出版社，2019年，第230—247页。

当为西周时期一直未能发现的首例“信”字，或能为西周时期“信”观念乃至思想史的研究提供一些补充材料。

Interpretation of “[illegible]” in Zhen Yi

Lin Zhu

(Center for the Study and Application of Chinese Characters,
East China Normal University, Shanghai 200241, China)

Abstract: The character “[illegible]” in Zhen Yi(㑞匜) composed of two graphic components: the “jie(卩)” and the “qian(千)”. It can be clerically translated as “[illegible]” which is used as the character “xin(信)”, referring to “believe”in the text. “Xin xian shi(信先誓)” means to believe a previous oath. Scholars in the past interpreted it as “dai(代)”, “ren(任)” and so on, but it is difficult to find the basis from the glyph. This character is also the first “xin(信)” character found and interpreted in the Western Zhou Dynasty.

Key words: Zhen Yi; “qian(千)”; “xin(信)”

邾庆父簋铭文校补与有关问题*

黄锡全　杨鹏华

【摘　要】本文补充新见邾庆父簋的器与器内铭文图片，辨析过去释读为“姛”者应为姓氏字“㚸”；所谓“州车母”应为“州㚸母”，是“州㚸车母”的省称；“州㚸车母”应是出嫁州国的杞国人（㚸姓），邾庆父（曹姓）为之作器；“叔庆父乍（作）卫□媵（媵）壶”的“卫□”，应是“卫妫”，是叔庆父为嫁至卫国（姬姓）的陈国（妫姓）女子作器；邾庆父与邾君庆、邾庆、儿（郳）庆当为一人。铭文为研究金文称谓及有关问题增添了新内容。

【关键词】邾庆父；铭文；校补；有关问题

【作者简介】黄锡全，郑州大学特聘教授，汉字文明研究中心博士生导师，中国钱币博物馆研究员，研究方向为古文字、古货币、楚史楚文化等。杨鹏华，郑州大学文学院博士研究生，研究方向为古文字学。（河南 郑州　450052；北京　100053）

2022年1月4日，友人发来一件邾庆父簋器和盖的铭文照片，说是台湾的一件拍品，正准备拍卖。经查阅吴镇烽《金文通鉴》，知《通鉴续编》已收录下列二件邾庆父簋和一件叔庆父壶，转列如下①：

邾庆父簋，30388号，2013年出现于西安，某收藏家藏品，未著录，春秋早期器。盖、器同铭，各13字。仅有盖照及盖铭拓片：

鼄（邾）庆父乍（作）州姛车母宝𣪘，永宝用。

邾庆父簋，30389号，某收藏家收藏，未著录，春秋早期器。2015年1月出现在台北台湾世家春季拍卖会。盖、器同铭，各12字。铭文未注明是盖还是器：

鼄（邾）庆父乍（作）州车母宝𣪘（簋），永宝用。

弔（叔）庆父壶，30837号，某藏家收藏，未著录，春秋早期器。口内壁铸铭文23字：

隹（唯）八月既生霸辛亥，弔（叔）庆父乍（作）卫□媵（媵）壶，其万年子孙宝用。

相互比较，知友人发来者，就是台北台湾世家春季拍卖会的一件簋。据发来照片，知《通鉴续编》公布的铭文是盖铭。器内铭文“姛”与“母”之间文字损坏不清，应该有一“车”字。这样，盖铭12字，器名就是13字。发来照片可弥补器身及器内铭文之缺。器铭与30388的盖铭相同。2022年2月1日（正月初一），友人告知，此器已经拍卖。

据铭文内容，推测器物应该出自山东。2002年枣庄东江抢救发掘一批郳国贵族墓地②，不知上列三器是否出自该地。

吴镇烽著录（2016年）后，尚不知是否有人对上列三器铭文做过校正或研究。查阅北京大学出土文献研究所编《青铜器与金文》第一至六辑及有关论文③，及有关学位论文的汇集，似乎未

---

* 本文属国家社科基金重大项目（18ZDA303）、“古文字与中华文明传承发展工程”项目“先秦货币文字新编”（G1428）阶段性成果。

① 吴镇烽：《商周金文资料通鉴》（电子版），2013年1月，简称《金文通鉴》。《商周金文资料通鉴·续编》（电子版），2016年10月，简称《通鉴续编》（为方便查阅，编号前仍保留“3”“4”）。

② 可参见枣庄市政协台港澳侨民族宗教委员会、枣庄市博物馆编著：《小邾国遗珍》，中国文史出版社，2006年。李光雨、刘爱民：《枣庄东江小邾国贵族墓地发掘的意义及相关问题》，《东岳论丛》2007年第2期。李学勤：《小邾国墓及其青铜器研究》，《东岳论丛》2007年第2期。王琦、石敬东、李兰仓：《东江小邾国墓葬出土青铜器铭文综述》，《海岱考古》第四辑，科学出版社，2011年。

③ 北京大学出土文献研究所编：《青铜器与金文》第一至六辑，上海古籍出版社，2017—2021年。徐倩倩：《青铜器铭文所见两周时期山东古国婚姻关系》，胡嘉麟：《东周时期的小邾国青铜簋——兼论小邾国墓地的相关问题》，《东方考古》第14集，科学出版社，2017年。

见①。故撰此小文。我们以为,弄清三器几处铭文对于进一步研究有关问题很有必要。

郳国,曹姓。金文作嫊。如郳友父鬲(集成 00717,金文通鉴 02943),杞白每亡簋作(集成 073898.1;金文通鉴 04857)。从女从枣,读为曹。② 郭沫若考释郳友父鬲云:嫊"即郳姓曹之本字也。以枣为声"。③

簋铭"州如车母"与"州车母"的"州"为国名。《春秋桓公五年》:"州公如曹。"杨伯峻注:"州,姜姓国,都淳于,今山东省安丘县东北之淳于城。""曹,国名,姬姓,武王封其弟叔振铎于曹。都陶丘,故城当在今山东省定陶县西南七里。"④

"州如车母"的"如"应为姓氏。簋铭若是郳国女子嫁往州国,"州"后一字当作"曹"姓的,然而,字形显然不同。但也不是州姓的"姜"字。经比较,其字不是"如"。《金文通鉴》30388 号簋的盖铭较为清楚,作;30389 的簋盖铭作(吴镇烽误以为"车");新见器铭见下列左一。相互比较,此字实为从女,从"以"或"台",即"姒"或"始"字。如下列金文诸形⑤。

 新见器铭  叔作姒簋  叔向父簋 颂壶  颂鼎  颂鼎

30389 的,可能类似叔向父簋的,"以"形反向。因此,我们可以将其订正为姓氏的"姒"。有扈、有南、斟鄩、彤、褒、弗、杞、鄫、莘、冥、戡灌等皆为姒姓。⑥

王国维认为:"女子之字曰某母,犹男子之字曰某父……男子字曰某父,女子曰某母,盖男子之美称莫过于父,女子之美称莫过于母。男女既冠笄,有为父母之道,故以'某父''某母'字之也。"⑦郭沫若则认为:"古人女子无论已嫁未嫁均称某母……今按某母当是女名……古者女子无字,出嫁则以其夫之字为字。"⑧如按郭说,"车母"则为女子私名。

这样,"州姒车母"既不是郳国人,也不会是州国人,而是郳庆父为嫁至州国名"车母"的女子所作器,"车母"来自"姒"姓国。

金文女子名"母"者如:

苏洦妊鼎(原称苏冶妊鼎,《集成》2526,金文通鉴 02089):

穌(苏)洦(脂)妊乍(作)虢改鱼母媵(媵)。

苏国,出自昆吾,己姓。虢国,姬姓。这是苏洦妊(妊姓女名洦嫁至苏国)为嫁至虢国名"鱼母"的女子所作器。⑨

曹公盘(集成 10144,金文通鉴 14486):

𣍘(曹)公媵(媵)孟姬悆母般(般—盘)。

曹国,姬姓。是曹公送给大女儿名"悆母"的盘。"悆母"类似"鱼母",二字名。如同鄦伯受簠铭文

① 吕海路:《三郳青铜器及相关问题研究》,硕士学位论文,山东大学,2021 年;杨健:《小郳国金文及相关问题研究》,硕士学位论文,曲阜师范大学,2019 年;贾一凡:《小郳国墓地综合研究》,硕士学位论文,河南大学,2016 年。等等。

② 字形见董莲池编著:《新金文编》,作家出版社,2011 年,第 1674 页。或以为其字当作嫜,与"曹"音近。冀小军:《说甲骨金文中表祈求义的𡙧字——兼谈𡙧字在金文车饰名称中的用法》,《湖北大学学报(哲学社会科学版)》1991 年第 1 期。陈剑:《据郭店简释读西周金文一例》,《北京大学中国古文献研究中心集刊》第二辑,北京燕山出版社,2001 年 4 月,收入其著《甲骨金文考释论集》,线装书局,2007 年。

③ 郭沫若:《两周金文辞大系图录考释》,中华书局,1999 年,第 193 页郳友父鬲。

④ 杨伯峻编著:《春秋左传注》,中华书局,1983 年,第 103 页。

⑤ 董莲池编著:《新金文编》,第 1662 页。

⑥ 可参见《世本八种》秦嘉谟辑补本,中华书局,2008 年,第 260—264 页。

⑦ 王国维:《观堂集林·女字说》,中华书局,1984 年,第 163—165 页。

⑧ 郭沫若:《两周金文辞大系图录考释》,第 178 页蔡大师鼎。

⑨ 郭沫若:《两周金文辞大系图录考释》,第 241—242 页苏公簋、苏洦妊鼎。

“鄴(养)白(伯)受用其吉金，乍(作)其元妹弔(叔)嬴为心媵(媵)餴匿(簠)”的“为心”(集成 4599，金文通鉴 05941)。

杞伯双联鬲(《金文通鉴》30262，现藏中国国家博物馆)：

杞白(伯)乍(作)车母朕(媵)鬲，用亯(享)孝于其姑公。

这是杞伯为“车母”作媵器，用以享孝其“姑父”。“车母”则为杞国人。杞，姒姓。[①]

由此，我们可以推定，郝庆父簋的“车母”可能就是杞伯鬲的“车母”，是姒姓杞国人，嫁到州国，郝庆父为之作器。盖铭“州姒母”，为“州姒车母”的省称。

他国之人为异性女子作器者，还如下列器：

鲁伯大父簋：

鲁白(伯)大父乍(作)孟姜賸(媵)毁(簋)(集成 3988)。

鲁，姬姓。鲁伯为姜姓女子作器。

陈侯簠：

敶(陈)厌(侯)乍(作)孟姜𡢁媵(媵)匿(簠)(集成 4606)。

陈，妫姓。陈侯为姜姓女子作器。

铸侯求钟：

鼄(铸)厌(侯)求乍(作)季姜朕(媵)钟(集成 00047)。

铸公簠盖：

鼄(铸)公乍(作)孟(孟)妊车母朕(媵)害(簠)(集成 4574；金文通鉴 05905)。

铸即祝，铸侯分别为妊姓、姜姓女子作器。铸国，妊姓或祁姓。[②] 女子也名“车母”，与姒姓杞国女子“车母”同名异姓。

那么，郝庆父为杞国嫁至州国的姒姓女子“车母”作器，不足为怪。

叔庆父壶铭“卫口媵(媵)壶”的“卫”后一字作，吴镇烽缺而未释。根据金文一般称谓规律，媵壶应该是庆父送给嫁至卫国女子的。卫，夫国名。“”若是郝庆父，就是曹姓，应该作或。卫，姬姓。从照片看，此字还算清楚，显然不像曹，也不是姬。左边当是从“女”，右边不明。根据有关姓氏及字形，我们认为可能就是“妫”字。如下列金文妫、为[③]：

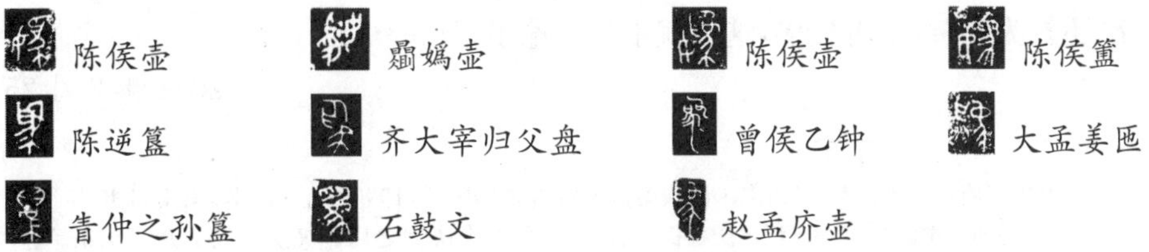

陈侯壶	𪒠嫣壶	陈侯壶	陈侯簠
陈逆簋	齐大宰归父盘	曾侯乙钟	大孟姜匜
青仲之孙簋	石鼓文	赵孟庎壶	

字右边当是“为”字讹写，原当类似于陈逆簋的“为”作者。

那么，此壶就是叔庆父为嫁至姬姓卫国的妫姓女子作器。此女子可能来自陈国。陈国，妫姓，舜后，国于宛丘，即今河南淮宁，灭于楚。[④]

---

① 可参阅陈盘：《春秋大事表列国爵姓及存灭表撰异》(壹)，台北“中研院”史语所，1997 年，第 122 页。

② 祝，妊姓或祁姓，可参见陈盘：《春秋大事表列国爵姓及存灭表撰异》(壹)，第 447 页。陈昭容：《两周婚姻关系中的“媵”与“媵器”——青铜器铭文中的性别、身份与角色研究之二》，主张铸为妊姓，台北“中研院”《历史语言研究所集刊》第 77 本第 2 分册，台北“中研院”史语所，2006 年，第 214 页。张淑一：《两周金文女子称谓“规律”再探讨——兼论“杨姞壶”的问题》，倾向铸为祁姓，《考古与文物》2009 年 5 期。

③ 董莲池编著：《新金文编》，第 1639 页妫，313 页为。汤余惠主编：《战国文字编(修订本)》，福建人民出版社，2015 年，第 175 页为。

④ 参见陈盘：《春秋大事表列国爵姓及存灭表撰异》(壹)，第 127 页。《世本八种》秦嘉谟辑补本，第 254 页。

春秋早期戴叔庆鬲铭文:"戈(戴)弔(叔)庆父乍(作)弔(叔)姬隮(尊)鬲。"(《金文通鉴》02824)。戴国,子姓。叔庆父壶省去国名,难以确定国属,不知与这位"戴叔庆父"是否有关。

叔庆父与郳庆父是否有关,目前也没有证据。据《世本》《通志·氏族略》,鲁或楚、齐有称"庆父"者。①

壶铭"叔庆父"究竟为谁,存疑待考。我们倾向可能为妫姓陈国人,故为其嫁至卫国的妫姓女子作器。

山东枣庄市山亭区东江村古墓所出青铜器铭文,有不少称"郳君庆""郳庆""儿(郳)庆"者,除见于东江墓地发掘品外,多流散,或追回。② 吴镇烽《金文通鉴》多有收录:

郳庆: 鬲 02782;簠 05878、05879;壶 12352;匜 14955

郳君庆: 壶 12333—12337,41056;钟 15175

儿(郳)庆:鼎 01947、01948;鬲 02866—02868,40312—40315;盘 14414;匜 14905、30985

由于本文所列郳庆父簠二器为流传品,是否出自东江不可确知。我们倾向郳庆父与郳君庆、郳庆、儿(郳)庆为一人,但称谓之先后还不易确定。郳,小郳国名;字庆父(父,男子尊称美称)。君,小郳君。儿(郳)即小郳。东江 M2 出有 2 件郳君庆壶、4 件儿(郳)庆鬲。壶铭为"郳君庆作秦妊醴壶",鬲铭为"儿(郳)庆作秦妊羞鬲"。铭文中的"郳"等同于"儿(郳)",符合文献所记。③ 林沄认为,郳君庆"是郳友父和郳犁来之间的某位小郳国君"。④ 张海则认为"称'儿庆''郳庆'等器的铸作要早于称'郳君庆'之器"。庆应为郳友父之子。郳仪父应为庆后之郳君。⑤ 胡嘉麟认为 M1、M4 为第二代小郳君和夫人墓(名号未知),M5、M6 为第三代小郳君庆和夫人秦妊墓,M2、M3 为第四代郳君及夫人媿 1 之墓。⑥

李学勤认为:

> 据枣庄市山亭区东江村古墓所出青铜器铭文与其他青铜器及相关传世文献的综合考虑,可以推测,小郳国第一代国君朱友父的被封约在周平王三年(公元前 768 年),而朱友父的儿子朱庆作为小郳国第二代国君,约当生活于春秋早期,东江小郳国墓地的第 4 号墓主可能就是朱庆,第 1 号墓则为其夫人;东江村第 2、3 号墓的墓主可能为朱庆的下代小郳国君(郳公子害)及其夫人;5、6 号墓的墓主可能就是郳公子害的下一代,也就是《春秋》所载的犁来及其夫人。这样,根据东江村古墓及其中所出青铜器资料,可以复原出春秋早期小郳国的完整世系来。⑦

有关情况还较为复杂,论者较多,这里就不多讨论了。⑧

2022 年 2 月 25 日草定

---

① 《世本八种》,中华书局,2008 年本。《通志·氏族略》,上海古籍出版社,1990 年。《世本》王谟辑本 29 页:"庆父氏,楚大夫庆父之后。"《通志·氏族略四》66 页"名字未辨":"庆父氏,《世本》:楚大夫庆父之后。又庆父籍为楚王工正。"茆泮林辑本 81 页:"庆父氏,楚大夫庆父之后。"下注:"《氏族略》四。《姓氏书辨证》三十四引鲁大夫庆父之后,有庆父籍,为楚工正。"秦嘉谟辑本 199 页以为"鲁误作楚",变为"庆父氏,鲁大夫庆父之后,有庆父籍为楚工正"。是鲁或楚有"庆父"。《通志·氏族略》三"齐人字"(53 页):"庆氏,姜姓。齐桓公之子公子无亏之后也。无亏生庆克,亦谓之庆父。"是齐也有称"庆父"者。河北师范大学 2015 年崔挡华硕士学位论文《〈世本·氏姓篇〉续研》10 页认为,"庆父氏,姬姓,为鲁大夫庆父之后,应是庆父后人以其名为氏,为鲁国三桓之一孟氏的分支,而楚国并无庆父氏"。

② 可参见枣庄市政协台港澳侨民族宗教委员会、枣庄市博物馆编著:《小郳国遗珍》,第 7 页。

③ 王献唐:《春秋邾分三国考》,齐鲁书社,1982 年,第 4—5 页。小郳国的分封主要有二说:一为《世本》:"郳颜居邾,肥徙郳。"宋衷注:"郳颜别封小子肥于郳为小郳子。"一为杜预《春秋释例·氏族谱》:"小郳,郳侠之后也。夷父颜有功于周,其子友别封为附庸,居郳。"主要人物有夷父颜、肥和友,学界多认为肥和友为一人。

④ 林沄:《枣庄市东江墓地青铜器铭文部分人名的考释》,《古文字研究》第二十六辑,中华书局,2006 年,第 205 页。

⑤ 张海:《郳器与两周郳邦史事》,《青铜器与铭文》第四辑,上海古籍出版社,2020 年,第 116 页。

⑥ 胡嘉麟:《东周时期的小郳国青铜簠——兼论小郳国墓地的相关问题》,《东方考古》第 14 集,科学出版社,2017 年。

⑦ 李学勤:《小郳国墓及其青铜器研究》。

⑧ 可参阅前注涉及的近年讨论的论文及几篇有关的硕士论文。

附图：

邾庆父簋盖(《金文通鉴》30388)

簋盖

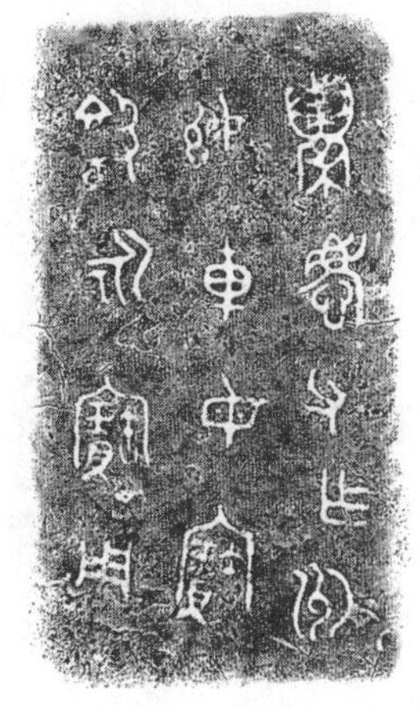

盖铭

邾庆父簋(《金文通鉴》30389)

簋器

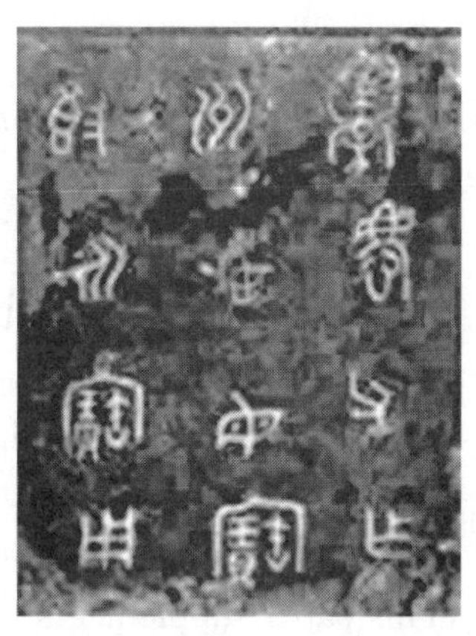

盖铭

邾庆父簋(即《金文通鉴》30389。友人发来邾庆父簋照片)

盖铭

器

器内铭

叔庆父壶(《金文通鉴》30837)

壶器

壶铭

The Corrections of Zhuqingfu Gui(邾庆父簋) Bronze Vessels Inscription and Research on Related Problems

Huang Xiquan　Yang Penghua

(Research Center for the Inheritance, Dissemination and Education of the Chinese Characters Civilization, Zhengzhou University, Zhengzhou, 450052, China;

"Ancient Characters and Chinese Civilization Inheritance and Development Project" Collaborative Innovation Platform, Beijing 100053, China)

Abstract: This paper supplements the new pictures of Zhuqingfu Gui(邾庆父簋) and the inscriptions on the vessel, and analyzes the past interpretation of "如" should be the last name "Si(姒)", "zhouchemu (州车母)" should be "zhousimu (州姒母)", which is the provincial name of "zhousichemu(州姒车母)". "Zhousichemu(州姒车母)" should be a person from the state of Qi(杞) (surname Si 姒) who was married to the state of Zhou(州), zhuqingfu (surname Cao 曹) made a bronze for her, the"卫□" of "叔庆父乍(作)卫□媵(媵)壶" should be "weigui(卫妫)", it was shuqingfu(叔庆父) who made the bronze for a woman from the state of Chen(陈) (surnamed Gui 妫) who was married to the state of Wei(卫) (surnamed Ji 姬). Zhuqingfu(邾庆父) and zhujunqing (邾君庆), zhuqing(邾庆), and niqing(儿/郳庆) refer to the same person. The inscriptions add new content to the study of appellation and related problems.

Key words: Zhuqingfu(邾庆父); inscription; correction; related problems

读金文札记二则*

马轶男

【摘　要】 本文认为強伯尊铭末“盂鑴”二字应分开理解，“盂”为器物自名，“鑴”通“䭨”，表祭祀之义。觊公簋铭中“觊”可释作“郊”，其地在今山西闻喜县、夏县一带。觊公簋可通过铭末族氏“⋈”与几件铜器进行系联，可知公伯鼎、伯雍鼎和姒簋都为觊公家族铜器。晋南地区已发现多件年代在西周早期的缀有族氏“⋈”的铜器，表明西周早期曾有⋈族居于晋南地区。

【关键词】 盂鑴；觊；⋈；晋南

【作者简介】 马轶男，女，北京大学中文系博士研究生。研究方向为古文字学。（北京　100871）

一　強伯尊“盂鑴”试释

強伯尊（《铭图》11685）是一件动物形青铜器，其铭文为“強伯作井姬用盂鑴”。“盂鑴”如何理解，一直以来没有很好的解释。本文认为，“盂”“鑴”二字，“盂”为自名，“鑴”表用途。

晋侯墓地出土的晋侯猪尊（《铭图》11610），其铭曰“晋侯作旅飤”。郭永秉先生将此铭读作“晋侯作旅，飤。”并认为铭文最后一字的“飤”解作“食”，“食”作飨祀鬼神之意，表明器物用途。① 我们认为这是很好的释读意见。遵循这个思路，強伯尊铭中的“盂鑴”二字似也可以拆解开，铭文可读作強伯作井姬用盂，鑴。这样句读，“盂”则成为此尊的自名。

一件动物形青铜尊自名为“盂”颇令人不解，但如若了解这件強伯尊的用途，其自名为“盂”便不难懂了。据強国墓地的发掘报告，強伯尊出土时，有一盘扣于此尊上②，強伯尊显然是一件水器。而且《宝鸡強国墓地》进一步提出盘和盂鑵（笔者案：即本文所说的強伯尊）的组合可能是西周中期以后盘、匜组合的滥觞。③ 也就是说，这件強伯尊可能是匜的前身，我们不妨把这件強伯尊看作是一件年代较早且形制特殊的匜。金文中有匜自名作盂的例子，例如齐侯匜（《铭图》14997）。而且将“盂”读作“匜”在音韵上也能够说得通。二字古音接近，盂是匣母鱼部字，匜是喻母歌部字，歌、鱼旁转，匣母和喻母本就关系密切，“盂”和“匜”存在通假的条件。除強伯尊外，也有一些动物形青铜器作水器，例如大河口墓地出土的鸟形盉，这些作水器的动物形青铜器无论为匜或为盉，都是与盘组成沃盥之器使用，只不过其造型殊为独特罢了。

強伯尊最后一字，原篆作□，分析其结构，字形左侧像雀鸟形，程少轩先生将其视作“雟”字舍去尾部的一种异体④，那么，□可隶定作“鑴”，从金、雟声。“鑴”可通假作“䭨”。扬子《方言》：“䭨、餟，餽也。”“餽”字见于《说文》：“吴人谓祭曰餽。从食从鬼，鬼亦声。”裘锡圭先生曾指出，“食”有祭鬼神以及

* 基金项目：本文为国家社科基金冷门绝学研究专项学术团队项目“近出两周封国青铜器与铭文的综合研究”（项目编号：20VJXT019）、“古文字与中华文明传承发展工程”规划项目“新出两周金文考释与两周考古的综合研究”（项目编号：G1205）的阶段性研究成果。

① 郭永秉：《晋侯猪形尊铭文商榷》，《两周封国论衡——陕西韩城出土芮国文物暨周代封国考古学研究国际学术研讨会论文集》，上海古籍出版社，2014年，第449—455页。

② 卢连城、胡智生：《宝鸡強国墓地》，文物出版社，1988年，第409页。

③ 卢连城、胡智生：《宝鸡強国墓地》，第409页。

④ 程少轩：《试说“雟”字及相关问题》，复旦大学出土文献与古文字研究中心网站，2008年3月20日。

鬼神飨祭祀之义。[①] 也许,吴人谓祭曰"餽",彊人曰"䰯"。

综上,彊伯尊的铭文可以这样理解:"彊伯作井姬用盂,鑴(䰯)。""鑴"通"䰯",解作"餽",是祭祀鬼神的意思。"盂""鑴"二字含义既明,可知彊伯尊是一件在祭祀时使用的水器。

二　觌公簋补说

觌公簋(《铭图》4954)自公布以来,已有诸多学者对此作了非常好的研究工作。[②] 今不揣浅陋,试对簋铭的"觌"和"⋈"二字的解读略作补充。

觌公簋铭曰:"觌公作妻姚簋,遘于王命唐伯侯于晋,唯王廿八祀。⋈。"

"觌",学界多将其读作"觉""尧"或"疏"。[③] 王占奎先生曾提出将觌读作"郊"[④],这个意见似乎未被重视,但我们认为觌为"郊",于音义和地理方面都颇为顺畅。

觌,从爻得声。与"爻"可通的字,除了"觉"和"尧"外,"交"也颇为适合。从"爻"得声的字与从"交"得声的字,古书中常有通假之例。例如,"效法之谓坤。"(《易·系辞上》)《释文》"效"作"爻"。而且,"爻"与"交"在字义方面也有关联。《说文》:"爻,交也。"因此将从爻声觌读作"郊"在音义方面问题不大。

已有多位学者指出觌公臣属于晋,是晋侯的僚属,则觌地也应在晋的管辖范围,觌地必不出晋南一带。即使加上这个地域限制,觌释作"郊"也是合适的。《左传》文公三年:"秦伯伐晋,济河焚舟,取王官及郊。晋人不出,遂自茅津济,封殽尸而还。"杜注:"王官、郊,晋地。"可见"郊"应该是一个地名,与王官相距不远。《水经·涑水注》云:"涑水又西径王官城北,城在南原上。"[⑤]可知王官在涑水流域,马保春先生认为王官和郊都在涑水下游[⑥],杨伯峻先生认为王官在今闻喜县西[⑦],那么郊也应在今闻喜县、夏县一带。

簋铭末尾有族徽⋈[⑧],目前已知的缀有族铭⋈的有以下铜器:

(1) ⋈鼎(《铭图》354)。

(2) 公伯鼎(《铭图》1591、40161)。铭曰:"公伯作觌姒,⋈。"

(3) 伯雍倗鼎(《铭图》1782)。铭曰:"伯雍作宝小齋鼎,⋈。"

(4) 戈⋈甗(《铭图》3141)。

(5) 芮姞簋(《铭图》4330)。铭曰:"芮姞作旅簋,⋈。"

(6) 姒簋(《铭图》4412)。铭曰:"姒作父乙宝尊彝,⋈。"

(7) ⋈爵(《铭图》6970)。

(8) ⋈爵(《铭图》6971)。

---

① 裘锡圭:《读书札记九则》,《裘锡圭学术文集》第4卷,复旦大学出版社,2012年,第391—392页。

② 朱凤瀚:《觌公簋与唐伯侯于晋》,《考古》2007年第3期,第64—69页;李学勤:《论觉公簋年代及有关问题》,《庆祝何炳棣先生九十华诞论文集》,三秦出版社,2008年,第425—428页;彭裕商:《觉公簋年代管见》,《考古》2008年第10期,第57—61页;李伯谦:《觌公簋与晋国早期历史若干问题的再认识》,《中原文物》2009年第1期,第48—51+83页;李学勤:《论芮姞簋与疏公簋》,《两周封国论衡——山西韩城出土芮国文物暨周代封国考古学研究国际学术研讨会论文集》,第61—63页;朱凤瀚:《国家博物馆近年来征集的西周有铭青铜器续考》,《近藏集粹——中国国家博物馆新入藏文物》,北京时代华文书局,2016年,第6—7页。

③ 参见朱凤瀚:《觌公簋与唐伯侯于晋》,第64—65页;李学勤:《释"疏"》,《考古》2009年第9期,第90—91页。

④ 王占奎:《觌公簋小议》,《晋文化论坛论文集》,三晋出版社,2011年,第44页。

⑤ 陈桥驿:《水经注校证》,中华书局,2007年,第168页。

⑥ 马保春:《晋国地名考》,学苑出版社,2010年,第73—74页。

⑦ 杨伯峻:《春秋左传注》,中华书局,1981年,第529页。

⑧ 族氏铭文⋈以及另外两族铭╳、⧗,皆可释作"五",但是作为族徽时,作⧗形者,常常仅单独出现,而⋈常缀于铭文末尾,很少单独出现,此二者及╳可否视作同一,仍存疑问。因此本文目前仅讨论⋈,对╳、⧗族徽暂不讨论。

(9) 戈⋈卣(《铭图》12706)。

(10) 玂卣(《铭图》13135)。铭曰:“玂作宝尊彝,⋈。”

(11) 伯叡卣(《铭图》13211)。铭曰:“伯叡作厥室宝尊彝,⋈。”

(12) ⋈鼎(《铭图》40028)。

(13) 北赵晋侯墓地 M114 出土⋈觯。①

(14) 山西绛县横水墓地 M2001：3 ⋈簋。②

(15) 山西绛县横水墓地 M2022：196 ⋈觯。③

(16) 山西绛县横水墓地 M3250：37 ⋈觯。④

铜器中缀⋈族族徽者,多为传世器,年代多在西周早期。目前能确知出土地的共 7 件。2 件出土于陕西,分别是出土于扶风庄白 1 号窖藏的⋈爵(《铭图》6971)和出土于泾阳高家堡墓地的戈⋈卣(《铭图》12706)。另外 5 件均出土于晋南地区,1 件为铜觯,出土于北赵晋侯墓地 M114;1 件为伯雍鼎(《铭图》1782),出土于曲村墓地;山西绛县横水墓地也出土了 3 件,分别是 M2001：3 铜簋、M2022：196 铜觯和 M3250：37 铜觯。此外还有 1 件山西打击文物犯罪缴获的铜鼎(《铭图》40028),鼎内也发现了族徽⋈,此鼎现藏于山西青铜博物馆。

以往学界在探讨⋈族时,多将戈⋈卣(《铭图》12706)上戈和⋈两个族徽视为复合族徽,并认为⋈为戈族的一支,但这个观点其实还需要更多材料的证实。但晋南地区能发现数件缀有⋈的铜器,则有力说明了在西周早期确实是有⋈族生活于此。族氏铭文多见于殷人铜器,觊公簋铭末缀⋈族族徽,说明了觊公是来自⋈族的殷遗,居于晋南。

⋈族铜器,有以下几件值得关注:一为芮姞簋(《铭图》04330)⑤、一为公伯鼎(《铭图》01591)⑥、一为姒簋(《铭图》4412)、一为曲村墓地 M6195：34 伯雍鼎(《铭图》1782)以及山西绛县横水墓地 M2001：3 簋。

公伯鼎浅腹圜底,有三条鸟形扁足,口沿下饰垂冠回首鸟纹,器形与琉璃河墓地 M209：28 □鼎类似,□鼎时代属西周早期前段,但公伯鼎纹饰似略晚,综合看来公伯鼎年代大约在西周早期中后段,晚于觊公簋。公伯鼎铭曰:“公伯作觊姒,⋈。”“公伯”应理解为上一代公之长子,即“公伯”是“觊公”长子。⑦ 由芮姞簋铭可知⋈族为姞姓,则觊氏是姞姓。“觊姒”是嫁予觊的姒姓女子,其称名方式为“夫氏+父姓”,这种称名方式见于夫为妻作器,也见于子为母作器,既然公伯鼎的年代略晚于觊公簋,且觊公簋中觊公之妻是姚姓,那么“觊姒”应是公伯之妻。

姒簋高圈足,有四兽耳,下有长方形垂珥,有盖,盖面和腹部饰涡纹间夔龙纹,圈足饰夔龙纹。姒簋器形与荣簋(《铭图》5099)相似,荣簋年代约在康王时⑧,姒簋亦约同时。姒簋铭曰:“姒作父乙尊彝,⋈。”此为女子作器,铭末族徽⋈如果是父家族徽,则⋈族为姒姓,与“⋈族为姞姓”的结论冲突。如果“⋈”为夫家族徽,则姒簋器主为一个嫁予⋈族的姒姓女子。这恰与公伯鼎“觊姒”的身份是一致的,而且姒簋与公伯鼎时代大约同时,因此姒簋的作器者与公伯鼎“觊姒”很可能是同一人。

天马—曲村墓地 M6195：34 伯雍鼎,腹作盆形,柱足,圜底,颈部有兽面纹饰带,年代似在西周早

---

① 李伯谦:《觊公簋与晋国早期历史若干问题的再认识》,第 51 页。

② 山西省考古研究院等编著:《倗金集萃:山西绛县横水西周墓地出土青铜器》,上海古籍出版社,2021 年,第 128—131 页。

③ 山西省考古研究院等编著:《倗金集萃:山西绛县横水西周墓地出土青铜器》,第 181—184 页。

④ 山西省考古研究院等编著:《倗金集萃:山西绛县横水西周墓地出土青铜器》,第 586—589 页。

⑤ 关于芮、姞与⋈族的讨论,参见李学勤:《论芮姞簋与疏公簋》,第 61—63 页。

⑥ 另有一件公伯鼎(《铭图》40161)铭文与此鼎同,但纹饰略有不同。参见吴镇烽编著:《商周青铜器铭文暨图像集成三编》卷一,上海古籍出版社,2020 年,第 163 页。

⑦ 朱凤瀚:《国家博物馆近年来征集的西周有铭青铜器续考》,第 7 页。

⑧ 杜迺松:《荣簋铭文考释及其意义》,《故宫博物院院刊》1982 年第 3 期,第 89—91 页。

期偏晚段。铭文为:“伯雍作宝小齋鼎,⋈。”作器者伯雍也属⋈族,我们猜测伯雍和公伯鼎的“公伯”很可能是同一人。伯雍鼎和公伯鼎的时代大致相同,而且两器铭文内容似乎也有关联,称“公伯”是因为其为觋公长子,而“伯雍”则是行辈加名或字的组合。

图一:觋公簋

图二:横水墓地 M2001:3 ⋈簋

山西绛县横水墓地 M2001:3 ⋈簋,口微侈,高圈足,器腹略外鼓,束颈,兽首双耳下有长方形小珥。颈部饰有涡纹间龙纹,颈部纹饰带的正背两面各有一个兽首,兽首的左右各有一个所谓“立刀形”纹饰,腹饰直棱纹,圈足饰夔龙纹。此簋的尺寸、形制与纹饰和觋公簋都极为相近,近乎全同,而且两件簋均有⋈族族徽。① 这不得不引人思考两件簋如此相似的原因,以及觋公簋与横水墓地的关系。横水墓地的 M2001、M2022、M3250 中均发现有⋈族族徽的铜器,其中横水墓地 M2001 出土 1 鼎 1 簋,殉 1 人、2 狗②,墓主身份不详;M2022 出土铜礼器 16 件,殉 3 人、1 狗③,发掘者谢尧亭先生认为 M2022 墓主为一代倗伯④;M3250 出土铜礼器 25 件,殉 3 人⑤,墓主身份不详,但其身份等级想必不会太低。横水墓地 M2022 和 M3250 都出土大量随葬礼器,这些铜器中仅有 M2022:200 芮□甗和 M3250:20 倗姬簋属倗氏铜器⑥,其余铜器或是铭文中未表明具体国族,或是其他国族之器,例如 M3250:35 南宫姒簋。我们猜测,墓中随葬的大量别国铜器很可能是用于助葬的赗赙之器,横水墓地发现的⋈族铜器也应为赗赙之器。值得注意的是,横水墓地的⋈族铜器分别出土于三个年代不同的墓葬,可见⋈族与倗氏长期保持着交往。

如果我们的猜测是对的,两件公伯鼎、姒簋和伯雍鼎,以及觋公簋应当都是觋公家族的铜器。第一代觋公,作器觋公簋,是晋的僚属,其妻为姚姓。第二代觋公,作器有公伯鼎和伯雍鼎,其妻为姒姓,第二代觋公的妻子作器姒簋。第一代觋公作器时以“唐伯侯于晋”纪年,第二代觋公器物伯雍鼎发现于晋国的天马—曲村墓地,可见两代觋公都服事晋君。

通过梳理⋈族铜器,我们发现:(1) 觋公为殷遗民,且觋公服事晋;(2) 觋公在郊,郊在今闻喜县、

① 觋公簋的器形属《西周青铜器分期断代研究》中铜簋器形的 I 型 3 式,此类簋为圈足簋中最常见的形式。参见王世民、陈公柔、张长寿:《西周青铜器分期断代研究》,文物出版社,1999 年,第 58 页。与觋公簋器形相近者还有商代晚期的[illegible]簋(《铭图》3484)、[illegible]簋(《铭图》3500)、肄簋(《铭图》5140)、戈簋(《商周彝器通考》209)以及西周早期的甘肃灵台白草坡 M1:10 铜簋等,但这些铜器在纹饰方面却与觋公簋有些不同。

② 山西省考古研究院等编著:《倗金集萃:山西绛县横水西周墓地出土青铜器》,第 128 页。

③ 山西省考古研究院等编著:《倗金集萃:山西绛县横水西周墓地出土青铜器》,第 156 页。

④ 谢尧亭:《晋南地区西周墓葬研究》,博士学位论文,吉林大学,2010 年,第 117 页。

⑤ 山西省考古研究院等编著:《倗金集萃:山西绛县横水西周墓地出土青铜器》,第 518 页。

⑥ M2022:200 芮□甗铭曰:“芮□作倗姬旅甗。”M3250:20 倗姬簋铭曰:“倗姬作保宝尊簋。”参见山西省考古研究院等编著:《倗金集萃:山西绛县横水西周墓地出土青铜器》,第 169—172,544—547 页。

夏县一带，此处正是虞夏故地。且觌公及其子分别娶姚姓、姒姓女子为妻，而姚、姒皆是夏人古姓，两代觌公的妻子为夏遗民；(3) 倗氏为怀姓九宗的一支①，横水墓地发现多件⋈族铜器，说明觌公所属的⋈族与倗也有交往。⋈族诸器，将晋国内的周人、夏遗民、殷遗民和戎狄都联系了起来，这正体现了晋国初封时各人群间的相互交融与联系，也反映了晋国"启以夏政，疆以戎索"的内涵。

Two Notes on Bronze Inscriptions

Ma Yi-nan

(Department of Chinese Language and Literature, Peking University, Beijing, 100871, China)

Abstract: This article argues that the two last characters "yushui(盂鑴)" of Yu Bo zun should be interpreted separately. "Yu(盂)" is actually its self-name, and "xi(鑴)", used as "shui(鐎)", means sacrificing. The character "觌" from Jiao Gong gui can be interpreted as "Jiao(郊)", whose location is near Wenxi county and Xia county in Shanxi Province. Also, Jiao Gong gui can link some bronze vessels with inscriptions due to the emblem ⋈, it concludes that Gong Bo ding, Bo Yong ding and Si gui all belong to the Jiao Gong family. Some bronze vessels aging at early western Zhou Dynasty with the emblem ⋈ are found in southern Shanxi shows that the clan ⋈ had ever lived in southern Shanxi during early western Zhou Dynasty.

Key words: "yushui"; Jiao; ⋈; southern Shanxi

① 关于倗氏族属的相关讨论，参见谢尧亭：《绛县横水西周墓地考古发现与研究述论》，《倗金集萃：山西绛县横水西周墓地出土青铜器》，第7—10页。

四年咎奴蓸令戈“蓸”字小考*

赵堉燊

【摘　要】以往学者对于四年咎奴蓸令戈“蓸”字的解释有不同意见，本文认为该字可读为“造”，表铸造义。由于戈铭地名“咎奴”无法确指，有关戈铭的国属也有争议，本文结合“蓸”字推测戈铭属韩国的可能性较大，铸造时间在韩昭侯以后、韩桓惠王八年以前。

【关键词】四年咎奴蓸令戈；蒲子戈；“蓸”字；韩国兵器

【作者简介】赵堉燊，吉林大学考古学院、“古文字与中华文明传承发展工程”协同攻关创新平台博士研究生，研究方向为古文字学。（吉林 长春　130012）

三晋兵器中有一件四年咎奴蓸令戈（《铭图》17194），现藏上海博物馆。戈的形制三晋皆见，长胡，直援微上扬，阑侧三穿，内上有一横穿，后段作角刀形，三面有刃。戈内刻有铭文 14 字（“工师”合文），戈铭为典型的三级铭辞格式。按照笔者的看法，释文为：

三（四）年，咎奴蓸，命（令）□嚣，工帀（师）贯疾，切（冶）问。

四年咎奴蓸令戈器型和铭文拓本、摹本①

戈铭“切（冶）”和“蓸”字二字形体，在三晋文字中属首见。“切”从土从刃，或是三晋兵器中由“刀、二、火、土”等要素构成的“冶”字的省减体。有学者将“蓸”字径直隶作“曹”字②，非是。该字从艸从曹，其中曹字所从的东旁在字形上与西周铜器㠱鼎（《铭图》02364）“东尸（夷）”之“东”字以及曾侯乙墓出

* 本文是国家语委重大项目“出土文献典型资料分类整理与解读研究”（项目编号：YWZ－J015）的阶段性成果。

① 吴镇烽编著：《商周青铜器铭文暨图像集成》第三十二卷，上海古籍出版社，2012 年，第 260 页。

② 苏辉：《秦三晋纪年兵器研究》，上海古籍出版社，2013 年，第 123 页。

土的二十八宿衣箱(《铭图》19915)“东井”“东縈”之“东”字接近。

关于戈铭“菁”的释义，诸家解释不尽相同。何琳仪先生将该字读为“曹”，认为是“官曹”之义。① 李家浩先生怀疑“菁令”是一种县令的名称，犹如三晋兵器中的“大令”，其义待考。② 吴良宝先生认为“菁”字是修饰性词语。③ 笔者不同意以上学者的解释。首先，“曹”作“官曹”义在战国出土文献中未见有其他例子。其次，“菁令”是否指县令名称存疑，与“大令”应当存在差异。韩国兵器八年新城大令戈(《铭图》17206)、三年梁大令戈(《铭三》1504)铭文中“大令”之“大”用作修饰语在古文字资料中较常见，而“菁”字作修饰语则不好理解。

笔者认为戈铭“菁”可读为“造”，表铸造之义。不少学者曾对三晋兵器中的“造”字进行讨论。如郝本性先生对新郑兵器中的“造”字作了解释④；吴振武先生指出新郑兵器铭文中的“造”字或以“貣”及其省体为声符，或以“曹”及其省体为声符，或将两系字形揉合在一起⑤。陈剑先生也举出古文字中“曹”及从“曹”声字可通“造”的例子⑥，可参看。春秋晚期兵器郳公戈(《铭图》16976)中的“䄻(曹)”字和战国时期二十三年新城令矛(《铭续》1288)中的“曹”字，均可读为“造”。降至秦汉时期的漆器上有“成市草”“市府草”“草”，其中“草”可通“造”。赵平安先生指出，漆器上的“草”和《礼记・曲礼下》的“草工”应是同一职官。⑦ 以上材料表明，出土文字资料中“曹”“艸”均有通“造”的用例。据此，四年咎奴菁令戈中的“菁”字是一个双声字，该字实际上是在“曹”声上再加注声符“艸”，可读为“造”。晋系文字中亦见在原有声符中加注另一声符的例子，如中山王方壶(《铭图》12455)“[illegible]”、侯马盟书“[illegible]”、五年邦司寇铍(《铭图》18068)“[illegible]”，即在“上”的基础上加注声符“尚”。⑧

若将“菁(造)”理解成机构名，则“造令”是指“造府之令”，或与三晋兵器偶有“库”名省略的情况相类。西周晚期中的颂壶(《铭图》12451)等器见“新造”一词，陈颖飞先生认为：“西周晚期，新造是一个管理生产制造的官署机构，也指任职此机构的一种职官……‘造’或是司制造的机构，官署称造府，有‘造’‘新造’两大部分。”⑨而楚金文、玺印常见机构名“造府”，与大府、高府类似，是职掌器物制造的机构。在三晋兵器当中，“府”也可以监造兵器，赵国兵器四年上成氏府假令铍(《铭三》1616)即是其例。然而，目前未见“造府”可省作“造”，三晋是否有造府也有待证实，因而“菁(造)”指机构名的可能性较小。

2014年吴良宝先生公布了一件三晋兵器莆子戈，戈铭为：

莆(蒲)子左库散(造)，倫(令)襄，工帀(师)□𨘬，𠊎(冶)□。

蒲子，治今山西隰县附近。吴良宝先生结合地名及“冶”字的写法等因素判定该器是韩国兵器，并认为铭辞格式与韩兵宜阳戈(《铭图》17167、17213－17215)的情况类似，按照铸造制度正常的铭文顺序可调整为“莆子倫襄、左库工帀□𨘬、冶□散”。⑩ 另外，吴良宝先生还提及私家收藏有一件韩兵□年䖝曹令戈⑪，该器已著录于《铭三》1506，铭文为“□年，䖝曹，命(令)狐啬，工帀(師)长□，𠭯(冶)章”。今按，

① 何琳仪：《战国古文字典——战国文字声系》，中华书局，1998年，第232页。

② 李家浩：《十一年皋落戈铭文释文商榷》，《考古》1993年第8期。

③ 吴良宝：《战国韩魏铭文考释》，《安徽大学学报(哲学社会科学版)》2009年第4期。

④ 郝本性：《新郑出土战国铜兵器部分铭文考释》，《古文字研究》第十九辑，中华书局，1992年，第115—125页。

⑤ 吴振武：《新见十八年冢子韩矰戈研究——兼论战国“冢子”一官的职掌》，《古文字与古代史》第一辑，台北“中研院”历史语言研究所，2007年，第309—334页。

⑥ 陈剑：《释“造”》，《甲骨金文考释论集》，线装书局，2007年，第127—176页。

⑦ 赵平安：《〈礼记〉“草工”钩沉——略论先秦两汉时期主管漆器制作的工官》，《文字・文献・古史：赵平安自选集》，中西书局，2017年，第181—187页。

⑧ “上”和“尚”同音同义，广义上也算双声符字。参见陈伟武：《双声符字综论》，《中国古文字研究》第一辑，吉林大学出版社，1999年，第328—339页。

⑨ 陈颖飞：《楚官制与世族探研——以几批出土文献为中心》，中西书局，2016年，第183、186页。

⑩ 吴良宝：《莆子戈与郚戈考》，《中国文字学报》第五辑，商务印书馆，2014年，第138—142页。

⑪ 吴良宝：《战国兵器铭文四考》，《商周青铜器与先秦史研究论丛》，科学出版社，2017年，第1—10页。

莆子戈的铭文读序不必作调整，其铭辞格式与宜阳戈也存在差异。① 莆子戈“散”字和□年彘曹令戈“曹”字均可读为“造”，表铸造义。若将两戈与四年咎奴曹令戈铭文作比较，则三戈的铭辞格式均是“地名＋造＋令＋工师＋冶工”，这种铭辞格式与赵国相邦监造的兵器有相似之处，不同的是赵兵以“邦某库伐器”代替“某库造”。

关于四年咎奴曹令戈所属的国别，学者主要从地名出发进行判断。戈铭中的地名“咎奴”又见于方足小布（《货系》1715－1722）和咎奴壶。② 有学者将“咎奴”释作高奴或皋落。③ 从地名用字习惯、货币出土地和铸造时间等因素看，高奴说和皋落说均不可信。④ 清代学者李佐贤提出“咎奴”与春秋时期的廧咎如有关⑤，近年学者也多同意此说⑥，“咎奴”或是“廧咎如”之省。有关廧咎如的地望，一种观点认为在今山西太原市⑦，则“咎奴”器物属赵国器物；另一种观点认为在今河南安阳市西南⑧，则“咎奴”器物属魏、赵或韩国器物的可能性均存在（从战国中晚期的疆域形势看，安阳市西南的太行山一带为三国交界）。不过由于缺少相关文献印证，关于“廧咎如”的地望尚未有定论，因而无法为戈铭的国别归属提供坚实的证据。

四年咎奴曹令戈“曹（造）”字为判断戈铭的国别提供了帮助。目前所见三晋兵器中表示铸造义的“造”字，仅见韩国兵器，赵、魏二国兵器未见。因而三晋兵器铭文中带有表铸造义的“造”字，可作为判断韩国兵器依据之一，如 1971 年在河南新郑郑韩故城出土了大批韩国铸造的兵器，不少兵器铭末刻有表示铸造义的“造”字。上文所举蒲子戈、□年彘曹令戈铭文中也分别带有“散（造）”“曹（造）”字，而且从戈铭地名看，战国中晚期韩国曾占据有蒲子、彘，因而两件兵器属韩国器物也无疑问。据此，笔者认为四年咎奴曹令戈以及咎奴壶、“咎奴”布币属韩国器物的可能性较大。

从戈铭的行款格式看，一般韩国有铭兵器的“造”字刻于铭末，而四年咎奴曹令戈“曹”字、蒲子戈“散”字、□年彘曹令戈“曹”字刻写在地名和“令”之间，是误刻的可能性不大，这种格式可能反映了早期韩国兵器铭辞格式的不固定性。如近年在河南邓州王营墓出土的廿一年戈，整理者将该兵器定作韩国兵器，铭文中“二十一年”属韩宣惠王时期。⑨ 应可信从。最近，董珊先生对廿一年戈的铭文又作了考释。⑩ 基于董先生的考释，戈铭地名“穰”与“令”之间也刻有铭文“郘刃杒（制）戈”，“制戈”即“造戈”的意思。⑪ 可见，早期韩国有铭兵器确有将表铸造义之字刻于铸造地之后、督造者之前的例子。

有关四年咎奴曹令戈的铸造时间。廿四年郚陰令戈（《铭图》17233）是目前可以确定最早的韩国有铭兵器，该器铸造于韩昭侯二十四年。⑫ 又，根据韩国铸造的八年阳城令戈（《铭图》17346）、八年陽

① 宜阳戈不见“造”字，地名“宜阳”刻于“令”和“库工师”之间，这种格式又见于七年雍氏戟（参看戚鑫：《南山博物馆收藏一件秦始皇平定岭南的兵器》，《中国文物报》2017 年 5 月 30 日，第 7 版）。

② 张德光、杨绍舜：《中阳县弓家湾发现战国青铜铭文考释》，汾河湾丁村文化与晋文化考古学术研讨会论文集，山西太原，1996 年。

③ 参见黄盛璋：《试论三晋兵器的国别和年代及其相关问题》，《考古学报》1974 年第 1 期；陈隆文：《咎奴方足布铭文新释》，《考古与文物》2008 年第 1 期。

④ 参见吴良宝：《古币三辨》，《古文字研究》第二十四辑，中华书局，2002 年，第 332—336 页。

⑤ 李佐贤：《古泉汇》，上海古籍出版社，1992 年，第 352 页。

⑥ 何琳仪：《〈古币文编〉校释》，《文物研究》第六辑，黄山书社，1990 年，第 213—218 页；吴良宝：《战国韩魏铭文考释》、李腾：《四年咎奴曹令戈的国别及相关问题》，《邯郸学院学报》2018 年第 3 期。

⑦ 顾祖禹：《读史方舆纪要》卷一，中华书局，2005 年，第 23 页。

⑧ 谭其骧主编：《中国历史地图集：第一册》，中国地图出版社，1982 年，第 22—23 页；史念海：《中国历史地理纲要》上册，山西人民出版社，1991 年，第 146—147 页；杨伯峻：《春秋左传注（修订本）》，中华书局，2009 年，第 405 页。

⑨ 李怡然、李长周：《河南邓州王营墓地出土二十一年戈铭文考释》，《文物》2021 年第 4 期。

⑩ 董珊：《邓州出土二十一年穰戈考释》，《出土文献与古文字研究》第十辑，上海古籍出版社，2022 年，第 84—103 页。

⑪ 廿一年戈内部形制上与郑韩故城出土兵器自铭“戈刃”相类，均是平头、无刃。笔者怀疑“郘刃”的意思与“戈刃”接近，应理解为戈的自铭更为合适。

⑫ 苏辉：《秦三晋纪年兵器研究》，第 152 页；秦晓华：《东周晋系文字资料研究》，博士学位论文，中山大学，2008 年，第 52 页。

翟令戟刺(《銘圖》17704)相关内容，在韩桓惠王八年以后，地方监造的兵器中多以“令＋司寇”作为监造者。① 若四年咎奴曹令戈属韩国兵器，则戈铭“四年”应在韩昭侯以后、韩桓惠王八年以前，具体是属哪位韩王的“四年”阙疑。

引书简称

《铭图》——《商周青铜器铭文暨图像集成》，吴镇烽编著，上海古籍出版社，2012年。

《铭续》——《商周青铜器铭文暨图像集成续编》，吴镇烽编著，上海古籍出版社，2016年。

《铭三》——《商周青铜器铭文暨图像集成三编》，吴镇烽编著，上海古籍出版社，2020年。

《货系》——《中国历代货币大系1·先秦货币》，汪庆正主编，马承源审校，上海人民出版社，1988年。

附记：本文初稿写成于2019年2月，写作过程中曾与任家贤、陈晓聪等师友讨论，徐俊刚师兄给出不少建议；论文又在第九届珞珈史学博士论坛进行宣读，何有祖先生也提出修改意见。谨致谢忱。

A Study on the Character “Cao(曹)” in the Inscription of Si Nian Jiunu Cao Ling Dagger-axe

Zhao Yushen

(School of Archaeology, Jilin University, Changchun 130012, China)

Abstract: In the past, scholars had many ambiguities in the the character “Cao(曹)” in the inscription of Si Nian Jiunu Cao Ling Dagger-axe. We believe that the character “Cao(曹)” means manufacture. Since the geographical name of “Jiunu(咎奴)” cannot be referred to with certainty, there are many ambiguities about the country of the inscriptions. Based on the character “Cao(曹)”, this dagger-axe can be classified as a Han weapon. The Si Nian Jiunu Cao Ling Dagger-axe was made after the Zhaohou, before the eigth years of Huanhui's reign of the Han State.

Key words: Si Nian Jiunu Cao Ling Dagger-axe; Puzi Dagger-axe; the character “Cao(曹)”; Han weapons

① 吴良宝：《谈韩兵监造者“司寇”的出现时间》，《古文字研究》第二十八辑，中华书局，2010年，第347—350页。

试说《说文古籀补补》对《说文古籀补》附录字的处理*

袁　琳

【摘　要】丁佛言《说文古籀补补》是吴大澂《说文古籀补》一书的延续，该著作成书于我国古文字研究初期，不仅有很高的古文字学价值，同时也极具文献学研究意义。据《说文古籀补补》凡例可知，该书将《说文古籀补》附录中的50余字收归正编，但我们经过统计却发现实有83例，与丁氏所述存在较大偏差。通过分析可知，这83例包括字形、出处皆同者78例，仅结构一致者5例。造成这一偏差的原因，可能是在未提前严格标记的情况下，据《续字说》的释字数量进行了推测，反映了丁氏对这部分字形的统计较为粗疏。

【关键词】《说文古籀补》；《说文古籀补补》；吴大澂；丁佛言

【作者简介】袁琳，女，中山大学中国语言文学系博士研究生，研究方向为古文字学。（广东 广州　510275）

一　引言

当前古文字字编中多另立附录一卷以收存疑待考字形，这一做法实源于宋代吕大临《考古图释文》，但却是从吴大澂《说文古籀补》（下文简称《补》）之后才被广泛应用。随着出土材料不断涌现以及古文字研究水平的不断提高，附录中的待考字形渐被释出，并于晚出字编中被移入正编。丁佛言《说文古籀补补》（下文简称《补补》）成书于1924年，该书以吴大澂《补》为基点，依其体例增辑字形而成，包括鼎彝、玺、陶、古货布文。《补补》收录了大量新见字，同时对《补》正编的部分字形进行了改释，并将《补》附录中的一些字形归入了《补补》正编。

学者对《补补》的研究有2007年张向民硕士学位论文《〈说文古籀补补〉研究》，主要对《补补》正编中部分古文字进行了校议，还见其他学者在评述丁氏的古文字研究贡献时对该书的释字情况有所涉及①，但未见对该书收录《补》附录字情况的考察研究。丁佛言在《补补》凡例中指出，该书将《补》附录字形中无释及疑为某某字者五十余字皆摘入正编，后世学者多据此论说②。但我们经过统计却发现实有83例，与丁氏所述存在较大偏差。为了探讨产生这一偏差的原因，我们首先将《补补》对《补》附录字的处理情况作了具体分析。

二　《补补》收录《补》附录字的情况

《补》附录字形据吴大澂统计有"文五百三十六，重一百一十九"，共计655个。除去重文，《补补》将上述字形改归入正编者83例，仍入附录者24例，具体情况如次：

---

* 基金项目：本文为国家社科基金重大项目"战国文字诂林及数据库建设"（项目编号：17ZDA300）、国家语委甲骨文等古文字研究专项重点项目"战国文字数据中心及研发平台建设"（项目编号：YWZ－J019）的阶段性成果。

① 徐在国：《略论丁佛言的古文字研究》，《烟台师范学院学报（哲学社会科学版）》1998年第3期；王其秀：《略论丁佛言的古玺文研究》，《宁夏大学学报（人文社会科学版）》2013年第2期。

② 俞绍宏：《试述〈说文古籀补〉在古文字学史上的地位》，《中国文字研究》第二辑，大象出版社，2008年，第138页。

1. 归入正编者

丁佛言在《补补》凡例中提及将《补》部分附录字形移入正编，即：

“其入附录无释及疑为某某字，今已有定释者如之为永，之为雝，之为辟，之为胄，之为乱，之为庄，之为端，之为丽，之为敛等五十余字，本编皆摘入正编。”

可以看出，丁氏认为《补补》正编收录《补》附录字形有“五十余字”。但经过逐字梳理，除去重文后实有 78 字，即：、、、，可详参附表一。根据当下古文字释读结论，这 78 例虽然改归入“正编”，成为已识字，但实际上有 50%左右属于误释、误归。仅就《补补》凡例所举 9 个字来看，除“之為雝”“之為胄”“之為庄”“之為丽”释字正确外，其他释读都存在问题，这很大程度上是当时出土材料较少以及研究水平有限的缘故。经过排查统计，《补补》归入正编的确释字有 36 个，分别是：(雝)、(印)、(根)、(虎)、(毁)、(农)、(圣)、(农)、(鍚)、(侧)、(胄)、(宜)、(邦)、(庄)、(本)、(宓)、(欁)、(巤)、(良)、(邍)、(豕)、(麇)、(弇)、(茾)、(遄)、(献)、(丽)、(毁)、(稷)、(舍)、(盐)、(职)、(密)、(猶)、(县)、(敔)，其他多为误释或至今释读仍有争议的字形。

除以上出处一致的字形归并外，《补》附录中还存在一些字形可在《补补》正编找到与之结构高度一致的形体，虽出处有别，却也可看作《补补》已识字形。经过分析，这部分字形可以归为两类：(1) 在《补》正编、附录及《补补》正编中皆有结构一致的形体，如《补》附录中的“”“”“”等，该书正编卷三“友”“臣”及卷八“孝”下分别有“”“”“”等，而在《补补》正编卷三“友”“臣”及卷八“孝”下亦分别有“”“”“”等；(2) 仅在《补》附录及《补补》正编有结构一致的形体，《补》正编未见，如《补》附录中“”“”“”“”“”，《补补》正编有“(寿)”“(兄)”“(妣)”“(瘥)”“(恶)”。

第一类《补》附录字形在该书正编存在与其结构一致的形体，或是因吴氏疏忽而未一并归入正编，而《补补》正编虽也有相似形体，却不能简单视作该书成果；第二类《补》附录的 5 例字形则没有这种顾虑，或可直接看作已入《补补》正编。

2. 仍归入附录者

经统计，《补》附录中有 24 例字形仍入《补补》附录，但二书所附考释意见有别。如“”在《补》附录中“疑宪之古文”，在《补补》附录中“疑为廪字，通稟，本作亩”，“”在《补》附录中“疑古觳字”，而《补补》附录为“或当是古割字”，“”在《补》附录中“疑瓔字之省文”，《补补》则认为“或是琱”；又如“”“”“”等在《补》附录中无释，而在《补补》附录中分别附“疑古旌字”“《玉篇》以为古耕字”“疑是者字”等意见。以上具体参见本文附表二。

以上 24 例字形中有 1 例较为特殊，即“”，《补补》附录释为“齎”，意见较肯定。该例似本应属《补补》正编已识字形，只因该书将《说文》所无字概归附录的体例所限，“齎”作为《说文》所无字才被置于附录中。

三　《补补》对《补》附录疏误之处的调整情况

《补》附录一卷对于存疑待考字基本分栏罗列，同一字的不同异体归为一栏，间有异体字形较多者列多栏。每个字形之下注明出处，且多附考释意见。但是，因时代研究水平所限以及个人疏忽，当中也存在一些不严谨之处，如与正编字形重出、异字误归一栏以及本属于同一字的异体分列两处等，这些问题在《补补》收录《补》附录字的过程中大都进行了有效处理。下面将《补补》对上述情况的处理方式依次进行罗列分析。

1. 区分字形

对《补》附录中将不同字误归一列，《补补》的归并体现了区分意识。《补》附录中存在同一栏列多个异体的情况，《补补》在收录这部分字形时一般不会仅列其中一例，如《补》附录中同一栏的“□、□”“□、□”“□、□”都分别一并归入了《补补》正编卷五“鬺”、卷十“巤”以及卷二“德”字头下，包括一并归入《补补》附录同一栏的“□、□、□”。但是对于《补》附录中误归为一列的字形，《补补》在归并时则进行了有意识的选取，例如在《补》附录中“□”和“□”列于一栏，但在《补补》正编卷十二“闟”字头下仅列“□”字；又如“□”“□”“□”“□”被置于一列，而《补补》正编仅将“□”归入卷九“匋”字头下，并未将其中应为“厶官”合文的“□”字形一并归入，另两例“□”“□”未列入，大概是因字形稍异，可见处理较为谨慎。

2. 归并异体

对《补》附录中将同一字异体分列的情况，《补补》在收录时进行了归并。在《补》附录中“□”“□”“□”“□”分栏罗列，但《补补》正编则将前两个字形归在“农”字下，把后两个字形归在“毁”字下。但是，类似的归类也存在疏误，如将原本分列的“□”和“□”合归于“永”字头下、“□”和“□”合归于“敚”字头下，不仅释字有误，而且所归字形并非同一字。另外，也存在《补补》虽归字无误但却未能识别相关异体的情况，如该书虽已将《补》附录中的“□”正确归在卷九“县”字头下，却未注意到另列于《补》附录中的“□”形。此二形为一字异体，本应归于同一字头下，但《补补》未提及“□”形，可见并未认识到这一点。

3. 整合构件

对于《补》附录中同一字构件被拆分，《补补》进行了整合。《补》附录分栏列“□”和“□”，但实际二者为“马”字的上下构件。《补补》虽已将其整合为一个字形，却仍置于附录中，并注案语“似马字”，可见当时还不能确释。

四　余论

对于丁氏将《补补》正编收录《补》附录字形数量统计错误且误差较大的原因，或许可以从以下两点信息中寻找线索。第一，《补补》正编 32 例字形下可见“原书入附录”等字样，以指明其在《补》中属附录字。但丁氏并未在每个移入正编的字形下都作标记，如凡例所举“□”“□”等 6 例字形下皆未作说明，可见统计并未依据这一标记。第二，吴大澂曾撰《字说》一卷以专门解说《补》中的部分字形，丁氏亦仿吴氏而别撰《续字说》以详考《补补》中的一部分字形。《续字说》与《补补》成书于同年，但后世未刊行。据王献唐梳理丁氏遗著目录，《续字说》有“初稿一册，计五十页”，“清稿三册，共百五十页”。[①] 其中清稿三册现藏于山东博物馆，杨青曾对该书内容做过介绍，指出全书三卷，共说字 52 篇，并将考释字头分卷全部罗列。[②] 通过比照，《续字说》中有 10 例字头与上文《补补》正编收录《补》附录的 78 例字形重合，而凡例所举的 9 例字形中有 6 例都在其中，即“庄”“端”“敚”“永”“乱”“胄”。这说明，在没有统计标记的情况下，“五十余字”的数据或许是根据《续字说》中说字数量大约推测的。此外，强运开《说文古籀三补》也曾将《补》《补补》二书的部分附录字移归正编，并在该书凡例中表述“不下数十字”，较为含糊。但经王其统计实际有 202 个字形[③]，可见当时学者对此类统计都较为粗疏。

① 王献唐：《黄县丁佛言先生遗著目录》，《文献》1982 年第 1 期。

② 杨青：《丁佛言及其〈续字说〉》，《收藏》2015 年第 23 期。

③ 王其秀：《〈说文古籀三补〉文字释读方法考察》，《安徽工业大学学报（社会科学版）》2012 年第 6 期。

附表一

序号	《补》附录	页码[1]	《补补》正编	出处[2]	归并判断[3]	序号	《补》附录	页码	《补补》正编	出处	归并判断
1		251	永	十一(四)		23		268	端	十(五)	
2		252	雝	四(三)	√						
3		253	印	九(三)	√	24		269	庄	一(四)	√
4		254	斞	三(六)		25		270	本	六(二)	√
5		255	辟	九(四)		26		270	宓	七(八)	√
6		256	梫	六(二)	√	27		271	永	十一(四)	
7		256	虎	五(四)	√	28		272	讹	三(四)	
8		257	嬰	二(五)	√	29		272	弊	三(十二)	√
9		258	农	三(六)	√	30		272	叡	四(六)	
10		259	圣[4]	十二(二)	√	31		273	鼠	十(五)	√
11		263	泓	十一(二)		32		273	德	二(十)	
12		264	农	三(六)	√	33		273	敛	三(十一)	
13		264	餳	五(六)	√	34		274	鼎	七(四)	
14		264	侧	八(二)	√	35		274	会	五(七)	
15		264	胄	七(十)	√	36		275	良	五(九)	√
16		266	乱	十四(六)		37		275	游	七(二)	
17		266	宜	七(八)	√	38		275	菜	一(五)	
18		267	豕	六(五)		39		275	邍	二(十)	√
19	[5]	267	眉	四(一)		40		275	豕	九(六)	√
20		268	匋	九(四)		41		275	麋	十(二)	√
21		268	邦	六(九)	√	42		276	竘	十(五)	
22		268	蚚	十四(二)		43		276	爵[6]	五(六)	

① 页码参强运开：《说文古籀补》，"万有文库"本，商务印书馆，1936 年。
② 出处指所在卷数及页码，如"十一(四)"指第十一卷第四页，对应书目参丁佛言辑：《说文古籀补补》，中华书局，1988 年。
③ 归并判断指对释字无误者标注"√"，其他则多属误释或仍存争议的字形。
④ 该字头下所收"[illegible]"形与《补》附录"[illegible]"稍别，二者分别出自㝬钟一(《集成》109)、㝬钟三(《集成》111)，器铭相同。
⑤《补补》将该形置于"眉"字下，但所注出处却为"贵脒鼎"，可见当时对该字的释读或亦有释"贵"之说。
⑥ 该字头下所收《补》附录字形的出处似标注有误，与同列其他字形出处弄混。

续 表

序号	《补》附录	页码	《补补》正编	出处	归并判断
44	[illegible]	277	畀	三(五)	√
45	[illegible]	278	苐	一(四)	√
46	[illegible]	279	棘	七(四)	
47	[illegible]	280	遄	二(八)	√
48	[illegible]	281	业	三(五)	
49	[illegible]	283	箱	五(一)	
50	[illegible]	287	阕	十二(一)	
51	[illegible]	287	赉	六(七)	
52	[illegible]	291	献	十(二)	√
53	[illegible]	294	丽	十(二)	√
54	[illegible]	295	咏	三(三)	
55	[illegible]	296	析	六(三)	
56	[illegible]	297	胥	四(七)	
57	[illegible]	297	毁	二(五)	√
58	[illegible]	298	敛	三(十一)	
59	[illegible]	298	稷	七(四)	√
60	[illegible]	302	敽	三(十二)	
61	[illegible]	303	光	十(三)	
62	[illegible]	303	豦	九(七)	
63	[illegible]	305	错	十四(一)	
64	[illegible]	305	舍	五(七)	√
65	[illegible]	305	迂	二(十)	
66	[illegible]	307	盐	十二(一)	√
67	[illegible]	308	职	十二(二)	√
68	[illegible]	308	密	九(五)	√
69	[illegible]	309	军	十四(三)	
70	[illegible]	310	歙	八(八)	
71	[illegible]	310	民	十二(五)	
72	[illegible]	313	迹	二(九)	
73	[illegible]	313	麇	十(一)	
74	[illegible]	314	猶	九(二)	√
75	[illegible]	315	县	九(二)	√
76	[illegible]	315	叡	四(五)	√
77	[illegible]	315	队	十四(四)	
78	[illegible]	315	为	三(七)	

附表二

序号	《补》附录字头	页码①	《补》附录注释	《补补》附录注释	出处②
1	[illegible]	251	疑“宪”之古文。	疑為“廩”字,通“禀”,本作“亩”。	附录二
2	[illegible]	252	疑古“殛”字。	陈簠斋谓同“极”。	附录一

① 页码参强运开:《说文古籀补》。

② 出处指《补补》附录的页码,如“附录二”表示附录第二页,对应书目参丁佛言辑:《说文古籀补补》。

续　表

序号	《补》附录字头	页码	《补》附录注释	《补补》附录注释	出处
3		252	疑古“㝠”字。	或当是古“割”字。	附录一
4		259	或释“家”，杨沂孙释“为”。	疑“寫”字。	附录三
5		263	无	疑古“爵”字，或曰象称觞之形。	附录一
6		274	无	疑“卪”。	附录五
7		274	无		
8		274	无	疑古“旌”字。	附录一
9		275	无	从梦从辵，字书不载，或疑为古“遏”字。	附录一
10		279	疑即“鑮”。	疑是古“荐”字。	附录三
11		282	疑“瓔”字之省文。	或是“琩”。	附录四
12		282	无	疑“粤”，即“越”。	附录五
13		283	无	疑是古“害”字。	附录三
14		286	陈介祺曰肘有悬聿，犹后世之橐笔。	疑“友”字异文。	附录四
15		293	疑即“嗣”之异文。	疑为古“辞”字，同“嗣”。	附录三
16		295	无	《玉篇》以为古“耕”字。	附录二
17		298	无	疑是“者”字。	附录三
18		306	无	瀖，字书无，或曰其即“寝”。	附录五
19		308	无	《说文古籀补》分为两字，案似“马”字，中泐。	附录五
20		308	无		
21		310	吴中丞释作“禥”。	或是“禞”，同“祰”。	附录一
22		310	从[illegible]从酉。	醬	附录三
23		311	陈介祺释作“族”。	古文《尚书》“族”皆作“矦”，此“[illegible]”同“止”，系“[illegible]”之变。	附录五
24		315	无	疑古“世”字，或谓是古“善”字。	附录五

The Discussion about *The Supplement of Shuowen Guzhou Bu* Processes the Ancient Characters from Addendum of *Shuowen Guzhou Bu*

Yuan Lin

(Department of Chinese Language and Literature, Sun Yat-Sen University, Guangzhou 510275, China)

Abstract: *The Supplement of Shuowen Guzhou Bu* was written in the early study of ancient characters, and this book which is valuable and meaningful has supplemented and revised ancient characters on the basis of *Shuowen Guzhou Bu*. From the general notice of *the Supplement of Shuowen Guzhou Bu*, we could know this book has interpreted more than fifty ancient characters of *Shuowen Guzhou Bu*'s addendum. But we actually found eighty-three characters and clearly this is not a minor error. Through analysis, we think the cause of this error is probably that the author speculated the quantity according to *Xu Zishuo*.

Key words: *Shuowen Guzhou Bu*; *The Supplement of Shuowen Guzhou Bu*; Wu Dacheng; Ding Foyan

"贴图法"在 MS Word 中处理古文字的应用研究*

马　继

【摘　要】处理集外字有诸多方法，不同的方法都有其应用场景。对于古文字研究者，MS Word 始终是进行研究工作的主要工具。在此场景下，本文着重对"贴图法"进行了分析，认为该方法的优势在于建设成本小、依赖项少、稳定项强三个方面，但不足之处在于无法进行检索。针对这一点，本文提出开发相应辅助工具的设想，利用文档内部的引用数据来实现同源图片的检索。

【关键词】贴图法；MS Word；检索

【作者简介】马继，华东师范大学中国文字研究与应用中心博士研究生，研究方向为古文字学。（上海 200241）

在古籍数字化过程中，集外字处理是一项棘手但却十分重要的问题。截止 Unicode14.0，CJK 子集中已经收录了九万多个汉字，但是在古代文献整理过程中，依旧存在不少未编码的字，不能满足古籍数字化的需要。相对比看，传世文献尽管总量比出土文献要大，但集外字分布密度远不及后者，因此处理出土文献集外字的需求更大。古文字由于来源较早，情况变化也较为复杂，所以会产生大量隶定字形。而且随着考古工作的进行，出土文献的数量还在动态增加。所以，对于出土文献，在集外字的处理上往往需要投入更多的精力。

一　集外字处理方法种类

对于如何处理这些集外字，学界提出过这样几种方法：字库法、符号法、贴图法、描述法、动态组字法。字库法是指在字库中为集外字分配相应的码位并绘制字形，在本地字库的支持下，可以实现集外字的显示与检索。符号法指用特定符号来代替原有字，两者在字形上未必有关联，如"■"。贴图法是将绘制好的字形以图片的形式插入到文本中，实现图文混排。① 描述法是将汉字从布局和构成角度进行逐步分解，最终形成描述序列，以此代替所要描述的文字。动态组字法是指利用程序将描述序列组合文字，而不必人工进行绘制。②

关于这几种方法的不足，各家都进行过讨论。总结来看，对于造字法，肖禹认为"若使用造字法处理集外字，必须有集外字管理、输入法管理、造字、字符集自定义区管理等一系列工具。"同时还有

---

* 基金项目：本文为 2019 年度国家语委科研项目"战国秦汉简帛文献通假字集成及资料库建设"（项目编号：YWZ－J030）、2021 年度教育部哲学社会科学研究重大课题攻关项目"出土商周秦汉文献通假语料的整理与数据库建设研究"（项目编号：21JZD043）、2021 年华东师范大学优秀博士生学术创新能力提升计划项目（项目编号：YBNLTS2021－002）阶段性成果。

① 关于贴图法所贴之图，在出土文献研究中，既包括在隶定之后，再经由造字软件绘制后进行截取的图片，还包括从原始材料中截取的原字形图片。

② 上述几种各方法也有研究者使用不同的名称，如称"字库法"为"造字法"，其实造字只是处理过程中的一个步骤，贴图法、动态组字法都要进行字形绘制，字库法实际是靠本地字库的支持，因而采用改名称比较准确；又如称"符号法"为"替换法"，本文未采用这种名称，主要是由于不能突出该方法的特征，后面提到的"描述法"本质上也可以视作一种替换，只不过替换的形式不一样。

可使用码位有限以及码位可能造成冲突的问题。① 符号法无法实现精准检索，无法判断所被替代的为何字。② 对于描述法，高晶晶认为所描述序列并不固定，使得检索结果具有不稳定性。③ 图片法主要的问题是在数据库中无法全文检索，以及字体格式不能与其他文本同步变化。④

二　贴图法的优势与应用场景

本文认为上述几种方法都有优势与不足，这也形成了它们各自的应用场景。在使用过程中，应当针对不同场景采用最合适的方法。上述各家所讨论的场景主要针对数据库和平台开发，而对于古文字研究者，所接触的最常见场景是文档内的文字处理。MS Word 作为目前世界上最常用的办公软件之一(以下简称 Word)，研究者使用该软件可以完成材料搜集与整理以及文章撰写等工作。因而，本文将 Word 设为主要应用场景来进行研究，下面通过与其他方法比较来具体讨论贴图法的优势。需要说明的是，由于符号法无法做到真正的目标检索，很大程度上只能作为文本整理过程中的临时处理方式，故不细论，只将讨论贴图法与其余三种方法的不同。

贴图法的优势在于以下三个方面，其一，建设成本小。字库法需要建设一个完整的字库来对集外字进行支持，其中还会涉及到码位分配、字库设置、造字管理等一系列问题，而描述法和动态组字法需要为每一个造字提供分析好的 IDS，后者还需要数据库的额外支持，这些工作都会投入不小的成本。而贴图法的成本相对较小，仅需要在相关软件绘制好字形后截取即可。

其二，依赖项少。有些方法在除了文档之外，还需要在一些程序文件配合下才可以有效显示。可能在本地电脑使用不会出现问题，但在跨设备交流时候则会产生额外的工作，不仅需要将文档本身发送过去，还要包括其他依赖项。字库法需要依赖本地字库的支持，在无特定字库支持下可能无法显示，或者显示为其他字形，给阅读造成障碍。动态组字法依赖数据库，不仅需要迁移数据，还会涉及数据库引擎的安装和部署问题。而贴图法所插入的图片是被打包进文档中的，这与文档本身的结构有关，后文将会提及。当将文档复制到其他设备后，不需要其他依赖项即可正常浏览。

其三，稳定性强。上述提到的集外字严格上是指未编码的字符，但在实际使用过程中，还可能出现人为地将已编码的集内字视为集外字，对它们进行同等处理的情况。采取这样的处理方式，不同层面有各自的原因，对于数据库来说，这与字符集有关⑤，而对于办公文档，则与字库和输入法有关。字库的更新未必能跟上 Unicode 发布的速度，这意味着有些字即便已经编码，但在电脑中不一定有配套的字库来支持它。目前在 Windows10 下自带的中易宋体包括全部 CJK 基本集和扩 A－D 集以及部分扩 E 集的字，受字库容量影响，它们被拆分成两个字库文件，此后的扩展集则不支持。鉴于这情况，有些研究者会将已编码的文字也制作图片字，插入到文档中。不过不同研究者所使用图片字的范围也存在差异，扩展 B 以外、扩展 A 以外、基本集以外，这三种范围都有研究者应用过。这种差异也可能受输入法的影响，目前像搜狗、QQ 这样的商用输入法最多支持到基本集和部分扩 A 集的字，相对来说比较常用，但这样的范围给非常用字的输入带来了一定限制。当然也有这样的情况，某字属于基本集，但使用者未能有效查询到，误认为是集外字而进行造字。因此，研究者在无法确知其他电脑中字库对码位的支持程度时，出于保险的考虑，可以将一些集内字视为集外字，使用贴图法处理。因为图片本身为二进制文件，具有一定的稳定性，不会受字库支持程度的影响而发生变化。

---

① 肖禹：《古籍数字化中的集外字处理问题研究》，《图书馆研究》2013 年第 5 期。

② 辛睿龙、王雅坤：《古籍数字化中汉字处理的现状、问题及策略》，《图书馆理论与实践》2017 第 9 期。

③ 高晶晶：《中医古籍数字化生僻字的处理》，《中国中医药图书情报杂志》2014 年第 3 期。

④ 高晶晶：《中医古籍数字化生僻字的处理》；辛睿龙、王雅坤：《古籍数字化中汉字处理的现状、问题及策略》。

⑤ 相关问题笔者将在《关于古文字隶定字库中码位使用问题研究》一文中详细讨论。

以上所论便是贴图法的优势，建设成本少的优点可以降低古文字研究者在技术层面的投入，依赖项少与稳定性强的特点便于文档在不同设备上正常显示。第二点相对比较重要，即便是使用字库技术的研究者，总不能避免要传递文件，尤其在向刊物投稿的时候，多数刊物都要求发送 Word 文件，而且使用图片字。由此可见，贴图法存在自己的应用场景，这是其他方法不能替代的。当然，如果换为其他应用场景，如数据库，贴图法的效果便大打折扣。

三　辅助工具方案设计

由上文分析可以看出，贴图法在文字研究工作中处于重要地位，但其缺点也是很明显的，最重要的一点就是在文档中无法检索。鉴于其在特定场景下具有不可替代的优势，因而通过设计辅助工具改善这一情况是有必要的，可以使文档中嵌入的图片字被精准检索到。需要说明的是，该工具仅针对 MS Word 来设计，其他办公软件 WPS Office、LibreOffice 并不适用。

（一）方案思路

在 Word 中微软提供了文本类型的检索功能，但对于图片类型则没有提供同等的功能，与之类似的功能有两处，其一是在查找界面中选中"图形"进行查找，可以获得该文档中所有图片的位置信息，通过手动点击可以逐一跳跃至图片的位置并选中。此外也可以在查找界面的"查找内容"的文本框中输入通配符"^g"，所执行效果与前者相同。其二是在"定位"选项卡的列表框中，选中"图形"选项，然后通过输入图形编号并执行，可使光标跳转至该图片前方。

由此可见，Word 中所提供图片检索功能非常有限。检索有精准检索和模糊检索的不同，在"查找"界面所执行的实际上就是模糊查询，检索到的结果是所有图片，而无法分辨各自的不同，而在"定位"界面所执行的却是对某一目标的精准检索，检索条件为图形编号，这个编号为文档图像集合中的索引，图片在文档中出现的顺序是一致的。这种检索条件要求用户事先知道检索目标的编号，但实际上除非使用者逐一计数，否则很难直观获得目标编号。使用者在计数的过程中便获得检索目标的位置，那么已无检索的必要，这种功能所发挥的作用也十分有限。

鉴于这种情况，应当将检索条件设为使用者更容易提供的信息。从使用者角度，对于检索目标的所掌握的信息就是图片所展示的内容，那么以图搜图应当是最有效的方式，这种技术基于图片相似度检测，目前已在诸多领域应用。不过从使用场景来看，该方法并不是最佳选择。

Word 中会记录每一个图片的属性信息，其中包含图片的来源信息。这些数据在 Word 软件中不会直接在界面上显示出来。当通过插入或复制的形式将图片添加到文档时，软件会根据其来源为其标记一个编号，指明所引用图片的身份，所引用的对象在文件内仅储存一次，本文暂且称之为引用 ID。对于来源文件完全相同的图片，它们的 ID 应当是相同的，这意味着通过检索引用 ID，可以找到与目标相同的图片。当然这仅限于同源图片，来自不同文件的异源图片则不适用此方法，因为它们的引用 ID 是不同的，即便两者的图片内容可能看上去非常相似，也不会共用一个 ID。在实际使用过程中，一个文档中同源和异源应该都会存在，但就使用场景来看，处理的重点应当在同源图片，目前大多数使用贴图法的古文字研究者都会有意识地进行集外字管理，将使用的集外字图片保存到文档或以单独文件的形式保存，这会使得同一图片得到重复使用，保证一个集外字在文档中具有唯一源。当然考虑到使用者个人因素，可能会出现已有该字图片而重复绘制字形的情况，出现的原因可能是在文件库中未能找到该图片，或者在绘制完图片字后未能将该图片保存下来，当然这样的情况在文档中占比不会很高。图像检测固然可以解决该问题，但检测本身需要一定的时间成本，而且可能会产生一定的依赖项。但该方法对实现场景的要求并不十分必要，通过调用文档内部数据即可实现检索目的。

由此可见，通过检索文档中来源 ID 来对图片字进行检索具有可行性，下面从技术层面具体来讨论。操作 Word 的方式很多种,使用最多的是 COM 组件方式,COM(Component Object Model 对象组件模型)是微软发布的一种建立可动态组件规范,它在微软技术中具有非常重要的地位,在 Office 系列软件中可通过调用相应的 COM 组件来实现定制化功能。不过本文认为 COM 组件的方式并不适合实现上述功能,主要是因为对于文档中的嵌入式图片,Office 中 COM 组件所提供的接口并不能直接获取它们属性信息,需要通过其他渠道,向更底层去获取数据。

Open XML 是微软针对 Office 文档发布的一种标准,包括文字处理文档、电子表格、演示文稿以及图形材料。与旧版本的二进制文件不同,它是基于 XML 的文档格式,自 Microsoft Office 2007 之后都使用该类型格式,文件后缀变为(.docx、.xlsx、.pptx)。应用该标准的文件本质上是一种容器,将作为构成部分的 XML 文件以及图形进行打包压缩。其中 document.xml 为文档的核心部分,document.xml.rels 用于储存引用的对应关系,media 目录下存放的则是引用对象。因而可以通过解析这些 XML 文件来获取所需数据。从底层解析灵活性更强,获取数据也更全面,这是该方法的优点。不过也有不足,分析 XML 的步骤要比 COM 方式要繁琐一些,往往需要进行二次封装。除此之外,XML 方法的另一个优点在于程序执行速度要远小于 COM 方式,因为前者是直接对文件进行读写,而不依赖 Office 所集成的 COM 组件。

(二)方案实现

在制作形式方面,由于使用场景位于 Word 软件内,所有文字的编辑操作都要在文档处于打开状态时进行,因而所开发的工具应以插件的形式来实现上述功能。VSTO(Visual Studio Tools for Office)是微软提供的用来创建 Office 扩展程序的工具包。在界面设计方面,形式可以参考原有的"查找"界面。根据使用者选中的目标图片来进行检索,通过遍历文档中所有图片,比对其引用 ID,将最终的检索结果返回给列表。选中目标图片的方式有两种,一种是直接通过点击来选中文档中的图片,将其作为检索目标,如图 1 是清华简中的《啻门》一段文字,段落中嵌入了很多图片字,用以代替某些不便以字符表示的文字。当在文档中选中"系",会在检索界面中显示,见图 2,执行检索后的所有结果在列表框中显示,点击结果项可跳转至该图片处。

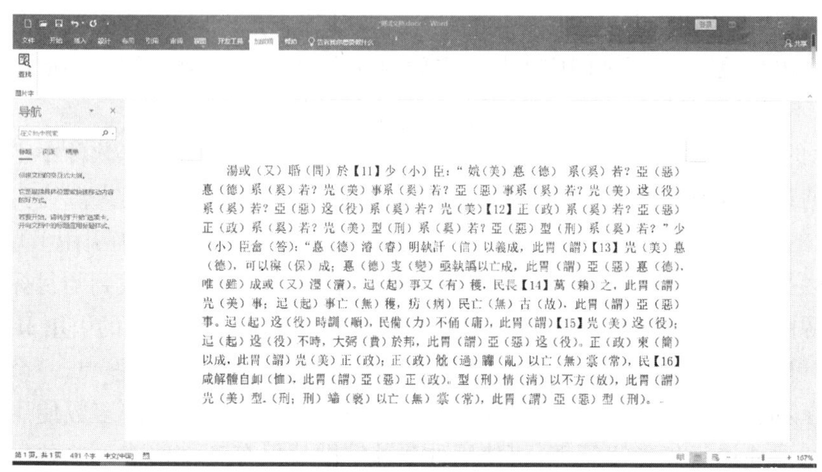

图 1

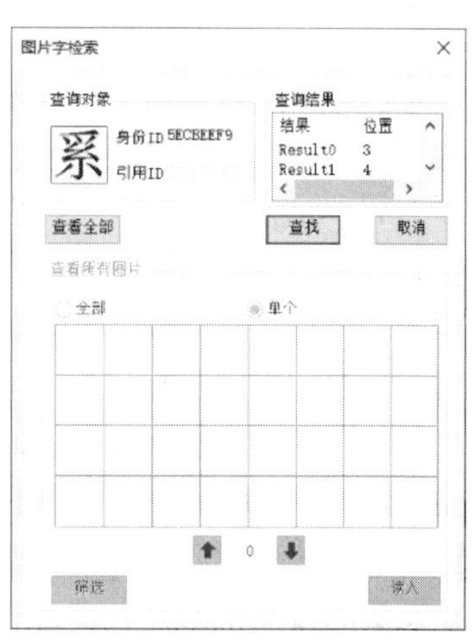

图 2

另一种则是提取文档中所有图片,将它们加载到界面上,可通过集中浏览的方式来选定图片。包含两种模式:全图片模式加载的是引用对象在文档中出现所有引用位置,见图 3;单图片模式加载的仅是引用对象,见图 4。前者可以展示文档中所有图片字的分布情况,各图片排列的顺序也与出现顺序一致,可与图 1 相对照。后者则过滤了重复出现的图片,只保留一个。这种模式可以快速获取所引用的图片种类，进而找到检索目标。对于同一图片重复出现的情况，效果更为显著。如上例，这段文字中出现了许多字词相近的语句，其中"系""宂""设"使用频率比较高。加载全部图片会占用不小的显示空间，而单图片仅需加载十几张。此外，该模式还有助于发现文档中的异源图片，理论上一个字形只会出现一次，只要发现某个图片出现了多次，便可知有异源图片的存在，并进行替换更正。

图 3

图 4

以这种思路加载的是文档中的全部图片，但有时文档中储存的不仅只有图片字，还会有用于举证的原材料图片等，后者通常没有查询需求，可以通过筛选的方式将其排除，筛选的条件可以设为尺寸。一般情况下，图片字为了要嵌入文本段落中，需要使自身尺寸与文字字号大小相近，而原形图片由于展示效果的限制，尺寸不宜过小，因而可以将其过滤除去。

总结

贴图法在使用 Word 文档办公时具有独特的优势，但也存在问题，通过检索工具的开发可以弥补该方法的不足。以遍历文档内部的引用编号为设计思路，该方案可以使图片和文本一样能够被准确检索到，而不必通过浏览的方式逐个查找，这有利于缩短文字处理所需的时间，进而提高研究者的研究效率。

Research on the Application of "Mapping Method" in the Processing of Ancient Characters in MS Word

Ma Ji

(Center for the Study and Application of Chinese Characters,
East China Normal University, Shanghai 200062, China)

Abstract: There are many methods to deal with characters outside the set. Different methods have their application scenarios. MS word is always the main tool of research work for ancient character researchers. In this scenario, the paper focuses on the analysis of "picture method", and believes that the advantages of this method lie in three aspects: low construction cost, few dependencies and strong stability. But the disadvantage is that it is unable to retrieve. In view of this, the paper puts forward the idea of developing corresponding auxiliary tools, which uses the reference data in the document to realize the retrieval of homologous pictures.

Key words: picture method; MS Word; searching

[简牍碑刻文字研究]

清华简《治政之道》字词札记二则*

张新俊

【摘　要】清华简《治政之道》第14号简的“攸”字为“邦”字之残,“攸中治”应当改释作“邦中治”,与“诸侯服”相对为文。第24—25号简“殆无守之器”,“殆”字可能是“句”字之误,读作“苟”,表示假设。

【关键词】《治政之道》;邦中治;苟

【作者简介】张新俊,中国海洋大学文学与新闻传播学院副教授、博士生导师,研究方向为古文字学。(山东青岛　266100)

2019年公布的清华简《治政之道》(以下简称《治政》)是一篇珍贵的政论性质的先秦佚籍,“无论在语言上还是思想上,都表现出以儒家学说为主、百家杂糅的特点”①。根据李守奎先生的介绍,全篇共43枚竹简,用楚文字写成,与2018年公布的《治邦之道》内容连贯。两篇综合起来共有70支简,3230多字。2019年《清华大学藏战国竹简(玖)》出版之后,《治政》简的整理者对文本做了较为详细注解,极大地方便了学界的进一步研究。我们在研读《治政》的过程中,曾写成札记数条,对个别字词的释读提出一点不成熟的意见,今选取其中二则,写出来向大家请教。

一　邦中治

《治政》第14号简说(释文尽可能采用宽式,下同。):

夫以兼抚诸侯以为天下仪式,是以不刑杀而攸中治,诸侯服,不唯上能兴乎?

这段话中的“攸中治”令人费解。整理者谓“中治,当指内政,与诸侯之事相对应”②。此说不大可信。从简文文义上看,“攸中治”与“诸侯服”相对为文,“攸中”与“诸侯”性质相近。整理者的把“中治”当作一个词,“攸”字则处于空无所依之地,这个解释难以令人信从。所谓的“攸”字,原篆写作如下表中的A形:

A	B	B1	B2	B3
治政14	治政01	治政35	邦道16	邦道16

需要说明的是,第14号竹简上下断裂,从照片看断痕历历可见,显然经过整理者拼合之后,才呈现出现在的样子。从残存笔画来看,此字左边很象是“亻”,右边则类似“攴”,故整理者释作“攸”。《清华大学藏战国竹简(玖)》所附的字形表和后来出版的《〈清华大学藏战国竹简〉(柒—玖)文字编》也都

* 基金项目:本文为国家社科重大招标项目“出土文献与上古文学关系研究”(项目编号:20&ZD264)阶段性成果。

① 李守奎:《清华简〈治政之道〉的治政理念与文本的几个问题》,《文物》2019年第9期。

② 清华大学出土文献研究与保护中心编,黄德宽主编:《清华大学藏战国竹简(玖)》,中西书局,2019年,第136页。

把这个形体收录到“攸”字下①，一直没有人提出异议。“攸”字在清华简中是比较常见的字，通常的写法，是在“亻”和“攴”中间有两或三斜笔(也有写作短竖笔者)②，如《治政》同篇第1号简有“攸”字写作B形，第35号简有B1形。另外，清华简《治邦之道》第16号简说“君守器，大夫守正，士守教，工守巧……农夫守稼穑，此之曰修。”“修”字被摹写作上揭B3形，是不够准确的。因为这样的写法与清华简中诸多“攸”字的形体不合。如果仔细观察这个“攸”字的话，不难发现在“亻”和“攴”中间还残存有两斜笔的痕迹，只是被误认作是“又”形中象征手指部分的起笔。当然不能据此就认为“攸”可以写作从“人”从“攴”之形。我们认为清华简中从“亻”从“攴”形的“攸”字，恐怕还不存在。此外，把A看作“攸”字，形体上还存在一个困难之处，就是左边的“亻”形与文字的整体很不协调。这样一来，过去把A形看作“攸”的观点，也就无法成立了。

我们认为所谓的“攸”其实是“邦”字之残。楚文字中的“邦”字，一般都写作左“邑”右“丰”，如下表中的B形。A形左边的部分显然是“邑”之残，右边部分则与“丰”形很接近。可以选《治政》中的“邦”字，与A做一个比较：

A	A1	C1	C2	C3
治政14	治政14	治政16	治政27	治政43

因此，参照C1、C2、C3形，我们倾向于把A摹写作A1形，并认为它就是楚文字中常见的“邦”的残字，因为文字残泐而被误释作“攸”。如此一来，所谓的“攸中治”应当释作“邦中治”，正好与“诸侯服”相对为文，简文也就很容易理解了。战国秦汉文献中多见有“境内”与“诸侯”相对的例子，“境内”与“邦中”意思大致相当。如下面的例子：

(1)荆庄王好周游田猎，驰骋弋射，欢乐无遗，尽傅其境内之劳与诸侯之忧于孙叔敖。《吕氏春秋·情欲》③

(2)圣王之子也，有天下之后也，埶籍之所在也，天下之宗室也。然而不材不中，内则百姓疾之，外则诸侯叛之；近者境内不一，遥者诸侯不听，令不行于境内；甚者诸侯侵削之，攻伐之。《荀子·正论》④

(3)修政于境内而远方慕其德，制胜于未战而诸侯服其威，内政治也。《淮南子·兵略训》⑤

有的书中，虽然“国/境内治”与“诸侯服”没有以对文的形式出现，但是文意表达的也正是这层意思。如下面的例子：

(4)故国富兵强，则诸侯服其政，邻敌畏其威，虽不用宝币事诸侯，诸侯不敢犯也。《管子·形势解》⑥

---

① 清华大学出土文献研究与保护中心编，黄德宽主编：《清华大学藏战国竹简(玖)》，第214页。李学勤主编，贾连翔、沈建华编：《清华大学藏战国竹简(柒—玖)文字编》，中西书局，2020年，第103页。

② 李学勤主编，沈建华、贾连翔编：《清华大学藏战国竹简(壹—叁)文字编(修订本)》，中西书局，2020年，第92页。李学勤主编，贾连翔、沈建华编：《清华大学藏战国竹简(肆—陆)文字编》，中西书局，2017年，第80页。李学勤主编，贾连翔、沈建华编：《清华大学藏战国竹简(柒—玖)文字编》，第103页。

③ 张双棣、张万彬、殷国光、陈涛注译：《吕氏春秋译注(修订本)》，北京大学出版社，2011年，第37页。

④ 荀况著，王天海校释：《荀子校释(修订本)》，上海古籍出版社，2016年，第706页。

⑤ 何宁：《淮南子集释》，中华书局，1998年，第1052页。

⑥ 姜涛：《管子新注》，齐鲁书社，2009年，第428页。

(5) 夫霸王之所始也，以人为本。本理则国固，本乱则国危。故上明则下敬，政平则人安，士教和则兵胜敌。使能则百事理，亲仁则上不危，任贤则诸侯服。 《管子·霸言》①

(6) 治国家，理境内，行仁义，布德惠，立正法，塞邪隧，群臣亲附，百姓和辑，上下一心，君臣同力，诸侯服其威，而四方怀其德，修政庙堂之上，而折冲千里之外，拱揖指撝而天下向应，此用兵之上也。 《淮南子·兵略训》②

上例(4)"国富兵强"，(5)中"本理、上明、政平、使能、任贤、士教和"，(6)"治国家，理境内，行仁义，布德惠，立正法，塞邪隧，群臣亲附，百姓和辑，上下一心，君臣同力"，都可以看作是"邦中治"的具化。而(4)中的"诸侯服其政，邻敌畏其威"，(6)中的"诸侯服其威而四方怀其德，修政庙堂之上而折冲千里之外，拱揖指撝而天下回应"，毫无疑问等同于简文中的"诸侯服"。

就《治邦》本篇而言，有好几处文字也都是把"国/邦国"与"诸侯"相对而言的。如下例：

(7) 昔之有国者必检于义……彼其辅相、左右、迩臣皆和同心，以一其智，声以益厚，闻以益彰，诸侯万邦率嘉之，则孝勉晏惠以并事之。 第18—19号简

(8) 今之王公以众征寡，以强征弱，以多灭人之社稷，削人之封疆，离人之父子兄弟，取其马牛货资以利其邦国。或曰此武德。夫是所以闭者诸侯之路而劝天下之乱者。 第15—17号简

(9) 彼不知其失，不图中政之不治、邦家之多病、万民之不恤，则或欲大启壁辟封疆，以立名于天下。款地改封，以绝诸侯之好。 第40号简

(10) 故昔之有国者，明政以来之，钦教以抚之。其所招则极，所求则得，……诸侯之邦，广者算千里、算千乘，狭者算百里、算百乘而有之。 第26—28号简

据上所举例子可以知道，《治邦》中的"邦国""邦中""邦家"等词，其实相当于传世文献中那些"有国者"的"境内""国"，而简文中所说的"诸侯"，从(11)来看，则是国君统治下的那些大小臣服侯国。

二 苟无守之器

《治政》第24—25号简说：

(11) 夫有国必有其器，小大守之，则必长以无害。殆无守之器，岂其可争于守乎?

"殆"字原篆写作下表中的D形。就形体而言，整理者的释文是毫无问题的。但是放到简文中看，"殆无守之器，岂其可争于守乎"也不好理解，且与"殆"字的用法不合。③ "夫有国必有其器，小大守之，则必长以无害。"简文的意思是说一个国家必定有"器"，所谓的"器"大概是如简20所说的"马女、金玉、币帛、名器"之类物什，不管国之大小，都要固守得住，这样一来国家才能长治久安。简文接下来以反问的语气说，如果一个国家连自己的守器都没有，又哪里可以去争夺他国的守器呢? 顺着这条思路，我们认为简文中被释作"殆"的字，很有可能是"句"字之误。

楚文字中的"句""訇"二字形体比较接近。一般情况下分别写作下表中的E、F二形④：

---

① 姜涛：《管子新注》，第206—207页。

② 何宁：《淮南子集释》，第1055—1056页。

③ 宗福邦、陈世铙、萧海波主编：《故训汇纂》，商务印书馆，2003年，第385—386页。

④ 楚文字中的"訇"、"句"字的形体，参看李学勤主编，沈建华、贾连翔编：《清华大学藏战国竹简(壹—叁)文字编(修订本)》，第35页，第62—63页。李学勤主编，贾连翔、沈建华编：《清华大学藏战国竹简(肆—陆)文字编》，第27—28页，第51页。李学勤主编，贾连翔、沈建华编：《清华大学藏战国竹简(柒—玖)文字编》，第34页，第66—67页。

D	E	E1	F
 治政 24	 五纪 98	 邦道 08	 赤鹄 09

由于这两个字的形体本身就非常接近，而 E 形又往往会省去上或者下的横笔。如上表中的 D 形，就是省去了“丩”形上横所致。E1 形体有误，大概是省去了“丩”形下横后的坏字。在用作文字偏旁的时候，更有把 E 形省写成 F 的现象。而 F 形的字，也有被误写成“台”的情况。这样一来，楚文献中有一些与“句”“台”形体有关的文字，在释读时就非要借助于上下文加以判断才行了。如下面的例子：

G1	G2	G3	G4	G5
 祭公 13	 祭公 16	 姑成 7	 摹本	 赤鹄 07

G1、G2 皆出自清华简《祭公之顾命》，这里采用的字形是《清华大学藏战国竹简（壹—叁）文字编》（修订本）的字形[1]。第 13 号简说“丕惟周之旁，丕惟句(后)稷之受命是永厚。”第 16 号简说“汝毋以嬖御息尔庄句(后)。”前一例中的“句稷”即周之祖先后稷，楚文字中的“后稷”多见，一般都写作上表 F 形[2]。后一例中，相同的文字又见于郭店简《缁衣》，也写作 F 形[3]。不过季旭升先生的《清华大学藏战国竹简（壹）读本》所附《祭公》简的摹本则把两个“句”字都摹写作上表 G4 形[4]。G3 出自上博简《姑成家父》，第 7 号简说“句义毋旧”，“句”字整理者原释作“台”，读作“以”。沈培先生改释为“句”，读作“苟”[5]。正确可从。由此可见，“句”与“台”这两个字由于形近的缘故，很容易被误写或者误读误释。清华简《赤鹄之集汤之屋》第 7 号简中，“句”字两见，其一写作 G5 形，“丩”形的竖划写得很短，形体介于“台”与“句”之间，也很容易被误认作“台”字。

楚简中还有一些从用作偏旁的“句”和“訇”，在没有上下文的情况下，也不太容易区分。如下表中的 H—M 诸字：

H	I	J	K1	K2
 竞建 1	 竞建 10	 采风 6	 老子甲 19	 老子丙 12

① 李学勤主编，沈建华、贾连翔编：《清华大学藏战国竹简（壹—叁）文字编（修订本）》，第 62 页。

② 徐在国：《上博楚简文字声系》，安徽大学出版社，2013 年，第 991—995 页。

③ 荆门市博物馆编：《郭店楚墓竹简》，文物出版社，1998 年，第 18 页。

④ 季旭升主编：《清华大学藏战国竹简(一)读本》，艺文印书馆，2013 年，第 374 页。

⑤ 俞绍宏、张青松编著：《上海博物馆藏战国楚简集释》第五册，社会科学文献出版社，2019 年，第 180 页。

续 表

K3	L1	L2	M1	M2
 语丛一 108	 武王 3	 武王 4	 凡物甲 25	 凡物乙 18

HI 二形皆出自上博简《竞建内之》。2 号简文说"有雉雊于彝前","雊"字原篆写作从"止"从"台"形[①]。10 号简"驱逐田乐(?)","驱"字原篆写作从"辶"从"句",整理者释作"追",非是[②]。J 形出自上博简《采风曲目》,6 号简说"狗(苟)吾君毋死","狗"字右边所从的"句",也许是因为竹简的右边缘笔画残泐的缘故,看起来与"台"形十分接近[③]。以上三例是把"句"写成"台"形。

K1、K2、K3 从形体看是从"言"从"丩",然而从简文上下文来看,郭店简《老子》甲 19 号简读作"始制有名",《老子》丙 12 号简读作"慎终如始",《语丛一》107—108 号简读作"各以澹词毁也"[④]。可见所谓的"丩"形,当为"訂"形之省。

L1、L2 皆出自上博简《武王践阼》,3 号简文说"怠胜义则丧,义胜怠则长"。读作"怠"的字,下从心,上边所从似"台"而非"台",大概也是"訂"的讹形。因为《武王践阼》乙篇第 14 号简说"敬胜怠则吉,怠胜敬则灭","怠"字清楚地写作从"人"从"心"从"訂"形[⑤]。M 形出自上博简《凡物流形》。甲本第 25 号简说"百物不死如月,出则或入,终则或始,至则或返",读作"始"的字,在乙本中"始"字虽然笔画有所残泐,但从"訂"是毫无疑问的,在甲本中则把"訂"写成了"句"形[⑥]。

类似的情况,在三晋文字中也存在。如战国中山王鼎铭文中有"闲于天下之物矣"一句话,句末语气词"矣","矢"上的部分被写成了"丩"形,张政烺、于豪亮等先生都误认为是从"矢""丩"声的字[⑦]。何琳仪先生受侯马盟书"㠯"字的启发,认为所谓的"丩"形是"㠯"形的变体,改释作"矣",无疑是正确的[⑧]。

总之,楚文字中的"訂"(或"台")、"句"形体相近,比较容易发生讹误。因此,我们认为《治政》第 24 号简中的"殆",很有可能就是"句"的误字。如此说可以成立,这两句话就要读作:"句(苟)无守之器,岂其可争于守乎?"

在先秦、秦汉时期的文献中,"苟"表示假设的时候,后面多有与表示反问语气的"岂"连用者,如下面的例子:

(12) 大国不以礼命于诸侯,苟不以礼,岂可量也? 《左传·哀公七年》[⑨]

(13) 苟如子之方,譬如以管窥天,以锥刺地,所窥者大,所见者小,所刺者巨,所中者少。如子之方,岂足以变骇童子哉? 《韩诗外传》卷十第九章[⑩]

① 马承源主编:《上海博物馆藏战国楚竹书(五)》,上海古籍出版社,2005 年,第 19 页。

② 马承源主编:《上海博物馆藏战国楚竹书(五)》,第 27 页。

③ 马承源主编:《上海博物馆藏战国楚竹书(四)》,上海古籍出版社,2004 年,第 22 页。

④ 荆门市博物馆编:《郭店楚墓竹简》,第 112 页、121 页、199 页。

⑤ 马承源主编:《上海博物馆藏战国楚竹书(七)》,上海古籍出版社,2008 年,第 18、28 页。

⑥ 马承源主编:《上海博物馆藏战国楚竹书(七)》,第 102、128 页。

⑦ 曾宪通、陈伟武主编:《出土战国文献字词集释》第五册,中华书局,2018 年,第 2632 页。张守中撰集:《中山王𰯌文字编》,人民美术出版社,2010 年,第 33 页。

⑧ 何琳仪:《中山王器考释拾遗》,《史学集刊》1984 年第 3 期。何琳仪:《战国古文字典——战国文字声系》,中华书局,1998 年,第 60 页。

⑨ 杨伯峻编著:《春秋左传注》,中华书局,2009 年,第 1641 页。

⑩ 韩婴撰,许维遹校释:《韩诗外传集释》,中华书局,1980 年,第 346 页。

(14) 苟能述《春秋》之法，致行其道，岂徒除祸哉！乃尧舜之德也。 《春秋繁露》卷六《俞序》十第七①

(15) 既曰王者参天地矣，苟参天地，则是化矣，岂独天地之精哉！ 《春秋繁露》卷十七《天地阴阳》②

(16) 苟令长安尚可扶助，延期岁月，疏不间亲，远不逾近，季文岂能居一隅哉？ 《后汉书·冯异列传》③

(17) 苟性命之弗殊，岂同波而异澜？ 《文选》卷十六陆机《叹逝赋》④

综上所述，我们把《治政》24 号简中释作"殆"的字，看作是"句"的误字，读作"苟"，表示假设，从文意上说也是比较通顺的。

Two Notes on the Words of Tsinghua Bamboo Slips "The Way of Governance(治政之道)"

Zhang Xinjun

(College of Liberal Arts, Journalism and Communication,
Ocean University of China, Qingdao 266100, China)

Abstract: The word "you (攸)" in No. 14 of the Tsinghua bamboo slips "The way of governance (治邦之道)" is the remnant of the word "bang (邦)", and "you zhong zhi (攸中治)" should be interpreted as "bang zhongzhi (邦中治)", which is the opposite of the "vassal costume(诸侯服)". The word "dai (殆)" in No. 24 - 25 bamboo slips "a tool without guard (殆无守之器)" may be a mistake of the word "gou (句)", which is read as "gou", indicating hypothesis.

Key words: "The Way of Governance (治邦之道)"; bang zhongzhi (邦中治); gou (句); dai (殆)

① 钟肇鹏主编：《春秋繁露校释(校补本)》，河北人民出版社，2005 年，第 356 页。

② 钟肇鹏主编：《春秋繁露校释(校补本)》，第 1092—1093 页。

③ 范晔撰，李贤等注：《后汉书》，中华书局，1965 年，第 643 页。

④ 萧统编：《六臣注文选》，中华书局，1987 年，第 298 页。

说清华简《祷辞》中的几个农业害虫*

张 飞

【摘 要】文章根据农业昆虫学知识和传世文献，认为清华简《祷辞》中的“𫊸”指“稻蛀螟”，“𧌒”指“蛴螬”，“蠖”指“根蛆”。它们都是农业害虫。

【关键词】清华简；祷辞；农业害虫

【作者简介】张飞，中山大学中国语言文学系古文字研究所、“古文字与中华文明传承发展工程”协同攻关创新平台博士研究生，主要研究方向为出土文献与古文字。（广东 广州 510275）

引言

《清华大学藏战国竹简（玖）》于 2019 年 11 月由中西书局出版，其中收录一篇名为《祷辞》的文献。《祷辞》主要是祷祠地祇的告事求福之辞[①]，其简 18—20 中有如下一段话：

> 使此女之乘此美马，以周此邑之野。自其中，则驱其百虫；自其外，则驱其鹿、㺇；自其隅，则驱其蚼、蝼、𫊸、蛁、𧌒、蠖、蛔、蝓。百种皆集，使此收入。[②]

关于“㺇”，整理者原疑读为“𪊨”，并认为“鹿”和“𪊨”是为害百种的动物。[③] 按，“㺇”或可分析为从大、从豕，会大猪之意，可能是野猪的专字。野猪从古至今都是为害农作物的野兽。《本草纲目·野猪》：“野猪处处深山中有之，惟关西者时或有黄。其形似猪而大，牙出口外，如象牙。其肉有至二三百斤者。能与虎斗。……最害田稼，亦啖蛇虺。”[④]传世文献中多见麋、鹿为害庄稼的记载。《春秋》庄公十七年“冬，多麋”，杜预注：“麋多则害五稼，故以灾书。”[⑤]《太平御览》引《礼记·月令》“孟夏，驱兽无害五谷”，郑玄注：“兽，麋、鹿之属，食谷苗，驱之令勿害也。”[⑥]关于“蚼”，虽然还不能明确其是何虫，但整理者已指出它是为害禾稼的昆虫，会食害小麦。[⑦] 下文将会谈到，楚人当时已种植小麦，则“蚼”会为害楚地的小麦。关于“蝼”，整理者已指出其指“蝼蛄”。[⑧] “蝼蛄”是一种常见的地下害虫，中国南北均有分布[⑨]，它会为害楚地的谷苗。关于“蛁”，整理者将该字读为“蟊”，认为其是吃苗根的害虫。[⑩] 按，上古音“舀”属喻纽幽部，从舀声的“蛁”也当属喻纽幽部，“蟊”属明纽幽部。“蛁”与“蟊”虽然韵部相同，但声纽存在距离，恐难通假。不过，整理者认为“蛁”是一种农业害虫，则是可信的。关于“蛔”，整理者将此字读为“蛹”，指幼虫。[⑪]

---

* 基金项目：本文是国家社科基金重点项目“殷墟甲骨文与战国文字结构性质的比较研究”（项目编号：16AYY011）和教育部国家语委甲骨文等古文字研究与应用专项重大项目“战国文字谱系疏证”（项目编号：YWZ－J013）的阶段性成果。

① 清华大学出土文献研究与保护中心编，黄德宽主编：《清华大学藏战国竹简（玖）》，中西书局，2019 年，第 181 页。

② 清华大学出土文献研究与保护中心编，黄德宽主编：《清华大学藏战国竹简（玖）》，第 183 页。本文所引简文释文一般采用宽式。

③ 清华大学出土文献研究与保护中心编，黄德宽主编：《清华大学藏战国竹简（玖）》，第 119—120，188 页。

④ 李时珍撰，刘衡如、刘山永校注，杨淑华协助：《〈本草纲目〉新校注本》，华夏出版社，2002 年，第 1857 页。

⑤ 左丘明传，杜预注，孔颖达正义，浦卫忠等整理，杨向奎审定：《春秋左传正义》，北京大学出版社，2000 年，第 294 页。

⑥ 李昉等：《太平御览》，中华书局，1960 年，第 3738 页。

⑦ 清华大学出土文献研究与保护中心编，黄德宽主编：《清华大学藏战国竹简（玖）》，第 188 页。

⑧ 清华大学出土文献研究与保护中心编，黄德宽主编：《清华大学藏战国竹简（玖）》，第 188 页。

⑨ 袁锋主编：《农业昆虫学（第三版）》，中国农业出版社，2001 年，第 162 页。

⑩ 清华大学出土文献研究与保护中心编，黄德宽主编：《清华大学藏战国竹简（玖）》，第 188 页。

⑪ 清华大学出土文献研究与保护中心编，黄德宽主编：《清华大学藏战国竹简（玖）》，第 188 页。

罗小华先生认为该字不必破读，其见于《玉篇》，是虫名。[①] 按，“蛹”是“昆虫从幼虫到成虫的过渡状态，在此期间幼虫不动不食，外皮变厚，体形缩短，其状如死”[②]。“蛹”不食农作物，为何要对其进行驱赶？再者，即使被驱赶，它也不能动。罗先生之说有一定道理，但《祷辞》和《玉篇》两种文献所处的时代毕竟相隔较远，而且《玉篇》并未对“蜩”作进一步解释，它们所记载的“蜩”很可能是同形字的关系。笔者怀疑“蜩”也应是一种农业害虫，具体是哪一种，待考。关于“蝓”，整理者已指出其是“蛞蝓”。[③]“蛞蝓”是一种为害蔬菜的昆虫，中国南北亦有分布。[④] 下文将会谈到，楚人当时可能已种植蔬菜，则“蛞蝓”会为害楚地的蔬菜。既然简文中的“鹿”及“㕞”是为害百种的野兽，且“蚼”“蝼”“蝠”“蜩”和“蝓”是为害农作物的昆虫，那“弫”“瘂”与“螋”是否也是为害农作物的昆虫呢？本文拟对此进行讨论。

一 弫

整理者注：“弫，读为‘螟’，《说文》：‘虫食谷叶者。’”[⑤]

笔者认为整理者将“弫”读为“螟”是可信的，但所引《说文》的解释不够准确。前人已指出《说文》“虫食谷叶者”之“叶”当改为“心”。《说文解字校录》：“《艺文类聚》引作‘虫食谷心’，《玉篇》注：‘食苗心虫也。’据《释虫》‘食苗心螟，食叶蟘，食节贼，食根蟊’，毛传《诗·大田》亦云‘食心螟’，则《艺文类聚》当不误。”[⑥]段玉裁直接将“叶”改为“心”，并注：“心，各本讹‘叶’。今依《开元占经》正。《释虫》、毛传皆曰：‘食心曰螟，食叶曰蟘，食根曰蟊，食节曰贼。’云‘吏冥冥犯法即生螟’，正为食心言之。惟食心，故从虫冥会意。”[⑦]《尔雅义疏》：“螟者，《春秋·隐五年》‘螟’，正义引舍人曰：‘食苗心者名螟，言冥冥然难知也。’李巡曰：‘食禾心为螟，言其奸冥冥难知也。’……今食苗心小青虫，长仅半寸，与禾同色，寻之不见，故言‘冥冥难知’。余族弟卿云言：‘又有小白虫藏在苗心，幺麿难辨，俗呼口(音即樵反)虫，有此即禾叶变白色而不能放穗矣。’余按：《说文》以‘螟’为‘食谷叶者’，误。”[⑧]

“螟”主要指“稻蛀螟”，通称“水稻螟虫”，俗称“水稻钻心虫”。中国稻区水稻螟虫有“三化螟”“二化螟”“大螟”“褐边螟”“台湾稻螟”，均属鳞翅目。除大螟属夜蛾科外，其他四种均属螟蛾科。前三种发生普遍，为害较重。后两种局部发生，为害较轻。水稻螟虫均以幼虫(图1)蛀入稻株茎秆中取食，致使苗期、分蘖期出现枯心苗，孕穗期成为死穗苞，抽穗期呈现白穗，黄熟期变成虫伤株。二化螟、大螟还会在叶鞘内蛀食，形成枯鞘。[⑨]

楚简中多有对“祷”“举祷”“就祷”等活动的记载，与《祷辞》的内容密切相关[⑩]，加之《祷辞》又是用楚文字书写而成，则可以认定其是楚地文献。那么，《祷辞》中记载的也当是楚地的农业害虫。经专家鉴定，清华简的年代为公元前305±30年，属战国中期偏晚。[⑪] 李锐先生认为：

---

① 罗小华：《清华玖杂识》，简帛网，2019年11月28日。

② 汉语大字典编辑委员会：《汉语大字典(第二版)》，崇文书局、四川辞书出版社，2010年，第3052页。

③ 清华大学出土文献研究与保护中心编，黄德宽主编：《清华大学藏战国竹简(玖)》，第188页。

④ 陈树仁、林华峰：《蔬菜害虫鉴别防治图册》，安徽科学技术出版社，1994年，第26页。

⑤ 清华大学出土文献研究与保护中心编，黄德宽主编：《清华大学藏战国竹简(玖)》，第188页。

⑥ 丁福保：《说文解字诂林》，中华书局，2014年，第12873页。

⑦ 段玉裁：《说文解字注》，中华书局，2013年，第671页。

⑧ 郝懿行撰，王其和、吴庆峰、张金霞点校：《尔雅义疏》，中华书局，2017年，第829—830页。

⑨ 袁锋主编：《农业昆虫学(第三版)》，第206—207页。

⑩ 程浩：《清华简〈祷辞〉与战国祷祀制度》，《文物》2019年第9期。

⑪ 李学勤：《论清华简〈保训〉的几个问题》，《文物》2009年第6期；刘国忠：《走近清华简》，高等教育出版社，2011年，第53页。

三化螟幼虫

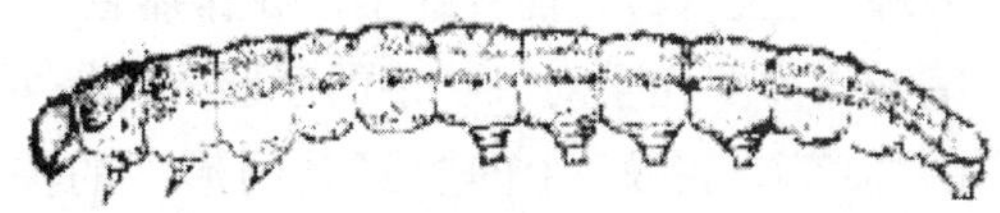

二化螟幼虫

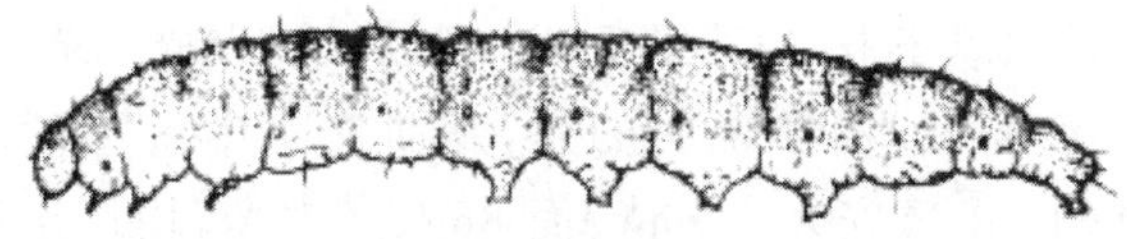

大螟幼虫

图 1　水稻螟虫幼虫(图片采自袁锋主编《农业昆虫学(第三版)》第 208、209 页)

> 清华简多篇字迹不一,有一些有齐系文字风格,表明这些多是墓主所收集的简书,应该不会是自作,因此竹简所抄文本应该还有一个流传、传抄的过程。则竹简所载文本的年代当更早……①

其说可信。也就是说,《祷辞》文本形成的时间至晚也应在这一时期。在公元前 335 年至公元前 275 年间,楚国疆域并非一成不变,尤其是在公元前 278 年,其面积大幅缩减。赵炳清先生说:

> 在公元前 278 年,白起从南阳南下攻楚,破鄢、郢,楚国西部疆域丧失殆尽,楚顷襄王将都城迁至陈,原来的楚东部疆域成为了楚国的主要疆土和政治、经济、军事和文化的中心所在。至此,楚国疆域西与秦、魏接壤,北与魏、齐及泗上诸侯毗邻。其西界以今河南太康、西华、上蔡、遂平一线,沿桐柏山脉至今湖北孝感澴水以南至大江与魏、秦相接;北界以今河南太康、柘城、永城、安徽萧县、江苏邳州、山东郯城以东至海一线与魏、齐而邻。
>
> ……
>
> 白起破郢后,楚顷襄王与楚国贵族虽东迁于陈,然大部分楚人应是南下洞庭(战国晚期长沙楚墓增多应是其表现),并协助从鄂、郝及其以东调来的东地兵,进行了反攻,收复了刚被秦占据的洞庭及楚黔中郡东部地区,即"江南"。②

另外,受自然因素影响,中国的农作物种植呈现出地域性,如北方地区多旱地作物,南方地区多水田作物;相应地,中国的农业害虫也呈现出地域性。如果我们假设《祷辞》文本创作的时间是公元前 278 年,当时的楚国仍占据着中国南方一些区域,而这些地区是可以种植水稻的。水稻也是楚国普遍种植的粮食作物。③《史记·货殖列传》:"楚越之地,地广人希,饭稻羹鱼,或火耕而水耨。"④"稻蛀螟"可能会为害楚人种植的水稻。

二　疱

整理者注:"疱,字见《说文》,从虫声,读为冬部的'螽',《说文》:'蝗也。'"⑤罗小华先生说:"从'虯'、'蝼'、'蝤'、'螻'、'蜩'、'蝓'的情况看,'虫'当为形旁,不作声旁。据此,则'疱'当从'疒'得声,而不当从'虫'得声,疑读为'蛭'。《玉篇》虫部:'蛭,蛭蝶,蝍蛆。能食蛇,亦名蜈蚣。'《集韵·质韵》:'蛭,蛭螯,虫名。似蝗,食蛇脑。或书作瘊,通作蒺。'《广韵·质韵》:'瘊,《尔雅》云:"蒺藜蝍蛆。"郭璞

① 李锐:《清华简〈金縢〉初研》,《同文与族本:新出简帛与古书形成研究》,中西书局,2017 年,第 181 页。

② 赵炳清:《楚国疆域变迁之研究——以地缘政治为研究视角》,博士学位论文,复旦大学,2013 年,第 192、237 页。

③ 程涛平:《楚国农业及社会研究》,湖北教育出版社,2012 年,第 110—115 页。

④ 司马迁撰,裴骃集解,司马贞索隐,张守节正义:《史记》,中华书局,2013 年,第 3270 页。

⑤ 清华大学出土文献研究与保护中心编,黄德宽主编:《清华大学藏战国竹简(玖)》,第 188 页。

云："似蝗，大腹，长角，能食蛇脑。"亦作瘙蟄。'"[1]

笔者认为罗先生对"疰"字的字形分析是可信的。《说文》疒部："疰，动病也。从疒、蟲省声。"[2]简文中的"疰"和《说文》中的"疰"是同形字的关系。甲骨文"疒"或作（《合集》[3]21045）、（《合集》21565）、（《合集》13652）。裘锡圭先生指出"疒"：

> 表示人有疾病躺在床上。甲骨文"疒"字有时在人形旁边加小点，可能表示病人在出汗。跟疾病有关的字多从"疒"。按照字书，"疒"字音 niè，其实"疒"大概就是"疾"的初文。[4]

所以，"疰"也可以看作是从疾得声。需要说明的是，楚简文字中有"瘙"，作（《安大一·诗》简85）、（《安大一·诗》简 86）、（《安大一·诗》简 86）。但"瘙"均从疾不省，"瘙"与"疰"可能并非一字。

"蜈蚣"俗名"天龙""百脚虫""百足虫"，属节肢动物门、唇足纲、整形目、蜈蚣科。蜈蚣性凶猛，喜食各种昆虫及其幼虫、卵，如蟋蟀、蚯蚓、蜗牛、蝗虫、金龟子、稻苞虫、蜘蛛及各类蝇、蜂类的卵或蛹。[5]当然，蜈蚣在虫类较少的春季，也吃多汁瓜果以及幼嫩青草、蔬菜等。[6] 但从它捕食蟋蟀、蜗牛、蝗虫、金龟子、稻苞虫等来看，蜈蚣对农业生产是一种益虫。所以，"疰"恐怕不是蜈蚣，其可能也是一种农业害虫。

我们认为"疰"可读为"蠀"。上古音"疾"属从纽质部，从疾声的"疰"当属从纽质部；"蠀"属清纽脂部。"疰"与"蠀"声纽同属齿音，韵部阴入对转。传世古书中有"疾"声系与"次"声系间接通假的例证。如《说文》土部"堲，古文垐，从土、即。《虞书》曰：'龙，朕堲谗说殄行。'堲，疾恶也"，段玉裁注："古次、即同在十五部，而次古读如漆，故即声后改为次声，而《唐书》叚堲为疾也。……此释经以说叚借，谓堲即疾之叚借。"[7]朱珔说："此盖以堲为疾之同声假借字。"[8]"堲"可通"疾"，而"堲"又是"垐"之古文。楚简文字中也有"疾"声系与"次"声系语音相近的例证。如《安大一·诗·墙有茨》简 85"墙有瘙蟄"，《上博一·孔子诗论》简 28 作"墙有荠"，《毛诗》作"墙有茨"。程燕女士认为"瘙蟄"急读作"荠"。[9] 上古音"荠""茨"同属从纽脂部，而且传世古书中不乏"次"声系与"齐"声系通假的例子。[10] 所以，也可以说"瘙蟄"急读作"茨"。再则，王云路先生认为"蒺藜"是"茨"之反切。[11] "瘙蟄"与"蒺藜"读音相同[12]，则"瘙蟄"也是"茨"之反切。反切的原理是上字取声，下字取韵和调。上古音"利"属来纽脂部，从利的"蟄"当属来纽脂部，则"瘙"与"蟄"的韵部可阴入对转。若从王先生之说，则"瘙"与"茨"在读音上也很近。

"蠀"即"蠀螬"，也作"蛴螬"。《方言》："蠀螬谓之蟦。"[13]《广雅·释虫》"蛭蛒、蛬蠋、地蚕、蠹、蟦，蠀螬也"，王念孙注："蠀，与'蛴'同。"[14]"蛴螬"俗称"壮地虫""白土蚕""地漏子"等，是鞘翅目，金龟甲总科

---

① 罗小华：《清华玖杂识》，简帛网，2019 年 11 月 28 日。

② 许慎撰，徐铉等校定：《说文解字》，中华书局，2013 年，第 152 页。

③ 本文使用的古文字著录书名简称：《合集》——郭沫若主编，中国社会科学院历史研究所编：《甲骨文合集》，中华书局，1978—1982 年；《安大一》——安徽大学汉字发展与应用研究中心编，黄德宽、徐在国主编：《安徽大学藏战国竹简(一)》，中西书局，2019 年。

④ 裘锡圭：《文字学概要(修订本)》，商务印书馆，2013 年，第 124 页。

⑤ 王琦主编：《蜈蚣养殖与加工》，中国农业大学出版社，2002 年，第 1、4 页。

⑥ 王琦主编：《蜈蚣养殖与加工》，第 4 页。

⑦ 段玉裁：《说文解字注》，第 696 页。

⑧ 朱珔撰，余国庆、黄德宽点校，陈秉新审订：《说文假借义证》，黄山书社，1997 年，第 2973 页。

⑨ 程燕：《〈墙有茨〉新解》，《安徽大学学报(哲学社会科学版)》2018 年第 3 期。

⑩ 张儒、刘毓庆：《汉字通用声素研究》，山西古籍出版社，2002 年，第 789—790 页。

⑪ 王云路：《中古汉语词汇史》，商务印书馆，2010 年，第 450 页。

⑫ 程燕：《〈墙有茨〉新解》。

⑬ 杨雄撰，郭璞注：《方言》，中华书局，2016 年，第 131 页。

⑭ 王念孙著，张其昀点校：《广雅疏证》，中华书局，2019 年，第 835 页。

幼虫的通称，为地下害虫中种类最多、分布最广、为害最重的一大类群。“金龟甲”又称“金龟子”。中国记载有100多种，其中常见的有30多种，尤以“大黑鳃金龟”（图2）“暗黑鳃金龟”“铜绿丽金龟”等发生普遍而严重。一个地区多种“蛴螬”经常混合为害，而黄淮流域是全国受害最为严重的地区。“蛴螬”食性较杂，主要为害麦类、豆类等大田作物和蔬菜、果树、林木的种子、幼苗及根茎。它食害播下的种子或咬断幼苗的根、茎，造成轻则缺苗断垄、重则毁种绝收的危害。①

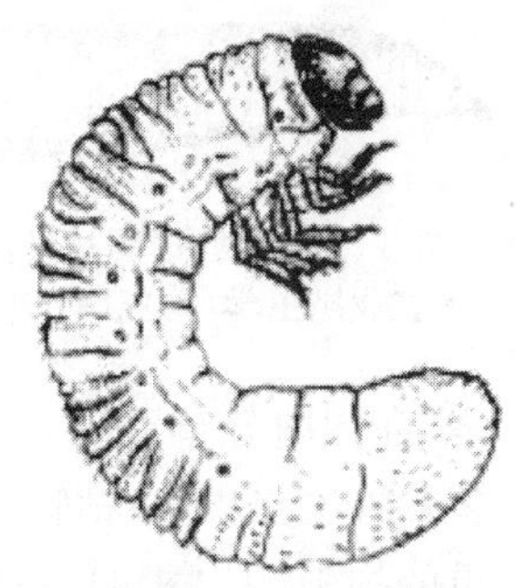
图2　大黑鳃金龟幼虫（图片采自袁锋主编《农业昆虫学（第三版）》第155页）

假设《祷辞》文本创作的时间是公元前278年，当时的楚国疆域虽大幅缩减，但仍据有中国北方和南方的一些地区，而这些地区是可以种植小麦和豆类的。楚人也有种植小麦与豆类的历史。② 传世古书中也有相关的著录。《吴越春秋》中记载了楚渔父给逃亡的伍子胥吃“麦饭”的故事：

> 子胥既渡，渔父乃视之，有其饥色，乃谓曰：“子俟我此树下，为子取饷。”渔父去后，子胥疑之，乃潜身于深苇之中。有顷，父来，持麦饭、鲍鱼羹、盎浆，求之树下，不见，因歌而呼之，曰：“芦中人，芦中人，岂非穷士乎？”如是至再，子胥乃出芦中而应。渔父曰：“吾见子有饥色，为子取饷，子何嫌哉？”子胥曰：“性命属天，今属丈人，岂敢有嫌哉？”③

《列女传》中记载了一个楚将子发之母的故事：

> 子发攻秦，绝粮，使人请于王，因归问其母。母问使者曰：“士卒得无恙乎？”对曰：“士卒并分菽粒而食之。”又问：“将军得无恙乎？”对曰：“将军朝夕刍豢黍粱。”子发破秦而归，其母闭门而不内。④

其中的“菽”就是大豆。《左传》成公十八年“周子有兄而无慧，不能辨菽麦，故不可立”，杜预注：“菽，大豆也。”⑤长沙马王堆一号墓中曾出土小麦、大豆、赤豆等粮食作物。⑥ 这些也可佐证楚地是可以种植小麦和豆类的。此外，春秋战国时期，蔬菜栽培和大田作物栽培已经有了分工。⑦《诗》中记载的瓜、姜、瓠、葱、韭、葵、葑、菲等蔬菜，可能已被人工栽培或保护。⑧ 当时的楚国已有农民从事园圃种植。《韩诗外传》：“楚有士曰申鸣，治园以养父母，孝闻于楚。”⑨《庄子·天地》：“子贡南游于楚，反于晋，过汉阴，见一丈人方将为圃畦，凿隧而入井，抱瓮而出灌，搰搰然用力甚多而见功寡。”⑩这些也说明春秋战国时期的楚国已种植蔬菜。“螬螬”极有可能会为害楚人种植的小麦、豆类以及蔬菜等作物。

三　蝮

整理者将“蝮”括读为“蛆”，认为它是幼虫。⑪ 需要说明的是，简文中的“蛆”与我们一般理解的“蝇

① 袁锋主编：《农业昆虫学（第三版）》，第154—155页。
② 程涛平：《楚国农业及社会研究》，第116—119页。
③ 张觉：《吴越春秋校注》，岳麓书社，2006年，第41页。
④ 王照圆：《列女传补注》，华东师范大学出版社，2012年，第31页。
⑤ 左丘明传，杜预注，孔颖达正义，浦卫忠等整理，杨向奎审定：《春秋左传正义》，第920页。
⑥ 何介钧：《马王堆汉墓》，文物出版社，2004年，第110页。
⑦ 中国农业百科全书编辑部：《中国农业百科全书：蔬菜卷》，农业出版社，1990年，第239页。
⑧ 俞为洁：《中国食料史》，上海古籍出版社，2011年，第63页。
⑨ 韩婴撰，许维遹校释：《韩诗外传集释》，中华书局，1980年，第363页。
⑩ 郭庆藩撰，王孝鱼点校：《庄子集释》，中华书局，2018年，第441页。
⑪ 清华大学出土文献研究与保护中心编，黄德宽主编：《清华大学藏战国竹简（玖）》，第188页。

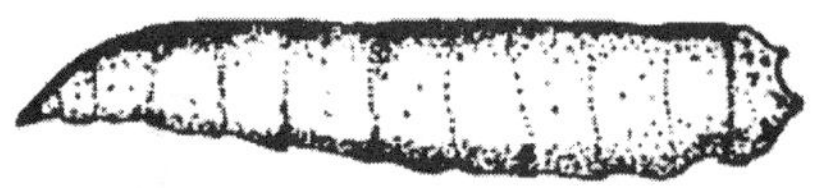

图 3 种蝇幼虫(图片采自袁锋主编《农业昆虫学(第三版)》第 165 页)

蛆”不同。后者指“苍蝇”的幼虫;前者是“种蝇类”的幼虫(图 3),又名“根蛆”,是农业生产,特别是蔬菜种植中的常发性害虫。“根蛆”也是一种常见的地下害虫。中国常见的种蝇类有 4 种,即“种蝇”“萝卜蝇”“葱蝇”“小萝卜蝇”,均属双翅目,花蝇科。其中以“种蝇”发生广、为害重,其他种类常在局部地区猖獗成灾。“种蝇”在国内分布于辽宁、内蒙古、河北、山西、陕西、山东、河南、湖北、四川等省、自治区。“种蝇”是一种多食性害虫,寄主植物包括豆类、十字花科蔬菜等的幼苗和种子。“根蛆”常对北方萝卜、葱等造成严重的损失。① “根蛆”是“种蝇类”的幼虫,“蛴螬”是“金龟子”的幼虫;而且“根蛆”与“蛴螬”均是地下害虫,将它们并列也很合适。

萝卜在中国栽培的历史也很悠久,南北均可种植。萝卜又称“芦菔”。《尔雅・释草》“葖,芦萉”,郭璞注:“萉宜为菔。芦菔,芜菁属。紫华,大根,俗呼雹葖。”邢昺疏:“今谓之萝卜是也。”②有学者认为《诗・谷风》“采葑采菲”之“菲”就是泛指包括萝卜在内的十字花科蔬菜。③ 葱是中国原生的蔬菜之一,南北都有种植。《说文》艸部:“葱,菜也。”④前文说过,即使将《祷辞》文本创作的时间定在公元前 278 年,当时的楚国仍占据今河南东南部、湖北东部和山东小部等区域,而这些地区都可以种植萝卜和葱。“根蛆”可能会为害楚人种植的萝卜和葱。

结论

综上所考,笔者认为《祷辞》中的“䖥”指“稻蛀螟”,是一种蛀食稻茎的害虫;“疶”应读为“螬”,指“蛴螬”,系“金龟子”的幼虫,是一种地下害虫;“螋”指“根蛆”,系“种蝇”的幼虫,也是一种地下害虫。现在,我们回头看前文所引的简文。因为“鹿”与“豖”是为害百种的野兽,而“蚼”“蝼”“螟”“蝺”“螬”“蛆”“蜩”和“蝓”是为害农作物的昆虫,所以楚人使“草人女”乘“木偶马”⑤对它们进行驱除,并希望借此以收获百种。这也是楚地“信巫鬼,重淫祀”的体现。需要指出的是,此种做法并不能驱赶为害农作物的野兽和害虫。楚简中有关农业害虫的记录并不多见,这也凸显《祷辞》相关记载的重要性。希冀本文的讨论能对学者研究战国时期楚国的农业害虫及其防治有所裨益。

附记:小文写作后蒙杨泽生老师、徐在国老师、刘刚老师审阅指正,谨致谢忱!文中若有错误,由本人负责。

On Several Agricultural Pests in *Daoci*(祷辞) of *The Ninth Book of Bamboo Slips from the Warring States Period Collected by Tsinghua University*

Zhang Fei

(Department of Chinese, Sun Yat-sen University Guangzhou 510275, China)

Abstract: Based on the Agricultural Entomology and handed down documents, this paper holds that

① 袁锋主编:《农业昆虫学(第三版)》,第 164—165 页。

② 郭璞注,邢昺疏,李传书整理,徐朝华审定:《尔雅注疏》,北京大学出版社,2000 年,第 262 页。

③ 黄金贵、汪少华主编:《中国古代文化会要(修订本)》,浙江大学出版社,2015 年,第 441 页。

④ 许慎撰,徐铉等校定:《说文解字》,第 19 页。

⑤ 清华大学出土文献研究与保护中心编,黄德宽主编:《清华大学藏战国竹简(玖)》,第 188 页。

“𧊒”“𤵸”“螻”respectively refer to “rice borer”, “grub” and “root maggot” in *Daoci*（祷辞） of *The ninth book of bamboo slips from the Warring States period collected by Tsinghua University*. They are all agricultural pests.

Key words: *The Bamboo Slips from the Warring States Period Collected by Tsinghua University*; *Daoci*（祷辞）; agricultural pests

西北汉简字词丛考*

鲁普平

【摘　要】我们主要根据《肩水金关汉简》《悬泉汉简》《玉门关汉简》所公布的红外线图版和释文，结合相关研究成果，对其中的8处字词进行了新的考释工作。

【关键词】西北汉简；校读；札记

【作者简介】鲁普平，江苏第二师范学院文学院讲师，研究方向为出土文献整理与研究。（江苏　南京　210013）

近年出版的《肩水金关汉简》《悬泉汉简》《玉门关汉简》，其图版清晰，释文精确。我们在研读的时候，发现部分字词尚有校补的余地，现将校补成果呈于下方，敬请方家指正。

一　释"佁"

积百廿人侣渠往来百廿里率人侣一里（73EJT21：142）①

这两个"侣"字，查看图版，其字形分别作（见下图一）、（见下图二）。王锦城先生云："侣渠：似指疏通沟渠一类意思，但不可解，待考。"②江满琳先生在《〈肩水金关汉简（一）—（五）〉文书分类及相关问题研究》一文中，没有收录这条简文。姚磊先生在《肩水金关汉简释文合校》一书中，也没有收录这条简文。今按，、，这两个字的右边字形应释为"台"，这两个字可释为"佁"。《肩水金关汉简》73EJT33：70："候长杨卿治所。"治，其字形作（见下图三），其右边字形与、的右边字形相同，可作资证。《居延新简》EPF22.329："今谨召恭诣治所。"治，其字形作（见下图四），其右边字形与、的右边字形相同，亦可作资证。"佁"应读为"治"。《说文·人部》："佁，痴皃。从人，台声。读若騃。"③《说文·水部》："治，水。出东莱曲城阳丘山，南入海。从水，台声。"④"佁"和"治"声符相同，例可通假。"佁渠"即"治渠"。西北汉简中经常见到"治渠""治渠卒"，如《居延新简》EPT4.93B："四人治渠。"⑤《居延汉简》140.15："治渠卒河东皮氏毋忧里公乘杜建，年廿五。"⑥当然，由于"吕"与"台"在汉简中字形相混，、或可直接释为"侣"，"侣"可视为"佁"之讹字。

（图一）　（图二）　（图三）　（图四）

* 基金项目：本文为教育部人文社会科学青年项目"马王堆简帛字词校补研究"（项目编号：19YJC740048）、江苏省社会科学基金项目"江苏出土简牍整理与研究"（项目编号：21YYC003）阶段性成果。

① 甘肃简牍保护研究中心等编：《肩水金关汉简（贰）》中册，中西书局，2012年，第50页。

② 王锦城：《肩水金关汉简分类校注》，新北花木兰出版社，2022年，第1122页。

③ 许慎：《说文解字》，中华书局，2016年，第164页。

④ 许慎：《说文解字》，第227页。

⑤ 文中凡引用《居延新简》的释文和图片均取自《居延新简集释》，以下若无特殊说明，不再一一标注。

⑥ 文中凡引用《居延汉简》的释文和图片均取自台北史语所新出版的《居延汉简》，以下若无特殊说明，不再一一标注。

二　释“迟”

进解卿(73EJT10：410)

进，王锦城先生在《肩水金关汉简分类校注》一书中亦作“进”。[①] 江满琳先生在《〈肩水金关汉简(一)—(五)〉文书分类及相关问题研究》一文中，没有收录这条简文。姚磊先生在《肩水金关汉简释文合校》一书中，也没有收录这条简文。今按，其字形作(见下图一)，应不是“进”字。是“迟”的省略写法。“迟”，从辵、犀声。“犀”，从牛、尾声。是省去了“尾”字所从之“毛”。这种写法的“迟”，在西北汉简中有见，《居延新简》EPT59.96：“坐闰月乙卯官移府行事檄留迟三时九分。”迟，其字形作(见下图二)，可作资证。在西北汉简中有一种“进”的写法与相近，如《肩水金关汉简》73EJF1：1：“明诏哀闵元元，臣方进、御史臣光。”进，其字形作(见下图三)。《肩水金关汉简》73EJF1：2：“臣方进、臣光前对问上计弘农大守丞。”进，其字形作(见下图四)。然而通过字形辨识，我们可以发现、和还是有区别的，区别在于和的上方字形作㇓，而的上方字形作冂。据文意，“迟”在简文中为姓氏。“迟”为姓氏，在汉代有见，如《汉书・王莽传》：“平原女子迟昭平能说博经以八投，亦聚数千人在河阻中。”

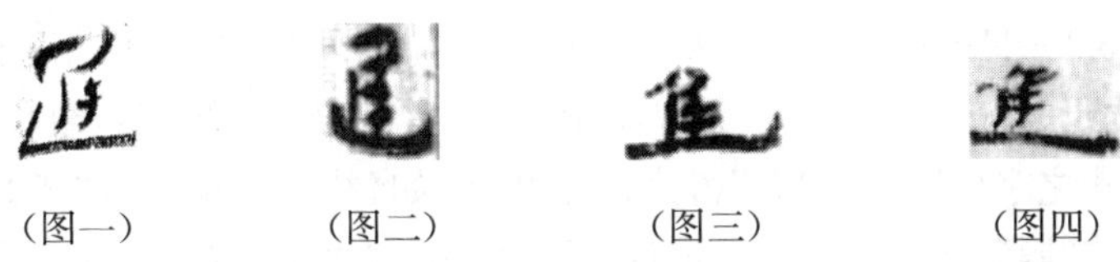

(图一)　(图二)　(图三)　(图四)

三　释“记”

九月辛卯府告肩

传诊张掖卒史王卿有传

府佐予厩佐让(73EJT10：215AB)

第一个“佐”字，王锦城先生在《肩水金关汉简分类校注》一书中亦作“佐”。[②] 江满琳先生在《〈肩水金关汉简(一)—(五)〉文书分类及相关问题研究》一文中，将此字直接释为“佐”。[③] 姚磊先生在《肩水金关汉简释文合校》一书中，也将此字释为“佐”。[④] 今按，查看图版，其字形作(见下图一)，此字应为“记”。《肩水金关汉简》73EJD：96：“令史尊佐禹”佐，其字形作(见下图二)。《居延新简》EPT4.64：“受佐史物故奉还入。”佐，其字形作(见下图三)。通过字形比对，可以发现显然不是“佐”。的左边字形是“言”的草写字形，这在西北汉简中常见，不必赘述，的右边字形是“记”的右边字形，应释为“记”。“记”在西北汉简中作(见下图四)、(见下图五)[⑤]、(见下图六)、(见下图七)[⑥]。通过字形比对，可以确定应释为“记”。“府记予厩佐让”中的“府记”应为太守府或都尉府的下行文书。西北汉简中“府记”一语有见，如《肩水金关汉简》73EJT23：349B：“府记予骍北亭长。”《肩水金关汉简》73EJF3：151：“如府记。”

① 王锦城：《肩水金关汉简分类校注》，第266页。

② 王锦城：《肩水金关汉简分类校注》，第266页。

③ 江满琳：《〈肩水金关汉简(壹)—(伍)〉文书分类及相关问题研究》，硕士学位论文，华东师范大学，2019年，第365页。

④ 姚磊：《肩水金关汉简释文合校》，中国社会科学出版社，2021年，第145页。

⑤ 黄艳萍、张再兴：《肩水金关汉简字形编》，学苑出版社，2018年，第449页。

⑥ 赵丹丹：《敦煌马圈湾汉简文字编》，硕士学位论文，吉林大学，2019年，第69页。

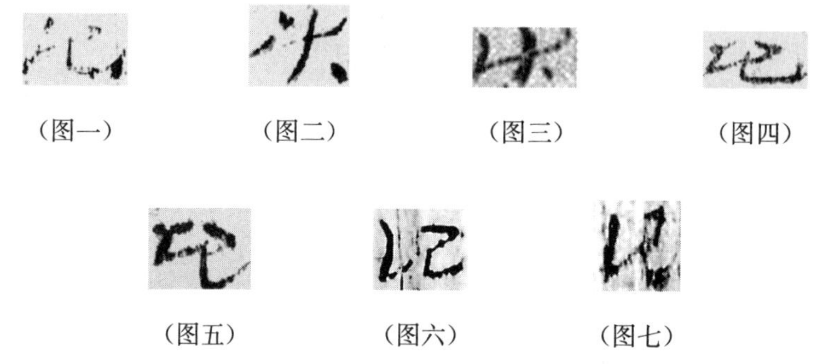

（图一）　（图二）　（图三）　（图四）

（图五）　（图六）　（图七）

四　释“镊”

箭镊一

二十□□各一（73EJT23：615）

镊，王锦城先生云：“箭镊：义不明，待考。”[①]姚磊先生在《肩水金关汉简释文合校》一书中，未收录此条简文。江满琳先生在《〈肩水金关汉简（一）—（五）〉文书分类及相关问题研究》一文中，也没有收录这条简文。《居延汉简》75.2＋119.62：“埻箭一发，箭聂一。”“箭聂”应即“箭镊”。我们认为“镊”或可读为“韘”。“镊”上古属于泥母、叶部字。[②]“韘”上古属于书母、叶部字。[③]两字声纽相近，韵部相同，例可通假，且古书中从“聂”得声之字可以与从“枼”得声之字相通，如《礼记·少仪》：“皆聂而不切。”《周礼·天官·醢人》郑注引“聂”作“牒”。《淮南子·主术》：“足蹑郊兔”，《太平御览》二八六引“蹑”作“蹀”。[④]“韘”指戴在拇指上的扳指，“箭韘”即挽弓射箭时，戴在手指上的扳指。孙机先生对“韘”有较为详细的论述：

> 汉代重视强弓劲弩，但弓仅用手开，故强度小于弩。当时计算弩力的单位用石，而计算弓力则用斤。《后汉书》所记盖延、祭彤等骁将所用强弓为300斤，合2.5石，比常用之4石弩的强度小得多。虽然如此，张弓仍然是很吃力的。我国古代用“右巨指钩弦”（《仪礼·大射礼》）。故特制一种挽弓时戴在拇指上的扳指，名决，又名韘。《说文·韦部》：“韘，射决也，所以拘弦。以象、骨、韦，系着右巨指。”在山东巨野和广州等地的西汉墓中曾出玉韘。除拇指外，食指、中指、无名指上有时可韬以用皮革制作的指套，名极，见《礼仪·大射礼》；但在出土物中尚未见到实例。[⑤]

五　释“闻”

张宪叩头白刘子胥间子胥车北书居延愿为糴

……持三□诣前即居延粟□还足之叩头必令（73EJT23：894AB）

间，王锦城先生在《肩水金关汉简分类校注》一书中将此字也释为“间”。[⑥]姚磊先生在《肩水金关汉简释文合校》一书中，未收录此条简文。江满琳先生在《〈肩水金关汉简（一）—（五）〉文书分类及相关问题研究》一文中，也没有收录这条简文。查看图版，此字作（见下图一），应不是“间”。《肩水金关汉简》73EJT23：330：“间者绝不得徒施刑。”间，其字形作（见下图二）。虽然与字形相

① 王锦城：《肩水金关汉简分类校注》，第1200页。

② 郭锡良：《汉字古音手册》，商务印书馆，2014年，第69页。

③ 郭锡良：《汉字古音手册》，第32页。

④ 高亨纂著，董治安整理：《古字通假会典》，齐鲁书社，1989年，第637页。

⑤ 孙机：《汉代物质文化资料图说》，上海古籍出版社，2008年，第159—160页。

⑥ 王锦城：《肩水金关汉简分类校注》，第401页。

似，但是有区别。里面明显是从“月”，而里面显然不从“月”。应为草写的“闻”字。这种草写的“闻”字，在西北汉简中常见。《敦煌汉简》242B：“旦夕切闻记。”闻，其字形作（见下图三），可作资证。在《尹湾汉简》汉简也见到这样草写的“闻”字，如（见下图四）。[①] 再者，如果将释为“间”，在语义上似乎也不好理解，而将释为“闻”，释义为“听闻”，在语义上也比较通顺。

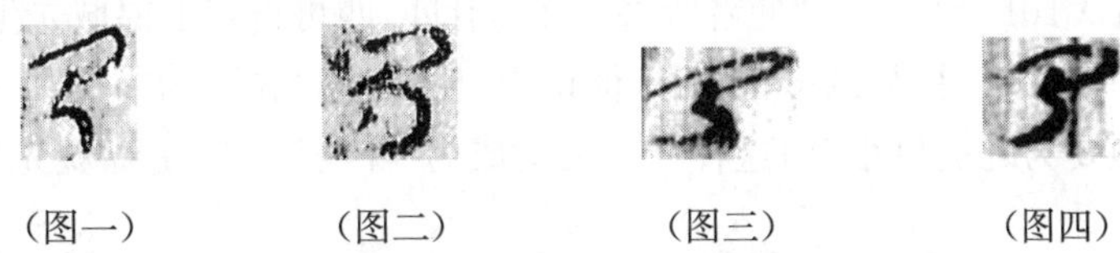

（图一）　（图二）　（图三）　（图四）

六　释“奴”

西书一封印曰贯充私印本始二年十二月丁酉日出时鱼离置厩佐越以来厩御外人受行马驰行（I90DXT0114③：27AB）[②]

外人，查看图版，其字形作（见下图一）。整理者将这个字形看成“外人”两个字。“外”在西北汉简中作（见下图二）[③]、（见下图三）、（见下图四）[④]。通过字形比对，可以发现的上半部分字形显然不是“外”字。其实是一个字，整理者误将看成两个字，应释为“奴”。《居延新简》EPT57：53B：“东郡白马武始里张奴年卅五。”奴，其字形作（见下图五），可作资证。在马王堆简帛中，“奴”作（见下图六）、（见下图七）[⑤]，亦可资证。从文意看，“奴”在简文作为人名。“奴”在西北汉简中，经常用为人名，如《肩水金关汉简》73EJT9：85：“延寿隧长奴。”《居延新简》EPF22.650：“遣隧长郑奴持食诣官。”《悬泉汉简》I90DXT0114③：74：“卒宗以来县泉厩御外人受□。”外人，其字形作（见下图八），也应释为“奴”。

（图一）　（图二）　（图三）　（图四）

（图五）　（图六）　（图七）　（图八）

七　释“主”

庚校尉以下吏士私从者所乘马牛簿

已出马廿二匹（I91DXT0309③：142AB）

---

① 李洪财：《汉简草字整理与研究》，博士学位论文，吉林大学，2014年，第506页。

② 文中凡引用有关悬泉汉简的释文和图片均取自中西书局2019年和2020出版的《悬泉汉简（壹）》和《悬泉汉简（贰）》，以下若无特殊说明，不再一一标注。

③ 黄艳萍、张再兴：《肩水金关汉简字形编》，第1128页。

④ 白海燕：《“居延新简”文字编》，博士学位论文，吉林大学，2014年，第483页。

⑤ 刘钊主编：《马王堆汉墓简帛文字全编》，中华书局，2020年，第1274页。

已出，查看图版，其字形作（见下图一）。其实应为“主”字，整理者误释为两字。为“主”字，就字形而言，应该没有问题。其次，从这支简的文字之间的间距来看（见下图二），应是一个字，不是两个字。“主马”一词，西北汉简有见，《悬泉汉简》I91DXT0309③∶126：“少主马六匹。”“主马”在西北汉简中或作“柱马”，《居延新简》EPT4.91：“鸿嘉二年五月辛卯，甲渠掾倗付居延毄亭长徐偃官给柱马食。”《悬泉汉简》I90DXT0110①∶32：“使者所将客柱马廿匹，匹再食。”王锦城先生在《肩水金关汉简分类校注》一书中罗列了学界对“柱马”的多种解释，他认为“柱”应通“驻”，为“马立”义，并且认为“马匹行到一地临时驻止，当地要为之提供粮草，这种马简文就成为‘柱马’”。① 王锦城先生的观点可备一说。

（图一）　　（图二）

八　释“革”

□□□□□□　廿枚□绩一　胡带领一　狐裘一　□衣五　□一　羊履四两　□□索一（II98DYT2∶53）②

“羊履”一语，实属费解。羊，查看图版，其字形作（见下图一）。应为“革”，只是中间的“口”形，其上下两横写得十分接近，近似连笔，所以才导致中间的“口”形，看起来像一横画。《敦煌马圈湾汉简》简518：“龙勒。”勒，其字形作（见下图二），所从“革”中间的“口”形，其上下两横就写得比较接近，近似与连笔，看起来像一横画。《敦煌汉简》简1898：“玉门候造史，龙勒周生萌，伉健，可为官士吏。”勒，其字形作（见下图三）。所从“革”中间的“口”形，就干脆直接写成一横笔。“革履”即皮革制的鞋。“革履”在西北汉简中习见，《居延新简》EN.14：“白革履一两。”《肩水金关汉简》73EJT23∶975：“革履一两。”《敦煌汉简》简633：“革履、革袴各一两。”

（图一）　　（图二）　　（图三）

The Notes about Han Dynasty Wooden Slips from Northwest China

Lu Puping

(College of Liberal Art, Jiangsu Second Normal University, Nanjing 210013, China)

Abstract: According to the Infrared picture and annotations of The Han Dynasty Wooden Slips from Jianshuijinguan, Xuanquan, Yumenguan, and in combination with relevant research results, we put forward new views about eight words.

Key words: the Han Dynasty wooden slips from Northwest China; proofreading; notes

① 王锦城：《肩水金关汉简分类校注》，第288页。

② 文中凡引用《玉门关汉简》的释文和图片均取自中西书局2019年出版的《玉门关汉简》，以下若无特殊说明，不再一一标注。

长沙出土东汉三国简牍札记二则*

刘　玥

【摘　要】20世纪90年代以来，长沙五一广场地区陆续出土东汉至三国时期简牍，包括走马楼、东牌楼、尚德街和五一广场等多宗，具有很强的关联性。本文通过跨文献综合研究，主要对以上简牍之中共现的"处""创""刑"等相关词语进行考辩，认为"处"表示"定"，五一广场东汉简牍中"创"指创伤，走马楼三国吴简之"刑"表示手足伤残。

【关键词】长沙简牍；汇证；处；创

【作者简介】刘玥，女，中国传媒大学人文学院讲师，研究方向为文字学、出土文献。（北京　100024）

20世纪90年代以来，长沙市文物考古工作者多次在五一广场区域发现西汉至三国时期简牍，简牍按时代包括走马楼西汉简，五一广场、尚德街、东牌楼东汉简牍和走马楼三国吴简五宗。这一系列简牍时间相连、内容相近、形制相仿，具有很强的关联性。

出土文献	简牍时代	简牍性质	已出版数量	出版时间
走马楼三国吴简	三国东吴	官府档 司法文书 私人信札	十册	1999—2020
东牌楼东汉简	东汉晚期		一册	2006
尚德街东汉简	东汉中晚期		一册	2016
五一广场东汉简	东汉早中期		六册	2018—2021
走马楼西汉简	西汉中期	官府文书	/	/

因长沙地区出土东汉三国简牍文体为官方文书、账簿等，迥异于传世文献，遣词造句上，口语特色浓厚，词汇意义及用法不见于传世文献，仅靠单个简牍中有限的语料、语境和历史记载进行合理推断，异说颇多。使用跨文献的综合性研究，可以帮助我们解决某个简牍中语境单一、异体字鲜见而难以分析等问题，对于呈现某一个时期或地区的实时语言文字面貌具有重要意义。本文集中对这些简牍中的"处""创"二词进行考辩。

一　处

"处"在东汉三国时期出土文献司法文书中经常出现，除表示"处所""处理"等常用义外，还有"不处"和"正处"两种用法，且在文书中具有一定的前后逻辑关系。如：

酒一器，因故吏张叔诚从封筒掾，姓毒不处名求中封。书到考实，封筒吏为昌世等，作咸奸诈，正处言，鄷倜叩头死罪死罪。奉得书，谨案文书考问，故封筒掾督晖辞，以故吏元年正月四日

* 基金项目：本文为国家社会科学一般项目"长沙出土东汉简牍集释与疑难字词考证"（项目编号：22BYY116）的阶段性成果。

兼沩口税(五一广场·463)[①]

无状不处。畅将堂行到唐下田旁去人家近远,光奉杀伤仲。畅将堂亡应募取径言治所,不疑光奉,人数未实,当必禽得即应径言治所者,亟,分别正处(五一广场·595)

两个词作为东汉三国时期简牍司法文书中的固定表达形式,对文本解读具有重要意义。已有的研究仅对"不处""正处"的言语义进行了解释,且意见不一,并未将二者联系起来进行系统考察,加之该用法局限于西汉至三国时期简牍司法文书中,没有传世文献可供参考,使对于"处"的词义理解含混,有待进一步考证。

1. 不处

在《长沙五一广场东汉简牍(壹—伍)》中,多有"不处+时间/地点名词"的形式,如:

案都乡潦阳里大男马胡,南乡不处里区冯皆坐……(五一广场·257)

年不处月日为广亭长债醴陵男子夏防为少月直六百,今年二月不处日,左贼史连阳邓修白。属狱毄良坐桑乡游徼帛豫书言,良送杀人贼黄玉道物故。良(五一广场·523)

……不处年中卖其田……(五一广场·585)

男子不处姓名麻放船,梃上卧,高船与郴船相比,高妻姬病时……(五一广场·948)

《湖南长沙五一广场东汉简牍发掘简报》称"不处"作"不审"[②],表示"不知道";《长沙五一广场东汉简牍选释》从此说,将"不处日"解释为"不知哪一天"[③]。在东牌楼东汉简牍中亦有"不处年",邬文玲解释为"无法确定具体哪一年"[④],庄晓霞指出走马楼吴简中也多次出现"不处户""不处年"等,用法与五一广场简牍文书相同[⑤]。如:

□讯,辞:玄不处年中,备邮亭掾。本与玄有不平,恚□……□得宁(东牌楼·中平三年(一八六年)左部劝农邮亭掾夏详言事·背面)[⑥]

☑□列著未还所言黄龙二年簿不处户数下到其亟隐(走马楼吴简·肆4439)[⑦]

综合东汉三国时期多宗出土文献用例可知,"不处"常在叙述中与表示时间、地点和姓名等专有名词搭配,笼统来看,解释为"不知""不确定"文意可通,但"处"何以有"知道""确定"之意?联系其司法文书的性质,"不处"的内容实则是案情的重要组成部分,犯罪时间、地点或人物的不明确,影响了案件的判决。因此"不处"并不是简单的"不知道""不确定",而是案情不明确导致司法机关无法论罪审判,因此需要其他地方官府协助办案,与下文要讨论的"正处"有密切联系。

2. 正处

关于"正处"的意义,学界存在多种意见。《选释》指"正处"表示"调查并认定曲直",并引《左传·襄公二十六年》:"正于伯州犁。"杜注:"正,正曲直也。"[⑧]赵平安等认为"可能指正确判决"[⑨],邬文玲解

---

① 五一广场东汉简文,出自长沙市文物考古研究所、清华大学出土文献研究与保护中心、中国文化遗产研究院、湖南大学岳麓书院编:《长沙五一广场东汉简牍(壹—伍)》,中西书局,2018—2020年。

② 长沙市文物考古研究所:《湖南长沙五一广场东汉简牍发掘简报》,《文物》2013年第6期。

③ 长沙市文物考古研究所、清华大学出土文献研究与保护中心、中国文化遗产研究院、湖南大学岳麓书院编:《长沙五一广场东汉简牍选释》,中西书局,2015年。以下简称《选释》。

④ 邬文玲:《长沙东牌楼东汉简牍〈光和六年自相和从害〉研究》,《南都学坛》2010年第3期。

⑤ 庄晓霞:《长沙五一广场出土东汉司法简牍语词汇释五则》,《简牍学研究》第六辑,甘肃人民出版社,2016年,第39—44页。

⑥ 东牌楼东汉简文,出自长沙市文物考古研究所、中国文物研究所编:《长沙东牌楼东汉简牍》,文物出版社,2006年。

⑦ 走马楼三国吴简简文,出自长沙市文物考古研究所、中国文物研究所、北京大学历史学系、走马楼简牍整理组编:《长沙走马楼三国吴简·竹简(壹—捌)》,文物出版社,2003—2015年。

⑧ 长沙市文物考古研究所、清华大学出土文献研究与保护中心、中国文化遗产研究院、湖南大学岳麓书院编:《长沙五一广场东汉简牍选释》。

⑨ 赵平安、罗小华:《长沙五一广场出土J1③:285号木牍解读》,《齐鲁学刊》2013年第4期。

释长沙东牌楼东汉简牍中的“正处言”为“正确处理评判上报”①等。考察《长沙五一广场东汉简牍(壹—伍)》发现有“正处”“正处言”“正处复言”“复处言”“别处”等多种使用形式：

搭配情况	出现次数
正处言	33
正处复言	15
复处言	2
分别正处/处言/别处	7

今贼杀应，诬言应弟于强略女子黄箅为妻，诈佁宏取钱，应为武等所杀。到亟考实明，正处言。鄄纯叩头死罪死罪。奉得书辄推辟妾逐召平孝武等未(五一广场·435+434)

日併、肉各将妻子俱于郡下，燔溪上士，食湘中，游徼家田，姓棋不处名，到其年六月不处日为吏所捕得，晖叩头死罪死罪。辄考问肉妻孨及併妻妃辞，随夫家客田，孨、妃疑不知情。晖谨诡具任五人将归部，考实杀人小盗具位证左，复处言，晖职事留迟，惶恐叩头，死罪死罪，敢言之。(五一广场·652+655)

……尽力捕淡，必得，正处复言，鄄伉纯职事无状，惶恐叩头，死罪死罪，敢言之。(五一广场·937)

记到，亟实核明，分别处言，勿失自期，有(五一广场·1269)

分析用例可知，“正处言”“正处复言”“分别正处”“复处言”等的前后内容在简文中模式大致相同：前段先交代案情有所“不处”，将文书移送至临湘；中段临湘官府接到案宗，对案情进行调查考证并定案；后段记录追捕或传唤嫌疑犯进行侦办的结果。

简文中段“正处言”的前面存在几种固定搭配，可以分为三类：一是“考实+正处言”类，具体如“书到亟考实明”“必得考实”“尽力考实”等，表明临湘丞收到协查文书之后立即开展工作，对案件进行考证；二是“奸诈+正处言”类，具体如“作咸奸诈”“书到亟考实奸诈明”，意为调查案件是否存在欺瞒狡诈等问题；三是“必得+正处言”类，一般前文有案犯逃亡，需要临湘地方官吏协助抓捕罪犯，意为必将抓获罪犯进行拷问。不管是三类中的哪一种，在“正处”之前，都表示对案件进行调查考证，明确案情。

简文中段“正处言”后面搭配的内容，一般包括办案官员，即“XX职事”，再加“无状”“惶恐”“叩头死罪死罪敢言之”等固定表达，最后附上案件办理的情况等。

在东牌楼东汉简牍、走马楼三国吴简中也有“正处言”“正处复白”等相关的内容，文书格式和用法基本相同，如：

……张、昔何缘强夺建田？檄到，监部吏役摄张、昔，实核田所，畀付弹处罪法，明附证验，正处言，何叩头死罪死罪。奉案檄辄径到仇重亭部，考问张、昔，讯建父升辞，皆曰：升罗，张、昔县民。前不处年中，升女早(?)取张同产兄宗女姃为妻，产女替，替弟建，建弟颜，颜女弟条。昔则张弟男……(东牌楼·光和六年监临湘李永、例督盗贼殷何上言李建与精张诤田自相和从书)

曰期尽钱米无入正处复白(三国吴简·4－5343)

结合东汉三国时期多宗出土文献，可知“正处”类司法文书，应为一地官府将案件移送至另一地官府请求协同办案的文书。简文的内容大致遵循如下体例：

① 邬文玲：《长沙东牌楼东汉简牍〈光和六年自相和从书〉研究》。

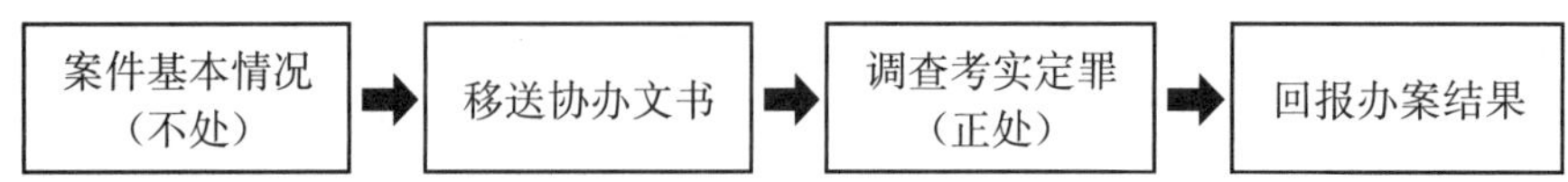

简牍中“不处”“正处”的“处”用法相同，都表示“定”，结合文意则该类司法文书中从“不处”到“正处”，即从“不确定”案情到“定罪、定案”的过程。

处，本义表示终止，《说文·几部》：“止也。得几而止。从几从夂。”引申表示定、常。《广韵·语部》：“居也。止也。制也。息也。留也。定也。”《国语·晋语一》：“骊姬问焉，曰：‘吾欲作大事，而难三公子之徒如何？’对曰：‘早处之，使知其极。’”韦昭注：“处，定也。”又《汉书·谷永传》：“将动心冀为后者，残贼不仁，若广陵、昌邑之类？臣愚不能处也。”颜师古注：“处，断决也。”在简牍文书中，正因为案件有“不处”的地方，影响了案件的判决，无法论罪，才需要协办官府调查核实，在调查考证案情明确之后就可以“正处言”。其中“正”本为“征”之本字，由征讨引申指匡正、考定等义，还可以表示治罪，如《周礼·夏官》：“贼杀其亲则正之。”郑注：“正之者，执而治其罪。”“言”在东汉三国司法文书中常见，是一种报告的套语，此处或为名词表示“报告”“文书”。因此“正处言”应是“定罪报告”的意思。

此类简牍还有“复处”“推处”“别处”等用法，“处”亦为“定罪、定案”之意，如：

正月十四日戊辰攸长豹丞种叩头，移临湘写移书御令史白长吏详自推处，逐捕除等如诏书（五一广场·407）

记到亟实核明，分别处言，勿失自期。有（五一广场·1269）

除此之外，五一广场简中多见临湘县主管官吏签发的就疑难司法事务进行合议而形成的“君教”文书，说明多部门对案件进行合审，联合办案的制度在东汉三国时期普遍存在，学者多有讨论①。其中也有“考实”“覆考”等用语，与“正处”类文书有相似之处，如：

君追杀人贼小武陵亭部。兼左贼史顺、助史条白：待事掾王纯言，前格杀杀人贼黄、郭幽。今同产兄宗、宗弟禹于纯门外欲逐杀纯。教属曹今白。守丞护、兼掾英议请移书贼捕掾浩等考实奸诈。白草。延平元年四月廿四日辛未白。（五一广场·CWJ1③：305）②

简文中认为案情复杂，有“奸诈”不明之处，指令移书贼捕掾浩等负责对案件嫌疑人进行“考实”，即对案件进行联合侦办，部分简牍还包含最后的合议意见。

综上所述，在东汉三国时期出土司法文书中的“不处”“正处”等词中，“处”表示“定”。具体来说“不处”表示案件存在“不确定”的案情，在调查考实之后案件得以“正处”，由办案官员结合调查结果予以“定罪、定案”。

二　创

二十余年来，围绕走马楼三国吴简“刑”字的讨论不断，其观点大致分为两种：一是读作“刑”，表示身体具有某种重大伤残，包括受刑（徐世红 2001③，蒋福亚 2012④）、断手断足（张荣强 2004⑤，周祖亮 2011⑥）、

① 李均明：《东汉简牍所见合议批件》，《简帛研究·2016 春夏卷》，广西师范大学出版社，2016 年，第 256—264 页。

② CWJ1③：305 编号简文出自《长沙五一广场东汉简牍选释》。

③ 徐世红：《走马楼三国吴简户籍所见形式制裁记录》，《简帛研究·2001（下）》，广西师范大学出版社，2001 年，第 523—529 页。

④ 蒋福亚：《走马楼吴简经济文书研究》，国家图书馆出版社，2012 年，第 523—529 页。

⑤ 张荣强：《说“罚估”——吴简所见免疫资料试释》，《文物》2004 年第 12 期。

⑥ 周祖亮：《长沙走马楼三国吴简所见疾病语词略考》，《广西社会科学》2011 年第 3 期。

自残（于振波 2004①）、作战致残（曹旅宁 2006②）、残疾病症（王素 2008③）等；二是读作“㓨（创）”，表示明显的外伤，包括创伤（胡平生 2002④）、手足伤残不完整（杨小亮 2005⑤）等。

走马楼吴简中“刑”的字形有四种异体，分别作“刑”“荆”“𠛬”“荆”：

义成里户人公乘黄硕年六十三荆右足（三国吴简·1-2899）

妻大女㕡年廿七筭一刑左手（三国吴简·1-3982）

豫母大女妾年六十五刑右手（三国吴简·1-5299）

吉阳里户人公乘李琕年廿九筭一𠛬左足（三国吴简·1-10374）

里户人公乘张物年六十荆右足（三国吴简·2-2984）

斗兄公乘禄年卌一荆两足（三国吴简·2-3083）

其四人老钝𠛬病（三国吴简·3-1994）

子男滀年十二荆左手（三国吴简·3-4283）

以上用例中可见，除3-1994中“刑”与“病”搭配之外，其余“刑”皆与手、足搭配。结合上下文，学者们普遍认可其词义指手足有所伤残，但对该字是读作“刑”还是“创”存在不同意见，盖因材料有限无法决断。

作为时代、内容和地域皆相近的同质出土文献，五一广场东汉简牍中关于“创”的词例较为丰富，记录创伤有遵循“身体部位＋相对位置＋创几所＋袤＋广＋深”的格式⑥，如：

……男子以解刀刺详，详以所有把刀斫男子，创二所。男子复走五步所，详追逐及，男子还反顾𢿦详，尚持兵未彊赴，详复斫男子创二（五一广场·85）

……右足上有殴创一所，广袤五寸……（五一广场·429＋430）

寸，左胁创二所，袤各二寸，广各一寸。要创一所，袤二寸，广五，深皆通中。风要创一所，袤二寸，广一寸，深通中脐；上左臂创各一所，袤广各五分，深皆达外臬。凡创五所。出创四所，亭、风凡创各三所，斗处（五一广场·436）

袤四寸，广三寸，深通中右要；□创一所，袤五寸，广三寸，深达左要；右脾上创一所，袤五寸，广三寸，深达内左脾；内创一所，袤五寸，广三寸；左膝上创一所，袤五寸，广三寸（五一广场·584）

隆等诡课孝逐捕应。其月十六日，孝见应在勹山中，孝诣隆告。隆将孝竞武等俱掩捕应，应以所持弓毒矢射隆孝，穿衣，复射伤武右肩，创一所。隆射应左脾，左（五一广场·643＋685）

皆就薪，左□创二所，一所袤八寸，广四□（五一广场·644）

□尼手创一所，护以所持矛刺（五一广场·796）

至胁。左掌中创一所，袤四寸，广一寸，深至骨。第一指创一所，袤一寸，广五分，深至骨。第二指创（五一广场·1351）

从字义上看，五一广场简文中“创”指的是皮肉破损比较严重的外伤，可以是争斗中由兵器造成的，如“把刀斫男子，创二所”；也有可能是拳脚相加造成的，如“右足上有殴创一所”。但是这些外伤并没有到致残的地步，如“右脾上创一所，袤五寸，广三寸，深达内左脾”“左掌中创一所，袤四寸广一寸，深至骨”等。在词义上，此“创”表示皮肉破损的外伤，与走马楼吴简中的“刑”与手足搭配表示伤残、影响劳动能力而需要减轻税赋应有所区别。

---

① 于振波：《浅析走马楼吴简中“刑”的含义》，《船山学刊》2004年第1期。

② 曹旅宁：《长沙走马楼三国吴简“刑手”、“刑足”考释》，《广东社会科学》2006年第1期。

③ 王素：《关于长沙吴简“刑”字解读的意见——〈长沙走马楼三国吴简〉释文探讨之一》，《简帛研究·2006》，广西师范大学出版社，2008年，第274—281页。

④ 胡平生：《从走马楼简牍“荆（创）”字的释读谈到户籍的认定》，《中国历史文物》2002年第2期。

⑤ 杨小亮：《走马楼户籍简“刑（创）”字性质与成因简析》，《出土文献研究》第七辑，上海古籍出版社，2005年，第146—151页。

⑥ 黄朴华、罗小华：《长沙五一广场东汉简牍中的“象人”》，《出土文献》2020年第4期。

走马楼三国吴简	刑 2-2980,[开寸] 1-10374,㓝 1-2899,㓝 3-4283
五一广场东汉简牍	創 436,創 584,創 796,創 1351

再从字形上来看,五一广场东汉简牍中的“创”皆写如本字,而认为三国吴简“刑”“㓝”“[开寸]”“㓝”通“刱”者,大抵因二者字形可通,又“刱”“创”二字可通假,故读“刑”为“创”。如《说文·井部》:“刱,造法刱业也。从井刅声。读若创。”段注:“蒙上文井者法也而言。故云造法刱业。《国语》《孟子》字皆作创。赵氏、韦氏皆曰:‘创,造也。’假借字也。”又《说文·刀部》:“刅,伤也。从刃从一。创,或从刀仓声。”段注:“凡杀伤必以刃……从刀仓声也。凡刀创及创疡字皆作此。俗变作刅、作疮。多用创为刱字。”依照《说文》,“刱”当为表创造之“创”,“创”则是表创伤之“创”,常混用。

考虑到五一广场东汉简牍与走马楼三国吴简书写地域相同,时间相近,体例相仿,在字形和词汇的选择上应具有较强的统一性。五一广场简文中,表示“皮肉伤”一律使用的是字形“创”,由此反证走马楼三国吴简之“刑”并不通“刱(创)”,应读为本字“刑”,表示手足伤残。总的来说,在长沙地区东汉三国时期语言词汇系统中,“创”“刑”二字形、义应有区别,“创”指皮肉伤,“刑”指肢体伤残。

Collected Textual Research on the Bamboo Slips of the Eastern Han and Three Kingdoms Unearthed in Changsha

Liu Yue

(College of Liberal Arts, Communication University of China, Beijing 100024, China)

Abstract: Since the 1990s, bamboo slips from the Eastern Han Dynasty to the Three Kingdoms period have been unearthed in Changsha's Wuyi Square area. Through a comprehensive cross literature study, this paper mainly makes a textual research on the relevant words such as “Chu(处)”, “Chuang(创)” and “Xing(刑)” in the above bamboo slips. “Chu(处)” means “Ding(定)”, “Chuang(创)” in the bamboo slips of the Eastern Han Dynasty in the Wuyi Square means trauma, and “Xing(刑)” in the bamboo slips of Zoumalou means hand and foot injury.

Key words: Changsha bamboo slips; collected textual research; Chu(处); Chuang(创)

从敦煌写本《尔雅》郭注用字看其抄写时代*

曾令香　窦秀艳

【摘　要】二十世纪初在敦煌莫高窟 17 号藏经洞出土的 P.2661 号和 P.3735 号郭璞《尔雅注》是《尔雅》现存最古的版本，关于其抄写时代主要有六朝说、大历九年说、天宝八载说等。目前大多数学者赞同六朝说，但该说主要围绕避讳、题记、书法墨迹、科举考试等提出，还不能完全令人信服。本文基于对敦煌写本中近 40 个篆文隶定字、隶变字的考证，赞同六朝说，并认为敦煌写本至迟抄于六朝末期至隋代，即陆德明《经典释文》编纂完成之前，是陆德明尚未见到的、流行于中国北方敦煌一带的郭注又一重要版本。

【关键词】敦煌写本；尔雅注；用字、抄写时代

【作者简介】曾令香，女，青岛大学文学与新闻传播学院讲师，研究方向为汉语词汇学。窦秀艳，女，青岛大学文学与新闻传播学院教授，研究方向为雅学及汉语史。（山东 青岛　266071）

二十世纪初在中国西北部古丝绸之路重镇敦煌莫高窟 17 号藏经洞出土了 4—11 世纪古写本和印本 5 万余件，其中就有我国重要辞书《尔雅》白文 2 部、郭璞注 1 部，均为残卷。郭璞注原件现藏于法国国家图书馆，今中国国家图书馆有法藏敦煌文献数字高清影片，分为 P.2661 和 P.3735 两个编号，共 8 张影片，自《释天》"秋为收成"始，包括《释地》《释丘》《释山》《释水》5 篇，近 2000 字。目前关于《尔雅注》写本（以下简称"敦煌本"）的研究大致分为两个方面：一是关于抄写时代，主要有六朝说、八世纪、大历九年抄写说、天宝八载抄写说等；一是对敦煌本的释读、文字考证，研究比较深入的有王重民、周祖谟、许建平、瞿林江等学者。秦汉至隋唐是中国文字篆隶向楷书发展的重要时期，敦煌出土的《尔雅注》残卷在书体、文字、版本方面极具代表性，因此其抄写时代的界定至关重要。目前大多数学者赞同王重民先生提出的六朝说，王先生的主要证据是不避唐讳。许建平、瞿林江等学者仅就《尔雅》与科举、写本题记等方面研究较深入，均系旁证。此外，虽然周祖谟、许建平、瞿林江等学者对敦煌本中的古字也有研究，但并未与抄写时代问题结合。基于此，本文在前人研究基础上，利用先秦至唐代的出土文献资料以及汉魏至隋唐传世的字典辞书，采用量化统计、定性分析的办法，对敦煌本中出现的近 40 个篆文隶定、隶变字"考镜源流"，尝试从用字角度探讨其抄写时代问题，使六朝说立论更加坚实，同时也为魏晋六朝时期雅学发展、《尔雅》异文研究提供线索。

一　敦煌本《尔雅》郭注用字考

敦煌本从书法角度看，已经是成熟的楷书笔法，但其中有近 40 字，其基本构件的笔画、笔势还残留篆文隶定字、隶变字的样态，与敦煌发现的唐抄本写法有异。[①] 瞿林江博士把这类字分为大篆隶定、小篆隶定字、小篆隶定字变体[②]，我们也发现有些隶定字或隶变字确实早于《说文》小篆，由于我们见到的古文字资料有限，因此本文仅分为篆文隶定字和隶变字两种。

* 基金项目：本文写作得到教育部重大课题攻关项目"《尔雅》异文整理与研究"（项目编号：20JZD048）资助。

① 敦煌本《尔雅注》用字尤其与敦煌出土的《释文》P2617 号、P3315 号、P3603 号残卷大不相同。

② 瞿林江：《敦煌〈尔雅郭注〉写本残卷考》，《经学文献研究辑刊》第二十辑，上海书店出版社 2018 年，第 228—249 页。

(一) 敦煌本用隶定字

1. “熟”①,写本作“𦏁”,2 见②;“敦”,写本作“𦍞”,5 见;“鹑”,写本作“𪇰”,2 见。这三个字主要构件均为“享”。按,“亯”,《说文》“𦎫,熟也。𦎫,篆文䇏。”段注:“凡从‘䇏’者,今隶皆作‘享’。”敦煌本的构件“𦎫”当为“𦎫”的隶定,楷书作“享”。《干禄字书》:“孰熟:上谁也,下煮也,古作𦏁,今不行。”敦煌本“𦏁”,是“𦏁”的区别字,也应在“今不取”之列。查唐以前出土与传世文献,此三字写法较罕见,仅发现敦煌写本 S799《尚书武成·周书》“惇信明义”句中的“惇”作“𢡨”③,P3169《尚书·禹贡》“兵南惇物至于鸟鼠”句中“惇”作“𢡨”④,前者避“民”字讳,学者定为七世纪抄本,后者避“治”字讳,王重民先生定为“天宝未改字以前写本”,两残卷皆为隶古定《尚书》写本,可见以“𦎫”作构件的字,是隶定字的孑遗。

2. “覆”,写本作“覆”,4 见;“复”,写本作“復”,7 见。按,“覆”,睡虎地简四五·七作“覆”、孙膑二一二作“覆”,《说文》作“覆”,熹平石经·易作“覆”⑤;“复”,睡虎地简二四·三三作“復”、马王堆易九作“復”、纵横家书一四作“復”⑥。可见敦煌本“覆”“復”早期隶书已经如此写法,东汉以后碑刻、墓志、敦煌文献中这种写法少见⑦,敦煌本尚存隶定写法。

3. “前”,写本作“歬”,8 见,其中 3 处被描改作“前”;“箭”作“𥲮”,1 见。按,“前”,《说文》篆文作“𠝣”,云“齐断也。从刀歬声”,隶定作“𠝣”,本为剪断义,后假借为“歬”(前进)。《秦汉魏晋篆隶字形表》(以下简称“秦表”)收“前”15 字,已为假借义,其字形演变如下:五十二病方二三六作“歬”、睡虎地简五四·四三作“前”,其字构件有止舟刀;老子甲六三“前”、老子甲后二〇八“前”,“止”开始讹变;武威简六“前”、定县竹简二六“前”⑧,“止”作“丷”、“月”作“月”,“刀”开始向“刂”转变,因此“前”为隶变字。《正名要录》在“正行者虽是正体稍惊俗,脚注随时消息用”类收:“𠝣前”⑨,即“𠝣”虽为正体,但在当时已经“惊俗”罕见了。“𥲮”,《说文》篆文作“𥲮”,敦煌本“𥲮”亦是隶定字,其发展轨迹与“𠝣”同。另外,“𠝣”3 处被描改为“前”“前”“前”,这可能是因为“𠝣”非通行字,并且“惊俗”的缘故。

4. “旅”,写本作“旅”,3 见。按,“旅”,《说文》篆文作“旅”,云“军之五百人。从㫃、从从”,“旅”为隶定字。今遍考《甲金篆隶大字典》(以下简称“甲金篆”)、《秦表》《汉魏六朝隋唐五代字形表》(以下简称“汉表”)、《汉魏六朝异体字典》(以下简称“异体字典”)、《玉篇》《名义》等唐前出土与传世文献,仅见《异体字典》《汉表》所收北魏元赡墓志(520)、长孙子泽墓志(534)作“旅”。敦煌文献中也仅见《尔雅》作“旅”。

5. “搜”,写本作“挍”,1 见。按,“搜”,《说文》篆文作“𢲼”,云“一曰求也。从手叜声”。“挍”为篆文隶定字。关于“挍”的声旁“叜”,李守奎先生认为:“叜,会意字。从手持火把在屋中,是‘搜索’的‘搜’的本字。……从甲骨文到《说文》小篆,‘叟’的结构都没有太大的变化,都写作‘叜’。我们现在‘叟’的写法,是从秦代古隶逐渐讹变而来的。现在‘叟’行而‘叜’废。”⑩可见,“挍”当为“叜”的区别字,“叟”是“叜”的隶变字,《玉篇》“搜”为“挍”的异体字。六朝隋唐碑刻、墓志“挍”与“搜”并存,以“搜”之用为多。敦煌本“挍”为注文,《释文》、宋椠本等作“搜”,用隶变字。

---

① 本文列举的字头皆用《天禄琳琅》本《尔雅》。

② “𦏁”,许建平释读为“孰”,非。见《敦煌经部文献合集》第四册中华书局,2008 年,第 2037 页。

③ 中国敦煌吐鲁番学会敦煌古文献编辑委:《英藏敦煌文献·汉文佛经以外部分》,四川人民出版社,1990 年,第 182 页。

④ 国家图书馆中华古籍资源库·法藏敦煌,善本书号 Pelliot Chinois 3169。

⑤ 徐无闻主编:《秦汉魏晋篆隶字形表》,中华书局,2019 年,第 535 页。

⑥ 徐无闻主编:《秦汉魏晋篆隶字形表》,第 121 页。

⑦ 本文关于“敦煌文献”的论定根据主要来源黄征先生的《敦煌俗字典》(上海教育出版社,2020 年)。

⑧ 徐无闻主编:《秦汉魏晋篆隶字形表》,第 279 页。

⑨ 郎知本:《正名要录》,《续修四库全书》第 236 册,上海古籍出版社,2002 年,第 335 页。

⑩ 李学勤主编:《字源》,天津古籍出版社、辽宁人民出版社,2012 年,第 221 页。

6.“雍”，写本作“廱”，1 见；“澭”，写本作“灉”，4 见；“壅”，写本作“壅”(廱)，1 见。这三个字的声旁或声根皆作“雝”，按“雝”为《说文》篆文“雝”的隶定字，以此类推，“廱”“灉”皆《说文》篆文隶定字。“廱”，从甲骨至墓志文皆罕用，尤其东汉以后与“雍”“廱”“雝”通用不别，并且多为“雍”所替代，“廱”的异体字“廱”也仅见《三老讳字忌日记》、石门颂、孔庙碑等，可见东汉以后“廱”比较少用。《释文》云“廱，字又作雍，同”“灉，字又作澭，注及下同”，皆与敦煌本同，可见，作于隋唐之际的《释文》尚存“廱”“灉”的隶定写法。《正名要录》对颜师古《字样》收字“考定折衷，刊削纰缪”，保留了一些重要的、尚通用的字，其中就收录了“雍邕”[①]，可见，“雍”在唐时已经成为“要用”字。《说文》无“壅(廱)”字，《玉篇》《篆隶万象名义》(以下简称“名义”)作“壅”；“廱”也仅见于敦煌本《尔雅》，《释文》等传世版本皆作“壅”，《正字通・土部》“廱、壅、壅、壅，并同”，可见，敦煌本是现在能见到的“廱”的最早出处，亦应为隶定字。

7.“错”，写本作“鍇”(鍣)，1 见。按，“错”，《说文》篆文作“鍣”，“鍣”为篆文隶定字。汉魏碑刻、简牍皆未见此“鍣”字，至六朝隋唐时期增多，如东魏元悰墓志(543)、隋宋仲墓志、唐卢行毅墓志等作“鍣”[②]，《释文》、唐石经、宋椠本等皆作“错”，敦煌文献仅见《尔雅注》作“鍣”。

8.“扶摇”，写本作“颫颻”，1 见。按，“颫颻”，《说文》无，大概产生较晚，《释文》：“扶，《字林》作‘颫’，同。”“摇，《字林》作‘颻’，同。”二字又见《玉篇》。“颫颻”二字陆氏引自《字林》，应为隶定字，陆氏应未见到敦煌本，其意在表明“颫颻”为“扶摇”的本字。

(二) 敦煌本用隶变字

1.“暴”，写本作“暴”“暴”，6 见。按，《说文》：“㬥，疾有所趣也。从日出夲廾之。”隶作“暴”；又，“㬥，晞也。从日出廾米。”隶作“暴”。段注“暴”云：“引申为表暴露之义，与《夲部》暴义别；凡暴疾、暴虐、暴虎皆《夲部》字也。而今隶一之，经典皆作暴，难于诠正。”由段注可知，表暴虐、强暴之义，本字作“暴”，而“暴”为曝晒，引申有露出义，后经典皆作“暴”，混而不别。据此核之出土文献，秦汉之际，“暴”已经假借为“暴”，以《秦表》为例：睡虎地秦简一〇・二“暴”、老子甲一三八“暴”、老子甲后四二六“暴”，三隶字皆从“米”，文句分别为“早〈旱〉及暴风雨、水潦、蚤(螽)蚰、群它物伤稼者”“暴雨不冬(终)日”“务氏(是)不若禁暴”，已经表强烈、强暴之义；孙膑二八五“暴”，文句“兵有五共(恭)五暴”，“氺”或为“米”字之讹，义为“暴戾”；老子乙前三六上“暴”、老子乙二三八下“暴”、老子乙前二六下“暴”，三“暴”字为草写，不能遽断是“暴”还是“暴”，但其义皆为残暴、暴雨、暴虐；西狭颂“暴”、袁博残碑“暴”、曹全碑“暴”、孔宙碑“暴”，下皆应为“米”或“米”的讹变，皆残暴义。[③]《异体字典》共收“暴”16 字，只有元荣宗墓志(500)作“暴”、尔朱绍墓志(529)作“暴”，大概是“米”讹作“小”或“氺”，其余皆从“米”。[④]《汉表》《异体字典》《敦煌俗字典》亦如此。今仅见《秦表》峄山碑作“暴”，文句“主暴臣乱”；《异体字典》杨天仁等二百人造像记作“暴”，下作“丰”，皆为残暴义。

综上可知，“暴”“暴”皆篆文隶定字，而敦煌本中的“暴”“暴”下部构件已经讹变，成为“暴”的变体。《正名要录》《干禄字书》仅收“暴”“暴”“暴”三字，可见，唐时“暴”“暴”“暴”或已经“惊俗”罕用了。

2.“华”，写本作“崋”，山名，4 见；作“華”，地名，1 见。按，“崋”，《说文》篆文作“崋”，云“山也。从山𠌶声”，隶定作“崋”，敦煌本“崋”当为“崋”的变体。段注：“按，(崋)西岳字，各书皆作華，華行而崋废矣。汉碑多有从‘山’者。”从出土文献看，秦汉魏晋隋唐简牍、碑刻、墓志中“崋”较多，皆为山名，原本《玉篇》：“崋，《尔雅》(河)南崋山。”[⑤]顾氏所引《尔雅》作“崋”，敦煌本与之同。《释文》云“華，字林作

① 郎知本：《正名要录》，《续修四库全书》第 236 册，第 333 页。

② 臧克和主编：《汉魏六朝隋唐五代字形表》，南方日报出版社，2011 年，第 1658 页。

③ 徐无闻主编：《秦汉魏晋篆隶字形表》，“字形”见第 448 页，例句见第 1334—1335 页。

④ 毛远明：《汉魏六朝碑刻异体字典》，中华书局，2014 年，第 21 页。

⑤ 顾野王：《〈玉篇〉残卷》，《续修四库全书》第 228 册，上海古籍出版社，2002 年，第 458 页。

'𦧲',同",盖陆氏未见敦煌本。

"䔢"当为"華"的变体,"華"借作"𦧲"至迟在西汉时已经开始了,睡虎地简五·三四作"䔢",云"卅四年,攻华阳";郦偏鼎作"䔢",云"今镐上林华阳六"。[①]《尔雅·释地》"楚有云梦"注"今南郡华容县东南巴丘湖是也","华容"之"华",敦煌本作"䔢",盖已经区分山名与地名了,《释文》、唐石经、宋椠本等皆作"華",混而不别了。

3."京",写本作"亰",1见;"景",写本作"暻",2见;"涼",写本经作"䬁",注作"䬁"。按此三字皆从"京",《说文》小篆作"京",云"从高省,丨象高形",隶作"京","亰"为"京"的变体。在汉魏至隋唐出土文献及传世文献中"亰"及以"亰"为声符的字多于"京",如《汉表》收30个"京"字,其中24字作"亰",如早期的居延汉简1028号、417号、9143号皆作"亰"。[②]《秦表》收6字皆作"亰"。[③]《干禄字书》"亰京:上通下正"。可见,在《说文》以前秦汉隶书中"亰"已经是通行字体,《释文》、唐石经等《尔雅》传世版本皆作"京"。

又,"䬁",左当为"京","京"下"小"草写为三"丶",正作"䬁"。在敦煌本中,类似草写屡见不鲜,如無、爲、魚、禡、鴻等,"灬"连为"一";"泉"字9见,皆作"泉";晋流沙简、三国走马楼简、魏元悌墓志中"京"作"亰""亰"[④],正与"䬁"之声旁同。"䬁"为"飊"的变体,《名义》正作"䬁"。《释文》:"涼,本或作古飊字,同。"可见,陆德明时代"飊"字已经成为正字、通行字之外的古字了。

4."尾",写本作"屖""屖",5见。按,"尾",《说文》篆作"尾"。曾侯乙墓简"尾"字4见,皆作"尾"[⑤],孙膑简作"尾",马王堆简帛作"尾""尾"[⑥],石门颂(148)作"尾"[⑦],熹平石经·易(175)"尾"等[⑧],诸文献中的"尾"字皆与敦煌本字不尽相同,《玉篇》《名义》等也已经楷化作"尾",可见"屖"字当是隶变字。《敦煌俗字典》未收"尾"字。陆德明《释文》:"尾,字或作浘、𡱒。""𡱒"字未见,或许是敦煌本"屖"之讹变。

5."膝",写本作"厀",2见。按,"膝",《说文》篆文作"厀",云"胫头卪也。从卪(卩)桼声"。"厀"为隶变字。此字隶书字形变化大,如睡虎地简作"厀"、导引图作"厀"、足臂灸经七作"厀",尚从"卩"(或讹作阝),而武威简已经从"肉"作"膝"。[⑨]东汉魏晋隋唐碑刻、墓志、敦煌文献大多从"肉"旁。《释文》"膝,字又作厀",不云"本或作",则陆氏未见敦煌本。《干禄字书》:"䣛膝:上俗下正。"可见唐时"厀"字已经不在通行之列。清邵瑛《群经正字》:"《说文》无'膝'字,作'厀'为正。《尔雅释文》云'膝,字又作厀',则隋唐固有得其正者。《史记》《汉书》作'厀'……固多近古也。"可见,敦煌本作"厀"为存古体。

6."绎(繹)",写本作"繹""繹",2见;"释(釋)",写本作"釋",4见;"泽(澤)",写本10见,作"澤"8见,作"澤"2见;"驿(驛)",写本"驛";"峄(嶧)",写本作"嶧"。此5字声旁相同,正当从"睪"。按,"睪",《说文》"睪,司视也。从目从夲",段注"今隶作睪,凡从睪之字同","睪"为隶定字,作为声旁,敦煌本讹作"睾""睪"。"睾"已见原本《玉篇》,其下引《尔雅·释训》"睾睾,生也"[⑩];《名义》"绎"作"繹"、"峄"作"嶧"、"驿"作"驛"、"泽"作"澤",其声旁与"睪"同。由此可见,"睾""睪"作为构件与原

① 徐无闻主编:《秦汉魏晋篆隶字形表》,第405、1312页。
② 臧克和主编:《汉魏六朝隋唐五代字形表》,第154页。
③ 徐无闻主编:《秦汉魏晋篆隶字形表》,第348页。
④ 臧克和主编:《汉魏六朝隋唐五代字形表》,第154页。
⑤ 滕壬生:《楚系简帛文字编(增订本)》,湖北教育出版社,2008年,第781页。
⑥ 陈松长编著:《马王堆简帛文字编》,文物出版社,2001年,第358页。
⑦ 毛远明:《汉魏六朝碑刻异体字典》,第920页。
⑧ 徐无闻主编:《秦汉魏晋篆隶字形表》,第610页。
⑨ 徐无闻主编:《秦汉魏晋篆隶字形表》,第642页。
⑩ 顾野王:《玉篇(残卷)》,《续修四库全书》第228册,上海古籍出版社,第372页。

本《玉篇》《名义》合，当为顾野王时代通行写法。

“䄱”为“䆁”的变体，而“䆁”又为“绎”的后起分化字，此字出现较晚，出土文献、传世文献罕见。《释文》：“绎，五经及《尔雅》皆作此字，本或作‘䆁’。”可见，陆氏时代的经典、《尔雅》重要传本皆作“绎”，作“䆁”非主流传本，而敦煌本正作“䄱”。

7. “丘”，写本作“北”，59 见，作“丘”，1 见；“泥”，作“[illegible]（昵）”。按，“丘”，《说文》篆文作“[illegible]”，云“从北从一”。“丘”是先秦常用词汇，据《甲金篆》：甲骨文作“[illegible]”“[illegible]”，金文作“[illegible]”“[illegible]”，甲骨文像突起的小山形，金文讹作了“北”；老子甲后三三六作“[illegible]”，纵横家书一五七作“[illegible]”，孙膑一作“[illegible]”，定县竹简四五作“[illegible]”，东汉史晨碑、孔宙碑、华山庙碑、熹平石经易等皆作“[illegible]”[①]，皆为隶字。据《汉表》，北魏鲜于仲兒墓志作“[illegible]”、隋萧瑾墓志作“[illegible]”，等等[②]，则敦煌本“北”或为隶变字。《正名要录》：“北正，丘通用。”[③]《释文》、唐石经、宋椠本等作“丘”，敦煌本 60 个“丘”字，59 个写作“北”，亦是存古。

“[illegible]”，《说文》篆文作“[illegible]”，隶作“昵”，“[illegible]”亦是“昵”的变体。《玉篇》《广韵》引《尔雅》均作“昵”，敦煌本与之同，《释文》《唐石经》、宋监本作“泥”，或字典辞书、敦煌本改从本字。

8. “𦅸”，写本作“[illegible]”。按此字《说文》篆文作“[illegible]”，隶作“[illegible]”，“[illegible]”当为其变体。《说文》无“𦅸”字。“[illegible]”“𦅸”为异体字，《玉篇（残卷）》：[illegible]，《尔雅》“绋[illegible]也”；或为[illegible]字；或为繂字。[④]《释文》：“𦅸，本或作繂字，同。”陆氏未见作“[illegible]”之本。敦煌本与《玉篇》所引、《说文》本字合，可见敦煌本与字典辞书关系密切。

9. “析”，写本作“[illegible]”。按，“析”，《说文》篆文作“[illegible]”，隶定作“析”，“[illegible]”当为“析”的变体。“析”的构件“片”讹作“斤”，在碑刻、敦煌文献中出现较多，如张迁碑作“[illegible]”“[illegible]”、魏王基残碑作“[illegible]”等。《正名要录》“析”为“正行者揩（楷）”，“枌”为“脚注稍讹”[⑤]，定“枌”为讹写。《干禄字书》：“枌析：上俗下正。”又定“枌”为俗字。陆德明《释文叙录》批评当时“五经字体乖替”的现象时，就曾以“析旁著片”为例，可见“枌”字在陆德明时代已经是被正字规范的对象了，敦煌本仍作“[illegible]”，大概在敦煌一带仍然通行。

10. “畆”，写本作“畞”，2 见。按，“畝”，《说文》作“畮”，云：“从田每声。畞，畮或从十久。”“畞”为“畮”的异体字，亦为隶定字。“畞”在出土文献中比较少见，睡简一二・三八作“[illegible]”，敦煌本与之相似，“畞”当为“畞”的变体。《释文》：“畆，本或作畞。”《释文》之前确有作“畞”之本。

11. “祷”，写本作“[illegible]”。按，“祷”，《说文》篆文作“[illegible]”，隶作“[illegible]”，“[illegible]”形似《说文》篆体，今传世文献、出土文献罕见，当为篆文隶定字的变体。

（三）敦煌本一字兼用隶定、隶变字

1. “明”，写本经作“朙”，2 见；注作“明”，4 见。按，“明”，甲骨文、金文、小篆均为象形，从“日”“月”作“[illegible]”，或从“囧”“月”作“[illegible]”。篆文“[illegible]”隶作“朙”，敦煌本与之同。“明”，隶作“明”，睡简八・五作“[illegible]”、老子甲老子乙作“[illegible]”、石门颂作“[illegible]”[⑥]，隶书“日”已变作“目”，“明”为“明”的变体。东汉六朝隋唐碑刻、墓志、敦煌文献中“明”使用较多，《正名要录》“朙”为“正行者虽是正体，稍惊俗”，而“明”为“脚注随时消息用”[⑦]，《干禄字书》“明朙：上通下正”，可见在唐代“朙”已经是“惊俗”的古字，而

① 徐无闻主编：《甲金篆隶大字典》，四川辞书出版社，1991 年，第 572—573 页。
② 臧克和主编：《汉魏六朝隋唐五代字形表》，第 11 页。
③ 郎知本：《正名要录》，《续修四库全书》第 236 册，第 333 页。
④ 顾野王：《玉篇（残卷）》，《续修四库全书》第 228 册，第 666—667 页。
⑤ 郎知本：《正名要录》，《续修四库全书》第 236 册，第 337 页。
⑥ 徐无闻主编：《甲金篆隶大字典》，第 456 页。
⑦ 郎知本：《正名要录》，《续修四库全书》第 236 册，第 336 页。

"明"在唐前期尚通行，至颜元孙时代已经被规范出通行字列，明成为通行字。在敦煌写本中两种写法兼存，尤其值得注意的是经作"朙"，注作"明"，二者不相混用，或者郭注本经文本来作"朙"，郭注以今字"明"为训。

2. "走"，写本作"赱"，2 见；"起"，写本作"起""起"；"趋"，写本作"趍"。按，"走"，《说文》篆文作"𧺆"，"赱"为隶定字。"起"，《说文》篆文作"𧺇"，"起"为隶定字。

又，"起""趍"皆从"走"，写本作"𧺆"当为"赱"的草写变体，如孙膑一一五作"𧺆"、相马经三六下"𧺆"、武威简·士相见一"𧺆"等。[①] "𧺆"作为构字部件在碑刻、墓志、敦煌文献中比较常见，《正名要录》"走，疋；𧺆，相通用"[②]，因此可以把"起""趍"二字看作隶定字的变体。

在敦煌本中，"赱"经和注皆同；而"起"为经文，"起"为注文；"趍"为注文。由此可见，敦煌本经文用隶定字，注文为隶变字，情况或与"朙""明"同。

3. "定"，写本 4 见，三处作"芝"，一处作"定"。按，峄山碑、《说文》等篆文作"㝎"，隶定作"定"，讹变作"芝"。"芝"在汉魏六朝出土文献中较多，如老子甲后三五六、孙膑六三作"芝"、纵横家书三五、流沙简屯戍一·一一作"芝"、淮源庙碑作"芝"、曹全碑阴"芝"[③]，《名义》正作"芝"；隋唐以后逐渐被"定"替代，《正名要录》"各依注脚"类正文作"定"下注"从正"[④]，《干禄字书》"芝定：上通下正"，可见，唐代正字书已经定"定"为正字，"芝"通行字。敦煌本中 3 处作"芝"，1 处作"定"，大概在写本时代"芝"的写法占主流地位，这与隋唐时期隶古定《尚书》用字合。

4. "章"，写本 4 见，其中 3 处作"章"，1 处作"𥫔"。按，《说文》小篆作"𩐁"，云"从音十"，隶定作"章"，隶变作"𥫔"。汉简、汉碑多作"𥫔""章"，熹平石经残石"章"十余见，皆作"𥫔"；敦煌文献"章"及从"章"之字大多作"𥫔"；原本《玉篇》亦作"𥫔"。《名义》《释文》作"章"，《正名要录》收入"章"，注明从"音"，《干禄字书》"𥫔章：上通下正"，由此可见，隋唐时期已经特别强调"章"的书写规范问题，敦煌本《尔雅》3 处经文皆作"章"，1 处注文作"𥫔"，可能已经受到了"章"字规范化的影响。

5. "渎(瀆)"，写本 7 见，其中 1 处作"𣴱"。按，"渎"，《说文》篆文作"瀆"，云"从水从賣"；"賣"，《说文》篆文作"𧶠"，云"从出从買"。在秦汉简牍碑刻中"賣""瀆"构件"出"皆作"士"，与《说文》篆文不同，因此"𣴱"或为隶变字。从出土文献看，敦煌本"𣴱"比较少见，《尔雅注》中 7 处作"瀆"，1 处作"𣴱"，表明"𣴱"已非通行之字。

二　敦煌本用字特点

敦煌写卷《尔雅注》近 2 000 字，我们主要参考近 40 个隶定、隶变字的考证，探讨敦煌本用字规律特点，大致如下：

(一) 从写法看，敦煌本以楷书写篆隶字

敦煌写本《尔雅注》从书法看已经是成熟的楷书写法，但主要构件仍然含有篆书、隶书的笔画和笔态，如"孰""𣪠""菊""暴""𠦒""侵""覆""朙""赱""放""鎋""蚯""瀆""椶""郝""屍""禱""灘""靡"，等等。在一个残卷 2 000 来字的篇幅中存有这么多的篆隶字，这在出土文献中也是罕见的，即使敦煌出土的隶古定《尚书》也远远达不到。《尔雅》是一部古老的辞书，经历了篆文、隶书、草书、楷书等字体演变过程，敦煌本中这些字的写法保留着浓厚的篆隶笔态，与唐代及后世定型的楷书

① 徐无闻主编：《秦汉魏晋篆隶字形表》，第 95 页。

② 郎知本：《正名要录》，《续修四库全书》第 236 册，第 333 页。

③ 徐无闻主编：《甲金篆隶大字典》，第 492 页。

④ 郎知本：《正名要录》，《续修四库全书》第 236 册，第 337 页。

不同，可能是篆隶古本的孑遗。臧克和先生认为“至迟到南朝梁代，楷书就已成社会用字的正体”，于是有“聚合楷字、楷定古文的《玉篇》”出现，而“北朝晚期的北齐北周——楷书发展逐渐成熟，但在同时，也有复古的风气。在楷字中夹杂隶书、篆书。在行笔结体中夹杂篆意，是北齐造像记中经常见到的现象”。[①] 从敦煌本抄字看，字体端方秀逸，楷法成熟，虽然“夹杂篆意”，抄写时代不会太早。《尔雅》本身就经历了由篆、隶向楷书发展的过程，应该不是有意“复古”，或与“行笔结体中夹杂篆意”的北齐(550～577)造像记书写相得益彰，但与造像记不同的是，造像记是笔画“夹杂篆意”，笔势略带波状，而敦煌本是以楷法书篆隶字，主要构件有篆隶之架构，从整体看比北齐造像记更成熟。

（二）敦煌本用字具有一致性

敦煌本同一个字，或以此字为声符字的字，写法高度统一。首先，从用字频率看，一字先后出现，或多次出现，写法基本一致，如，“皋”“灘”4 见、“暴(暴)”6 见、“澤”7 见、“匊”8 见、“北”59 见，等等，这些字在敦煌本中无论出现次数多少，笔画结构都相同。其次，从字的构成看，声根字或以其为声符的字写法一致，如“匊”与“菊”、“北”与“背”、“京”与“景”“飆(飇)”、“侵”与“覆”；又如“孰”“敦”“鶉”从“享”、“釋”“澤”“驛”“嶧”从“睪”、“灘”“廱”从“雝”，等等。第三，这些字无论是经文还是注文写法一致，如“尾”，经 2 见注 3 见皆同；“侵”，经 2 见注 6 见皆同；“覆”，经、注各 2 见皆同；“暴(暴)”，经 2 见注 4 见皆同；“飆”，经、注各 1 见皆同；等等。这种一致性一方面说明抄本忠实底本，另一方面说明抄写时代用字如此，未受其他写法干扰。因此说敦煌本《尔雅注》抄写时代不会晚于正字运动勃兴的唐中前期。

（三）敦煌本用字多六朝后罕见罕用字

我们发现敦煌本所用的一些古字，字典辞书外，在六朝以后的出土文献及唐前传世文献中应用较少。如“皋(皋)”“釋”“孰”“敦”“鶉”“侵”“覆”“尾(尾)”“暴(暴)”“檮”“商(商)”“瀆”“陋”“郝”“北”等。一方面表明敦煌写本用字的独特性，来源较古；另一方面敦煌书法可能受北朝正字规范运动影响较大，自北魏始光二年(425)“釐正字体”的文字改革运动始至北朝末年都非常重视文字规范统一，北方亦重“仓”“雅”之学，《魏书·袁式传》：“式沈靖乐道，周览书传，至于训诂、《仓》《雅》偏所留怀，作《字释》未就。”[②]《周书·赵文深传》：“文深少学楷隶，……太祖以隶书纰缪，命文深与黎季明、沈遐等依《说文》及《字林》，刊定六体，成一万余言，行于世。”[③]从敦煌本多依《说文》《字林》等字书来看，用字中规中矩，应该是在官学体制下的正本。如果说敦煌本抄于唐代，那么在大唐羽翼下的敦煌出现这么多被规范、正字的对象是不合时宜的。

（四）敦煌本用字多与《释文》不同

陆德明《经典释文》作于隋末唐初，其与敦煌本的比较研究尤为重要，从中或可窥探敦煌本抄写时代问题。我们把敦煌本所存五篇与《释文》作了对比，主要针对《释文》“本又作”“本亦作”“字又作”等著录《尔雅》版本异文的词条，约 130 条作，为了易于理解，暂且把陆氏所摘的经或注文称为正异文，把“本又作 X”“本或作 X”之“X”称为次异文。这样我们统计出敦煌本与《释文》正异文同者约 84 字，约占 65%；敦煌本与正异文不同与次异文同者约 36 字，约占 28%；敦煌本与正异文、次异文不同而见于“《字林》”“字又作”的 8 字，约占 6%。我们对不同的 40 余字研究如下：

首先，从不同的 36 字看，这些字出于陆德明所见的、与《释文》底本不同的其他传世版本，有通假字、异体字、古今字、讹错字、篆隶楷体不同等，但有些字《释文》时代已经不再通行，如“飆”，敦煌本作“飆”，《释文》“涼，本或作古飆字，同”，已经被陆氏界定为古字；又如“绎”，《释文》称“五经及《尔雅》皆

① 臧克和：《楷字漫笔(一)》，《中文自学指导》2008 年第 1 期，第 14—15 页。

② 魏收：《魏书》卷三十八，中华书局，1974 年，第 881 页。

③ 令狐德棻：《周书》卷四十七，中华书局，1971 年，第 849 页。

作此字,本或作禩,同”,敦煌本正作“禩”,“禩”见于《玉篇》《名义》,当为祭祀名“绎”字所造的本字,敦煌本很可能遵字书而改。又如“颓”,敦煌本作“穨”,《释文》“颓,本或作穨,同”;“穨”见《说文》,辞书而外,魏晋六朝碑刻、墓志、敦煌文献多作“頽”和“颓”,《正名要录》“颓”为正行楷字,“頽”为“脚注稍讹”字①,《干禄字书》“頽颓:上通,下正”。可见,唐代用字要注意“颓”与“頽”的区分,而“穨”或已经在正字者的视线之外,亦成为古字了。

其次,从不同的8个字看,陆德明未言“本又作”“本亦作”,仅表明见于《字林》或“字又作”等,大概在陆氏所见《尔雅》传本中未有这些字。陆氏深知它们或与《尔雅》文字异体、或本字借字关系,然而这8个字恰恰见于敦煌本,应该是敦煌本据字典辞书及社会用字规范的选择。如“[illegible]”“[illegible]”“[illegible]”三字见于《说文》,“飇”“飘”“垠”见于《字林》《玉篇》等。如,《释文》:“鞫,如字,《字林》作垠,云限厓外也。”“如字”之释,表明“鞫”是常用字,陆氏所见本皆作“鞫”,而唐石经、宋椠本等却作“隈”,敦煌本正与《字林》同。又如“埒”,《释文》:“埒,字或作浖。”敦煌本作“埒”,显然左边“氵”被描改为“土”,敦煌本本作“浖”。《说文》“埒”下引“《尔雅》‘山上有水,埒’”,与《释文》、唐石经等同;“浖”见于《玉篇》,云“山上水”,《名义》“浖,有停泉”,“有停泉”是郭璞注文,可见敦煌本作“浖”,或受《玉篇》等影响而改。

敦煌本与《释文》这些不同用字,可以看出敦煌本与《说文》《字林》《玉篇》等字书的一致性,陆德明曾在《经典释文叙录》中说:“《尔雅》本释坟典,字读须逐五经,而近代学徒,好生异见,改音易字,皆采杂书,唯止信其所闻,不复考其本末。且六文八体各有其义,形声会意宁拘一揆?岂必飞禽即须安鸟?水族便应着鱼?虫属要作虫旁?草类皆从两中?如此之类,实不可依,今并校量,不从流俗。”据陆氏所言,“近代”人擅改《尔雅》,主要是以今字改《尔雅》借字,而敦煌本所改并非采自“杂书”,而是《说文》《字林》《玉篇》等通行字书。敦煌本的用字现象,应该早于唐初至唐中期蓬勃开展的正字运动,陆德明撰《释文》时并未见到敦煌本《尔雅》,是《尔雅》在六朝后期在中国北方流传的真实样貌。

综上所述,我们赞同“六朝说”,认为敦煌本抄写时代至迟在六朝至隋代,即在《释文》成书之前。由于我们在出土文字、敦煌文献的研究领域学殖尚浅,仅罗列出现象,理论总结还不深入,相信随着古籍文献数字化、信息化及高科技手段的应用,敦煌本《尔雅注》的抄写时代问题会有更加准确、科学的结论,使六朝说证据确凿,从而为雅学史、《尔雅》版本异文研究奠定坚实的理论基础。

An Exploration of the Date of the Dunhuang Manuscript *Erya*(《尔雅》) Annotated by Guo Pu from the Perspective of the Usage of Characters

Zeng Lingxiang　Dou Xiuyan

(School of Literature and Journalism, Qingdao University, Qingdao 266071, China)

Abstract: *Erya*(《尔雅》) annotated by Guo Pu, No.P.2661 and P.3735, unearthed at the beginning of the last century in the No.17 Sutra Cave of the Mogao Grottoes in Dunhuang is the earliest surviving version. There are different opinions about the date of this book, such as the Six Dynasties period(六朝说), the ninth year of the Dali(大历九年说), the eighth year of Tianbao(天宝八载说), etc. Most scholars currently agree with the theory of “Six Dynasties”, but it is not entirely convincing, as it mainly focuses on taboos, inscriptions, ink stains and imperial examinations. This paper agrees with the theory of “Six Dynasties” by making a texeual research on nearly 40 seal scripts in this Dunhuang manuscript. We also believe that the Dunhuang manuscript were

① 郎知本:《正名要录》,《续修四库全书》第236册,第336页。

transcribed between the end of the Six Dynasties and the Sui Dynasty at the latest, before the completion of Lu Deming's *Annotation of Classics* (《经典释文》). It is another important version that was once popular in northern China and even in the area of Dunhuang.

Key words: the Dunhuang manuscript; *Annotation of Erya* (《尔雅注》); the usage of characters; the date of transcription

中古石刻俗字考释举隅

张永惠

【摘　要】中古时期的石刻文献中存在着大量的异体俗字，而有些俗字不见字典辞书收载，在著录时或被误释，或者不识。文章选取中古石刻文献中的15则俗字进行考释，有利于石刻文献的正确释读和字典辞书的编纂。

【关键词】中古石刻；俗字；考释

【作者简介】张永惠，女，浙江师范大学人文学院博士研究生，研究方向为近代汉字。（浙江 金华　321000）

正确释读疑难俗字是整理石刻文献的一项重要任务，宋代已经出现考释石刻疑难字的著作，如娄机《汉隶字源》、刘球《隶韵》。清代出现收录石刻异体俗字的专书，如顾蔼吉《隶辨》、邢澍《金石文字辨异》、赵之谦《六朝别字记》等等。近年来，随着石刻文献的大量出土，石刻文献的研究逐渐深入，石刻异体俗字研究方面也出现很多优秀成果，但是仍然存在很多俗字未被正确释读。今就研读石刻文献的过程中发现的15则异体俗字加以考释，不当之处，敬请方家指正。

1. 西魏《韦隆妻梁氏墓志》："礼惟身干，孝为终始。妛他之清，阳瓠逮居。"

（《校注》8/185）①

"妛"字《校注》不识，待考。《南北朝墓志集成》（上/606）释作"安"。

按："安他"，语义不明，根据字形和文意，该字当为"委"的俗字。石刻文献中，构件"禾"左右两撇常被省写作两点，如北魏《元弼墓志》"怀托孤之委"之"委"字作"妛"（《校注》3/313），北魏《上尊号碑》"汉朝虽承季末"之"季"字作"孛"（《校注》2/181）。"禾"或进一步写作"六"形，如北齐《裴良墓志》"总督所委"之"委"字作"妛"（《校注》9/363）。"委他"即"逶迤"，也作"委蛇""逶他""委佗"等形，可指从容自得之意，如北魏《元固墓志》："腾声望苑，骋足龙闺。委他在公，便繁左右。"北魏《元谧墓志》："来朝肃肃，在庙雍雍。白珩朱绂，委他有容。"亦可形容曲折绵延貌。如唐《高士明妻王净墓志》："其先汉相陵之后，既而源流皎洁，譬清洛以逶迤。"唐《刘滩墓志》："厥后逶迤，世有潜德。详在家谍，略而不书。"唐《杨执一及妻独孤开墓志》："太尉台汉，德王佐隋，积庆二十，长源逶迤。""委他之清"借指墓主世系清远。

又"逮"字，《校注》认为似"逮"或"建"，不能定，待考。《南北朝墓志集成》（上/606）释作"建"，当是。石刻文献中，构件"廴"俗写作"乚"，如北魏《元偃墓志》"贺侯延镇都大将"之"延"字作"𨑨"（《校注》3/304），不烦赘举。其左边构件"聿"的下部两点当是由横画讹变而来，如北齐《韩裔墓志》"建节南辕"之"建"字作"逮"（《校注》9/255）。"阳瓠"为地名，在扶风县。《尔雅·释地·十薮》："周有焦护。"郭璞注："今扶风池阳县瓠中是也。"郝懿行疏："《元和郡县志》云：'焦获薮，亦名瓠口，即郑、白二渠也。晋之扶风郡池阳县，今为西安府三原县也。'"②"阳瓠建居"指定居在池阳瓠口之地，该墓志载其父为扶风太守，与志文正相合。"委他之清，阳瓠建居"，叙述墓主世系来源，夸赞其世系绵远。

2. 北齐《毕文造像记》："散马到七，兆民丰乐。"（《校注》10/92）

"七"字《校注》《全北齐北周文补遗》（295）均释作"七"。

---

① 毛远明编著《汉魏六朝碑刻校注》简称《校注》，"8/185"代表第8册第185页，下仿此。

② 郝懿行著，王其和、吴庆峰、张金霞点校：《尔雅义疏》，中华书局，2017年，第609页。

按："到七"语义不通，根据字形和文意，该字当为"戈"的俗字。"戈"俗写或省去右上部一点，如北齐《薛广墓志》"铭诸戈钺"之"戈"字作"戈"（《校注》9/177），伯 2042《大佛名十六卷略出忏悔》"或次（恣）忿怒，挥戈舞刃"之"戈"作"弋"（《法藏》3/92①），伯 3716 背《新集书仪一卷》"宇宙廓清，干戈载戢"之"戈"作"卞"（《法藏》27/76），"戈"字下部一撇进一步讹写，遂作"七"形。"到"古通"倒"，《庄子·外物》："草木之到植者过半而不知其然。"陆德明《释文》："司马云：锄拔反之更生者曰到植。卢文弨曰：到，古倒字。"《吕氏春秋·爱类》："匡章谓惠子曰：'公之学去尊，今又王齐王，何其到也'。"毕沅新校正："古'倒'字皆作'到'。""到戈"即"倒戈"，指把戈倒着安放，表示不再用兵。《礼记·乐记》："倒载干戈，包之以虎皮，将帅之士，使为诸侯，名之曰建櫜，然后天下知武王之不复用兵也。"石刻文献中亦见用例，如北齐《云荣墓志》："弃戚到戈，襁负而至。"

"散马"指把战马放回山中，表示战事不兴。典出《尚书·武成》："乃偃武修文，归马于华山之阳，放牛于桃林之野，示天下弗服。"孔安国传："山南曰阳，桃林在华山东，皆非长养牛马之地，欲使自生自死，示天下不复乘用。"北魏《元徽墓志》"方当终散马之休运，倍射牛之秘礼，而天未悔祸，时属道消，一绳匪维，我言不用。"故"散马到戈"表示国家太平祥和，没有战争之意。

3. 北齐《鞠神墓志》："君楚金凤劲，吴竹早圆。烈厉成自筮宾，栝羽茂于纨袴。"

（《集释》上/57）②

"烈"字《集释》释作"烈"。

按："烈厉"语义不通，根据字形和文意，该字当"砥"的俗字。其右上部构件当为"氐"字的俗书，《字汇补》："𠀂，古文氐字，星名。"《龙龛手镜》："亙亙，二俗。氐互，二或作。亙，古文，丁礼、丁奚二反，星名也。"俗书构件"一"又可讹写为"灬"，如北魏《元举墓志》"高深亟徙"之"亟"作"烝"（《校注》6/150），唐《李震墓志》"亟裁藩政"之"亟"作"烝"（《昭陵碑石》48）。《佛教难字字典·广部》（91）"底"字头下收"庶"字。"砥厉"同"砥砺"，即磨练、磨砺，多指磨练人的节操、品行，又可作名词，代指正直高洁的节操。石刻文献常见用例，如北魏《元广墓志》："升朝袭爵，仍以父位，传踵前华，绍迹令轨，砥厉风节，祗慎所经。"又北魏《高贞碑》："若夫秉心塞渊，砥砺名教，伏膺文武，不肃而成。"北魏《王诵墓志》："既面告靡依，趋庭阙范，勉躬砥砺，动不逾节。"皆可比参。

"筮宾"，典出《仪礼·士冠礼》："前期三日，筮宾，如求日之仪。""筮宾"指占卜主持加冠礼的正宾，古代男子二十岁实行加冠礼，代表成年。"砥厉成自筮宾"夸赞墓主成年时已具有正直高洁的品格。

4. 唐《虞秀姚墓志》："加以艺总群徽，思□玄赜，花台夕敞，辩空有于三番；蔗苑晨开，藻心灵于二解。"

（《集释》上/258）

"蔗"字《集释》《虞世南女〈虞秀姚墓志〉跋》③、《会稽余姚虞氏汉唐出土文献汇释》（99）均释作"蔗"。

按："蔗苑"语义不通。根据字形和文意，该字当为"鹿"的俗字。"鹿"俗写作"庻"，如北魏《孙辽浮图铭记》"遂居钜鹿焉"之"鹿"作"庻"（《校注》5/276）。"庻"字下部构件又可进一步讹写作"灬"，如唐《李湍墓志》"鹿城县丞"之"鹿"作"庶"（《北图》27/84④）。"鹿"字文中因受下字"苑"类化又赘加"艹"旁。"鹿苑"为佛教词语，指鹿野苑，相传释迦牟尼得道后第一次来此处说法，亦代指僧园、佛寺。石刻文献中常见用例，如唐《法琬法师碑》："固以声华鍱腹，德高巢额，檀林擢秀，鹿苑腾芳。"唐《王真真墓志》："爰洎六岁，出家修道。憩鹿苑之仙居，阅龙宫之秘藏。"皆可比参。

① 上海古籍出版社编《法国国家图书馆藏敦煌西域文献》简称《法藏》，"3/92"代表第 3 册第 92 页。

② 毛远明编著《西南大学新藏墓志集释》简称《集释》，"上/57"代表上册第 57 页，下仿此。

③ 王连龙：《虞世南女虞秀姚墓志跋》，《中国书法》2010 年第 5 期。

④ 北京图书馆金石组编《北京图书馆藏中国历代石刻拓本汇编》简称《北图》，"27/84"代表第 27 册第 84 页。

又，唐《开业寺碑》："箕裘递袭，凭蔗苑而弥昌。黻冕相承，托檀波而转盛。""蔗"字现存拓片文字磨泐严重，《全唐文新编》(1/4/2296)①释作"蔗"，不确。根据上例及文意，该字亦当为"鹿"的类化俗字，"鹿苑"与"檀波"相对，亦为佛教语。

5. 唐《程金及夫人元氏墓志》："公匪娄厥利，自然厥福。若刁彝之广田，如季衡之足木。"

(《集释》下/642)

"彝"字《集释》认为是"寻"的俗字，录以备参。但"刁寻"，意不明，存疑待考。

按："彝"当为"彝"的俗字。石刻文献中常见相近写法，如北魏《元彝墓志》"王讳彝"之"彝"字作"彝"(《校注》6/170)，唐《萧季江墓志》"经德秉彝"之"彝"字作"彝"(《长安碑刻》上/137)，皆其比。刁彝为东晋渤海饶安人，《晋书·刁协传》："彝字大伦，少遭家难……兄弟子侄并不拘名行，以货殖为务，有田万顷，奴婢数千人，余资称是。"《宗镜录》："刁彝历官尚书郎，不随德行，种植为务，有田万顷，奴婢千人。"(《大正藏》48册816页上栏)"刁彝之广田"当形容墓主生活富足。

"季"，《集释》录作"季"，其实该字当为"李"字，上部一笔当为泐痕。李衡为三国时人，《三国志·吴志·孙休传》："丹阳太守李衡，以往事之嫌，自拘有司。夫射钩斩袪，在君为君，遣衡还郡，勿令自疑。"裴松之注引《襄阳记》："衡每欲治家，妻辄不听，后密遣客十人于武陵龙阳汜洲上作宅，种甘橘千株。临死，敕儿曰：'汝母恶我治家，故穷如是。然吾州里有千头木奴，不责汝衣食，岁上一匹绢，亦可足用耳。'""若刁彝之广田，如李衡之足木"二句形容墓主自给自足，生活富足安逸。

6. 唐《李扶墓志》："寿不我赋，暴曶零露。孰知其故，旅逝宗宇。" (《续集》3/746)②

"曶"字《续集》释作"曶"。

按：《正字通·目部》："曶，同昒，与日部'曶'作'昒'同例，旧注改音忽，急视貌，非。"但是该墓志中的"曶"却并非"昒"的异体字，而当为"曶"的讹俗字。俗书构件"日"可写作"目"，如唐《刘通墓志》"春秋廿有七"之"春"字作"春"(《北图》18/37)，此不赘举。"曶"古书中常通作"忽"，《汉书·扬雄传》："用心于内，不求于外，于时人皆曶之。"颜师古注："'曶'与'忽'同，谓轻也。"《楚辞》："日月忽其不掩兮。"洪兴祖补注："忽，《释文》作'曶'。"上揭墓志"暴曶(忽)"即忽然、急速之意。传世文献中可见用例，如《注解伤寒论》："始不下利，而暴忽发热，下利，汗出不止者，邪气胜正，阳气脱也，故死。"《改亭存稿》卷六《张母卢儒人行状》："佥谓儒人身历诸难，福不称德，天必假之以年，不意未及中寿而卒。其卒也，又出于暴忽。""暴曶"《汉语大词典》未收，而收有"暴忽"一词，释义为暴风，在石刻文献和传世文献中，"暴曶""暴忽"又可指突然、疾忽之义，据此可以增补《汉语大词典》漏收词目和义项。"暴曶零露"为墓主去世的委婉说法。

7. 唐《刘爱墓志》："神香异返魂之验，灵单无不死之徵。春秋六十有九，遘疾卒于私第。"

(《汇释》141/154)

"单"字《汇释》释作"单"，且将该句点断为"神香异返，魂之验灵，单无不死之徵。"

按："灵单"意不可解，根据字形和文意，该字当为"草"的讹俗字。构件"艹"俗书常写作"丷"，如唐《翟惠隐墓志》"式传英躅"之"英"字作"英"(《北图》13/141)。构件"早"常讹写作"甲"，如北齐《李君妻崔宣华墓志》"霜枯绣草"之"草"字作"草"(《校注》9/118)，唐《尼金氏柩铭》"十二月廿二日斩草"之"草"字作"草"(《昭陵碑石》78)，故"草"字俗写又可作"单"。"灵草"即仙草，传说能使人死而复生。《海内十洲记》："祖洲，近在东海之中，地方五百里，去西岸七万里，上有不死之草。草形如菰，苗长三四尺。人已死三日者，以草覆之，皆当时活也。""神香"亦代指起死回生之药，《十洲记》(《太平御览》卷九百五十二引)："聚窟洲中，申未地上，有大树，与枫木相似，而华叶香闻数百里，名为返魂树。于玉釜

① "1/4/2296"代表第1部第2册第2296页。

② 毛阳光主编《洛阳流散唐代墓志汇编续集》简称《续集》，"3/746"代表第3册第746页，下仿此。

中煮取汁，如黑粘，名之为返生香。香气闻数百里，死尸在地，闻气乃活。"志文中"灵草"与"神香"相对，石刻文献中常见用例，如唐《董义及妻王氏墓志》："遽以东水湍流，西春落景。神香四两，无复返魂。灵草一株，不能移算。"唐《韩君妻赵摩墓志》："岂期降年将尽，履福或愆。数两神香，空闻已往。一株灵草，徒怨路遥。"唐《氾义协及妻王氏墓志》："神香不嗣，大渐华堂；灵草未萌，遂开藤室。"皆可比参。

8. 唐《李眈夫人韩氏墓志》："质态清雅，贞芳标[慄]。温融风和，光射于闺阈也。"

（《续集》3/740）

"[慄]"字《续集》释作"慓"。

按："标慓"意不可解。据字形和文意，"[慄]"当为"慄"的讹俗字。石刻文献中，构件"栗""票"常相互讹混，如唐《姚畅及妻陈氏墓志》"恭勤标于组织"之"标（標）"字作"[標]"（《隋编·洛陽卷》2/81[①]），《可洪音义》卷十七《鼻奈耶律》卷第五音义："波票，力日反，正作栗。"（《中华藏》60 册 73 页上栏）。从类化的角度说，"慄"字亦可能受上字"标（標）"的影响而写作"慓"。"慄"即"栗"的增旁字，表为坚贞之意。《孔子家语·问玉》："缜密以栗智也。"王肃注："栗，坚也。"《管子·侈靡》："标然若秋云之远。"尹之章注："标，高举貌。""标慄"即挺秀坚贞之意。"贞芳标慄"当夸赞墓主品格特立高洁。

石刻文献中，"慄"字常被误释作"慓"，如唐《田信墓志》："亟奉天经宿，[慄]兢□怀，爰敬俱极。""[慄]"字中华石刻数据库释作"慓"。唐《张伏生墓志》："肃肃严更，兢兢□[慄]。""[慄]"字《全唐文新编》（2/3/4648）[②]、《全唐文补遗》（1/152）均释作"慓"。唐《卢缄妻崔氏墓志》："祇事苹藻，颐情琴瑟，清心洁诚，静庄斋[慄]。""[慄]"字《全唐文补遗》（1/370）释作"慓"。后梁《储德充墓志》："慓慓危惧，兢兢去奢。"《五代墓志汇考》（92）《全唐文补遗》（8/237）《东都冢墓遗文》（1/18/13961）[③]均释作"慓"。上述几例中，"慓"均当为"慄"的俗字，"慄兢"即谨慎庄严之意。"斋栗"，即敬慎恐惧貌。语出《书·大禹谟》："祇载见瞽瞍，夔夔斋栗。"孔颖达疏："见父瞽瞍，夔夔然悚惧，斋庄战慄，不敢言己无罪。"

9. 唐《孙君妻洪澜墓志》："恭惟捧[盥]，肃事齐眉。粢盛是主，筐筥是司。"（《续集》1/214）

"[盥]"字《续集》释作"舆"。

按："捧舆"文意不通。谛视之，截图字中间构件为"水"，释作"舆"恐不确。且文中"捧[盥]"与"齐眉"相对，当是赞美妇女德行的词语。根据字形和文意，该字当为"盥"的俗字。唐《李君夫人韩氏墓志》"奉盥鑪"之"盥"字作"[盥]"（《续集》下/740），是其比。"捧盥"即手捧洗手器皿，古代出嫁女子敬事丈夫、舅姑，"捧盥"则是其日常工作之一。《礼记·内则》："进盥，少者奉槃，长者奉水，请沃盥，盥卒，授巾。问所欲而敬进之，柔色以温之。"《左传·僖公二十三年》："秦伯纳女五人，怀嬴与焉。奉匜沃盥，既而挥之。"石刻文献中亦可见用例，如唐《成君墓志》："捧盥承夫，不亏妇礼。停梭训子，无阙母仪。"唐《张祖及妻李氏墓志》："夫人李氏，赵郡人也。承姑捧盥，训子停机。"唐《王君愕妻张廉穆墓志》："年甫廿一，适于王氏。䌰笄奉盥，尽庄敬之情。"皆其类。

10. 唐《李循墓志》："范既愈而晦疾作，不数日病且革，虽沥血，医巫[拲]手。"

（《续集》3/722）

"[拲]"字《续集》释作"拳"。

按："拳手"于意不合。根据字形和文意，该字当为"拱"的俗字。《说文·手部》："拲，两手同械也。从手从共，共亦声。《周礼》：'上辠，梏拲而桎。'"《汉书·刑法志》："凡囚，上罪梏拲而桎。"颜师古注："拲即拱字也。"《五经文字·手部》："拱拲：並音鞏，上拱手，下《周礼》。""拲"即"拱"的异体字。而"[拲]"又为"拲"的俗写变体。"拱手"即束手、无能为力。《魏书·天象志三》："及齐王殂而西昌侯篡之，

① 陈长安主编《隋唐五代墓志汇编·洛阳卷》简称《隋编·洛阳卷》，"2/81"代表第 2 册第 81 页。

② "2/3/4648"代表第 2 部第 3 册第 4648 页。

③ "1/18/13961"代表《石刻史料新编》（台北新文丰出版有限公司，1977 年）第 1 辑第 18 册第 13961 页。

高武子孙所在棊布，皆拱手就戮，亦齐君自为之焉。”石刻文献中亦可见用例，如唐《蔺楚珍墓志》：“坐衙府之中，忽婴膏肓之疾。世医拱手，犹叹命途。”唐《花献墓志》：“名医上药，拱手无所施，方知利剑先缺，甘泉先竭，乾道变衰，而精魂归乎北斗。”皆可比参。

11. 唐《辛氏墓志》：“自兹以降，馬弈簪缨，腾芬史策，无俟详载。” （《三编》1/182）①

“馬”字大型字书未收，网络上曾见新浪博客“陇西人石锡铭”博客及“秦王”博客均录作“马”。

按：“马弈”，意不可解，根据字形和文意，该字当为“舄”的俗字。其左边一竖当是由“舄”字讹变而来。如北魏《元钦墓志》“丹书写其深玄”之“写（寫）”字作“冩”（《校注》6/238）。右边构件或进一步讹写作“馬”，如东魏《张敬造像记》“写四八于鹿苑”之“写（寫）”字作“冩”（《北图》6/50）。“舄弈”即连绵不绝之意，“舄弈簪缨”夸赞墓主家世世代显贵。墓志文献中常见用例，如唐《张树生墓志》：“叶赞鸿勋，弼谐庶绩，昭彰篆素，舄弈簪缨，不堕箕裘，无睽阀阅者，其惟张府君乎？”唐《韩赟墓志》：“父相，洪州弘德县令。舄弈簪缨，蝉联龟组。”唐《杜丑墓志》：“故乃架琼树以摛华，暎□波而濯彩。洎乎珥貂鸣玉，舄弈多人。”皆可比参。

12. 唐《刘初墓志》：“夫人郄氏，朝邑令之女也。闺仪令淑，四德备闻。少婴风察，年衰渐增。八十有一，先薨于第。” （《三编》1/303）

“察”字《全唐文新编》（5/4/14481）、《全唐文补遗》（3/462）、《咸阳碑刻》（下/429）、《唐代墓志汇编续集》（282）、《中国佛教金石文献·墓志塔铭部》（2/305）均释作“察”。

按：“察”从字形上看该字确实为“察”字，但“风察”语义不通。根据文意，该字当是“瘵”的俗字。构件“疒”俗书与“广”相混，如“瘼”字北魏《和邃墓志》“昊天降瘼”之“瘼”字作“瘼”（《校注》6/88），唐《阎肇墓志》“疾瘵益深”之“瘵”字作“瘵”（《隋编·河南卷》122）。而构件“广”和“宀”俗书义近通用，如“宇”又作“庨”，《中华字海·广部》：“庨，同宇。”“寓”又可作“庽”，《说文·广部》：“庽，寓或从广作。”故“瘵”又可写作“察”形。“风瘵”即风疾，指由“邪风”入侵所引起的疾病。据石刻文献中记载，“风瘵”是引起墓主死亡的常见原因之一，如唐《赵行安墓志》：“往以立德立言之岁，遂乃丁忧，泣血三年，哀虚在疚，俄缠风瘵，于今不痊。”唐《侯敬忠墓志》：“开元四年，遂婴风瘵，寝疾弥留，春秋六十八。”唐《王遂墓志》：“呜呼，命配德，天何丧予！风瘵遽侵，至于不救。”皆其类。

13. 唐《胡叔良及妻李氏墓志》：“寻除雍州始平县令，境连三峡，伫⿰立月化以迁讹；地接五陵，俟宣风而革弊。” （《萃编》34）②

“⿰立月”字《萃编》、中华石刻数据库均缺释。

按：从字形上看，截图字可隶定为“⿰立月”。《汉语大字典》：“⿰立月，同‘景’，《石鼓文》：‘其⿰立月孔庶。’郭沫若《石鼓文字研究》：‘⿰立月字从立从月……余疑古景字。……言人对月而立则生景也。今作影。’”但如果释作“景”，则文意扞格难通，显非“景”字。根据字形和文意，该字当为“育”的俗字。《佛教难字字典·肉部》（261）“育”字头下收“⿰云月”字，该字当是在构件移位的基础上进一步讹变而来。“育化”亦作“化育”，即培育教化，与“宣风”对文。如唐《郝世义墓志》：“高祖讳[□]，任骑都尉仪侗公。化育黎人，恩同士子。”唐《杜亚墓志》：“昔汉武帝以韩安国为国器，刘向谓董仲舒有王佐之才，当理平之时，或蹇或徙，止于御史府胶西相，竟不得总秉国成，扶赞化育，则公之位望，终不相配亦如是耶。”皆可比参。

14. 唐《杜壯楕墓志》：“君笑弁来誉，既冠有成。年廿以门荫补弘文生，伏膺师言，落齿经训。” （《洛阳》下/368）③

“笑”字《洛阳》《中华石刻数据库》均释作“笑”。

---

① 张永华、赵文成、赵君平编《秦晋豫新出墓志搜佚三编》简称《三编》，“1/182”代表第1册第182页。

② 陕西历史博物馆编《风引薤歌：陕西历史博物馆藏墓志萃编》简称《萃编》。

③ 毛阳光、余扶危主编《洛阳流散唐代墓志汇编》，简称《洛阳》。

按："笑弁"语义不通，根据字形和文意，该字当为"突"的俗字。石刻文献中常见此种写法，如北魏《元弼墓志》"祖突，肆州刺史"之"突"字作"突"(《校注》3/313)，北魏《元昭墓志》"羽真统万突镇都大将"之"突"字作"突"，唐《安元寿墓志》"突厥颉利可汗"之"突"作"突"(《昭陵碑石》73)，皆其类。"突"字"宀"旁左右两点书写不明显，遂被误释作"笑"。"突弁"本指突然加冠成人，亦代指成年，典出《诗·齐风·甫田》："婉兮娈兮，总角丱兮。未几见兮，突而弁兮。"孔颖达疏："未经几时而更见之，突然已加冠弁为成人兮。""突而弁兮"一语，其他石刻文献亦见，如唐《卢阿彭墓志》："嗟乎！突而弁兮，温如琮璜。勤服六艺，冀骋千里。"唐《李东墓志》："公大江之派流，邓林之耸干。始在奇嶷，突而弁兮。椒岭孤松，经寒霜而逾结。"皆可比勘。

15. 唐《卢氏夫人李球墓志》："女一人，生在襁褓，蒙规掬育，训教女工，如己出焉。"

(《续集》3/716)

"掬"字《续集》释作"掏"。

按："掏育"意不可解。根据字形和文意，该字当为"掬"的讹俗字。构件"匊"与"匋"因字形相近而讹写，如唐《宇文忞墓志》"鞠躬屏气"之"鞠"字作"鞠"(《三编》4/985)，是其比。"掬"通"鞠"，"掬育"即"鞠育"，指抚养、养育。《诗·小雅·蓼莪》："父兮生我，母兮鞠我，拊我畜我，长我育我。"毛传："鞠，养也。"郑玄笺："育，覆育也。"石刻文献中常见用例，如唐《贾绍及妻王氏墓志》："夫人王氏，即王钟九代孙也。松筠固节卅余载，掬育孤幼，慈荫所天，虽外馥芳兰，而内迁水月。"唐《朱君妻樊氏墓志》："二纪辅佐，不幸居孀，志在掬育，悉知礼义。"皆可比参。

附记：本文蒙导师张涌泉教授审阅指正，谨致谢忱，文中疏误概由本人负责。

【参考文献】

[1] 北京图书馆金石组编.北京图书馆藏中国历代石刻拓本汇编[M].郑州：中州古籍出版社，1989.
[2] 陈长安主编.隋唐五代墓志汇编·洛阳卷[M].天津：天津古籍出版社，1991.
[3] 大正一切经刊行会.大正新修大藏经[M].台北：新文丰出版有限公司，1983.
[4] 韩理洲等辑校编年.全北齐北周文补遗[M].西安：三秦出版社，2008.
[5] 郝本性主编.隋唐五代墓志汇编·河南卷[M].天津：天津古籍出版社，1991.
[6] 冷玉龙，韦一心主编.中华字海[M].北京：中华书局，中国友谊出版公司，1994.
[7] 李琳华编著.佛教难字字典[M].台北：长春树书坊，1991.
[8] 毛阳光主编.洛阳流散唐代墓志汇编续集[M].北京：国家图书馆出版社，2018.
[9] 毛阳光，余扶危主编.洛阳流散唐代墓志汇编[M].北京：国家图书馆出版社，2013.
[10] 毛远明编著.西南大学新藏墓志集释[M].南京：凤凰出版社，2018.
[11] 毛远明编著.汉魏六朝碑刻校注[M].北京：线装书局，2008.
[12] 陕西历史博物馆编.风引薤歌：陕西历史博物馆藏墓志萃编[M].西安：陕西师范大学出版社，2017.
[13] 陕西省古籍整理办公室编.咸阳碑刻[M].西安：三秦出版社，2003.
[14] 上海古籍出版社编.法国国家图书馆藏敦煌西域文献[M].上海：上海古籍出版社，1994.
[15] 商略，孙勤忠.有虞故物：会稽余姚虞氏汉唐出土文献汇释[M].上海：上海古籍出版社，2016.
[16] 《中华大藏经》编辑局编.中华大藏经·新集藏经音义随函录(简称《可洪音义》)[M].北京：中华书局，1992.
[17] 王连龙编撰.南北朝墓志集成[M].上海：上海人民出版社，2021.
[18] 王连龙.虞世南女虞秀姚墓志跋[J].中国书法，2010(5).
[19] 吴钢主编.全唐文补遗[M].西安：三秦出版社，2007.
[20] 吴敏霞主编.长安碑刻[M].西安：陕西人民出版社，2014.
[21] 许明编著.中国佛教金石文献·塔铭墓志部[M].上海：上海书店出版社，2018.

［22］ 新文丰出版公司编辑部.石刻史料新编［M］.台北：新文丰出版有限公司，1977.
［23］ 吴钢主编，张沛编著.昭陵碑石［M］.西安：三秦出版社，1993.
［24］ 张永华，赵文成，赵君平编.秦晋豫新出墓志搜佚三编［M］.北京：国家图书馆出版社，2020.
［25］ 周阿根.五代墓志汇考［M］.合肥：黄山书社，2012.
［26］ 周绍良总主编.全唐文新编［M］.长春：吉林文史出版社，1999.
［27］ 周绍良、赵超主编.唐代墓志汇编续集［M］.上海：上海古籍出版社，2001.

Explaining Some Folk Characters in Stone Inscriptions of the Middle Ancient Times

Zhang Yonghui

(College of Humanities, Zhejiang Normal University, Jinhua 321000, China)

Abstract: There are a large number of folk characters in the stone inscriptions of the Middle Ancient Times. And some folk characters are not included in dictionaries, and may be misinterpreted or not recognized when they are recorded. In this paper, 15 folk characters in medieval stone Inscriptions are selected for textual interpretation. It is beneficial to the correct interpretation of stone documents and the compilation of dictionaries.

Key words: medieval stone inscriptions; folk characters; textual interpretation

《秦汉金文录》收录“厌胜牌”“宜月器”考*

毕 洋 桂珍明

【摘 要】本文将《秦汉金文录》收录的“厌胜牌”“宜月器”与相关金石学著作及考古出土的同类器进行比较；同时围绕考古出土材料，结合相关文献，在铭文、形制、纹饰等方面对上述两器进行综合研究，考察“厌胜牌”及“宜月器”中的“巨久”“巨万”“宜月”所反映的文化意涵。

【关键词】压胜钱；厌胜牌；宜月器；牌饰；方身器

【作者简介】毕洋，成都中医药大学中国出土医学文献与文物研究院讲师，博士，研究方向为西南考古、医疗文物考古。桂珍明，复旦大学出土文献与古文字研究中心、“古文字与中华文明传承发展工程”协同攻关创新平台博士研究生，研究方向为出土文献、中国古典文献学。（四川成都 610031；上海 200433）

容庚先生《秦汉金文录》一书中收录有“厌胜牌”“宜月器”各一件①。这两件器物的形制分别和金石学著作中收录的“厌胜钱”②以及与考古出土的“牌饰”或“带柄方身器”相同。据学界已有研究，这类铜器并非“厌胜钱”，而可能是与早期道教相关联的牌饰，为凭借其顺利升仙“凭证”或“信符”③；抑或是具有实用功能的工具，如“瓶”④“锉”⑤和脚错⑥等。对此，本文拟在前人研究的基础上，结合考古出土材料与传世文献，对《秦汉金文录》中所收录的“厌胜牌”“宜月器”二器及相关问题略作考察。

一

《秦汉金文录》卷四页四三五（以下简称“秦：435”）：铅质，器体分首、柄、身三部，双面。卷云纹首，首部呈浅弧半环形，由两端向内勾卷成圆圈状。柄部近方形，一面饰有蜂窝状向日葵形纹饰；另一面铸有一“吉”字。长方形身，身中部有一长条形镂孔于柄部与身部交接处贯通器身，器下身残。器身一面左部上下有“日”“贵”二字，右部上下有“日”“富”二字；另一面身左部有一“长”字，身右部上下有“日”“命”二字，容庚先生称其为：“长命富贵厌胜牌”，并注曰：“汉铅吉羊父小厌胜牌从来未有也，出山左”；“白色古器不见铅质”（图一，1）。

同类器还见于清代李佐贤的《古泉汇》卷三⑦（图一，2—5），形制皆为卷云纹首，近方形柄，柄部或

---

* 基金项目：本文为国家社科基金中国历史研究院重大历史问题研究专项项目“秦汉统一多民族国家形成过程的考古学研究”（项目编号：LSYZD21018）阶段性成果、贵州省社科基金重点项目“战国秦汉时期云贵高原聚落、人口与文明进程研究”（项目编号：21GZZD35）阶段性成果。

① 容庚：《秦汉金文录》，《容庚学术著作全集》第六册，中华书局，2011年，第435、445页。

② 李佐贤：《古泉汇·贞集》卷三，《续修四库全书》第1112册，上海古籍出版社，1995年，第679—682页。

③ 吴小平：《汉代方形牌饰的初步研究》，《考古》2013年第10期。

④ 李炳中：《四川荥经县牛头山发现汉墓》，《考古》2000年第11期。

⑤ 安康地区文管会：《黄土梁两汉墓葬清理》，《考古与文物》1991年第1期。

⑥ 苏奎：《汉代龙首方身铜器的类型与用途》，《华夏考古》2017年第4期。

⑦ 李佐贤：《古泉汇·贞集》，《续修四库全书》第1112册，第681—682页。

有单框,内铸蟾蜍纹饰或素面①,器身或铸菱形方格纹、圆形镂孔纹,或为素面。柄部、身部皆无字②。李氏沿用北宋王黼《宣和博古图》③一书对此类铜器的称谓,亦称之为"厌胜钱"。

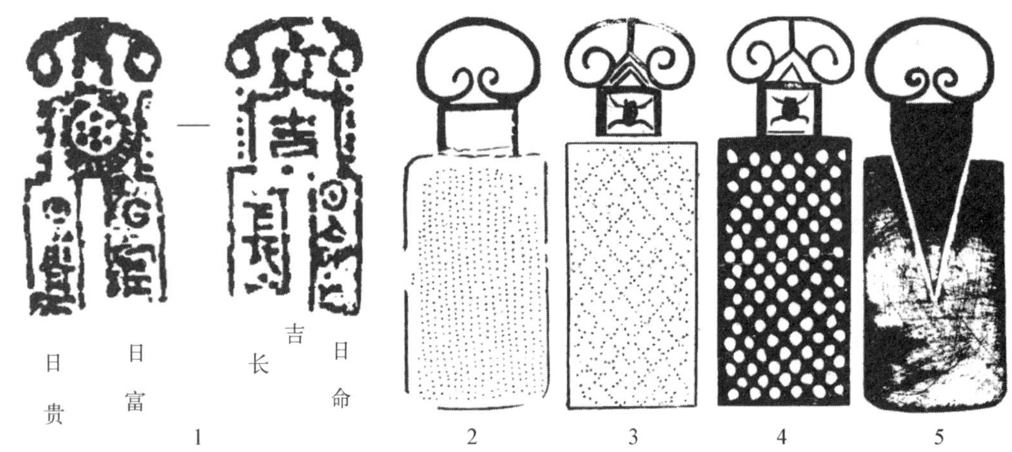

图一 《秦汉金文录》收录的"厌胜牌"与《古泉汇》收录的"厌胜钱"

(1. 秦:435;2. 古:682 上右;3. 古:681 上左;4. 古:681 下右;5. 古:682 上左)

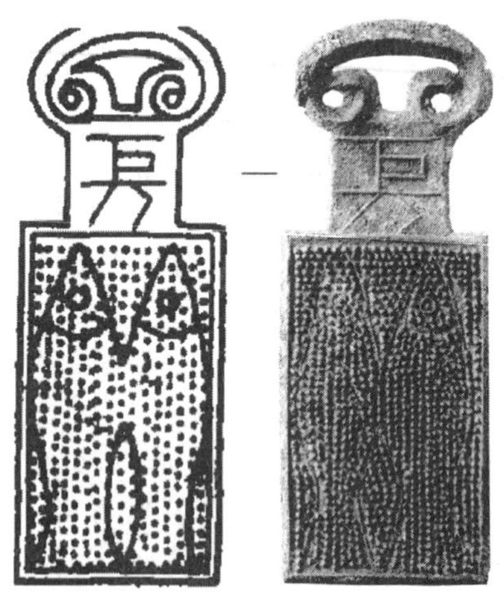

图二 考古出土的"双鱼纹牌饰"(四川汉源桃坪 04HTM1:1)

此外,2004 年,四川省文物考古研究院等单位在汉源桃坪墓地,清理了一座西汉中晚期的土坑木椁漆棺墓④,墓中出土一件"牌饰"(四川汉源桃坪 04HTM1:1)。双面,器体扁平。卷云纹首,近方形柄,柄部阳铸有"𠀥"字。器身边缘有窄廓,一面满饰乳钉纹,其间铸并排双鱼纹饰;另一面为素面。长 17.4,宽 7.1,厚 0.5 厘米(图二)。发掘者称其为"双鱼纹牌饰"。

由于此类铜器的形制近似于战国时期的刀币,故古代金石学家将其命名为"厌胜钱",并为后世一直沿用。"厌胜"一词,最早见于《汉书·王莽传》:"威斗者,以五石铜为之,若北斗,长二尺五寸,欲以厌胜众兵"⑤,这即是说,王莽用铜做"威斗"以象"北斗",借助"北斗"以抵消敌兵的优势。又《后汉书·清河孝王庆传》载:"后于掖庭门邀遮得贵人书,云'病思生菟,令家求之',因诬言欲作蛊道祝诅,以菟为厌胜之术。"⑥"以菟为厌胜之术"是基于宋贵人"病思

① 按:蟾蜍纹与"辟兵"有关。《文子·上德》:"蟾蜍辟兵,寿在五月之望。……案:《万毕术》:'蟾蜍五月中杀之,涂五兵,入军阵而不伤。'"(王利器:《文子疏义》,中华书局,2009 年,第 264 页)《抱朴子内篇·仙药》:"肉芝者,谓万岁蟾蜍,头上有角,颔下有丹书八字再重,以五月五日日中时取之,阴干百日,以其左足画地,即为流水,带其左手于身,辟五兵,若敌人射己者,弓弩矢皆反还自向也。"(王明:《抱朴子内篇校释》,中华书局,1985 年,第 201 页)上述文献皆指出"蟾蜍"辟除兵刃这一功用,所不同者,《文子》及《淮南万毕术》所言时日为"望",十五日,即"月中",《抱朴子》则在"五月五日",较之稍后的《荆楚岁时记》所载"五月五日,……以五彩丝系臂,名曰辟兵,令人不病瘟。"(宗懔撰,杜公瞻注,姜彦稚辑校:《荆楚岁时记》,中华书局,2018 年,第 44—49 页)与之相近,都主张五月五日辟兵。由此可见,《古泉汇》收录的三件厌胜钱中,图二,2、3 柄部的蟾蜍纹可能也包含"辟兵"观念在内。(刘钊:《说复兵》,《出土文献及近代文书学术研讨会论文集》,贵州贵阳,2019 年,第 645 页)

② 按:因《古泉汇》中收录的器物无编号,为便于区分和本文使用,笔者自定编号。如该器在《古泉汇》第 682 页上图右,则编号为古:682 上右;余下以此类推。

③ 王黼:《重修宣和博古图录》卷二十七,《景印文渊阁四库全书》第 840 册,台湾商务印书馆,1983 年,第 954、955 页。

④ 四川省文物考古研究院、汉源县文物管理所、雅安市文物管理所:《四川汉源桃坪遗址及墓地发掘报告》,《四川文物》2006 年第 5 期。

⑤ 班固:《汉书》,中华书局,1962 年,第 4151 页。

⑥ 范晔等:《后汉书》,中华书局,1965 年,第 1799 页。

生菟”而来的,即欲以“菟”来抵抗消除对方的运势(以达到险恶的目的)。可见,“厌胜”逐渐与“巫术”相结合。

由此可知,“厌胜”最初是“一种基于天人感应原理的巫术,即通过人的主观能动性去‘迎合’天象或者预言,或者用人主观能动的力量,和预言所言及的灾祸力量‘对抗’,以使两者力量互相抵消,从而达到清除灾祸的目的”①。但后来因“厌胜”多用在与“灾难”相关的语境下,遂“渐向一个单独方面发展,从而成了一种专门的巫术,以‘抵抗消除’甚至‘战胜’灾害为目的”,逐渐脱离了“迎合”这一义项;这与汉时人们将象征战胜鬼怪、镇墓功能作用的纹饰(如四神、猛虎、饕餮、蹲熊、镇墓神、门卒、魌头、守犬、驱鬼图②等)施刻于随葬品及葬具上,表达战胜邪魅、祈求吉祥、辟邪镇墓的愿望相同。因此从功能上看,“厌胜钱”当属于此类性质的器物。

对比秦：435 与《古泉汇》中收录的同类器及考古发现的“双鱼纹牌饰”可知,秦：435 虽与后两者相似,但二者差别仍然较大。首先,从形制上看,该器卷云纹首,其形状似羊头,与考古出土和相关金石学著作收录同类器的卷云纹首差别较大。其次,身部条形镂孔装饰及器身两面和柄部皆刻字,这种款识既无其他相关著录,亦无考古出土的同类器可资比较③。再次,柄部蜂窝状向日葵形纹饰与象征摒除邪魅、辟兵、辟邪镇墓等纹饰有别;考察铭文文义,秦：435 仅为祈求吉祥,其铭文不属于“厌胜”一类。最后,从材料质地来看,秦：435 为铅质,而相关金石学著作中收录的同类器皆为铜质。不惟如此,在全国范围内考古发现的 39 件带柄方身器④中,除 1 件为铁质外,其余也均为铜制。综上,我们认为,秦：435 很可能是由晚期伪作或征集的赝品阑入。

二

《秦汉金文录》卷四页四四五(以下简称“秦：445”)：铜质,器体分首、柄、身三部,双面。首部呈椭圆形环状。长方形柄,柄部一面铸有“[illegible]”字,另一面上下铸有“宜”“月”二字。长方形身,器身扁平呈牌状,四周有边框,两面满饰粟状短齿纹饰,均内铸并排双鱼纹。容庚先生称其为“宜月”器(图三,1)。

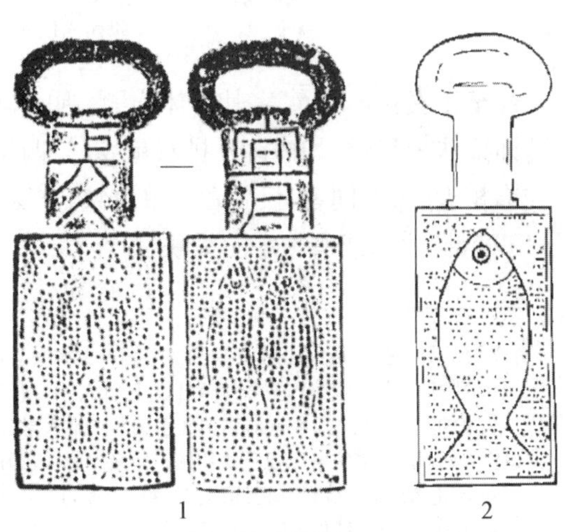

图三　《秦汉金文录》收录的“宜月”器与考古出土的“牌饰”

(1. 秦：445　2. 四川雅安荥经 M2：1)

此外,1986 年,四川雅安荥经严道古城遗址博物馆在荥经六合清理了四座东汉初期的砖室墓,其中一座出土了 1 件“牌饰”(四川雅安荥经 M2：1)。该器首部为椭圆形环首,长方形柄部稍窄长,器身呈长方形薄片状,四周有浅廓,器身满施粟状短齿乳丁状纹饰,内铸一单鱼纹。通长 19 厘米,宽 5.8 厘米,厚 0.3 厘米(图三,2)。

通过将秦：445 与四川雅安荥经 M2：1 的形制对比,可以发现,秦：445 椭圆形环首不仅与四川雅安荥经 M2：1 同,而且其器身粟状短齿乳丁纹及内铸的鱼纹也与之相似。另外,从铭文方面看,秦：445 柄部一面铸有

① 史杰鹏:《“厌胜”之词义考辨及相关问题研究》,《励耘学刊(语言卷)》2013 年第 2 辑(总第十八辑),学苑出版社,2014 年,第 107 页。

② 罗二虎:《中国西南汉代画像内容分类》,《四川大学学报(哲学社会科学版)》2002 年第 1 期。

③ 毕洋、唐静:《金石学著作收录带柄牌饰考——以考古出土汉代带柄牌饰的图像纹饰为中心》,《西部史学》第三辑,西南师范大学出版社,2019 年,第 77—92 页。

④ 毕洋、申歆梦、唐静:《汉代带柄方身器研究》,《边疆考古研究》第二十七辑,科学出版社,2020 年,第 279—303 页。

一"⿱巨久"字，与四川汉源桃坪 04HTM1∶1 柄部所铸"⿱巨万"字形体相似。孙慰祖和徐谷甫先生《秦汉金文汇编》将它释为"巨久"①，容庚先生《金文续编》言："宜月器，巨久二字合文。"②

根据其字形特征，我们可将"⿱巨久"拆分为"巨""久"二字。"⿱巨久"上部的"巨"字与《汉代铜器铭文文字编》收录汉代"巨孔"钟③上的"巨"字同（图四，1）；下部的"久"字与同书所收的"冯久"钺（图四，2）、"乐未央"壶（图四，3）及《汉代文字编》所收"君忘忘"镜④（图四，4）上的"久"（050507）字近同。有鉴于此，徐正考先生也把"⿱巨久"的下部释为"久"⑤。

我们将考古出土的四川汉源桃坪 04HTM1∶1 上柄部所铸的"⿱巨万"拆分，其上部"巨"字也与汉代巨孔钟上的"巨"字同（图四，1）；下部"万"字与《金文续编》收录汉代万钟⑥上的"万"字同（图四，5）；又见《秦汉金文录》收录"日入大万"钟⑦（图四，6）。由此可知，四川汉源桃坪 04HTM1∶1 铭文"⿱巨万"，当为"巨""万"二字的合文。

图四　汉代金文字形对比图

（1."巨孔"钟　2."冯久"钺　3."乐未央"壶　4."君忘忘"镜　5."万"钟　6."日入大万"钟
7.贵州兴仁 M10∶1"巨王千万"印　8."巨万"钩）

至于秦∶445"⿱巨久"字其形体问题，则略显复杂⑧，铭文的具体含义不详。又，该器器身纹饰为双面满饰粟状短齿纹，均内铸并排双鱼纹，与四川汉源桃坪 04HTM1∶1 相同，且与四川雅安荥经 M2∶1 纹饰相近（所不同者，仅后者为单鱼纹）。综合来看，四川汉源桃坪 04HTM1∶1 柄部铭文"⿱巨万"与秦∶445 柄部"⿱巨久"，或有一定的关联⑨。

① 孙慰祖、徐谷甫编著：《秦汉金文汇编》，上海书店出版社，1997 年，上编第 117 页，下编第 142 页。

② 容庚：《金文续编》，上海书店出版社，2000 年，第 99 页。

③ 徐正考编著：《汉代铜器铭文文字编》，吉林大学出版社，2005 年，第 93 页。

④ 徐正考、肖攀编著：《汉代文字编》，作家出版社，2016年，第767页；王纲怀：《止水集（增订本）》，上海古籍出版社，2016年，第36页。

⑤ 徐正考编著：《汉代铜器铭文文字编》，第 114 页。

⑥ 容庚：《金文续编》，第 330 页。

⑦ 容庚：《秦汉金文录》，第 226 页。

⑧ 秦∶441"⿱巨久"也有可能是"巨万"二字合文，此铭与四川汉源桃坪 04HTM1∶1 铭文"⿱巨万"相比，构形基本相同，秦∶445 下部多一"乀"，但也不能完全排除"久"为"万"字讹误或"久"为"万"字误铸的可能性。如果秦∶445 柄部铭文是"巨万"，那么它与汉代的财富观念是非常契合的，且财富观念和长生观念的互相配合，这在汉代镜铭中也较为常见。同时，"巨万"这样的辞例，在同时代的传世文献中亦非常多，后文亦有举例，此不赘述。

⑨ 秦∶441"⿱巨久"可以看作"巨"与"久"笔划粘连，而四川汉源桃坪 04HTM1∶1 铭文"⿱巨万"则是"巨万"合文，二者共同借用一横笔，当然也有可能是笔划粘连所致。这两件牌饰铭文下部所从"久"或"万"，均从"人"形；在西汉中晚期以后，随着隶书的逐渐成熟，隶楷之后"万"字所从的人形线条化，与秦代以来"久"字所从的卧人形倾斜化相近（汉印、汉代陶文及汉代铜器中保留了篆书"久"字的一些形体特征除外），故这两件牌饰铭文的"万""久"形体有一定程度的趋近。当然，它们二者的区别还是非常明显的，"久"字所从针灸之形的"丨"形变为"乀"，这是"万"字所没有的，由此可见"久""万"二字在隶楷阶段还是能很好地区分开来的。综上，我们认为，还是把秦∶445 铭文"⿱巨久"释为"巨久"较为符合文字的形体特征。

根据上文我们对秦：445柄部所铸铭文“巨久”的分析，可以隶定为“巨”“久”二字。在古代，“巨”可与“大”相通，传世文献中有数例“大久”，相关辞例如下：

《太平经·万二千国始火气诀》：

夫物尽，又不能卒生也。由是失几何，灭绝几何，更起或即复，或大久大败，久乃能复也，故小毁则疾复也。①

《抱朴子·杂应篇》：

虽未见数十岁不食者，然人绝谷不过十许日皆死，而此等已积载而自若，亦何疑于不可大久乎？②

《法苑珠林·劫量篇·第二大三灾部·成劫部第四》：

天下丰乐，不可具述，奉行十善，哀念人民，如父母爱子。人民敬主，如子敬父。人寿大久，丰乐无极。③

《灵城精义·理气章正诀》：

如水土龙从坤申庚兑而来，至壬结穴，是从生方发足，旺方到头，此为生旺之龙。其发福必大久。④

按，“大久”表示时间长之义。《太平经》《抱朴子·杂应篇》《法苑珠林·劫量篇》及《灵城精义》之“大久”则在“时间长”的基本含义基础上，引申为人的寿命、福禄长久，能与秦：445之“巨久”合文“巨久”联系起来。又，该器器身为双鱼纹，此类纹饰常见于各类汉代画像中，“是汉代人们祈求长寿长生的一种吉祥图案”。⑤ 鱼可象征升天，也可寓意子孙繁盛以及钱财有余。⑥ 综合该器铭文和纹饰来看，我们认为“巨久”可理解为“大久”⑦，是祈求墓主在地下世界长生或飞升入仙境、灵魂永存的吉祥语。

秦：445中“宜月”一词，⑧检核先秦秦汉典籍而未得。我们认为，或可分别从两字的字义入手以窥探其词组的具体意涵。宜，《说文·宀部》：“宜，所安也。”⑨月，《说文·月部》：“月，阙也。大阴之精。”⑩

---

① 王明：《太平经合校》，中华书局，1960年，第373页。

② 王明：《抱朴子内篇校释》，第268页。

③ 释道世著，周叔迦、苏晋仁校注：《法苑珠林校注》，中华书局，2003年，第28页。

④ 何溥：《灵城精义》，《景印文渊阁四库全书》第808册，台湾商务印书馆，1985年，第144页。

⑤ 俞美霞：《东汉画像石与道教发展：兼论敦煌壁画中的道教图像》，台北南天书局，2000年，第159页。

⑥ 罗二虎：《中国西南汉代画像内容分类》。

⑦ 秦汉瓦当中有“长生未央”“长生无极”“长乐万岁”“长乐未央延年永寿昌”“长生千秋天下”“与天久长”“延寿万岁常与天久长”“千秋利君长延年”“延寿长久”“千秋长安”“长生毋敬”“长生乐哉”“长生吉利”“长生未□”等祈求长生和延年类观念，与之相近。（韩天衡主编：《古瓦当文编》，世界图书出版公司上海分公司，1996年，第103—115页）秦汉金文中亦不乏此类用例，如“长寿合符钩”“长年未央钩”。（徐正考编著：《汉代铜器铭文文字编》，第216页）

⑧ 对于出土文献中“宜x”之类的吉祥语，陈伟武先生在《出土战国秦汉文献中的吉祥语》列举了反映政治需求的“宜又（有）君士”（《珍秦斋古印展》178）、“宜王”（《古玺汇编》4261）、“宜位”（4278）“宜官”（4265）。（陈伟武：《愈愚斋磨牙集——古文字与汉语史研究丛稿》，中西书局，2014年，第418页）此外，秦汉瓦当中亦有“宜侯王富贵昌饮酒”“宜富贵”“宜官”“宜钱金当”，还有“宜x”前加修饰语如“千秋万岁富贵宜子孙”“千秋万岁宜富安世”“大吉宜官”“大吉宜□”等用法与之相近，所不同者除了政治要求外，这些瓦当还有诸如长生、富贵、子孙福泽等方面的关注点。（韩天衡主编：《古瓦当文编》，第122页）而秦汉金文中，亦有“宜侯王”“宜子孙”“大吉宜子”“新宜子孙”“长宜子孙”“宜官”“宜主”“富贵昌宜侯王”“富贵昌宜侯王传子”“富贵昌宜侯”“富昌宜侯王”“宜牛”“宜牛犊”“宜牛马”“宜牛羊铃”“宜农器”“大吉利宜牛犊”（徐正考编著：《汉代铜器铭文文字编》，第174—178页）以及铜镜铭文“清光宜佳人”“清光加（佳）人”“光宜美人”“清光兮宜佳人”“清光必宜佳人”“太宜佳人”“宜佳人”“以为镜宜文章”（田敏：《汉代铜镜铭文研究——以相思、吉语、规矩纹镜铭文为例》，硕士学位论文，河北师范大学，2012年，第16—18页）等丰富的内容，计有政治要求、政治和财富要求、子孙福泽、文章、容貌以及对农事、牛马牲畜兴旺等多方面的祈盼。

⑨ 许慎撰，徐铉等校：《说文解字》，上海古籍出版社，2007年，第356页。

⑩ 许慎撰，徐铉等校：《说文解字》，第330页。按，本文匿名审稿专家提示“宜月”可能有“宜阙”之义，即“戒满”，与《易·丰卦·彖辞》“日中则昃，月盈则食”意旨相合，形容事物盛极而衰，古人戒满防止自身所受福禄过多，损坏子孙的福泽，因此人们会“戒满”。虽然在汉魏文献中以“宜月”指代“宜阙”的辞例尚未见，但这仍不失为一个考虑方向，即人们希望福禄绵长、财富巨万。

《吕氏春秋·精通》:"月也者,群阴之本也。"[①]《淮南子·天文训》:"积阴之寒气为水,水气之精者为月……月者,阴之宗也,是以月虚而鱼脑减,月死而蠃蛖膲。"[②]《公羊传·庄公元年》何休解诂:"社者,土地之主也。月者,土地之精也。"[③]《公羊传·庄公二十五年》亦如之。《盐铁论·论菑》:"月者阴,阴道冥。"[④]《白虎通义·三军》:"月者,群阴之长也。"[⑤]《汉书·李寻传》:"月者,众阴之长也。"[⑥]《风俗通义·十反》:"夫月者太阴。"[⑦]综合上述文例来看,月表示阴、太阴以及"土地之精",故"宜月"一词可能与秦汉时期的阴阳观念有关。且《淮南子·天文训》中,"月"与"鱼"也有一定的联系,而在何休《公羊传解诂》中将"月"与"土地"联系起来,这可能还与《盐铁论》中月所代表的阴"阴道冥"有关。在古人的观念中,月属阴,鱼亦属阴,可以指代地下世界(如马王堆一号墓T形帛画),"宜月"或指适合地下的生活。再将"宜月"柄部另一面的铭文与"巨久"合观,能够看出此器旨在表达墓主长生的观念,希望墓主能够丰安于地下世界的生活。

至于四川桃坪04HTM1:1柄部所铸的"巨万"二字,则代表了战国秦汉时期的财富观念。在汉代器物中,"巨""万"二字较为常见,如贵州兴仁汉墓出土有一件"巨王千万"铜印[⑧](图四,7)。据已有研究,"巨"字其义原可与"大"通,如"巨大",也可表示"最、极","巨万"在印文中指代器主家资殷实的愿望。"王"字为墓主人姓氏,"千万"为省略了后面单位名词"钱"字的数词,其义为千万钱,用以指代家资,体现富足[⑨]。此外,《秦汉金文录》《秦汉金文汇编》还著录有一件"巨万"钩(秦汉金文汇编:564),该器亦有"巨万"二字[⑩](图四,8)。

与之时代相近或相同的汉代文献中,"巨万"一词十分常见,皆指财物、钱财数额极大。此类辞例《史记》《汉书》及《后汉书》书中甚多,兹举数例如下:

《史记·平准书》:

京师之钱累巨万,贯朽而不可校。(《集解》韦昭曰:"巨万,今万万。")

又兴十万余人筑卫朔方,……费数十百巨万,府库益虚。

所过赏赐,用帛百余万匹,钱金以巨万计,皆取足大农。[⑪]

《史记·货殖列传》:

(范蠡)后年衰老而听子孙,子孙修业而息之,遂至巨万。

千金之家比一都之君,巨万者乃与王者同乐。[⑫]

《汉书·灌夫传》:

丞相亦言灌夫通奸猾,侵细民,家累巨万,横恣颍川,輘轹宗室,侵犯骨肉。[⑬]

《汉书·王莽传》:

---

① 许维遹:《吕氏春秋集释》,中华书局,2016年,第212页。

② 何宁:《淮南子集释》,中华书局,1998年,第167—171页。

③ 何休解诂,徐彦疏,刁小龙整理:《春秋公羊传注疏》,上海古籍出版社,2014年,第203页。

④ 王利器:《盐铁论校注》,中华书局,1992年,第556页。

⑤ 陈立:《白虎通疏证》,中华书局,1994年,第200页。

⑥ 班固:《汉书》,第3185页。

⑦ 应劭撰,王利器校注:《风俗通义校注》,中华书局,1981年,第254页。

⑧ 贵州省考古研究所:《贵州兴仁交乐汉墓发掘报告》,《贵州田野考古四十年(1953—1993)》,贵州民族出版社,1993年,第236—264页。

⑨ 宋先世:《贵州兴仁汉墓出土"巨王千万"与"巴郡守丞"印》,《四川文物》1991年第6期。

⑩ 孙慰祖、徐谷甫编著:《秦汉金文汇编》,第392页。

⑪ 司马迁:《史记》,中华书局,1982年,第1420—1441页。

⑫ 司马迁:《史记》,第3257—3283页。

⑬ 班固:《汉书》,第2390页。

进所征天下淑女杜陵史氏女为皇后,聘黄金三万斤,车马奴婢杂帛珍宝以巨万计。[1]

《后汉书·皇后纪第十下》:

更封宣、康大县,宣为昆阳君,康为沘阳侯,赏赐巨万计。[2]

《后汉书·光武十王列传》:

(济南安王康)又多起内第,触犯防禁,费以巨万,而功犹未半。(李贤注:“巨,大也。大万谓万万”。)[3]

不宁唯是,就纹饰而言,鱼也是一种具有多种涵义的祥瑞图案。已有研究表明,鱼多卵,可寓意生殖和子孙繁盛,也可象征跃龙门升天;在我国古代汉语中,音相通可互换,其字义也可借用,意在表达借祥瑞;如“鱼”与“余”字同音,因而“鱼”包含“余”的涵义[4],表达了祈求吉祥的愿望。据此,结合四川汉源桃坪 04HTM1∶1 象征吉瑞的卷云纹首与双鱼纹纹饰来看,“万”字当是象征吉瑞,表达富贵愿望的文字。

综上,秦:445 不仅形制、纹饰与考古出土的同类器相同,其铭文也与之内涵相近,内容也为吉语。因此,我们认为秦:445 是真器。但需要进一步说明的是,尽管秦:445 与四川汉源桃坪 04HTM1∶1 的形制、纹饰相同,但不同的地方在于其铭文一为“巨久”,一为“巨万”和“宜月”;也就是说,这或许代表了墓主人不同的思想观念[5],即一为祈求墓主升仙长生,一为钱财丰盈。如秦:445 表达了墓主祈求长生,丰安于地下生活的美好愿望,而四川汉源桃坪 04HTM1∶1 则表达了墓主钱财富足的观念。

此外,我们通过对此类铜器的铭文、纹饰、形制等方面内容的比勘、剖析,发现秦:445 的功能不同于专门用于墓葬中辟邪镇魔的压胜钱,更不可能是具有实际功能的专门生产、生活工具。故在取择以往的诸种功能推定中,我们亦倾向于“凭证”或“信符”说,即是说该器是汉代非富即贵阶层所使用的一种特殊丧葬用具,持此“凭证”或“信符”可丰安于地下世界;抑或是持此器有助于顺利进入天国仙境。

附记:本文得到复旦大学出土文献与古文字研究中心刘钊先生的帮助和审阅教正,承蒙匿名审稿专家提出的重要修订意见,谨志谢忱!

① 班固:《汉书》,第 4180 页。

② 范晔等:《后汉书》,第 444—445 页。

③ 范晔等:《后汉书》,第 1431、1432 页。

④ 罗二虎:《中国西南汉代画像内容分类》。

⑤ 核检《秦汉金文录》所收双鱼或单鱼纹饰器物,可以发现此类纹饰多出现在铜洗上,其内容既有有铭的“宜侯王”“丰”“宜用牢”“大吉”“大吉羊”“宜子孙”“长宜子孙”“君宜子孙”“富贵昌宜侯王”“大吉昌宜侯王”“富贵昌宜侯王大吉”“富贵昌宜侯王传子”“蜀大吉利”“阳遂”“蜀大吉利长留子孙”“杨氏”“陈富贵昌”“董氏富贵”,又有无铭文的双鱼纹洗五件,单鱼纹洗一件。此外,相关鱼类纹饰器物还有“三己錞于”,铜升中“新宜子孙尉”(此器为四鱼纹)、“大吉利尉”两器亦有此类纹饰。上述双鱼纹(含单鱼纹,但不包括鱼鸟纹)铜器所载铭文大抵以政治要求“宜侯王”、经济要求“富贵”及财富之“丰”,思想观念层面“宜子孙”和祈求氏族兴旺发达。足见相同的双鱼纹饰表达了不同的观念。(容庚:《秦汉金文录》,第 356,403,408,490,497,500,501,505—631 页)针对相同的纹饰表达不同文化内涵的问题,罗二虎先生认为:“许多祥禽瑞兽在画像中的出现,既可作为天国仙境的象征,又可表达造墓者祈求吉祥的愿望。”正可为此处同为双鱼纹饰下不同含义的思想观念的理论依据。(罗二虎:《中国西南汉代画像内容分类》)

An Interpretation of the Yasheng Pai(厌胜牌) and Yi Yue Ware (宜月器) Included in *The Qin and Han Golden Texts Collection* (《秦汉金文录》)

Bi Yang　Gui Zhenming

(China Institute of Excavated Medical Documents and Cultural Relics, Chengdu University of Traditional Chinese Medicine, Chengdu 610031, China; Center for Research on Chinese Excavated Classics and Palaeography, "Palaeography and Chinese Civilization Inheritance and Development Program" Collaborative Innovation Platform, Fudan University, Shanghai 200433, China)

Abstract: This study compared the "Yasheng Pai" and "Yi Yue Ware" included in *The Qin-Han Bronze Inscriptions* with relevant epigraphy works and the same artifacts unearthed by archaeology. At the same time, combined with the archaeological excavated materials and related historical documents, we conducted a comprehensive study of the above two artifacts in terms of inscriptions, shapes and patterns. Furthermore, we explored the cultural connotations reflected by the "Jujiu", "Juwan" and "Yiyue" in the "Yasheng Pai" and "Yi Yue Ware".

Key words: Exorcism Numismatics; Yasheng Pai; Yi Yue Ware; brand wearing; square body utensils

汉长安城未央宫骨签“生”字考

高　明

【摘　要】 因部分未央宫骨签残损严重,《汉长安城未央宫骨签》中骨签释文存在一些误释的情况。本文运用字形比较和辞例推勘的方法,认为骨签中的“尘”均当改释为“生”,骨签中的“王”多为“生”的误释。

【关键词】 骨签;“生”;“尘”;“王”;“主”

【作者简介】 高明,湖州学院人文学院讲师,研究方向为出土文献与古文字。(浙江 湖州 313000)

《汉长安城未央宫骨签》分为《考古编》《释文编》《文字编》三部分。① 由于骨签刻文笔画细微,部分骨签残损严重,笔者在阅读《汉长安城未央宫骨签》时发现骨签释文仍然存在一些误释的情况。例如:

(1) 二年河南工官令定丞□/立作府廷工尘造 2583

(2) □工官令定丞立/□工尘造 49525

释文中的“尘”为人名,原图版分别作:

《说文解字》仅收“麤”,未收“尘”这一字形,笔者也暂未发现汉代存在“尘”这一字形。这两个字当释为“生”。“生”,马王堆汉墓简帛作②:

骨签 15095、9941、9735、11261、12095、46098、39979 中的“生”作:

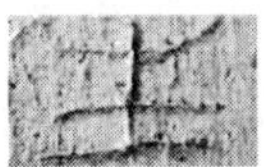 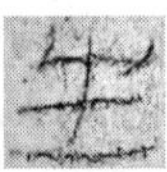   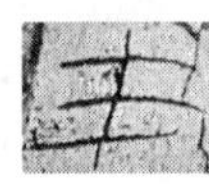 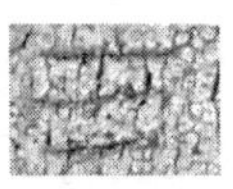 

对比字形可知,骨签中释为“尘”的两个字均当改释为“生”,且“作府逆工生”骨签常见③,例如:

(3) □南工官令定丞□/□逆工生造 14527

(4) 二年河南工官令□/作府逆工生造 36875

综合字形与辞例,上述骨签中的“尘”当改释为“生”。此外,笔者还发现两枚骨签:

(5) □南工官令定丞立/□逆工王造 41964

(6) □工官令定丞立□/□逆工王造 48062

这两枚骨签释文中的“王”,原图版作:

① 中国社会科学院考古研究所编著,刘庆柱主编:《汉长安城未央宫骨签・考古编》《汉长安城未央宫骨签・释文编》,中华书局,2018 年;中国社会科学院考古研究所编著,刘庆柱主编:《汉长安城未央宫骨签・文字编》,中华书局,2020 年。

② 刘钊主编:《马王堆汉墓简帛文字全编》,中华书局,2020 年,第 717—719 页。

③ 例(1)即骨签 2583 释文中的“廷”为“逆”的误释,详参笔者所撰《汉长安城未央宫骨签文字研究》,博士学位论文,天津师范大学,2022 年,第 193 页。

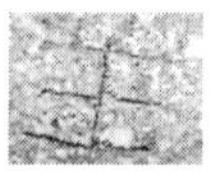 

这两个字形与“生”近似，其辞例也与上文所举骨签辞例“作府逆工生”相同，故两枚骨签释文中的“王”当改释为“生”。还有一枚骨签：

(7) 四年河南工官令定丞广/元作府满工王 43108

释文中的“王”作：

此字与上述整理者误释为“尘”的字形完全相同，均当改释为“生”。“生”和“王”形近讹混，通过上文所列字形可以看出，马王堆汉墓简帛和未央宫骨签中的“生”与“王”已经混同。整理者以“顶端是否出头”将骨签中的相关字形分释为“生”或“王”并非十分稳妥，一是因为骨签残损，二是因为骨签文字刻写较为草率，是否出头的标准难于把控。骨签刻文一般只篆刻名字，名为“王”者罕见，故此笔者怀疑骨签释文中的大部分“王”字亦当改释为“生”，如：

(8) 元凤二年南阳工官护工卒史☐/国丞诉令史卢作府啬☐/彭沮冗工辨工快王造甲 30111

释文中的“王”，原图版作：

笔者发现另一枚骨签与之辞例基本相同：

(9) 元凤二年南阳工官护工卒史思夫/守令充国丞诉令史卢作府/啬夫御主佐彭沮冗工辨/工快生造甲 34651

例(9)中释为“生”的字，原图版作：

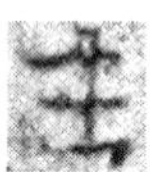

两枚骨签，一枚释为“王”一枚释为“生”，释为“王”者乃形近误释。再如：

(10) ☐河南工官☐/☐□王工土直☐ 14157

(11) 太初三年河南工官守令武守丞☐/啬夫安佐王工土直谈客造 22027

(12) ☐工官守令武守丞成作府啬/☐佐王工土直谈夏造 44118

三枚骨签辞例基本相同，释文中的“王”，骨签图版作：

  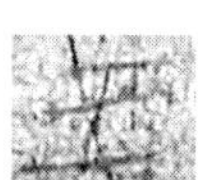

很明显例(10)中的“王”为“生”的误释，字形虽有残缺，但其与上文例(7)即骨签 43108 中的“生”同。另两个字形与“生”亦近似。此外，我们发现这三枚骨签与下列骨签辞例基本相同：

(13) 太初三年河南工官守令武守☐/作府安佐生工直何于造 37197

例(10)至(13)中有一枚骨签“佐”的名字释为“生”三枚释“王”，释“王”乃形近误释。再如：

(14) 太初三年河南守令武丞☐/作不王工直国造 40027

这枚骨签当与下列骨签辞例近似：

(15) 太初三年河南工官守武守丞成/作生工土直国造 11388

(16) 太初三年河南工官守令武丞成/作府安生工土直岁谈造 10196

(17) 太初三年河南工官守令武丞/成作府安生工土直何/客造 11375

(18) 太初三年河南工官守令武守丞/成作府安生工土直何富造 12277

(19) 太初三年河南工官守令武守☐/作府安佐生工直何于造 37197

(20) 太初三年河南工官守令武丞□/作府生工土直国造 43004

结合上述骨签辞例，详审例(14)即骨签 40027 图版，笔者发现其释文“工”后脱“土”；释文“不”对应的图版模糊不清，根据例(20)辞例“不”当改释为“府”；例(14)释文中的“王”乃“生”的误释，原图版作：

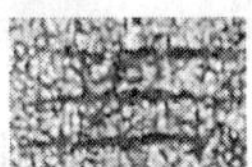

故此，例(14)即骨签 40027 释文当重新整理为：

太初三年河南守令武丞☐/作府生工土直国造 40027

此外，根据例(19)辞例判断，例(15)中的“作生”、例(14)中的“作府生”、例(16)等的“作府安生”均为“作府安佐生”的简省。再如：

(21) ☐/醉丞尧猜作府☐/飼王艮造 37112

(22) 太始元年河☐/子醉丞尧猜作府佐☐/□王良造 43006

释文中的“王艮”与“王良”，原图版分别作：

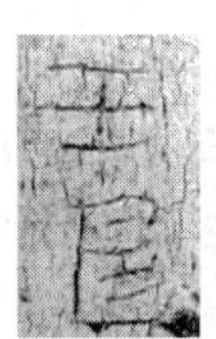 

笔者认为上述字形均当释为“生昌”。“生”，骨签 11261、12095、46098 写作：

 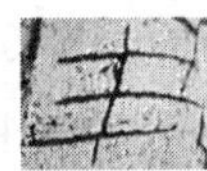 

“昌”，骨签 395、2222、3799、38778 写作：

释文中“王艮”“王良”所对应的字形与“生昌”同，此外其辞例与下列骨签近似：

(23) 太始元年河南工官令曾子/醉丞尧猜作府佐喜工/尧飼生昌造 12432

(24) 太始元☐/子醉丞尧猜作府佐喜☐/尧生昌造 41537

(25) ☐/飼生昌造 42675

综合字形与辞例，两枚骨签释文中的“王艮”“王良”均当改释为“生昌”。再如：

(26) 五年河南工官朔丞果☐/圣冗工鼠嘉工王造 16545

(27) 五年河南工官令□丞……作☐/圣冗工鼠嘉工王造 36513

释文中的“王”原图版分别作：

从字形上看，我们发现例(27)中的“王”竖笔似乎已经出头。此外，笔者还发现这两枚骨签与下列骨签的辞例基本相同：

(28) 五年河南工官令朔丞果成作▨/圣冗工鼠嘉工生造 11556

(29) ▨令朔丞果成作/▨嘉工生造 41390

两枚骨签中的“生”作：

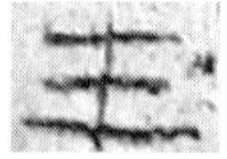 

综合字形与辞例，例(26)(27)即骨签 16545、36513 中的“王”当改释为“生”。再如：

(30) 二年河南工官▨/府归工王▨ 40568

(31) 二年河南工官令定丞立/作府归工生造 12626

释文中的“王”与“生”，原图版分别作：

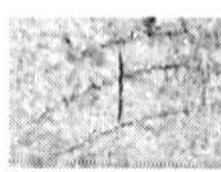 

我们发现例(30)与(31)骨签辞例基本相同，“工”名一释为“王”一释为“生”，释“王”为形近误释。再如：

(32) 四年河南工官令定丞广/元作府夫工王造 5200

(33) 四年河南工官令定丞广/元作府夫工王造 12678

(34) 四年河南工官令定丞广/元作府夫工王造 12752

(35) ▨年河南工官令定丞广/▨府夫工王造 18474

(36) 四年河南工官令定丞▨/元作府夫工王造 26841

(37) ▨河南工官令定丞广▨/▨作府夫工王造 33985

(38) 四年河南工官令▨/元作府夫工王造 41608

(39) 四年河南工官令定丞广/元作府夫王造 47856

(40) 五年河南工官令定丞广/鶱作府地工王造 12316

(41) ▨令定丞广▨/▨工王造 47266

上述这组骨签释文中“王”所对应的字形与“生”近似，笔者还发现上述骨签的辞例与下列骨签基本相同：

(42) 四年河南工官令定丞/广元作府夫工生造 8350

(43) 五年河南工官令定丞广/鶱作府地工生造 11384

例(42)(43)释文中的“生”，原图版作：

对比可知，例(42)(43)中的“工生”即例(32)至(41)中的“工王”，释为“王”乃形近误释。再如：

(44) 始元三年颍川工▨/当令广丞遂守丞▨/史贤作府□▨/工王造 14496

(45) 始▨/令广▨/史贤作府▨/工王造 64250

(46) ▨/□护工卒史不害作府啬夫▨/丹佐奉冗工克乐王工□□/造 56991

上述例(44)与(46)释文中的“王”，图版作：

 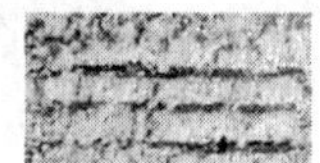

这两个字形的竖笔明显“出头”，释为“生”更为合适。例(45)辞例与例(44)近似，释文中的“王”亦当改释为“生”。需要注意的是并不是所有的释为“王”的字形均当改释为“生”，具体的需要仔细甄别，例如：

(47) 始元五年颍川护工▨/春工官令状守丞福掾/广作府啬夫凌佐忠/王冗工德工光造 55251

上述骨签释文中的“王”，原图版残损严重，字形模糊不清。笔者怀疑其当释为“臣”。“臣”，骨签 632、14461 写作：

可见“臣”的残损字形与“王”近似。此外，笔者发现例(47)辞例当与下列骨签近似：

(48) 始元五年颍川护工▨/令状守丞福掾广作▨/凌友佐忠臣冗工广▨ 14461

作府啬夫“凌友”未央宫骨签中常简省作“凌”。综合字形与辞例，笔者怀疑例(47)释文中的“王”当改释为“臣”。

“生”除了和“王”容易讹混，其和“主”也十分容易混淆。“主”，骨签 8183、16504、24017 写作：

“生”，骨签 9642、25183、37409、39291、39299、39344、39365、39876、43339、43422、43843、47484、48746、51793、52058、53384、55190 写作：

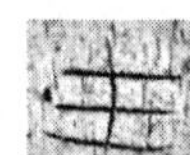 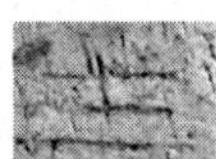   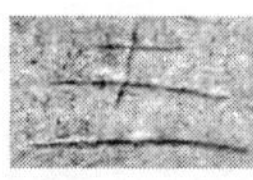   

 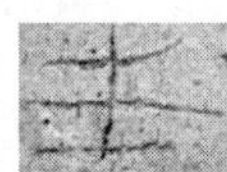 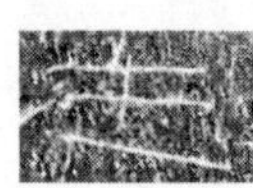  

  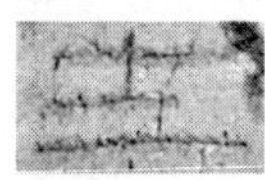 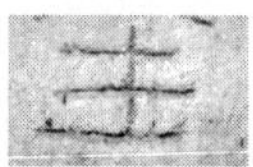

整理者在编撰骨签《文字编》时，误将上述 17 例骨签释文释为“生”的字放入字头“主”之下，应当予以更正。此外，骨签 25751 中的“武”、26353 中的“丞”，原图版分别作：

这两个字的释读是没有问题的，但其字形被整理者误归入骨签《文字编》部分字头“主”之下，当予以更正。笔者还发现一枚骨签：

(49) ☐年河南工官令/☐丞喜作府啬夫关/☐尧土工佗造 39859

此枚骨签释文中的"土"原图版作：

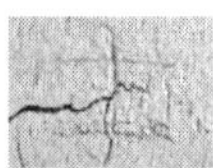

整理者又误将其归入骨签《文字编》字头"主"之下。再者，此字虽字形模糊，但详审图版当释为"生"，其辞例与下列骨签同：

(50) 天汉四年河南工官令醉守/丞喜作府啬夫关冗/工尧生工佗造 11406

"冗工尧生"常见，"尧土"仅此一见，因此释文中的"土"当改释为"生"。

综上所述，骨签释文中的"尘"均当改释为"生"，骨签中的"生"与"王""主"字形近似，释文中的"王"多为"生"的误释。由于个别字形考释错误，以及骨签《文字编》误将"生"的部分字形归入字头"主"之下，学界在使用未央宫骨签《文字编》时要特别注意甄别其字形。

附记：本文承蒙笔者导师周宝宏教授悉心指导，谨致谢忱。

An Interpretation of the Character "生" in the Bone Inscriptions of Weiyang Palace in Chang'an City of the Han Dynasty

Gao Ming

(Shool of Humanities of Huzhou College, Huzhou 313000, China)

Abstract: Due to the serious damage to some bone inscriptions, there are some misinterpretations in *The Bone Inscriptions of Weiyang Palace in Chang'an City of the Han Dynasty*. This paper points out that "Che(尘)" in the bone inscriptions should be interpreted as "Sheng(生)" and "Wang(王)" in the bone inscriptions, which is mostly a misinterpretation of "Shen(生)" by means of comparing glyph and exploring examples.

Key words: bone inscriptions; "sheng(生)"; "chen(尘)"; "wang(王)"; "zhu(主)"

[传统语言文字研究]

论戴侗《六书故》对《说文》研究的价值*

蒋冀骋　刘宏平

【摘　要】本文简述元代戴侗《六书故》的特点，重点讨论《六书故》引用唐本《说文》解释文字时对《说文》研究的价值，评价戴氏批评许慎字形分析和词义解释时对《说文》研究的帮助和借鉴作用。本文认为戴氏所引唐本《说文》，具有一定的版本学意义，能帮助纠正大徐本《说文》在分析字形和释义方面的错误，但大徐本集诸本以校勘，自有其善处，故戴氏所引唐本，不一定每条都胜于徐本，当根据实际情况加以选择。戴氏在书中多次批评许慎，其正确者有助于校勘、解释《说文》，其不正确者可作为他山之鉴。

【关键词】说文；六书；研究；价值

【作者简介】蒋冀骋，湖南师范大学文学院教授、博士生导师，研究方向为文字音韵训诂；刘宏平，湖南师范大学博士研究生，研究方向为音韵训诂。（湖南　长沙　410081）

不遵循《说文》的部首分类法，而以六书为纲，将所有汉字纳入六书系统中加以分析，这种做法始于宋代郑樵的《通志·六书略》，《六书略》共分析汉字 24 235 个，其中象形类 680 个，指事类 107 个，会意类 740 个，转注类 372 个，谐声类 21 810 个，假借类 598 个①。字形分析和释义方面，虽有不少创获，但曲说亦复不少，为后人所诟病。其收字，除《说文》所收字外，还收了很多日常用字，如象形下的“凹、凸”等字，既是郑氏的贡献，也是被后人所诟病之处，所谓成也萧何败也萧何。

戴侗《六书故》就是在郑氏《六书略》的影响下产生的。

一　《六书故》的几个特点

1. 对六书解释的特点

故者，诂也。诂，训故言也，就是解释。《六书故》既要解释六书，也要用六书的方法对汉字的字形、字义进行解释。例如，对六书的重新定义和解释、对六书排序的重新确定②，并用六书方法对文字进行分析，通过字形分析以解释字义，阐发字义系统等等，大多言而有据③。在阐发六书“假借”的过程中，提出了“因声求义”的训诂理论，这既是对前人训诂实践的理论概括，也是对后人训诂方法的引导，很有价值。

2. 编写宗旨的特点

此书并非以《说文》本身作为研究对象，而是以“六书明字义”，通过“明字义”以“贯通群籍”，达到“理无不明”④，故彻底打乱《说文》部次，重新排列。全书分为九部，即“数、天文、地理、人、动物、植物、工事、杂、疑”，以类相从，其编排方式是对《说文》排字法的一种改良，有利于读者的翻检，自有其价值。每部中的排列次序以母系子，以子系孙，显示了文字孳乳的系统关系，也很有意义。

---

* 本文是国家社科基金重大招标项目“中国古代语文辞书注音释义综合研究”(项目编号：12&ZD184)的成果之一。

① 郑樵：《通志·六书略》，中华书局，1987 年，第 506 页。

② 戴氏对六书名称的确定虽大多有所依据，但也有自己的见解，也许这些见解不一定正确。如将反文作为转注，恐不合转注的本意，也与许慎的例证不符，但毕竟是戴氏自己的见解。创新过程中出现错误，在所难免，可以理解。

③ 党怀兴、刘斌点校的《六书故》前言中有较详细的论述，可以参看。戴侗撰，党怀兴、刘斌点校：《六书故》，中华书局，2012 年。

④《钦定四库全书总目·六书故提要》，中华书局，1997 年，第 545 页。

3. 收字的特点

全书共收字头 7 630 个[①],明显少于《说文》。这说明《说文》有的字《六书故》并未全收,并非“总据《说文》”,而《说文》没有的字,主要是世俗中已经常用的字,却酌情收录。如“丫”“卞”“叵”“汐”“汊”“仵”“吴”“忙”“估”“妥”(此字段玉裁补,但没有版本依据)“屁”“扯”等。这些字或见于前代字书,如“丫”见于《广韵》,“卞”见于《玉篇》,但均未纳入六书的解释系统。用六书方法对这些俗字进行分析、解释,应自戴氏始。

4. 释义方式的特点

与《说文》和其他字书比较,《六书故》减少了不少用同义字释义的方法,增加了很多描写性的释义手段,使读者对字义有更深刻的理解,尤其是某些常用字,通过描写,读者得到的印象更形象更具体,更容易理解。

《说文》:“景,光也。”(第 138 页[②])这是用同义字解释。《六书故》:“景,日光所照物之阴为景。”(第 12 页)[③]这是描写。

《说文》:“夕,暮也。”(第 142 页)这是用同义字解释。《六书故》:“夕,日始入时也。取月半见之义。”(第 14 页)这是描写。

《说文》有些解释用的也是描写法,但不如《六书故》准确,这是后出转精。如《说文》:“晦,月尽也。”(第 138 页)“月尽”何以从“日”,字义与字形不符,这种描写不太全面。《六书故》:“晦,日全蔽无明也。三旬之终,月之明尽,故亦谓之晦。”(第 12 页)戴氏的描写性解释与晦的字形从日相合,也与月尽之义不相违背。

5. 使用语料的特点

此书使用大量的钟鼎文和碑刻文字以说明字形和字义,以追溯文字形体之初始形态,并由此得出字的本义,从而形成一大特点。虽然朱熹的《诗集传》曾用古文字解释《诗经》[④],但较系统地引用古文字解释字形和字义应从戴氏始,是对朱熹学术的继承和发展。例如“文”字下引“商癸彝”“晋鼎”的“文”字的字形、(第 4 页)以证明释语“象文理错乂”的合理性,“单”字下引“古金石刻”中“单”字为小篆“单”字字形参证(第 222 页),“眉”字下引“古钟鼎文”说“眉寿”之“眉”的另一种字形(第 206 页),“受”字用“秦钟志文”“师毛卣”中“受”字作字头(第 329 页),等等。但使用金文时也有不足之处,一是很多引用没有说明出处,只说是古金石刻或钟鼎文;一是连“古金石刻”或“钟鼎文”的字眼都不用,没有任何说明,如“目”字字头的第一个字形作,没有任何解释,所以人们认为是生造字形。尽管如此,其方法上的创新之功不可磨灭。

二 《六书故》对《说文》研究的价值

《六书故》引用唐本《说文》多达 50 余次,具有一定的版本学意义,对《说文》的整理和研究具有重要的参考价值。[⑤] 戴氏对《说文》的字形分析与字义解释也有所批评,这些批评对《说文》的整理和研究

① 戴侗撰,党怀兴、刘斌点校:《六书故》。据所附索引统计。

② 页码据许慎:《说文解字》,中华书局,1963 年。下同。

③ 页码据戴侗撰,党怀兴、刘斌点校:《六书故》。下同。

④ 朱熹:《诗集传》,上海古籍出版社,1980 年。朱熹《诗集传》用金文材料解释《诗经》,共有三例。《诗经·大雅·行苇》:“以祈黄耇。”朱熹注:“古器物款识云:‘用蕲万寿’、‘用蕲眉寿’、‘永命多福’,‘用蕲眉寿’、万年无疆’,皆此类也。”(第 193 页)《大雅·既醉》:“昭明有融,高朗令终。令终有俶,公尸嘉告。”朱熹注:“令终,善终也。《洪范》所谓‘考终命’,古器物铭所谓‘令终、令命’是也。”(第 193 页)《大雅·江汉》:“虎拜稽首,对扬王休。作召公考,天子万寿。”朱熹注:“古器物铭云:‘郲拜稽首,敢对扬天子休命,用作朕皇考龚伯尊敦。郲其眉寿,万年无疆。’语正相类。但彼自祝其寿,而此祝君寿耳。”(第 218 页)

⑤ 党怀兴:《〈六书故〉所引唐本〈说文解字〉考》,《陕西师范大学学报(哲学社会科学版)》1999 年第 4 期。

有一定的帮助和借鉴作用。

1. 所引唐本《说文》对《说文》研究的价值

（1）纠正错讹的价值

《说文》在流传过程，或因校勘者的理校，或因过录者的手误，造成不少的错讹。戴氏所引唐本《说文》在纠正传本的错误方面有较大的价值。

《说文》："爓，火门也。从火阎声。"（第 209 页）《六书故》卷三云："徐本《说文》曰：'火门也。'不可晓。唐本《说文》曰：'火爓爓也。'"（第 26 页）按，"火门"于义无取，段玉裁说："各本作火门也。门乃爓之坏字耳，今正。《文选·蜀都赋》：'高爓飞煽于天垂。'善引《说文》：'爓，火焰也，音艳。'焰即爓之省。《六书故》引唐本《说文》：'火爓爓也。'较李善所据多一爓字。今人云光焰者，作此字为正。"

颀，《六书故》卷十："《说文》曰：'头佳貌。'唐本作'头住'，误。"（第 203 页）今按，大徐本无此篆，小徐《说文解字系传》有，云："颀，头佳貌。从页，斤声。读又若鬓。"《段注》从之，云："颀篆并解各本夺，今依小徐本及《集韵》《类篇》《韵会》所引订补。"按，《集韵》《类篇》引《说文》皆作"头佳貌。一曰长貌"，多"一曰"之训。如果《集韵》《类篇》所引《说文》依据的是大徐本，则大徐本应有"颀"篆，今本脱夺。段氏增此篆，甚是。尽管小徐本有颀篆，但年代晚于唐本，《六书故》所引可为提供一确证。

《说文》："諡，行之迹也。从言兮皿阙。""謚，笑貌。从言益声。"（第 57 页）《六书故》卷十一云："唐本无諡，但有謚，行之迹也。"（第 234 页）按，段玉裁删謚篆和謚下"笑貌"的释语，保留謚篆，并将謚下释语"行之迹也"附于"謚"下，共举了四条证据，其中之一就是《六书故》所引唐本《说文》。①

《说文》："譅，语相反譅也。从言沓声。"（第 55 页）《六书故》卷十一云："唐本《说文》曰：'言语相及也。'按，今俗语有譅问之说。"（第 243 页）按，唐本是。"及"与"反"字形相似，故误作"反"。《说文》"譅"字下是"譗"字，云："譅譗也。""譅譗"为联绵字，依《说文》联绵字训释之例，"譅"字释语当为"譅譗，语相及也。"今本《玉篇》释语即如此，当是依据《说文》。《段注》依《玉篇》订为："譅，譅譗，语相及也。"甚是。就语源而言，《说文》："眔，目相及也。""沓，迨也。"《方言》卷三："迨、沓，及也。东齐曰迨，关之东西曰沓，或曰及。"譅、沓、眔同源，沓、眔皆有及义，则譅也有及义，故应依唐本《说文》训"语相及"。

《说文》："揆，葵也。"（第 254 页）《六书故》卷十四："唐本：'度也。'"（第 309 页）清代《说文》四大家除王筠外，皆从戴氏所引，改为"度也"。王筠《句读》云："揆字熟，故以本字之借字说之，且为葵字广一义。戴侗引唐本作'度也'，非也。《释言》：'葵，揆也。揆，度也。'郭引《诗》'天子揆之'，《诗》固作葵。又《板》篇：'则莫我敢葵'。"今谓王说非是。文献中有"葵"训"揆"者，系假借，但未见"揆"训"葵"者。就语源而言，《说文》："癸，冬时，水土平，可揆度也。""楑，度也。"《尔雅·释言》："揆，度也。"《说文》"揆"字下为"拟"，"拟，度也"。按照以类相从的排字原则，"揆"也应该训"度"，方合许书编排之旨。

《说文》："卫，宿卫也。从韦、帀，从行。行列卫也。"（第 44 页）《六书故》卷十六："唐本从行从韦。"（第 369 页）今按，唐本是。构件帀在会意中没有意义，是字形讹变后的结果。《慧琳音义》卷六"拥卫"条："卫，护也。《说文》：'宿卫也。从行，行，列也，从韦从帀，守御也。'"卷四一"翼卫"条云："《说文》：'宿卫也。从韦，从帀，从行，行列周帀曰卫。今从省作卫也。'"这种解释建立在讹变的字形上，不合原初字形所蕴含的意义。金文"卫"字作"[illegible]、[illegible]、[illegible]"等形②，中间是方形和圆形，表示被守护者。四面的是脚板，表示众多的守护者和守护。这应该是此字的较原初的形态。后来为了便于书写，字形发生变化，左右的脚变成"行"，上下的脚形线条化，变成[illegible]和[illegible]，此[illegible]形之所由来。受书写工具的影响，写方容易画圆难，故"韦"字中间的构件口成为主体构形元素，由于口读若方，故中间的口形用汉字方代替，此字形[illegible]之所由来。在字形结构中，"韦"字下部构件[illegible]的一竖独立无助，显得单薄，故在一竖

① 蒋冀骋：《〈说文段注〉改篆简论》，《古汉语研究》1992 年第 2 期。

② 李圃主编：《古文字诂林（修订本）》第 2 册，上海教育出版社，2019 年，第 550 页。

的两边加上饰笔，成为与小字相同的形状，从而变成(《古陶文字征》)，在此基础上，将左右饰笔连接起来，就成为(《石刻篆文编》)，此“”形所由来。据此，我们认为，唐本所据字形更符合“卫”字的原初形态，是正确的。从帀之说，于会意之旨不合。

《说文》：“驵，牡马也。从马且声。一曰马蹲驵也。”(第201页)《六书故》卷十七云：“唐本曰：‘奘马也。’”(第382页)段玉裁据《六书故》所引唐本《说文》和李善注所引《说文》，改“牡马”为“壮马”，牡壮二字形近，故讹。壮者大也，与义亦合。《六书故》所引为段氏提供了证据。

《说文》：“豲，逸也。从豕原声。《周书》曰：‘豲有爪而不敢以撅。’读若桓。”(第197页)《六书故》卷十七：“唐本《说文》曰：‘豕属也。’”(第389页)就许书所引《周书》的用例而言，“豲”应是名词而不是动词，大徐本训“逸也”，系动词，与经文的用法不合，故“逸也”之训非是。《玉篇》豕部：“豲，豕属。”当是据《说文》。《篆隶万象名义》《广韵》的释语同，皆可佐证。《说文》“豲”字上是“狃”字，训为“豕属”，“豲”训“豕属”，系以类相从。

《说文》：“默，犬暂逐人也。从犬黑声。读若墨。”(第204页)《六书故》卷十七：“《说文》唐本曰：‘犬潜逐人也。’”(第392页)按，《说文》：“暂，不久也。”着重点在时间，故引申为“仓促”，为“须臾”，“默”引申义有“寂”，有“静”，其本义当是从声音的角度取象，故“默”的本义应是“犬潜逐人”，而不是“暂逐人”，“潜”的声符与“暂”字相似，故讹为“暂”。《说文解字系传》的释语与大徐本同，但小徐的解释是：“犬默无声逐人。”用的是“潜”字词义，“暂”没有“默无声”之义。沈涛《说文古本考》：“今本暂字乃潜字之误。……此与下猝字注‘犬从艸暴出逐人’正相对。以其暴出，故假借为凡猝乍之称，若作暂字，则与猝乍义无别矣。”沈说是。

《说文》：“龕，龙貌。从龙合声。”(第245页)《六书故》卷十八字头作“龕”，云：“龕，口含切。《说文》曰：‘龙貌也。’徐本合声，唐本今声。鼂氏曰：‘从今乃得声。’”(第396页)沈涛《说文古本考》于“龕，龙貌。从龙含声”下云：“涛案，《六书故》云：‘唐本今声。鼂氏曰：从今乃得声也。’是古本不从含声，《九经字样》曰：‘龕从龙从今声，作龕误。’是古本有从合者。宋小字本亦从合者，皆非。《玉篇》字亦非龕。”《段注》：“各本作合声，篆体亦误。今依《九经字样》正。”桂馥、朱骏声诸家皆以今声为是。今谓金文有字，从龙今声①。可为证明②。

《说文》：“冋，登也。从门二。二，古文下字。读若军敶之敶。”(第249页)徐铉云：“臣铉等曰：下言自下而登上也。故从下。”《六书故》卷二十五：“徐本从下(冀骋按，原书作‘丁’应是‘丅’字之讹)，唐本从上。”(第592页)严可均《说文校议》云：“冋篆体当作冋，说解当作从门二……桉，偏旁在门上，知非下字。隹部閵从冋省声，籀文作䦨，徐本尚从二，则门部虫部从二者误也。”沈涛《说文古本考》云：“涛按，《六书故》云：‘唐本从上。’则是古本篆体作冋不作冋矣。字既训登，自以从上为是。臣铉等曰：下言自下而登上也。故从下。亦知从下之不可通，而强为曲说耳。”《段注》改下为上，但未引戴氏所引唐本《说文》。朱骏声支持戴所引唐本《说文》。今谓就词义而言，当以唐本《说文》为是。

(2) 参考借鉴的价值

应该指出，戴氏所引唐本《说文》，有胜过徐本者，也有不如徐本者。徐本集诸本以校勘，自有其善处，故戴氏所引唐本，不一定每条都胜于徐本，当根据实际情况加以选择，但仍有其参考借鉴价值。如：

《六书故》卷二：“昬，呼昆切，日入向晦也。唐本《说文》从民省，徐本从氐省，晁说之曰：‘因唐讳，民改为氏也。’晁说得之。”(第12页)今按，《说文》：“日冥也。从日氐省。氐者，下也。一曰民声。”《段注》认为“一曰民声”为浅人所增，桂馥《义证》也支持民声：“馥谓‘氐省，氐者下也。一曰’八字后人加

① 李圃主编：《古文字诂林(修订本)》第9册，第429页。

② 戴侗撰，党怀兴、刘斌点校：《六书故》。前言第31—32页曾论及以上三字。

之，当为民声。本书暋从民犹存原文。”丁福保《诂林》所加按语也赞同民声。徐灏、王筠则认为另有昏篆。我们认为，主张民声者尽管有唐本《说文》和唐代避讳的解释为证，但甲骨文昏字作[1]，并不从民。睡虎地秦简、居延汉简、尹宙碑“昏”字皆从民[2]，王羲之的草书也从民[3]，故从民源于唐代避讳说毫无根据。之所以有从民者，盖“昏”字书写时第一笔写成一横且收笔时带回锋，若回锋突出而与第四划相接，遂似民字，后世干脆写作民，此其讹变之由。唐本《说文》虽有版本意义，但也不能尽信。大徐本以昏为正体，是综合诸传世唐本校勘后的选择，并非毫无依据的率性而为。

《说文》：“𠦬，背吕也。象胁肋也。凡𠦬之属皆从𠦬。”（第 258 页）《六书故》卷十二云：“唐本作，从大。”（第 260 页）今谓“𠦬”字整体象背脊之形，并非从大，唐本非是。即使是戴氏，也未采用唐本之说。戴氏云：“𠦬脊实一字，中象脊骨，象两旁肉，𠦬贯肉中也。”徐灏《说文段注笺》：“戴氏侗引唐本《说文》作，即隶楷所由变也。”说明其讹变之由，甚是。

《说文》：“撢，探也。从手覃声。”（第 255 页）《六书故》卷十四：“唐本曰：‘掬也。’”（第 305 页）今按，掬为探之讹，唐本《说文》未必是。掬字楷书或作[4]，其右旁与探字楷体形近，欧阳询、颜真卿的探字写作、，其右旁与形相近，故或误认。尤其是草书，二者几乎没有区别，如掬字和探字，宋高宗赵构分别写作和，二字没有区别[5]。被人误认，可以理解。就《说文》的排字次第而言，“撢”的上字是“探”，“探”是“远取之”。掬为匊的后起字，《说文》：“匊，在手曰匊，从勹、米。”《段注》：“米至椒，两手兜之而聚……俗作掬。”其义为两手捧物，与取义有隔。若释为掬，与《说文》排字以类相从的体例不合。《周礼・夏官・序官》：“撢人，中士四人。”陆德明《释文》：“撢，他南反，与探同。”张揖《上广雅表》：“择撢群蓺。”择撢连文，义应相近。择，取也，则撢也当训取。此经典训撢为探者。就语源而论，撢从覃声，撢训为探，声中有义。《说文》：“覃，长味也。”《诗经・大雅・生民》：“实覃实吁。”毛传：“覃，长也。”长与远义相成。因为是远取，所以从覃声。若训掬，则失去撢字声符声中有义之旨。

《说文》：“末，木上曰末。从木，一在其上。”（第 118 页）《六书故》卷二十一：“唐本《说文》曰：‘本，从木从下。末，从木从上。’郭忠恕同。以朱例之，此说似是而实不然。”（第 472 页）段玉裁改此字的字形分析为“从木，从丄”，云：“此篆各本作末。解云从木，一在其上。今依《六书故》所引唐本正。”段氏注意到戴氏所引唐本，但未注意戴氏按语，戴氏认为“以朱例之，此说似是而实不然”，并不认同唐本的字形分析，段氏仅据戴氏所引唐本改《说文》字形及释语，误。徐锴《说文解字系传》云：“一，记其处也，本末朱皆同义。”小徐看作指事字，应是。

《说文》：“箇，竹枚也。从竹固声。”（第 97 页）《六书故》卷二十三：“个，古贺切，竹一竿也。亦作箇，《说文》唐本曰：‘箇，竹枚也。今或作个，半竹也。’徐氏阙个字，曰：‘个不见义，无从下笔。名堂ナ又（冀骋按：即左右）个者，名堂旁室也。当作介。’鼌说之曰：‘《大射仪》：搢三挟一个者，矢也。亦可易为介乎？’鲁次公曰：‘竹生非一，故兼个，犹艸兼屮，林兼木，秝兼禾也。’说之据籀文，亦有个字。”（第 527 页）段玉裁据此补个篆，云：“箇或作个。半竹也。”注云：“各本无，见于《六书故》所引唐本。按并则为𥫗，单则为个。𥫗字象林立之形，一茎则一个也。《史记》：‘木千章，竹竿万个。’《正义》引《释名》：‘竹曰个，木曰枚。’今《释名》佚此语。经传多言个，《大射仪》《士虞礼》《特牲馈食礼》注皆云：个犹枚也。今俗或名枚曰个，音相近。又云：今俗言物数有云若干个者，此读然。经传个多与介通用。左氏或云一个行李，或云一介行李。是一介犹一个也。介者，分也。分则有间，间一而已。故以为一枚之称。《方言》曰：‘介，特也。’是也。间之外必两分，故曰介居二大国之间，《月令》左介右介，是其义也。

① 李圃主编：《古文字诂林（修订本）》第 6 册，第 406 页。

② 怡斋选编：《历代名家隶书字典》，浙江古籍出版社，1999 年，第 232 页。

③ 林宏元主编：《中国书法大字典》，香港中外出版社，1976 年，第 708 页。

④ 秦公辑：《碑别字新编》，文物出版社，1985 年，第 162 页。

⑤ 见“书法大师网”（http://www.sfds.cn/），“掬”字和“探”字下。

〇又按攴下云：‘从手持半竹。’即个为半竹之证。半者，物中分也。半竹者，一竹两分之也。各分其半，故引申之曰左个右个。竹从二个者，谓竹易分也。分曰个，因之榍者亦曰个。”

今谓段补误。王引之、王筠、王绍兰、蒋冀骋等已纠其谬，说见《经义述闻》《说文释例》《说文段注订补》《说文段注评议》，今撮其要如下。

从形体变化考察。个乃隶书介字之讹，隶书介作仐，省丿则为个。

从《说文》的说解文例考察。《六书故》云：“今或作个。”今者，是时也。显系后人私记之语。《说文》全书重文均云：“某或作某，篆文作某，古、籀文作某，俗或作某。”无言“今或作某”者，因此，“今或作个”四字断非许书原文。

从《说文》部首排列之次来考察。凡《说文》用两个同形字构成的部首，一定是单个字的部首在前，两个同形字构成的部首在后，如玉在前，珏在后；屮在前，艸在后；立在前，竝在后；水在前，沝在后。绝无例外。若个为半竹，则当先“个”后“竹”，不应将“个”列为竹部个之重文。

从文字构形的角度考察。全体象形字不能分割，如羽，象形，不能分出习字，同样，竹字象形，不能分出个字。

证据确凿，皆可纠段氏之失。今更为补二证如次：其一，段补说解与箇字义训矛盾。《说文》：“箇，竹枚也。”即竹一枚为箇。若个为箇之重文，则不当说解为半竹，半竹者，非一竹也，安得与箇同字？其二，《唐韵》箇韵：“箇，箇数。又作介，古贺反。是箇可写作介而不写作个之明证①。

2. 批评许书说释对《说文》研究的价值

《六书故》在说释字形和字义时并不“总据《说文》”，戴氏根据自己的理解对很多字的字形分析和释义提出了不同于《说文》的见解，可为后世研究《说文》者参考，自有其价值。

(1) 纠正错讹的价值

《六书故》“十”字下：“《说文》曰：‘惟初太始，道立于一，造分天地，化成万物。二者，地之数也。三者，天地人之道也。五者，五行也。天地之间阴阳交午也。十者，数之具也。纵为南北，衡为东西，四方中央备矣。’侗谓许氏之说大矣。非制文之本指也。……一二三四五十，本为纪数立文，非为天地阴阳五行立名也。”(第 2 页)按，许氏以哲学阴阳五行说解数字之义，非其本初，不当。戴氏之说甚是。戴氏将“一”训为“数之始也”，“二”释为“数如其画”，“十”释为“数之成也”，可从。

《六书故》：“恒，古登切，月弦也。工声。《诗》云‘如月之恒’……《说文》恒在二部，曰：‘常也。从心从舟，在二之閒上下。心以舟施，恒。’栖在木部，‘竟也。’古文作亙。徐锴曰：‘舟竟两岸。’亙，古文从月。引《诗》‘如月之恒’。按，许氏徐氏之说甚曲而不通。古文从月，乃见于亙之下，其义炳然，从舟，月之讹也。”(第 16 页)今谓戴说很有道理。徐灏《说文段注笺》：“日月之半体如弦緪两端，故谓之弦。月盈则缺，唯弦时多，故谓之恒，而训为常。故只作亘，从月从二，指上下弦。亙，为古文别体。恒从心从亘，则人心之恒也。当别为一字。月与舟篆体相似，故讹从舟。”据此，则其初文当作亘，即亘(王国维《殷卜辞中所见先公先王考》中的字形)，中间是月字，本为月之恒，后来文字孳乳，加心旁为恆(刘心源《奇觚室吉金文述》卷二所录字形)②，即恒字，则为人心之恒。人心多变，故要求恒。至于古文亙字，中间从外，外亦月也。閒字从月，而其古文作閒，中间所从，即外字。曾姬无恤壶閒字作閒③，则《说文》閒字古文中间构件的作用相当于外。既然“外”在閒的古文中相当于“月”，则恒的古文亙的中间构件也相当于月。为甚么这两个字(亘和闲)中间的构件月变成了外？可能的原因是，亘中间的“月”与构件“二”不相连，导致结构不紧凑，为了使构件“二”不游离于亘字之外，书写时将月字的一竖

① 蒋冀骋：《说文段注改篆评议》，湖南教育出版社，1993 年，第 127—128 页。

② 上引二字形见李圃主编：《古文字诂林(修订本)》第 10 册，第 164—165 页。

③ 字形见李圃主编：《古文字诂林(修订本)》第 9 册，第 542 页所引《古玺文编》“閒”字下注释。

延长，使与构件“二”相连，字就变成了从月从工(其始月与工共一竖，是为借笔，后来不再借笔，分开为月工)。由于工的一竖在字的中间，导致亙的右边空缺，故加一饰笔于竖旁，遂成外字。甲骨文有[illegible]字，诸家释为恒字，实际上是恒的初文亙。[illegible]的中间从月(甲骨文月与夕常相通用)，将月与二分开，就变成[illegible](《续甲骨文编》“恒”字下所録字形)，一竖的右边加一饰笔，就是“外”字。这个解释能说明[illegible]字，但不能说明閒字中间的“月”何以在古文中变成了“外”。不能“揆之他卷而通”，只能算是一种蹩脚的解释。如果一定要解释，则可归之于类推。“恒”字中间的“月”变成了“外”，由于类推作用，“閒”字中间的“月”也写成了“外”。纵使不能解释“閒”的异体[illegible]字，但篆书“恒”字中间的部件“舟”是“月”字之讹，则是可以肯定的。戴氏首发此议，诚为卓识。

《六书故》：“𩠐(简化作“首”)，书久切，自领而上通曰𩠐。象形。……《说文》“𩠐、百、页”三字分三部。百，头也，象形。𩠐，古文百也，巛，象发。页，头也。从𩠐从人，古文䭫百如此。孙氏胡结切。按，𩠐之为百，犹孚之为子。页之加人，犹雷之加雨。《说文》俱训头，不当分而为三。《说文》页训头，以为古䭫𩠐之𩠐，未尝有他音，孙氏胡结之音，非也。李阳冰亦谓页音𩠐，不当音颉。况自有颉字，而页无他义，古今书传未尝有用页字者。凡头颅颠顶颡额之类属乎𩠐者俱从页，页之即为𩠐明甚，予故合而一之。”(第199页)按，戴氏批评许慎将𩠐百页三字分为三部，很有道理。但从许氏“以形系联”的编写规则来看，也只能如此安排。没有百部，则“面”部无法以形系联，没有𩠐部，则县部无法系联。所谓事非经过不知难，如果戴氏用“以形系联”的方法，也可能会如此安排。

《六书故》：“窃，千结切，穿穴为盗也。《说文》：‘窃，盗自中出曰窃。从穴，从米，禼、廿皆声。廿，古文疾，禼，古文偰。’按，《说文》之说牵强不通，乃从粝(冀骋按，应为糲，方与字形合)声，萬之首讹为廿也。”(第587页)按，一字两个声符，不可尽信。故戴氏对许氏的分析持怀疑态度。严可均《说文校议》云：“禼、廿皆声与𪓌字次𠂔皆声同例。”今谓一字两声是在对某些汉字的形体结构无法解释的情况下做出的无奈解释，应不足信。《说文》有两个声符的字除“窃”字外，还有“𪓌”字，然仅此二例。当然，从理论上说，这种可能性是存在的。由于时代的原因，声符不能表音，再在原来的声符上补加一个声符，与形符不显，再加一个形符同理。如“奉”字下从手，由于隶书将“手”写成两横一竖，“手”的形符不显，故另加个形符“手”，变成“捧”。故“𪓌”字有可能首先是从𠂔声，由于“𠂔”不是常用字，一般人不识，故加“次”字表声。但“窃”字情况与此不同，声符“廿”(古文疾)与“窃”古音韵部有质与月的区别，声母有从与清的区别，若仅就韵部或声母某一方面而言，或可相通。但声韵俱隔，说二者相通，难以令人相信。另一声符“禼”在月部，与“窃”叠韵，虽声母有清心之隔，但也可相通，似乎能较好地表“窃”字之音。由于“禼”不是常用字，用来表音，意义不大，故戴氏释为糲声。徐灏云：“此一字而兼禼、廿二声，六书少有。戴氏侗谓从穴粝声，萬之首讹为廿，似是也。”马叙伦云：“戴说是也。晋人书帖中窃字正作穴下糲，陆柬之书《文赋》亦然，糲从万得声，万虿一字，虿窃声同脂类也。”按，马氏的说法可为戴说补证，但举晋代书帖文字为证，或许不当。书法取姿，会简省某些部件，故不能作为确证，但作为佐证应无问题。“窃”字马王堆汉墓出土的帛书作[illegible](《老子》乙前12下)①，下部从米从万。万与禼系一字之分化，故又从禼作，东汉建宁残碑作[illegible]②，可证。后世碑刻多从万作，如魏孝文帝《吊比干文》作[illegible]，《魏江阳王元乂墓志》作[illegible]，《魏任城宣王太妃冯氏墓志》作[illegible]③。据此，则戴说很有道理。后世借万为千万之万字，万不再与禼同音，而读作无贩切，故窃字的禼声不再写作万。

《六书故》：“辅，奉弄切……《传》曰：‘辅车相依。’《说文》曰：‘辅，颊车。’杜氏曰：‘辅颊，辅车，牙车。’二说皆非。辅从车，甫声。以《诗》考之，维持车者也。故引之为辅弼、辅左之义，去声。”(第625

① 刘钊：《古文字构形学(修订本)》，福建人民出版社，2011年，第215页。

② 尚勤学：《东汉建宁元年残碑浅识》，《中原文物》1996年第4期，第72页图版。

③ 秦公辑：《碑别字新编》，第463页。

页)大徐本《说文》:"辅,人颊车也。从车,甫声。"小徐本《说文》:"辅,《春秋传》曰:'辅车相依。'从车,甫声。人颊车也。浮甫反。"按,大小徐的释语有不同,小徐将"人颊车也"置于字形说释之后,先引经,后释义这种体例未见于《说文》,可能的原因是"人颊车也"之前脱"一曰"二字。故"人颊车也"不是本训。字从车,其本义不可能是"人颊车",戴氏所说甚是。后世的《说文》研究者大多认同戴氏所说,但"辅"究竟是何物,有不同的看法。严可均《说文校议》云:"辅者,大车旁木,弃尔辅即输尔载矣。《考工记》不言作辅,盖非车人所为,驾车者自择用之,辅在两旁。故《春秋传》《国语》皆言夹辅,其俌相之俌、酺颊之酺皆取此象,故经典皆借辅为之,而辅亦得训人颊车矣。"段玉裁《说文解字注》云:"此云弃辅,则辅是可解脱之物。盖如今人缚杖于辐以防辅(冀骋按,"辅"疑为"覆"字之音讹。二字双声,韵母有上入之别。但清代入声已消失,全浊入声变去声。而此时浊音消失,全浊上声也变为去声,故二字同音)车也。今按《吕览·权勋》篇曰:'宫之奇谏虞公曰:虞之与虢也,若车之有辅也。车依辅,辅亦依车。虞虢之势是也。'此即《诗》'无弃尔辅'之说也。合《诗》与《左传》则车之有辅信矣。引申之义为凡相助之称。今则借义行而本义废。尠有知辅为车之一物者矣。人部曰:俌,辅也。以引申之义释本义也。今则本字废而借字行矣。面部曰:'酺,颊车也。'面酺自有本字。《周易》作辅,亦字之假借也。今亦本字废而借字行矣。《春秋传》'辅车相依',许厕之于此者,所以说辅之本义也,所以说《左氏》也,谓辅与车必相依倚也。他家说《左》者以颊与牙车释之,乃因下文之唇齿而傅会耳,固不若许说之善也。"王筠《释例》云:"吾乡以小车载大石者,两辐之间加一木,拄其毂与牙,绳缚于辐以为固,辐得其助,则轮强而不败。"朱骏声《通训定声》:"当作木夹车也。《说文》棐篆训辅,盖箸车两傍以防助者,可系可解之木。其制未详。"俞越《儿笘録》:"《说文》革部:'鞲,车下索也。'疑辅为鞲之或体……辅为车下索,故从车而其质则革也。"马叙伦说:"疑即今北方驾牲之车,每至休息时,以长木与其辕距地之高度略等者拄其辕,使牲负得轻。解牲时亦用于拄辕,使车不前倾。轮或损坏,则以拄舆,使车不侧覆。其用甚大,所以为辅佐之义。……然实非车上之物,故《考工记》不及也。辅古盖缚于车伏免间。"李孝定说:"其物盖以木板缚车两侧,以防物之堕落者,可以卸去,故言乃弃尔辅,今之货车犹然。"[①]今谓"辐"是车毂与车轮之间的直木条,辐与轮、毂之间似乎无法绑上别的木板条,故绑于辐上的说法不合事实,段、王说不可取。朱说没有版本依据,也不可信从。俞氏纯以假借说字义,"车下索"的解释也不可信。马氏的说法与"其车既载,乃弃尔辅"的说法不合。揆《诗经》之意,车装上货后,才会弃辅,马氏所说与此不同,不可信。我们赞同李孝定的说法。李说与诗意相合,也符合字的引申意义,故可从。"辅"究竟是车上何物?可暂时不论,但怀疑《说文》"人颊车"之训是从戴氏开始的,值得肯定。

《六书故》:"躳"字下:"讹为射、为躲。《说文》:'躲,从身从矢,弓弩发于身而中于远也。篆文从寸,寸,法度也。'按,躳之从身,绝无义。考之古器铭识,然后得其字之正。盖左文之弓矢讹而为身,又(冀骋按,"又"即"右")偏之又讹而为寸也。文字之传讹而凿为说者,凡皆若此矣。"(第672页)按,甲骨文"射"字作形,象弯弓注箭之形,金文加又字,表示手,作形,睡虎地秦简开始将左边的弓矢讹为身,右边的又写作寸,作形[②]。戴氏首疑《说文》的字形解释,甚是。可惜段玉裁的注没有采纳其说,认为躲是古文,误。

(2) 参考借鉴的价值

戴氏所说,也有根据不足的一面,我们只能作为参考和借鉴。

《六书故》:"处,昌与切,居也。《说文》曰:'从夂得几而止。'许氏之说凿而迂,夂乃声也。"(第631页)按,戴说不一定正确,但也算提供了一种思路。实际上夂音陟侈切,声母为知,古音知母归端,则与昌与切有隔,尽管有照三归端之说,但仍有端与透的区别。就韵母而言,也有脂部与鱼部的区别,所以

① 马、李说见李圃主编:《古文字诂林(修订本)》第10册,第752—753页。

② 字形见李圃主编:《古文字诂林(修订本)》第5册,第470—471页。

部件夂不是声符。戴氏不明古音，故以夂是声符说之，非是。就古文字而言，甲骨文处字作、等形，字从止从几，《说文》的字形分析和解释没有问题。

《六书故》："家，古胡古牙二切，人所合也。从㐺，三人聚宀下，家之义也。㐺之讹为豕，《说文》不得其说，谓从豭省声，牵强甚矣。"（第584页）按，戴氏的这种解释似乎很有道理，但甲骨文中家字作，下部所从为有势的豕，即豭字，《说文》的分析应有所承，是对的。戴氏将下部构件"豕"变为"㐺"，并以"三人聚宀下"说之，误。

《六书故》："颢，胡老切，《楚辞》曰'天白颢颢。'《说文》曰'白貌，从页'，按，页乃声也。"（第12页）今谓"页"与"颢"古音声母皆在匣母，为双声。但韵部一在质，一在宵，二者有隔，戴氏仅凭双声将"页"作为"颢"的声符，而不顾韵母的相隔，不妥。段玉裁说："按上文当云：'白首貌。'李善注《文选》引《声类》：'颢，白首貌。'《声类》盖本许书。今许书乃为浅人删首字耳。"杨树达《文字形义学》云："白貌当云头白貌。此谓人头之白与日月之光白者相似也。页为本名，景为喻名。"所论皆是，可从。

《六书故》"暴，日猛烈也。粜声。又作曓，麃声。又作㬥，夲声。暵物于日谓之暴。蒲沃切。别作曝。《说文》曰：'暴，从日从出从収从米，晞也。'侗谓许氏之说破碎牵强。麃、夲皆蒲报之声，非蒲沃之声。暴烈乃本义也。"（第11页）按，日出収米，会曝晒之意，《说文》训以"晞"，是正确的。戴氏不从其说，原因是戴氏认为会意字的构件不能超过三个，超过三个则字形分析有误[①]。故将此字析为粜声。虽则"暴""粜"古音皆在药部，但声纽有唇、舌之别，并不和谐。且"粜"的字形《说文》析为"从出从糶，糶亦声"（《说文》："糶，谷也"，"粜"从出从糶，故有出谷之训）。"出"与"米"并不构成部件"粜"，而"粜"作为"糶"的同形字，是"糶"的俗字，最早见于《广韵》，写作"粜"，《古今韵会举要》云："《集韵》俗作粜，省。"《字汇补》"米"部作"粜"，云："《广韵》与粜同。"是知"粜"字的异体"粜"明代字书才收录，戴氏用作"糶"的声符，时代不合，误。至于其本义，就字形所表达的意义而言，《说文》的释语是正确的，徐灏《说文段注笺》云："暴之本义是晒米……引申为暴疾、暴虐之暴。"暴烈非本义，戴说误。段玉裁认为暴疾的暴应是"㬥"，与暴晒之暴形义皆殊，而今隶不别也。"

《六书故》："泣，声泪俱下曰泣。"（第129页）按，《说文》："泣，无声出涕曰泣。"段玉裁说："哭下曰：哀声也。其出涕不待言。其无声出涕者为泣。此哭、泣之别也。"《诗经·小雅·雨无正》："鼠思泣血。"毛传："无声曰泣血。"《诗经》有"泣涕如雨""伫立以泣""泣涕涟涟""啜其泣矣"皆指眼泪。唯"其泣喤喤"的"泣"与声有关，后世的"声泪俱下曰泣"，可能与此诗有关。但先秦的大多数用例均指眼泪。汉代亦如此，《汉书·高帝纪》："泣数行下。"颜师古注："泣，目中泪也。"《汉书·高祖吕皇后传》："哭而泣不下。"颜师古注："泣，谓泪也。""数行下""泣不下"皆指眼泪，与声音无关，许氏的解释是正确的。《说文》："涕，泣也。"以泣释涕，也指眼泪。是知先秦两汉"泣"字主要指眼泪。戴氏以后世的"声泪俱下曰泣"训释"泣"字，不全面。

《六书故》："旭，冬日之温也。"（第11页）按，《说文》："旭，日旦出貌。"与冬日无关。《诗经·邶风·匏有苦叶》："旭日始旦。"毛传："旭，日始出，谓大昕之时。"《说文》的释义即据此。毛传的释义依据的是《诗经》"始旦"之语，应是随文作释。故孔颖达《疏》云："旭者，明著之名。"从《说文》的排字次第而言，"旭"字之上有七个字，词义皆训"明"，则其本义应释为"明"。历代文献无有用"旭"为"冬日之温"者，戴氏的解释有问题。

从上引诸例可以看出，戴氏的字形解释和释义，从各方面对《说文》提出了质疑，有些是正确的，为后世的《说文》研究者所接受，但也有不少是错的，当区别对待。虽偶有失误，但其怀疑精神，仍值得敬重。

---

① 戴氏于"亟"字下说："六书有合三以成字，无合四以成字者。许叔重于亟字四析之而不得其义，非侗之所敢安也。"（《六书故》第1页）

【参考文献】

[1] 郑樵.通志[M].北京：中华书局,1987.
[2] 朱熹.诗集传[M].上海：上海古籍出版社,1980.
[3] 戴侗撰,党怀兴、刘斌点校.六书故[M].北京：中华书局,2012.
[4] 于省吾主编.甲骨文字诂林[M].北京：中华书局,1996.
[5] 李圃主编.古文字诂林(修订本)[M].上海：上海教育出版社,2019.
[6] 秦公辑.碑别字新编[M].北京：文物出版社,1985.
[7] 丁福保.说文解字诂林[M].北京：中华书局,1988.
[8] 张舜徽.说文约注[M].武汉：华中师范大学出版社,2009.
[9] 容庚.金文编[M].北京：中华书局,1985.
[10] 裘锡圭.文字学概要(修订本)[M].北京：商务印书馆,2013.
[11] 蒋冀骋.说文段注改篆评议[M].长沙：湖南教育出版社,1993.
[12] 刘钊.古文字构形学(修订本)[M].福州：福建人民出版社,2011.

On the Value of Dai Dong's *Liu Shugu*(《六书故》) to the Study of *Shuowen*(《说文》)

Jiang Jicheng　Liu Hongping

(College of Arts, Hunan Normal University, Changsha 410081, China)

Abstract: This paper briefly describes the characteristics of *Liu Shugu*(《六书故》) of Dai Dong in the Yuan Dynasty, focuses on discussing the value of *Liu Shugu*(《六书故》) in explaining *Shuowen*(《说文》) when quoting *Shuowen*(《说文》) of the Tang Dynasty, and evaluates the usefulness and reference of Dai's criticism of Xu Shen's character analysis and word meaning interpretation in explaining *Shuowen*(《说文》). The author believes that the Tang version of *Shuowen*(《说文》) cited by Dai Shi has a certain significance of edition study, which can help correct the mistakes in the analysis of the form and interpretation of the Daxu version(大徐本) of *Shuowen*(《说文》). However, the Daxu(大徐) collections have their own advantages because they are collated. Therefore, the Tang version cited by Dai Shi is not necessarily better than the Daxu version(大徐本), and should be selected according to the actual situation. Dai Shi criticized Xu Shen many times in his book. The correct one is helpful to collate and explain *Shuowen*(《说文》), and the incorrect one can be used as a lesson for others.

Key words: Shuowen(说文); Liushu(六书); study; value

从汉语与汉字的互动关系看汉字分化未果现象*

杨振华

【摘　要】汉字分化是通过字形孳乳的方式用更多的字形来分担一字的记词职能。汉字分化并不一定都是成功的，也有分化未果的现象。汉字分化未果是指汉字分化中分化字产生后未能成功分化母字记词职能的现象。汉语词汇词义的派生发展是汉字分化的内在动因，而汉语词汇词义的其他诸多变化又会影响汉字分化的结果；汉字满足精确记录汉语的需求是汉字分化的根本目的，汉语词汇词义得以借助字形分化而独立区别开来，而汉字分化的进程又会受到汉字系统的潜在制约。汉字分化未果现象就是在汉语与汉字系统的影响、制约下产生的。

【关键词】汉字分化；分化字；分化未果；原因

【作者简介】杨振华，女，河北大学文学院副教授，研究方向为汉字学、汉语词汇史。(河北 保定　071000)

"汉语字词之间存在比较固定的对应关系，如果一方发生变化，另一方往往会受到影响"，①这是汉语与汉字互动关系的体现。汉语字词之间的关系总是追求达到"一音义对应一字形"的理想状态，而汉语词语的派生及文字借用使得原本只记录一词的字形同时兼记多个词语，这打破了汉语字词之间原有的对应关系，从而影响了汉字记词的明确性。汉语的这一发展往往会促使汉字通过孳乳分化的方式来满足记词的需要，以重新达到理想状态。汉字的孳乳分化对词语派生也有推动的作用，当为多义词的某一意义或几个意义另造新字形时，字形的分化促进和固化着词语的独立与分化。词语的派生发展与汉字的孳乳分化互相影响、互相促进，有时甚至是同步发展的。

"文字分化并不一定都是成功的"②，也有分化不成功的，即产生汉字分化未果的现象。汉字分化是汉语与汉字互相促进、共同作用的结果之一，这是汉语与汉字互相推动的一面。然而，汉语与汉字亦有互相制约、互相影响的一面，表现之一为汉字分化的进程会受到汉语系统和汉字系统的潜在制约，从而产生汉字分化未果现象。

一　汉字分化与分化未果

1.1　汉字分化

"汉字分化"作为汉字学中的一个专门用语，在学术研究中却有着不尽相同的内涵。唐兰最早使用"分化"一词，他指出："原有文字不够用，第一个办法是创造新文字，这是'分化'。"③又，唐兰："'分化'，'引申'，'假借'，是文字史上三条大路。'分化'是属于形体的，'引申'是属于意义的，'假借'大都是属于声音的。"④唐兰所谓的"分化"是着眼于讨论汉字形体的衍生，如"兵"与"乒""乓"，是通过变异

* 基金项目：本文为2019年河北省哲学社会科学基金一般项目"《集韵》分化字考辨与研究"(项目编号：HB19YY016)阶段性成果。

① 李运富、孙倩：《论汉语词汇语法化与用字变化的互动关系》，《北京师范大学学报(社会科学版)》2020年第2期。

② 裘锡圭：《文字学概要(修订本)》，商务印书馆，2013年，第214页。

③ 唐兰：《中国文字学》，上海古籍出版社，2005年，第75页。

④ 唐兰：《中国文字学》，第76页。

原字形而产生新的字形。裘锡圭则是着眼于讨论汉字职能的分化，他指出："分散多义字职务的主要方法，是把一个字分化成两个或几个字，使原来由一个字承担的职务，由两个或几个字来分担。"[①]如"刀"与"刁"，二者原为一字，后分化为两字，"刁"的形体是由"刀"变异而成，"刁"分担了"刀"的部分职能。王宁讨论了汉字同源分化现象，并指出："汉字构形的历时发展无处不伴随着词汇的同源分化现象。"[②]如"支"与"枝""肢""翅"，几个词与几个字之间为同源孳乳的关系。学界其他学者所讨论的汉字分化大致均可归入上述的某一类别。[③] 三种"汉字分化"内涵的不同，也反映出研究者们研究意旨的不同。

我们这里所讨论的"汉字分化"专指分散汉字职能的分化。汉字分化是指通过字形孳乳的方式来用更多的字形分担一字的记词职能。原来记录几个词义或词的字是母字，新产生的用来分担母字部分职能的字是分化字。

1.2 汉字分化未果

汉字分化是通过字形的孳乳分化来实现汉字职能的分化。所以，尽管汉字分化的结果之一是产生分化字，但分化字的产生并不意味着汉字分化的完成与实现。汉字分化是一个动态的发展过程，分化字的产生仅标志着汉字分化的开始。卜师霞指出："分化字在发展中会产生两种结果：一种是分化之后两个字的记词职能明确，在义项上不再相互通用；另外一种是分化之后母字在记词职能上仍然能够涵盖分化字，此类型又可称为分化未遂。"[④]前一种结果标志着汉字分化的结束，同时也是汉字分化成功的表现；而后一种结果则意味着汉字分化并未实现，是汉字分化不成功的表现。值得注意的是，"分化之后母字在记词职能上仍然能够涵盖分化字"，这一现象有时是汉字分化过渡时期的表现，即在分化过程中，可能会存有一个过渡时期，表现为：分化字产生之后，与母字的分工并不明确，母字仍在一段时间内继续记录分化字所分化的职能。这种混用现象持续的时间不会太长，如果长时间如此，那就为分化不成功。此外，"有些分化字始终没有通行，有些分化字后来又并入了母字"[⑤]，这两种情况也是汉字分化不成功的表现。我们将汉字分化中分化字未能成功分化母字记词职能的现象称为"汉字分化未果"。

"汉字分化未果"不等同于"分化字的废弃"，这是两个问题，尽管二者存有交叠，但实则分属不同的层面，分化字的废弃属于汉字行用与否的问题，而汉字分化未果属于汉字分化成功与否的问题。分化字的废弃有些是由汉字分化未果而引起，也即分化字意图分化的记录职能仍然可由母字来承担，分化字随之而逐渐被废弃不用；有些则导致了汉字分化未果，也即分化字废弃后原来由分化字记录的词语又重新转由母字来记录。然而，分化字废弃与汉字分化未果之间并不是完全对应、对等的关系，一些分化字被废弃是因所记词语及义项的消亡而导致，如"两—緉""望—朢""習—瘤"字组中的分化字"緉""朢""瘤"，这些分化字的废弃既不是因汉字分化未果而引起，也不会导致汉字分化不成功，可以说，它们的废弃与汉字分化未果没有直接的关系。

二　汉语词汇的演变对汉字分化的制约

汉字分化的根本目的是为了更好地满足记录汉语的需要，分化字是为分化母字的部分职能而产生。分化字为分化母字的哪部分职能而造，即分化字的生成，要受到汉字形义统一规律的制约。而母

① 裘锡圭：《文字学概要(修订本)》，第214页。
② 王宁：《汉字构形学导论》，商务印书馆，2015年，第173页。
③ 林沄、王凤阳讨论的汉字分化即属于汉字的职能分化这一类别；郝士宏讨论的古汉字同源分化即属于汉字同源分化类别。
④ 卜师霞、凌丽君：《异体字整理的原则和方法》，《云南师范大学学报(哲学社会科学版)》2010年第6期。
⑤ 裘锡圭：《文字学概要(修订本)》，第214页。

字的哪部分职能需要通过造分化字的方式分化出去，这与汉语词汇的发展密切相关；分化字产生之后，它分担母字记录职能的目标是否能够实现，这也与汉语词汇的发展有着密切的关系。词汇的双音化、词语的兴替演变、词语义位的发展变化，使得母字原先记录的多个词语及意义不再力求通过字形的分化来区别，分化字分化的词语及意义仍然使用或者仍然可以由母字来记录，造成分化字被废弃，或是与母字并用，从而导致汉字分化未果。

2.1 词语的双音化

先秦时期，汉语词汇以单音词为主，复音词所占比例较少。因汉字是音节文字，字与词的单位基本切合，书面语中在用字写词时还可以由字而别词，也即字形是区别词语的一个重要手段。当因词义派生或文字假借引起一字记录多个词语时，常通过文字分化的方式来达到一字与一词相对应的格局，以求得词语之间的相互区别。然而，由于受到语音系统简化以及汉语表达精密化等因素的影响，汉语词汇在汉魏时期开始双音化，词汇的双音化使得语言中词语与词语之间不再借由创制新字，而是通过与别的词素复合成词的方式来区别，即使是造了分化字的词语，若在双音化趋势的影响下演化为复合词，那为它而造的分化字也就降低或丧失了别词的作用，有的分化字甚至被废弃不用。

例如“周—赒”。“周”字，《说文・口部》：“周，密也。”本义为周密，引申有紧密、牢固、亲密、和谐、普遍、完备、救济等意义。《诗・大雅・云汉》：“靡人不周。”毛传：“周，救也。”《孟子・万章下》：“君之于氓也，固周之。”表示救济义，后又造“赒”字，即“赒”是为分化“周”的救济义而造的后出分化字。“赒”字未见于《说文》。《玉篇・贝部》：“赒，给也，赡也。”《周礼・地官・大司徒》：“五党为州，使之相赒。”东汉郑玄注：“赒者，谓礼物不备相给足也。”分化字“赒”产生之后，一直与母字“周”并行使用。《慧琳音义》卷四十六：“赒救，今作周，同。”“周”与“赒”表达救助义时多是以复合词的形式出现①，如“周济”“周卹”“周救”“周给”“周养”等，这些复合词中的“周”均又写作“赒”。据孙建伟检索统计：“在北京大学 CCL 语料库‘古代汉语’部分搜索到‘周济’303 次，‘赒济’9 次；‘现代汉语’部分搜索到‘周济’475 次，‘赒济’2 次；2016 版 CBETA 佛典数据库中，‘周济’出现 58 次，‘赒济’出现 1 次。”②可见，文献中救助义的“周”使用频率明显高于“赒”。“周—赒”的分化未果当是因词语复音化的影响所致。

又如“历—𨅪”。“历”字，本指经历、经过。《说文・止部》：“历，过也。”《汉书・司马迁传》：“且李陵提布卒不满五千，深践戎马之地，足历王庭，垂饵虎口，横挑强胡。”又引申有经行、跨越、经受、依照次序、多次、尽、遍等用法。“𨅪”是“历”的后出分化字，专用以记录“历”的经历、经过义。《集韵・锡韵》：“𨅪，足所经践。”智严集《福州玄沙宗一大师广录》：“肩横榔栗，𨅪众壑以无辞。心注芙蓉，涉重江而罔滞。”“𨅪”与“涉”对举，可知“𨅪”为经行义。然而，表达经行义，在东汉时期就有用复合词“经历”的文献用例，如《汉书・哀帝记》：“经历郡国，西入关至京师。”在“𨅪”产生的时期，“历”的经历义多以复合词“经历”出现，很少单独使用“历”。因而，专门为分化“历”字经行义而造的“𨅪”也就没有了市场，随之而被废弃。

再如“折—殀”。“折”字，本指折断。《说文・艸部》：“折，断也。”后引申有裁断、减损、毁掉、早死、屈从等用法。“殀”字，从字形上看，是为“折”的早死义造的分化字。《集韵・薛韵》：“殀，夭死也。”《正字通・歹部》：“殀，夭死。经史本作折。”“殀”字分化未果的原因是：“殀”字产生时，表示夭死义已很少单用“折”，而是多用复音词“夭折”。

类似的例字再如“果—惈”“狸—貍”“胡—曶”“赣—灨”“佩—珮”“甘—甝”等。

① 《汉语大词典》中“赒”字条下列有 16 个复合词，“赒济”“赒卹”“赒救”“赒给”“赒养”“赒恤”“赒全”“赒委”“赒助”“赒荒”“赒施”“赒赐”“赒急”“赒穷”“赒饩”“赒赡”，这些复合词中的“赒”均又写作“周”。

② 孙建伟：《汉语分化字的实指、生成模式及制约机制研究》，《内蒙古社会科学》2017 年第 5 期。

2.2 词语的兴替演变

汉字分化就是将母字记录的多个意义或词语中的某一个采取造分化字的方式分离出来。而母字所记录的几个意义或词语缘何一定要通过字形的分化相区别，这与母字所记录的几个词语在语言中的使用情况密切相关。一般来讲，共用一字的几个词语使用频率都比较高，皆属于语言中的常用词语，那它们在字形上相区别的需求也就比较大，也就更趋向于通过汉字分化达到相区别的目的。陈青将其总结为一条规律，称为“常用分化”或“常用凸显”。① 然而，当分化出的词语发生兴替演变，被同义词语替代而不再为常用词语时，它与母字所记录的其他词语也就相对没有了字形上相区别的必要，汉字分化因之分化未果。

例如“须—䇓”。“须”字，《说文·须部》：“须，面毛也。”本指胡须，又假借表示等待义。《易·归妹》：“归妹以须。”陆德明释文：“须，待也。”《仪礼·士丧礼》：“须以宾入。”郑玄注：“须，亦待也。”“䇓”是“须”的分化字，专以记录等待义。《说文·立部》：“䇓，待也。”李国英在《小篆形声字研究》一书中指出：“就产生的动因来分，形声字可以分为强化形声字与分化形声字两类。强化形声字指增加意义或声音信息以强化它的标词功能的形声字；分化形声字是以区别为目的，在源字上累加义符或改换义符而成的形声字。”②“䇓”为分化形声字。文献中有“䇓”的用例，但仍多用“须”来表示。段玉裁《说文解字注》：“今字多作需、须，而䇓废矣。”“䇓”分化未成功，究其原因，与等待义词语的兴替有直接关系。先秦时期，表示等待义的词语有“徯”“须”“俟”“待”“候”③，其中“徯”“须”产生较早，见于早期典籍《尚书》《诗经》中。“俟”“待”“候”出现稍晚，约产生于春秋时期。两汉时期，“待”“候”发展为了该语义场的主要成员，而“徯”“须”“俟”逐渐衰落成了边缘成员。“䇓”虽为分化“须”的等待义而造，但也因词语{须}的衰落而分化未成功。

又如“各—狢”。“各”字，本义为来、至。甲骨文、金文中均有使用“各”本义的用例。《说文》训“各”为“异词”，这一意义非其本义，产生较晚。清徐灏《说文解字注笺·口部》：“各，古格字，故从夂。夂有至义，亦有止义，格训为至，亦训为止矣。”“各”又有宾客义、格杀义。《越王钟》铭文（《殷周金文集成》144）：“我台(以)乐……大夫、宾各(客)。”《兮甲盘》铭文（《集成》10174）：“各(格)伐猃狁。”“狢”字，从形体来源上看，它是“各”的后出分化字，专用以记录“各”的来、至义。《师虎簋》铭文（《集成》4316）：“王才(在)杜，狢于大(太)室。”《方言》卷一：“狢，至也。邠、唐、冀、兖之间曰假，或曰狢。”然而，“各”与“狢”的分化并不成功，记录来、至义，后来不用分化字“狢”而是借用“格”字记录。④《书·汤誓》：“格，尔众庶。”《诗·大雅·抑》：“神之格思。”“狢”字分化未成功当也是缘于词语间的兴替演变。表示来、至义，商周时期用{各}，而春秋战国时期主要用{来}{至}。{各}被{来}{至}替换以后，“各”字的来、至义已不再是它的常用义项，专门为这一意义而造的分化字“狢”也因此而没有通行开来。

再如“荷—抲”。“荷”字，本指荷花，借用以表示负荷义。负荷义的本字为“何”。《说文·人部》：“何，儋也。”因“何”字被借用以表示什么义的疑问代词，所以后又借用荷花义的“荷”来表示。“抲”是“荷”的后出分化字，专门记录“荷”的负荷这一假借用法。唐玄应《一切经音义》卷六：“何，古文抲，《说文》：胡歌反。何，儋也，……今皆作荷也。”《集韵·哿韵》：“荷、何、抲、抲，《博雅》：‘儋也。’或作何、抲，亦省。”“抲”字产生后并未通行，分化未果，原因是“抲”字产生时，负荷义已不再是{荷}的常用义，{荷}已为{担}替代，因而负荷义也就仍由“荷”字记录。

类似的例字再如“鲜—尟”“然—嘫”“豆—荳”“旨—恉”等。

---

① 陈青：《论汉字分化中的母字归属机制——对王凤阳先生“常用占简”理论的反思》，《中国文字研究》第二十九辑，上海书店出版社，2019年，第145页。

② 李国英：《小篆形声字研究》，北京师范大学出版社，1996年，第11、12页。

③ 王凤阳《古辞辨》指出：“‘徯’是‘待’的古语，‘俟’与‘待’可能是不同方言所采取的不同字形。”

④ 借用“格”来分担记录“各”的来、至义，这不是汉字分化，只是分散多义字职务的其他方法。

2.3 词语义位的发展

汉字分化是多义字的义项独立和字的形体分化互相配合、共同完成的过程。多义字义项的独立性常常取决于义项之间的亲疏远近程度。“在多义词的词义多为相互关联的常规情景下，一个多义词的词义毫无关系或相隔太远，不符合多义词常规特征”①，因而假借义往往是首先被分化的对象。同理，一些较远的引申义也会成为被分化的对象。多义字的义项有了区别的需要，字形的分化若能与之相配合，分化随之发生；若不能与之配合，那就不发生分化。② 然而，汉字分化还有另一种现象，就是文字系统中为多义字的义项造了专用字，而多义字的义项同属一词且相互联系紧密，没有区别的需要，这类汉字分化是一种过度分化，最终结果大多分化不成功，因为字形的分化不是配合义项分化的需求进行的。

例如“昏—惛”。“昏”字本指日落。《说文·日部》：“昏，日冥也。”由此引申指光线昏暗不明。又引申昏愦（头脑糊涂、迷乱）、昏迷（神志不清或失去知觉）、昏花（眼睛模糊不清）等意义。《书·多方》：“乃大淫昏，不克终日劝于帝之迪。”其中“昏”为昏愦义。“惛”是为“昏”的“昏愦”义专造的分化字。《说文·心部》：“惛，不憭也。”《孟子·梁惠王上》：“吾惛，不能进于是矣。愿夫子辅吾志，明以教我。”然而“昏”“惛”二字的分化并不成功，后世文献中表示昏愦义一直是“昏”“惛”并用。《晋书·帝纪》：“及刘粲嗣位，昏虐日甚。”唐释道宣《广弘明集·遂古篇》：“幽明诡性，令智惛兮。”“昏”字的昏愦义与昏迷义、昏花义联系紧密，属同一词语的几个关联引申义。而为昏愦义另造专用字，是由于该意义不是很抽象，汉字系统中有相应的类化义符，且类化义符“心”属于高频义符，因而易于为该意义造新字形，于是产生的“惛”字。这显然是属于汉字的过度分化，因而也难逃分化未果的命运。

又如“赞—讚”。“赞”字，本义为辅助。《小尔雅·广诂》：“赞，佐也。”“赞”字本作“賛”，字形从贝、从扶。扶，《说文·夫部》：“扶，并行也。从二夫。”《说文》小篆讹为从“兟”，字形作“赞”。由帮助义引申指引导、辅助行礼的人、告知、唱赞、赞礼、称赞、文体名（以赞美为主）等等。《后汉书·孔融传》：“既而与衡更相赞扬。”“讚”是“赞”的分化字，专门记录“赞”的称赞义、文体名。《后汉书·崔骃传》：“进不党以讚己，退不黩于庸人。”但“赞”“讚”分化未果，文献中表示称赞、文体名既用“讚”，又用“赞”。《儒林外史》第十九回：“前日返舍看见家兄的书信，极赞二相公为人聪明。”《红楼梦》第二回：“雨村最讚这冷子兴，是个有作为、大本领的人。”“讚”字是在母字“赞”的基础上增加类化义符形成，但形体的分化并不是应义位独立的需求而产生，因而也就未能成功分化。

类似的例字再如“豐—寷”“播—譒”“应—噟”“毁—譭”“毁—擊”等。

三　汉字发展的规律对汉字分化的影响

汉字分化进程中，分化字分化目的是否能够实现，这又是有关汉字使用的问题。汉字在产生和发展过程中，每一时代、每一阶段都会产生许多新字形，而这些新增字形有些则行用了下来，而有些却被逐渐淘汰废弃，它们的行废要受到汉字发展规律的潜在制约，如文字符号区别律要求汉字符号之间要有足够的区别度，汉字在区别律的制约下，形体相同的字形或产生形体上的分化，或被废弃不用；文字符号简易律要求汉字符号的数量不能过多，且字形不能过于繁难，受简易律的制约，汉字系统中同记一词的诸字形会展开竞争，结果字形之间优胜而劣汰。所以，分化字能否行用开来并成功分化母字的部分职能，这也要受到汉字系统的影响与制约。

---

① 刘寒青：《从“刀斗”到“刁斗”——“刀”“刁”分化的历时考论》，《汉语学报》2020年第3期。

② 字形的区别要受形义统一规律的制约。如果母字形义统一，保持着本来的构字意图，同时兼记的义项又意义抽象，难以找到类化义符，那就可能不发生分化。

3.1 同形字的影响

分化字产生的根本目的是分散多义字的职能，以求字形记录词语更加清晰、明确。多义字是汉字系统中存在的"异词同形"现象的一种，另一种是同形字。① 多义字与同形字都会引起字形表意模糊，因而，都需要通过形体的分化来实现意义的精确表达。② 如若汉字分化过程中分化字的产生恰巧又造成了同形现象，那分化的初衷与结果就背道而驰了。因此，"汉字分化的过程必须规避同形现象"。③ 尤其是共时文字系统中，与分化字同形的另一字正在流通使用，那么，分化字产生进入到汉字系统中后，它的行用就会受到一定的影响。

例如"瓜—苽"。"瓜"字古文字形体象蔓上长的瓜形，本义是各种瓜的通称。《诗·豳风·七月》："七月食瓜，八月断壶。""瓜"引申指形状如瓜的饰物、仪仗、兵器之类的器物，又有瓜成熟的用法。"苽"当为"瓜"的分化字，专门记录"瓜"的本义。《干禄字书》："苽、瓜，上俗下正。"《南齐书·孝义传·韩灵敏》："兄弟共种苽半亩，朝采苽子，暮已復生。"敦煌写本《搜身记》："吾梦见天人下来取我，为吾曰：'汝欲得活，得苽食之一顿，即君活也。汝不得苽，终须死矣。"然而"瓜""苽"二字分化未果，后世文献中仍多用"瓜"。"苽"字未完成分化，当是因同形字"苽"的影响而致。"瓜"的分化字"苽"与雕苽义的"苽"恰巧同形。《说文·艸部》："苽，雕苽。一名蒋。"《广雅·释草》："苽，蒋也。其米谓之彫胡。"《淮南子·原道训》："雪霜滾灖，浸潭苽蒋。"高诱注："苽者，蒋实也。其米曰彫胡。"

又如"去—弆"。"去"字，《说文·去部》："去，人相违也。"段玉裁注："违，离也。"本义即离开。又引申有距离、失去、前往、过去的、以后等意义。又表示撤出、去掉义，这一意义旧读上声。《广韵·语韵》："去，除也。"《孟子·滕文公下》："什一，去关市之征，今兹未能，请轻之，以待来年而后已。"宋沈括《梦溪笔谈·辨证一》："不求去碍，而欲见不颠倒，难矣哉！""去"字的撤出、去掉义后又分化出"弆"字来记录。《集韵·语韵》："去，徹也。或作弆。"但"弆"字没有流通使用开来，它的分化不成功，是因为这一字形正好与汉字系统中表示收藏义的"弆"同形。唐玄应《一切经音义》卷十三："弆，藏也。《通俗文》：'密藏曰弆。'"《敦煌变文集新书》卷八："遂藏弆讫，昆仑遂即西行。"《金史·食货志三》："其弆藏应禁器物，首纳者每斤给钱百文。"

又如"渣—⿰米乍"。"渣"字，本表示水名。《玉篇·水部》："渣，水名。"《广韵·麻韵》："溠，水名，出义阳。渣，溠同。"又表示渣滓义。《正字通·水部》："渣，俗以此为渣滓字。"《南齐书·张融传》："若木于是乎倒覆，折扶桑而为渣。"南北朝释僧祐《弘明集》卷八："皆是炎山之煨烬，河洛之渣糁。""渣"的渣滓义，后又造专用字"⿰米乍"。《集韵·麻韵》："⿰米乍，滓也。通作渣。"然而"渣""⿰米乍"二字分化未果，文献中仍使用"渣"字。分化字"⿰米乍"未流通使用，当也是受到了同形字"⿰米乍"的影响。汉字系统中另有舂米义的"⿰米乍"字。《龙龛手镜·米部》："糳，正，音作。米精细也。或作⿰米乍。"

类似的例字如"府—腑""方—祊""勦—⿰言巢""卒—倅"等。

3.2 字形的局限性

汉字分化中分化字不管是为母字的哪一义项而造，其形体的生成均要受到汉字形义统一规律的制约。因此，就分化字字形本身而言，形体与所记词语的形义关系是符合汉字特点的。但是，分化字产生之后，就不再属于汉字造字的问题了，而是进入汉字系统中到了汉字流通使用的阶段。分化字要将母字的部分职能转承过来，也即记录同一词语的字形要发生历时的更替，那么，分化字与母字两字形之间就会有竞争，就会经历一个自然淘汰的过程，最后优者胜出。若分化字胜出，母字退出，汉字分

---

① "异词同形"现象包括两种情况：一是原本为一个词语造的字，由于记词功能的扩展而导致一形记录多词，二是为语言中不同的词语造的字，几个字的形体偶然相同，前者为一字多用，即多义字，后者是同形字。

② 同形字的形体分化跟汉字分化相近。如同形字"龃"记录两个词，一是牙龃义的{龃$_1$}，二是啃咬义的{龃$_2$}，{龃$_2$}后造新字"啃"，以区别于{龃$_1$}的"龃"。

③ 陈青：《基于〈集韵〉的汉字分化研究》，硕士学位论文，北京师范大学，2017年，第95页。

化成功；反之，汉字分化未果。

例如“億—䡾”。“億”字本指安定。《说文·人部》：“億，安也。”又表示满足。《玉篇·心部》：“意，《说文》：‘满也。’今作億。”又用作数的单位。《玉篇·心部》：“意，《说文》：‘十万曰意。’今作億。”古代或以十万为億，或以万万为億。《诗·魏风·伐檀》：“不稼不穡，胡取禾三百億兮。”毛传：“意万万曰億。”“億”表示数的单位的用法，后分化出“䡾”字。《集韵·职韵》：“䡾，数也。通作億、意”。然而，分化字“䡾”分化未果，文献中仍旧使用母字“億”。“䡾”字未行用当是由于其字形繁复，且构件“萬”极少用作义符①，起不到很好的提示意义信息的作用。

又如“果—菓”。“果”字，《说文·木部》曰“果，木实也。象果形在木之上”。《易·说卦》：“艮，为果蓏。”唐陆德明引应劭云：“木实曰果，草实曰蓏。”“果”引申有果敢、果断、实现、结果、果真、果然等用法。清徐灏《说文解字注笺》：“果，木实谓之果，故谓事之实然者曰果然。因之果敢、果断之义生焉。”“菓”是为分化“果”的果实义而造的分化字。《说文》未见。《篆隶万象名义》释文中见有“菓”字，但未将该字列为字头。《篆隶万象名义·黑部》：“黔，深黑色菓实。”“菓”为后起俗字。《广韵·果韵》：“果，俗作菓。”汉桓宽《盐铁论·园池》：“公田转假，桑榆菜菓不殖，地力不尽。”汉康孟祥译《中本起经》：“佛时作颂曰：‘命如菓待熟，常恐会零落。’”“果”“菓”分化未果，后世文献中一直并用记录果实义。究其原因，应是由于“果”比“菓”字形更为形义统一，理据更为清晰。

再如“终—殍”。“终”字，本指事物的结局。《诗·大雅·荡》：“靡不有初，鲜克有终。”又引申有终止、死亡、穷尽、最后的等意义。《左传·文公七年》：“今君虽终，言犹在耳。”“终”即为死亡义。“殍”是为分化“终”的死亡义而造的分化字。“殍”字未见于《说文》。《篆隶万象名义·歹部》：“殍，殁。终字。”三国吴支谦译《撰集百缘经》卷十本缘部：“至心求哀，寻即命殍。”“终”“殍”二字分化未果，文献中仍旧用“终”字。《玉篇·歹部》：“殍，殁也。今作终。”“殍”字未通行是由于：虽然“殍”比“终”在字形上形义更加切合，但却不能起到隐曲表义的效果，因为语言使用者正是为了避讳才常常用{终}代替{死}的。

类似的例字如“变—攣”“囚—迴”“企—跂”“馆—舘”等。

结语

汉字分化是应汉字准确记录汉语的要求，采取孳乳字形的方法以达到汉字职能的分化。分化字的产生意味着汉字分化的开始，分化字成功分化母字的职能标志着汉字分化的结束与完成。一字兼记多词是汉字分化的直接原因，而汉语词汇词义的派生与发展则是汉字分化的内在动因。汉字的分化并不一定都是成功的，也会产生分化未果的现象，因为，汉字分化的进程会受到汉语系统和汉字系统的潜在制约。汉语系统中，词汇的双音化、词语的兴替演变使得原由母字记录的多个词语之间字形上相互区别的需求性降低，这影响了分化字的行用，从而引起分化未果。词汇词义联系的亲疏程度会推动与制约汉字字形的分化，关系疏远的倾向于分化，联系紧密的一般不发生分化，即使字形已然分化，也会因词义联系紧密而影响分化的结果。汉字系统中，由于同形字引起的字形职能集中与分化字分散字形职能的目的相违背，因而，同形现象对汉字分化具有一定的制约作用。另外，分化字与母字相比，哪个字形在记录同一词语时更占优势，这也会直接影响汉字分化的结果。

汉字分化未果有时是受一种因素的制约导致的，有时则是在多种因素的影响下产生的。例如“道—噵”。“道”字，本义为道路，引申有方法、规律、道理、学说、疏导、引导、称述、言说等意义。“导”是为“道”的疏导、引导义专造的分化字，分化成功；“噵”是为“道”的称述、言说义专造的分化字，分化

① 构件“萬”在汉字系统中常常用作表音构件，如“勱”“澫”“癘”等字；用作表义构件极少，如“贎”字。

未果。魏晋南北朝时期,"'道'发展为表示言说义的常用词语"①,分化字"噵"也正是在这一时期产生的。"噵"产生之后,多见于佛教文献中,而在其他典籍中则较少见。这当是由于佛教文献中{道}出现频率非常高,表示佛道、规律、言说等诸多意义,于是借助字形"道""噵"来区分不同的意义。然而"噵"并未由此扩展流通开来,而是仍行用"道"字,究其原因,当是受到了"道"的复音词"称道""道说""说道"的高频使用和"道"被"说"的逐渐取代的影响而致。再者,对比成功分化的"道—导","道—噵"分化未果当也与语音形式未分化有关。语音系统对汉字分化的制约与影响待另行考察。

【参考文献】

[1] 裘锡圭.文字学概要(修订本)[M].北京:商务印书馆,2013.
[2] 唐兰.中国文字学[M].上海:上海古籍出版社,2005.
[3] 王宁.汉字构形学导论[M].北京:商务印书馆,2015.
[4] 王凤阳.汉字学[M].北京:中华书局,2018.
[5] 林沄.古文字学简论[M].北京:中华书局,2012.
[6] 郝士宏.古汉字同源分化研究[M].合肥:安徽大学出版社,2008.
[7] 程荣.古文字分化问题探讨[J].语言文字应用,1992(4).
[8] 卜师霞,凌丽君.异体字整理的原则和方法[J].云南师范大学学报,2010(6).
[9] 孙建伟.汉语分化字的实指、生成模式及制约机制研究[J].内蒙古社会科学,2017(5).
[10] 陈青.论汉字分化中的母字归属机制——对王凤阳先生"常用占简"理论的反思[J]//中国文字学报(第二十九辑)[C].上海:上海书店出版社,2019.
[11] 李国英.小篆形声字研究[M].北京:北京师范大学出版社,1996.
[12] 刘寒青.从"刀斗"到"刁斗"——"刀""刁"分化的历时考论[J].汉语学报,2020(3).
[13] 陈青.基于《集韵》的汉字分化研究[D].北京:北京师范大学,2017.

The Unsuccessful Differentiation of Chinese Characters from the Perspective of the Interaction Between Chinese and Chinese Characters

Yang Zhenhua

(College of Arts, Hebei University, Baoding 071000, China)

Abstract: The differentiation of Chinese characters is to use more glyphs to share the function of remembering a word through the way of drawing milk. The differentiation of Chinese characters is not always successful, and there are also phenomena of unsuccessful differentiation. The unsuccessful differentiation of Chinese characters refers to the phenomenon that the differentiation of Chinese characters fails to differentiate the functions of the mother characters after the differentiated characters are produced. The derivation and development of the meaning of Chinese vocabulary is the internal motivation of the differentiation of Chinese characters, and many other changes in the meaning of Chinese vocabulary will affect the result of the differentiation of Chinese characters; the basic purpose of the differentiation of Chinese characters is that Chinese characters meet the needs of accurately recording Chinese. While independent distinction is made, the process of Chinese

① 汪维辉:《汉语"说类词"的历时演变与共时分布》,《中国语文》2003年第4期。

character differentiation will be potentially restricted by the Chinese character system. The unsuccessful differentiation of Chinese characters is caused by the influence and restriction of the Chinese language and the Chinese character system.

Key words: differentiation of Chinese characters; differentiation of characters; unsuccessful differentiation; reasons

《全唐文补编》疑难字考释五则*

罗　顺

【摘　要】《全唐文补编》作为唐代文献的集成性巨著，具有重要的文献价值，但文本中存在部分未释疑难字，影响了本书的利用。本文对其中“䕰”“据”“詠”“畀”“盯”等五个疑难字进行了考释。

【关键词】《全唐文补编》；疑难字；考释

【作者简介】罗顺，华东师范大学中国文字研究与应用中心博士后，主要研究方向为汉字史、出土文献整理与研究。（上海　200062）

由陈尚君先生辑录的《全唐文补编》（后简称《补编》）收录唐人文章近7 000篇，采辑范围遍及四部群书、金石碑刻、敦煌遗书、域外汉籍等文献，是继《全唐文》《全唐文拾遗》《全唐文续拾》《全唐文补遗》之后又一唐代文献的集成性巨著，为研究唐代政治经济、历史文化、边疆史地、文学艺术、语言文字、风土民俗等提供了宝贵的资料。由于《补编》辑录文献范围较广，这些文献中不免存在大量的变异形体，往往难以辨识。该书《凡例》第十三条：“凡避讳字、武周新字及习见之形误字，皆径改为正体字，不作说明。凡石刻中之残字、古写本中之行草俗写字，有把握者定为正体，不作说明，仅属推测者以方括号标出，以示区别，无从判断推定者，或径存原形，或暂缺不录。”[①]《补编》中存留部分“无从判断推定”而“径存原形”的字，便是不能辨识的结果。本文摭拾其中五个未定疑难字加以考释。

一　䓰—䕰

方冀金貂紫阁。五公传䓰绶之荣。悲夫玉树黄泉。千载泣蒿亭之恨。（王勃《唐故度支员外郎达奚公墓志并序》，《补编》卷十五，第182页。）

“䓰”字查无出处。《补编》本篇据日本尚野尚藏唐代抄本残卷《王勃集》卷二八校录。核对原卷，其字形作[字形]。右下部略残泐，审谛之其形当为“䕰”，亦不见收于历代字书、韵书及Unicode，属未编码疑难字。

“䕰”当是“缤(綟)”的俗字。考察字形，知其上部构件“艹”为衍符。在原字形上加衍符构成“加形俗字”是俗字产生的重要形式。构件“艹”是出土文献文字中习见的衍符之一。如“瓜”加“艹”作“苽”。北魏《元璨墓志》：“既专裁襶蕃，化被南裔，志同灌瓜，莭慕羊陆，恩若春风，爱均冬景，蒲鞭苇杖，再光江汅。”其中“瓜”字字形即作[字形]。“果”加“艹”作“菓”。北魏《青州刺史元湛墓志》：“爱山水，翫园池，奇花异果，莫不集之。”其中“果”字原拓作[字形]。“席”加“艹”作“蓆”，如《张洪庆等造像记》：“王人张席。”其中“席”字上部即加“艹”作[字形]。英藏敦煌写卷S.516（33－19）《历代法宝记》：“说已离席，魔党失色无计，魔事便息。”其中“席”字原卷作[字形]。空海《篆隶万象名义》：“蓆，廗亦反。……席也。”或即本此。“巢”加“艹”作“薻”。英藏敦煌写卷S.2832《愿文等范本・因产亡事》：“嗟乎！骊珠未见兮并骊龙没，子瞉未分兮巢柯摧。”其中“巢”字原卷作[字形]，与《集韵・爻韵》所收释义为“艸名”的“薻麦”字同形。

* 基金项目：本文为国家社科基金重大项目“计算机识别商周金文研究”（项目编号：19ZDA313）、华东师范大学人文社会科学青年预研究项目“唐代碑刻语料库建设”（项目编号：43800－20101－222254）阶段性成果。

① 陈尚君辑校：《全唐文补编・凡例》，中华书局，2005年，第2页。

“两”加“艹”作“⿱艹两”。浙藏敦煌写卷二七《大智度论》：“九者平住两手摩膝。”其中“两”字原卷作⿱艹两。“种(種)”字有加“艹”作“⿱艹種”。英藏敦煌写卷 S.343(12－8)《亡文》：“菩提种子，长积于身田；智惠明牙，芬芳[于]意树。”其中“种”字原卷作⿱艹種。

宋真宗天禧四年《大宋镇西军留青村税户葬主邓珣墓志记》碑阴铭文：“大宋天禧四年二月十日，留青村税户邓珣遂于义荣地东边，买到黄四蔟浪乜地，东西一十五步，南北五十步，于地内置围一所，崔□作价钱八贯文，其钱当日交足。”汤开建认为“黄四蔟”即“黄四族”。[①] 黄四族为史传书籍所阙载之党项部族。其中“蔟”即是“族”字加衍符“艹”而构成“加形俗字”，“黄四蔟”释读为“黄四族”是具有文字学根据的。

“⿱艹綟”上部“艹”也是这样的衍羡构件。另其右下部撇画也是中古俗字习用衍符，不赘。

綟绶，为古代诸侯王或丞相以上官吏作印绶使用的质地黑黄而近绿的丝带。《东观汉记·百官表》：“建武元年，复设诸侯王金玺綟绶，公、侯金印紫绶。”与《汉记》相对，《汉书·百官公卿表上》：“诸侯王，高帝初置，金玺盭绶，掌治其国。”颜师古注引晋灼曰：“盭，草名，出琅琊平昌县，似艾，可染绿，因以为绶名。”又《汉书·匈奴传》：“赐以冠带衣裳，黄金玺，盭绶，玉具剑，佩刀，弓一张，矢四发……”颜师古注：“盭，古戾字。戾，草名也。以戾染绶，亦诸侯王之服。”颜注中作为草名的“戾”本字当作“⿱艹戾”。《急就篇》卷二：“缥綟绿纨皂紫硟。”颜师古注：“綟，苍艾色，东海有草，其名曰⿱艹戾，以染此色，因名綟云。”《说文解字·艸部》：“⿱艹戾，艸也。可以染留黄。”段玉裁《说文解字注》：“⿱艹戾，艸也。可㠯(以)染留黄。糸部綟下曰：帛，⿱艹戾艸染色也。留黄，辞赋家多作流黄。皇侃《礼记义疏》作駵黄。土克水，故中央駵黄，色黄黑也。汉诸矦王盭绶。晋灼曰：盭，艸名，出琅邪平昌县。似艾，可染黄，因以为绶名。玉裁按：盭，同音叚借字也。汉制盭绶在紫绶之上，其色黄而近绿，故徐广云似绿。或云似紫绶，名緺绶者，非也。緺，紫青色，与綟不同。”认为“盭”为“⿱艹戾”之假借字。“⿱艹戾”字汉魏六朝古书中多写作“戾”，于“盭绶”字又造了专字“綟”。因“綟绶”颜色黑黄而近绿，故又称“绿綟绶”。《晋书·卫瓘传》：“及杨骏诛，以瓘録尚书事，加绿綟绶，剑履上殿，入朝不趋。”《陈书·高祖纪上》：“其进位相国，总百揆，封十郡为陈公，备九锡之礼，加玺绂、远游冠、绿綟绶，位在诸侯王上。”又或省称作“绿綟”。唐《独孤开远墓志》：“岂谓未要绿綟，奄启黄炉，庶享大年，忽归厚夜。”[②]

志文中“綟绶”与“金貂”相对，皆为王侯及高级官吏之配饰，前文详述其曾祖至父之显赫宦历及爵位，四句志文意谓其本当承袭父祖之官爵，佩戴金貂、綟绶，登相位居紫阁，延续家族荣耀，不意竟未尊而逝。前两句属溢美之辞，后两句为惋惜之语，皆碑志套话。

二　⿰扌⿸尸吉

昔自任以宇宙。今托人以蒸尝。覩⿰扌⿸尸吉宇之隘逼。岂神心之所康。(王勃《过淮阴谒汉祖庙祭文(奉命作)》，《补编》卷十五，第 188 页。)

“⿰扌⿸尸吉”字从组合结构上看由“扌”“尸”“吉”三个构件组合而成，不见于历代字书、韵书。Unicode 也没有收录，属于未编码疑难字。本条据日本藏唐代抄本残卷《王勃集》卷二九校录。复核原文，其字形作⿰扌⿸尸吉，转录不误。

综合考察其形体及文意，知“⿰扌⿸尸吉”当为“檐”之俗体。“檐”本为从木詹声的形声字。《说文解字·木部》：“檐，㮰也。从木詹声。臣铉等曰：今俗作簷，非是。”俗体作“簷”，从竹詹声。俗写“木”与“扌”常讹混，习见于碑刻、写卷乃至刻本等诸多材料，不赘。[③] 其形符“扌”讹换原形符“木”的结果。“檐”字声

① 汤开建：《党项西夏史探微》，商务印书馆，2013 年，第 149 页。

② 吴钢主编：《全唐文补遗(第三辑)》，上海古籍出版社，1996 年，第 327 页。

③ 毛远明：《汉魏六朝碑刻异体字研究》，商务印书馆，2012 年，第 306 页。

符“詹”，小篆作𧩼。《说文·八部》：“詹，多言也。从言从八从产。”“据”字右上部构件“尸”是“产”形近讹写的结果，“产”左上部撇画或省写。日本唐写本《文选集注》卷第五十九：“贾谊上书曰：安有天下阽危者若是。”其中“危”字作𠩵；同书卷第一百十三：“憭彼危台，在滑之埆。”“危”字写作𠩵。二字“产”左上部撇画皆省写，变异构件“尸”则是在此基础上进一步讹写的结果。唐《纪信墓碑》：“卓荦磊朗，瑰偘倜傥奋威武兮。”其中“偘”字作𠑊，其右上部构件“产”即作“尸”。其下部构件“吉”则是“言”的讹写，俗写“詹”下部构件“言”多写作“吉”，不赘。碑刻文献中“檐”字本有右下部构件“言”写作“吉”之例。唐代《史信墓志》：“销声里闬，息景檐间。”其中“檐”字作𣚍，右下部即作“吉”。“檐”字另有俗体“薝”，右下部亦或作“吉”。北魏《奚真墓志》：“卷默玄赜，养德閰屋薝。”其中“薝”字作𦿆。北魏《穆玉容墓志》：“翠帐凝塵，朱薝留月。”其中“薝”字𦿆。二字右下部构件皆作“吉”。

檐宇，本指房屋等建筑。南北朝乐府诗《铜雀妓》：“寂寂檐宇旷，飘飘帷幔轻。”志文于此指汉高祖庙。志文“覩檐宇之隘逼，岂神心之所康。”与上文“昔自任以宇宙，今讬人以蒸尝”相接，谓淮阴汉高祖庙规制过小，岂能为昔日“自任以宇宙”的汉高祖所喜乐，是以庙廊之隘逼狭小反衬高祖之博大胸怀。

三 詠

其有至诚遐感。大孝潜詠。陟曾屺而想梵宫。履寒泉而思彼岸者。即新太令张君之谓欤。（芮知璪《大唐贝□通直郎行沂州通县新太县令上护军张文珪奉为二亲敬造像碑铭并序》，《补编》卷十七，第213页。）

“詠”字不见于历代字书、韵书。《补编》本篇据《八琼室金石补正》卷四〇校录，原书字形作詠，所录不误。

细绎之，“詠”当为“哀”的异体。从字形上看，“詠”是“哀”字构件“口”换写作“言”后再结体重构的结果。因“口”与“言”联系密切，意义相关，故二者作为汉字构件自古文字起便常相替换。较早的如咏尊铭文中“咏”字字形作䛿，“言”换作“口”；陈侯因資敦铭文中“哉”字字形作𢦏，“口”换为“言”。二构件混用的字于文献中更是习见，如吟（訡）、信（㐰）、嘑（謼）、呞（訏）、詾（哅）、謨（暮）、譜（喈）、謷（嗸）、呪（詋）、訶（呵）等，兹不备举。

“詠”最早见于西周早、中期的寡子卣铭文。其器盖、器身铭文中分别有詠、詠，郭沫若认作“哀”字异文，“哀爱古字通，此读为爱。”将“哀”读为“爱”。① 李学勤亦认作“哀”字，将“乌虖詠”读为“呜呼哀”，并认为即是文献上常见的“呜呼哀哉”。② 这样看来“詠”可以看作“哀”的古文异体。值得一提的是，目前出版的各类古文字编、古文字字形表及其他出土文献字典、文字编等皆未收录该字，似可补遗。

哀，哀伤、哀痛义。《广雅·释诂》：“哀，痛也。”潜哀，意为大哀、深哀。《大德禅师（思道）墓志》：“孙威神寺主僧承嗣，五内摧裂，躃踊攀号，声竭潜哀，泪尽续血。”③志文谓张文珪为父母二亲之逝世深切哀痛。

四 畀

柔仪惠范，不□闻训。早悟玄默，匪因严师。洎其始畀，□奉敬教。（严轲《唐故女道士永穆观主能师铭志》，《补编》卷六十七，第815页。）

① 郭沫若：《金文丛考》，人民出版社，1953年，第142页。

② 李学勤：《试释所谓“寡子卣”》，《出土文献》第十辑，中西书局，2017年，第36页。

③ 周绍良主编：《唐代墓志汇编》，上海古籍出版社，1992年，第1739—1740页。

“畀”字不见于历代字书、韵书，Unicode 也未见收，当属未编码疑难字。

细绎之，可知当为“笄”之俗字。因其所据拓本此字残泐，本文于此依汉字讹变规律推绎其形体所由。“笄”字上部构件本为“⺮”，因“⺮”与“从”形近，二者作为构件俗写常相混。“典”字緟益形体作“箕”，“箕”字另有二俗体“箕”“箕”，其上部构件“⺮”俱写作“从”。又构件“厶”与“口”可互换。如居延汉简 270.21：“尉卿治所”其中“治”字原简字形作[illegible]，上部构件“厶”写作“口”；肩水金关汉简 73EJT21：58“而王弗用失某时矣”其中“矣”字原简字形作[illegible]，上部构件“厶”也写作“口”。因此“从”便写作“吅”。构件“⺮”写作“吅”，本有其例。“策”字有俗体作“㔹”“粜”“𥳑”等。《龙龛手镜·口部》：“𡂝嚓㔹粜𥳑，五俗，音筞(策)。”五个字样皆为“策”字俗体，后三个俗体上部形符皆作“吅”。综上，“笄”字上部构件演变的轨迹为：⺮⟶厶⟶口；整字形体演变轨迹为：笄⟶弅⟶畀。

“始笄”典出《礼记》。《礼记·内则》：“女子十年不出……十有五年而笄。”郑玄注：“谓应年许嫁者。女子许嫁，笄而字之；其未许嫁，二十则笄。”①后世因以“始笄”谓女子十五岁开始加笄束发，进入婚龄。如《魏书·刘昞列传》：“瑀有女始笄，妙选良偶，有心于昞。”②隋《李敬族妻赵兰姿墓志》：“夫人始笄之岁，备礼言归，内外节文，吉凶制度，曲为规矩，合门异之。”③“始笄”一词习见于唐碑志文献。《关预仁妻茹氏墓志》：“夫人弱龄之岁，四德内成；始笄之年，一志外备。”④《崔君妻王京墓志》：“出言有章，动客成则，始笄之岁，归我先府君。”⑤《江士汪妻张氏墓志》：“乌虖张氏，自始笄作合，爰至大暮。”⑥志文谓志主自十五岁行笄礼起，便自备敬教诸仪，称颂志主美德自成，属溢美之词。

五　盱

> 少曰守彬。先从公南行。执事左右。靡瞻何怙。罔极终天。虽卞盱之忠孝萃门。垂名死寇。念灌夫之勇果出众。有志雠吴。宣补西头供奉官。继功阀也。(萧士明《大周故光禄大夫检校司徒行右金吾卫将军兼御史大夫上柱国兰陵县开国男食邑三百户赠汉州防御使萧公墓志铭》，《补编》卷一零六，第 1348 页。)

“盱”字历代字书、韵书不见，Unicode 亦未收，属未编码疑难字。核校录文所据墓志拓片，原字作[illegible]，字形转录不误。

“盱”当为“盱”字异体。先考察文意：志文用了晋代卞盱与汉代灌夫的典故。卞盱之典出自《晋书·卞壸传》：“壸时发背创犹未合，力疾而战，率厉散众及左右吏数百人攻贼，麾下苦战，遂死之，时年四十八。二子眕、盱见父没，相随赴贼，同时见害。”⑦卞盱见其父卞壸战死，因此奋力杀敌，亦战死。此段志文用卞盱与灌夫之典，表彰墓主次子萧守彬之勇猛。

再核检字形：构件“于”写作“亍”，或是受“于”字小篆字形的影响。“于”小篆作“[illegible]”，隶变作“亏”或“亍”。从“于”之字或将其写作“亍”。如汉开通褒斜道刻石铭文中“宇”字作“[illegible]”，英藏敦煌写卷 S.238《金真玉光八景飞经》“华香散玉宇，烟气御玉京”中“宇”字原卷作“[illegible]”，声符“于”皆作“亍”；《可洪音义》：“[illegible]，乌故反，悮。”(A1008a12)“[illegible]，音乌，不流水也。”(A1008a12)二者皆为“污”之俗体，前者右下部构件作“亍”。亦或因“于”“亍”形近，俗写讹混。又晋代卞盱之典复见于《册府元龟》。《册府

① 阮元校刻：《十三经注疏·礼记正义》(清嘉庆刊本)，中华书局，2009 年，第 3187 页。

② 魏收：《魏书》，中华书局，1974 年，第 1160 页。

③ 罗新、叶炜：《新出魏晋南北朝墓志疏证》，中华书局，2016 年，第 356 页。

④ 周绍良主编：《唐代墓志汇编》，第 323 页。

⑤ 周绍良主编：《唐代墓志汇编》，第 1681—1682 页。

⑥ 周绍良、赵超主编：《唐代墓志汇编续集》，上海古籍出版社，2001 年，第 742 页。

⑦ 房玄龄等：《晋书》，中华书局，1974 年，第 1872 页。

元龟·将帅部》引《晋书·卞壶传》作"二子眕、盱见父没"①,则是"于""干"形近而误。校勘记曰:"眕、盱,宋本作'眕'、'盱'。"②则是"目""日"俗写相混所致。这里的"盱""盱"皆当作"盱"。

附记:本文蒙潘玉坤教授审阅指正,谨致谢忱!

【参考文献】

[1] 臧克和主编.汉魏六朝隋唐五代字形表[M].广州:南方日报出版社,2011.

[2] 毛远明编著.汉魏六朝碑刻校注[M].北京:线装书局,2008.

[3] 毛远明.汉魏六朝碑刻异体字研究[M].北京:商务印书馆,2012.

[4] 罗顺.唐碑志十种俗字斠补[J]//中国文字研究(第二十八辑)[C].上海:上海书店出版社,2018.

[5] 罗顺.俗字与历史文献考辨二例[J].古汉语研究,2019(4):56-65.

[6] 邹虎.隋代石刻俗字考释六则[J].中国语文,2018(4):470-512.

Study on Five Cases of Knotty Characters in *Quan Tangwen Bubian*

Luo Shun

(Center for the Study and Application of Chinese Characters,

East China Normal University, Shanghai 200062, China)

Abstract: As an integrated masterpiece of Tang Dynasty literature, *Quan Tangwen Bubian* has great literature value. There are some knotty Characters in the text as well, which affect the use of this book. This paper makes a research on the five knotty Characters in Quan Tangwen Bubian, such as li(藶), yan(据), ai(詠), ji(羿), xu(盱).

Key words: *Quan Tangwen Bubian*; knotty characters; research and explain

① 王钦若等编纂,周勋初等校订:《册府元龟》,凤凰出版社,2006年,第4197页。

② 王钦若等编纂,周勋初等校订:《册府元龟》,第4205页。

《训诂学》指瑕*

白于蓝　孔婷琰

【摘　要】郭在贻的《训诂学》一书在个别论述和例证使用方面存在问题，本文参证历史文献，对该书所论之"怨女""怨士""皮面""称宜""好善"和"入国"等词汇加以重新探讨，并对所涉相关问题加以新的研究。

【关键词】训诂学；怨女；皮面；称宜；入国

【作者简介】白于蓝，华东师范大学中国文字研究与应用中心教授、博士生导师，研究方向为古文字学。孔婷琰，女，华东师范大学中国文字研究与应用中心博士研究生，研究方向为古文字学。（上海　200241）

郭在贻先生的《训诂学》于1986年由湖南人民出版社首次出版，之后中华书局分别于2005年和2019年又出了两次修订版。该书简明扼要，重点突出，而且以其自有的独创性和实用性，长期被国内各大高校中文系用作教材，深受广大师生好评。笔者因给本科学生授课而使用该书，在受益匪浅的同时，对该书的个别论述和例证有些不同看法，今略举数例，敬请方家批评指正。

为方便征引，下文以最后出版的《训诂学（修订本）》（中华书局，2019年）为底本，所引原文均出自该版。

一

《训诂学》一书中关于"怨女"之"怨"字的讨论，凡四见。为论述方便，现依次分述于下：

（一）第二章"训诂学的内容"第一节"释词和解句"有如下一段文字：

> 《韩非子·外储说右下》："上有积财，则民臣必匮乏于下；宫中有**怨女**，则有老而无妻者。"文中怨字与上文积字相对成文，则亦当有积义，而非怨恨之义也。章太炎云："怨与积同义，怨读为怨利生孽之怨。怨利，谓蕴利也。《荀子·哀公》云：'富有天下而无怨财。'怨财，谓滞财也。惟女有蕴蓄于宫中者，而民乃无妻，不论女之情怨与不怨也……故知怨非怨恨谊也。下云：'内无怨女，外无旷夫。'旷者，虚也，与怨相对。内过实则外虚，理势必然。"（《章太炎全集》册一页76《膏兰室札记》九五"怨女"条）按：章说至确。①

以上这段文字，郭先生指出《韩非子》文中"怨字与上文积字相对成文，则亦当有积义，而非怨恨之义也"，又引章太炎说法指出该"怨"字当读为"怨利生孽"（引者按，《晏子春秋·内篇杂下·田无宇胜栾氏高氏欲分其家晏子使致之公》文）之"怨"，"怨利，谓蕴利也"。

按，郭先生认为"怨字与上文积字相对成文，则亦当有积义"，但事实上，典籍旧注中找不到"怨"有训为"积"义的任何例证。其实，在其所引章太炎的论述中讲得还是比较清楚，"怨读为怨利生孽之怨。怨利，谓蕴利"，"怨女"是"惟女有蕴蓄于宫中者"。可见，章先生的看法其实是将"怨"读作"蕴"而训为"积"。

《荀子·哀公》："富有天下而无怨财。"杨倞《注》："怨，读为蕴。言虽富有天下，而无蕴蓄私财也。"《晏

* 本文为教育部、国家语委"甲骨文等古文字研究与应用专项"重点项目"战国秦汉简帛文献通假字集成及数据库建设"（项目批准号：YWZ—J030）、2021年度教育部哲学社会科学研究重大课题攻关项目"出土商周秦汉文献通假语料的整理与数据库建设研究"（项目批准号：21JZD043）的阶段性成果。

① 郭在贻：《训诂学（修订本）》，中华书局，2019年，第15页。

子春秋》"怨利生孽",《左传·昭公十年》作"蕴利生孽",杜预《注》"蕴,畜也"。王念孙《读书杂志·晏子春秋杂志·怨利生孽》:"《左传》作'蕴利',本字也。此作'怨利',借字也。……《晏子》书固以'怨'为'蕴'矣。《荀子·哀公》篇'富有天下而无怨财'……彼言'怨财',犹此言'怨利'。"[①]章先生当知晓此说。

笔者认为,《韩非子》此"怨女"之"怨"亦可读作"鬱(今简化字作'郁',与《说文》'右扶风郁夷也'之'郁'同形)"。"怨"从"夗"声,典籍中从"夗"声之字与"鬱"音近可通。《诗·秦风·晨风》:"鬱彼北林。"《周礼·考工记·函人》郑玄《注》引郑司农说鬱作宛。《礼记·内则》:"兔为宛脾。"郑玄《注》:"宛或作鬱。"即其证。"怨""鬱"二字还均可与"冤"字相通。《楚辞·九章》:"鬱结纡轸兮。"洪兴祖《楚辞补注》:"《史记》鬱作冤。"[②]《楚辞·七谏》:"心悇憛而烦冤兮。"洪兴祖《楚辞补注》:"冤一作怨。"亦其证。此外,典籍中"鬱"与"蕴"亦音近可通。《诗·大雅·云汉》:"蕴隆虫虫。"陆德明《释文》:"蕴,《韩诗》作鬱。"仍可证。可见"怨"可读作"鬱"。

同"蕴"字一样[③],"鬱"字古亦有积聚之义。《诗·秦风·晨风》:"鬱彼北林。"毛《传》:"鬱,积也。"孔颖达《疏》:"鬱者,林木积聚之貌。"《汉书·路温舒传》:"忠良切言,皆鬱于胸。"颜师古《注》:"鬱,积也。"《汉书·扬雄传》:"掀桂椒,鬱移杨。"颜师古《注》:"鬱,聚也。"王力认为"鬱""蕴"为同源字。[④] 据此,宫中之"怨(鬱)女"亦即宫中鬱积之女。

"鬱"字古还有滞塞、不通之义。《左传·昭公二十九年》:"鬱湮不育。"杜预《注》:"鬱,滞也。"孔颖达《疏》引贾逵说:"鬱积是沉滞之义,故为滞也。"《广韵·物韵》:"鬱,滞也。"《管子·君臣下》:"鬱令而不出者,幽其君者也。"尹知章《注》:"鬱,塞也。"[⑤]《吕氏春秋·达鬱》:"精气鬱也。"高诱《注》:"鬱,滞不通也。"《汉书·宣帝纪》:"朕不明六艺,鬱于大道。"颜师古《注》引孟康曰:"鬱,不通也。"前引章先生的看法中亦指出《荀子》"富有天下而无怨财"之"怨财"即"滞财"。据此,宫中之"怨(鬱)女"亦可理解为宫中鬱滞而不往外流动的女子。

《后汉书·周举列传》:"内积怨女,外有旷夫。""怨"字前已经有了"积"字,如此看来,似当以将"怨女"之"怨"读作"鬱"而训为鬱滞之义为优。"滞"与"积"虽词义相关,但还是有所不同。"积"是过程,"滞"是结果。

(二)第三章"训诂学的作用"第二节"指导古籍整理"第三小部分"训诂与注释"有如下一段文字:

> 《孟子·梁惠王下》:"内无**怨女**,外无旷夫。"其中"怨女"的怨字,乃蕴积之意,不可误解。《新序·杂事》:"后宫多幽女者,下民多旷夫。"怨女即幽女,幽亦有蕴积之意。《韩非子·外储说右下》"桓公勤民而管仲省腐财怨女",《荀子·哀公》"富有天下而无怨财",杨倞注:"怨读为蕴,言虽富有天下而无蕴蓄私财也。"《礼记·礼运》"事大积焉而不怨",《经典释文》:"怨,于粉反,积也。"此均足证明怨有积义。(参看《章太炎全集》册一《膏兰室札记》九五"怨女"条、蒋礼鸿师《义府续貂》页 114)又《楚辞·九章·悲回风》:"悲回风之摇蕙兮,心冤结而内伤。"冤结即郁结,姜亮夫师《屈原赋校注》云(页 449):"冤结,即宛结、郁结一声之转。"有的选本注为"冤苦而郁结"(马茂元《楚辞选》页 171),即由于不明冤字之义而误解。又《楚辞·九叹·愍命》:"丛林之下无怨士兮,江河之畔无隐夫。""怨"与"隐"对文,怨即隐义,王逸注这句说(《楚辞章句》):"言己既举士,必先于丛林侧陋之中,使无怨恨;令江河之界,使无隐佚之夫。"望文生训,未为正诂。[⑥]

---

① 王念孙:《读书杂志》,江苏古籍出版社,2000 年,第 549 页。

② 今中华书局本《楚辞补注》(1983 年,第 142 页)误作"纡作冤",参黄灵庚:《楚辞异文辩证》,中州古籍出版社,2000 年,第 401 页。

③ 宗福邦、陈世铙、萧海波主编:《故训汇纂》,商务印书馆,2003 年,第 1986 页。

④ 王力:《同源字典》,商务印书馆,1982 年,第 448 页。

⑤ 黎翔凤撰,梁运华整理:《管子校注》,中华书局,2004 年,第 582 页。

⑥ 郭在贻:《训诂学(修订本)》,第 45 页。原文引《新序·杂事》有误,"旷"下缺漏"夫"字,参石光瑛校释,陈新整理:《新序校释》,中华书局,2001 年,第 199 页。

以上这段文字，郭先生讲了两个问题。第一个问题是讲“怨”有“蕴积”之义，“冤结”有“宛结”“郁结”之义，以此来纠正马茂元《楚辞选》对“冤结”一词字的解释。第二个问题是讲“怨”有“隐”义，以此来纠正王逸《楚辞章句》的相关解释。按，整段文字的论述存在以下四个方面的问题：

第一，指出《孟子》“内无怨女，外无旷夫”之“怨”是“蕴积之意”。按，《孟子》此“怨女”显即前文《韩非子》之“怨女”。如果一定要说“怨”有“蕴积”义，也当是“蕴”或“鬱”字之假借义，而非“怨”字本身即有此义。该问题前文已有讨论，此不赘述。

第二，通过《新序》和《孟子》相关文句的对比，指出“怨女即幽女，幽亦有蕴积之意”。按，指出“怨女即幽女”。可从。但以此为依据，并在“怨”“乃蕴积之意”的基础上，推导得出“幽亦有蕴积之意”的结论，则不可信。“幽”字在典籍旧注中也从未见到有训为“蕴”或“积”之义的任何例证。

《新序·杂事》之“后宫多幽女者，下民多旷夫”，石光瑛《校释》“幽，幽闭”。[①] 按，“幽”字古有“闭”义。《后汉书·张衡列传》“竖乱叔而幽主”，李贤《注》“幽，闭也”。即其例。典籍中“幽闭”一词是常见词汇，义同“幽禁”“禁闭”。[②]《后汉书·周举列传》：“非但陛下行此而已，竖宦之人，亦复虚以形埶，威侮良家，取女闭之，至有白首殁无配偶，逆于天心。”此“取女闭之，至有白首殁无配偶”与《新序》“后宫多幽女者，下民多旷夫”显然文义相近，而其中正用“闭”字。

《墨子·辞过》：“内无拘女，外无寡夫。”张纯一《墨子集解》引曹云：“拘女者，女在宫中若拘囚也。”[③]白军鹏指出《新序》之“幽女”即《墨子》之“拘女”，引《荀子·王霸》“公侯失礼则幽”杨倞《注》“幽，囚也”和《吕氏春秋·骄恣》“栾书、中行偃劫而幽之”高诱《注》“幽，囚也”为证。[④] 按，《左传·僖公二十八年》“乃拘宛春于卫”，《史记·晋世家》拘作囚。《史记·留侯世家》“释箕子之拘”，裴骃《集解》引徐广曰“拘，一作囚”。可证“幽”“拘”同义。“幽囚”一词亦是典籍中的常见词汇，义同“囚禁”。[⑤]

笔者认为，白军鹏与石光瑛的解释并不矛盾，二者均立足“幽”字古注，取义于“幽闭”“幽囚”，且与《墨子》之“拘”字义相合。故均可从。总之，《新序》之“幽女”与《墨子》之“拘女”同义，均指拘囚之女。而“拘女”“怨女”则在意思上存在一定关联，故张纯一和陈伟武均指出《墨子》“内无拘女，外无寡夫”与《孟子》“内无怨女，外无旷夫”意同。[⑥]

第三，引“《礼记·礼运》‘事大积焉而不怨’，《经典释文》：‘怨，于粉反，积也’”为证，以证“怨有积义”。按，所引《礼记》和《经典释文》之原文均有误。经查检十三经注疏本《礼记正义》和单行本《经典释文》，所引之“怨”其实均是“苑”字。[⑦] 特别是孔颖达《正义》还对《礼记》这段文字作了专门解释：“皇氏云：‘事大积焉而不苑者，既用顺为常，事无苑滞。’事大者，天子事也，虽复万机辐凑，而应之有次序，不能使苑积也。”亦用“苑”字。可见以此来证明“怨有积义”，显然是靠不住的。此外，关于《礼记》陆德明《释文》训为“积也”之“苑”字，朱骏声《说文通训定声》认为亦是“鬱”“蕴”二字之假借，指出“苑、蕴、鬱一声之转”[⑧]，此与前文所论“怨”当读作“蕴”或“鬱”相合。

第四，通过《楚辞》“丛林之下无怨士兮，江河之畔无隐夫”这段文字的前后对应关系，指出“怨与隐对文，怨即隐义”。按，典籍旧注中找不到“怨”有训为“隐”义的任何例证。笔者认为，《楚辞》此“怨士”之“怨”亦当读作“鬱”而训为“滞”，所谓“怨(鬱)士”即鬱滞之士，“隐夫”即隐居之夫。二者正可形成对

① 石光瑛校释，陈新整理：《新序校释》，第 199 页。

② 汉语大词典编辑委员会、汉语大词典编纂处编纂：《汉语大词典(第四卷)》，汉语大词典出版社，1989 年，第 440 页。

③ 张纯一：《墨子集解》，成都古籍书店，1988 年，第 40 页。

④ 白军鹏：《关于“怨女”说的一点补充意见(下)》，《中华文史论丛》2017 年第 2 期。

⑤ 汉语大词典编辑委员会、汉语大词典编纂处编纂：《汉语大词典(第四卷)》，第 432 页。

⑥ 张纯一：《墨子集解》，第 40 页；陈伟武：《训诂校勘札记》，《中山大学学报(哲学社会科学版)》1987 年第 1 期。

⑦ 阮元校刻：《十三经注疏(附校勘记)》，中华书局，1980 年，第 1427 页；十三经注疏整理委员会：《十三经注疏·礼记正义》，北京大学出版社，2000 年，第 829 页；陆德明：《经典释文》，上海古籍出版社，1985 年，第 718 页。

⑧ 朱骏声：《说文通训定声》，中华书局，2016 年，第 719 页。

文。典籍中见有“隐滞之夫”的说法，还见有“隐滞”一词，如：

《后汉纪·孝桓皇帝纪下》：“歆笑曰：‘当得**隐滞之夫**，乃洛阳吏耶？’答曰：‘夫异士不居山谷，但其居处异耳，德未必有也。处人间而有异，而人不知，已独知之，乃奇耳。若不相信，可召而与之言。’”

《晋书·安帝纪》：“普增文武位一等。孝顺忠义，**隐滞**遗逸，必令闻达。”

《晋书·哀帝纪》：“岂政事未洽，将有板筑、渭滨之士邪！其搜扬**隐滞**，蠲除苛碎，详议法令，咸从损要。”

此“隐滞之夫”和“隐滞”，均指隐居鬱滞之士。与《楚辞》之“怨（鬱）士”“隐夫”正可相参。

（三）第五章“训诂的方法”第六节“审文例”第二小部分“对文”有如下一段文字：

《孟子·梁惠王下》：“内无**怨女**，外无旷夫。”“怨”与“旷”形成对文，“旷”有幽独义，则怨字也应该是幽独义，如果按照怨字的常义训为怨恨，则与“旷”的幽独义不相对应。又考刘向《新序》云：“后宫多幽女者，下民多旷夫。”以与《孟子》相较，证明怨女就是幽女，怨字确有幽独义。又考《楚辞·九叹·愍命》：“丛林之下无怨士兮，江湖之畔无隐夫。”“怨”与“隐”形成对文，则怨字当有隐义，而隐义与幽独义是相通的。又《荀子·哀公》：“富有天下而无怨财。”杨倞注云：“怨，蕴也。”“蕴”乃蕴闭之义，蕴闭与幽隐也是相通的。①

以上这段文字，存在以下三个方面的问题：

第一，据《孟子》中“怨”与“旷”的对文关系，而“旷有幽独义”，从而推导出“怨字也应该是幽独义”。按，典籍旧注中从未见到“旷”字有“幽独”之义的任何例证，在此基础上得出“怨字也应该是幽独义”显然是不能成立的。此外，前引原文中说《孟子》之“怨”字“乃蕴积之意，不可误解”，此又云“怨字也应该是幽独义”，“蕴积”与“幽独”词义不相因。前后说解矛盾。关于《孟子》此“怨”字，前文已有讨论，此不赘述。至于“旷”字，《诗·邶风·雄雉序》：“男女怨旷。”孔颖达《疏》：“旷，空也。谓空无室家。”《汉书·贡禹传》：“是以内多怨女，外多旷夫。”颜师古《注》：“旷，空也。室家空也。”前引章太炎亦指出“旷者，虚也，与怨相对。内过实则外虚，理势必然”，已经解释得十分清楚。

第二，通过《新序》与《孟子》相关文句的比较，指出“怨女”就是“幽女”，从而得出“怨字确有幽独义”。按，此说不确。前文已有讨论，此不赘述。

第三，据《楚辞·九叹·愍命》“丛林之下无怨士兮，江湖之畔无隐夫”之“怨”与“隐”的对文关系，指出“怨字当有隐义”。按，此说不确。前文已有讨论，此不赘述。

（四）第五章“训诂的方法”第七节“因声求义”有如下一段文字：

《孟子·梁惠王下》：“内无怨女，外无旷夫。”怨者幽也（参看本书第三章第二节《指导古籍整理》），“幽、隐”义相通，“怨”亦影母字。又“蕴”有蕴藏义，“隈”有隐曲义，二字亦均隶影母。总之，运用因声求义的方法，我们可以发现“爱、薆、箯、暧、衣、依、扆、翳、杳、邑、偃、蔼、怨、隈、蕴”这些影母字均有隐蔽或茂盛之义。②

首先，“怨”并无“幽”义。前文已有讨论，此不赘述。其次，典籍旧注中“怨”“蕴”二字亦并无“隐蔽或茂盛之义”。

最后，笔者想说明的是，关于“对文”，郭先生在该书第五章“训诂的方法”第六节“审文例”下是这样解释的，“所谓对文，就是指处在结构相似的上下两个句子中的相同位置上的字和词。这样的字和词往往是同义或反义的”。③ 但是，通常正确的做法是根据已有的材料，不论是对偶、排比或其他句式，

① 郭在贻：《训诂学（修订本）》，第96页。原文引《新序·杂事》有误，“旷”下缺漏“夫”字，参石光瑛校释，陈新整理：《新序校释》，第199页。

② 郭在贻：《训诂学（修订本）》，第104页。

③ 郭在贻：《训诂学（修订本）》，第95页。

首先需要分析确定出其中在相同位置上的字词是否是同义或反义，之后才能判断出其是否是"对文"，而非先一厢情愿地认定其为"对文"，然后在此基础上得出自己愿意看到或想要得到的结论。前文中的很多情况都属于先入为主地认定其为"对文"，然后在此基础上又进行进一步推演。这就是问题之关键所在，同时也是一个方法论问题。

二

第五章"训诂的方法"第一节"据古训"有如下一段文字：

《史记·刺客列传》："因自**皮面决眼**。"《索隐》曰："皮面，谓刀割其面皮，欲令人不识。"王念孙曰(《读书杂志·史记第五》"皮面"条)："如小司马说，则当云割面皮，不当云皮面矣。《广雅》曰：'皮，离也。'又曰：'皮，剥也。'然则皮面者，谓以刀自剥其面也。"按：王念孙之所以知道皮有剥、离之义，是根据古代《广雅》这部辞书。①

以上这段文字，郭先生首先列出司马贞《索隐》对《史记》"皮面"一词的解释，之后列出王念孙的说解来对《索隐》的说法提出批判。

按，王氏虽引《广雅》"皮"可训"离""剥"为证，但其最终还是将"皮面"解释为"谓以刀自剥其面也"，与《索隐》"谓刀割其面皮"并无实质性冲突。"割""剥"同义。《说文·刀部》："割，剥也。"《书·太誓中》："剥丧元良。"孔颖达《疏》引《说文》："剥，裂也，一曰剥，割也。"《说文·刀部》："剥，裂也。"《尔雅·释言》："割，裂也。"即其证。或许两者最大的差异是王氏的解释中多了一个"自"字，但这其实反而是不准确的，因为《史记》原文中本有"自"字，解释"皮面"时反而应以无"自"字为宜。

《史记》"因自皮面决眼"这句话讲述的是刺客聂政刺杀韩相侠累后，为避免身份暴露累及其姊而自毁其面的事情，该事亦载于《战国策》《列女传》和《水经注》。其中，《史记》之"皮"于《战国策》中仍作"皮"，而于《列女传》和《水经注》中则作"披"；《史记》之"决"于《战国策》和《列女传》中均作"抉"。为论述方便，现将诸书原文及相关前人注释分别引录如下：

《战国策·韩策二》："因自皮面抉眼。"吴师道《校注》："《索隐》云'以刀剌其面皮，欲令人不识'。《列女传》作'披'，盖以刀剺面而去其皮也。"范祥雍《笺证》："《列女传》卷八作'自披其面，抉其目'。《水经·济水注》(朱笺本)亦作'披面'。《广雅·释言》：'皮，剥也。''皮'乃'披'之借字。敦煌本《后语》作'破面决眼'。披与破字亦通。"

《列女传·续传·聂政之姊》："自披其面抉其目。"王照圆《补注》："披，分离也。《战国策》《史记》俱作'皮'，皮即'披'字耳。"

《水经注·济水二》："聂政为濮阳严仲子刺韩相侠累，遂披面而死。"杨守敬《疏》："披有裂义，裂其面，使人不识。《续列女传》，聂政自披其面，与《注》合。郦氏非不知《国策》、《史记》作皮，而以作披者义长，故别据之。余疑皮字，是披字之烂脱。"②

据诸书原文及各家说解，可知《史记》《战国策》之"皮"当从《列女传》《水经注》读作"披"。其实，王念孙《读书杂志·史记第五》"皮面"条下在"然则'皮面'者，谓以刀自剥其面也"后亦云"王褒《僮约》曰'落桑皮椶'，'皮'之为言犹'披'也。《续列女传》曰'聂政自披其面'，是'皮'与'披'同义"。③"披"古有

---

① 郭在贻：《训诂学(修订本)》，第 82 页。原文引王念孙说法有误，"谓以刀自剥其面也"之"剥"误作"割"，参王念孙：《读书杂志》，第 139 页。

② 吴师道：《战国策校注》，中华书局，1991 年，第 355 页；范祥雍：《战国策笺证》，上海古籍出版社，2006 年，第 1583 页；王照圆撰，虞思徵点校：《列女传补注》，华东师范大学出版社，2012 年，第 335 页；杨守敬、熊会贞：《水经注疏》，江苏古籍出版社，1989 年，第 709 页。

③ 王念孙：《读书杂志》，第 139 页。

分裂、分析之义。《左传·成公十八年》:"今将崇诸侯之奸,而披其地,以塞夷庚。"杜预《注》:"披,犹分也。"《汉书·西域传上》:"披莎车之地。"颜师古《注》:"披,分也。"《资治通鉴·晋纪十八》:"所向披靡。"胡三省《注》:"披,分也。"《左传·昭公五年》:"又披其邑。"杜预《注》:"披,析也。"《集韵·纸韵》:"披,裂也。"这些义项置于文中于义正合。此外,《太平御览》卷三百七十六、五百十七引《史记》分别作"因自披面抉眼"和"因自披面披抉眼"。亦可证。至于《广雅》"皮,离也"和"皮,剥也"之"皮",当如前引范祥雍《战国策笺证》所言"乃'披'之借字"。

前引范祥雍《战国策笺证》还指出"敦煌本《后语》作'破面决眼'。披与破字亦通"①,所言甚是。涵芬楼所藏宋刊《六臣注文选》李善注《江文通〈别赋〉》引《史记》亦作"因自破面决眼"。② "破"字古有毁坏、伤害之义。《广雅·释诂一》:"破,坏也。"《玉篇·石部》:"破,解离也。碎也。坏也。"《大戴礼记·小辨》:"小辨破言,小言破义。"孔广森《补注》:"破,伤也。"于义亦通,故杨钥主张《史记》之"皮面"就是"破面",亦即今天所说的"破象"和"毁容"。③

总之,《史记·刺客列传》"因自皮面决眼"之"皮"当读作"披"或"破"。郭先生引王念孙的看法来纠正《索隐》,是不准确的。

至于《史记》"决眼"之"决",《左传·成公十五年》:"则决睢澨。"杜预《注》:"决,坏也。"《淮南子·说山》:"故决指而身死。"高诱《注》:"决,伤也。"《庄子·骈拇》:"决之则泣。"成玄英《疏》:"决者,离析也。"可见"决眼"即毁坏其眼。至于《战国策·韩策二》"因自皮面抉眼"之"抉",鲍彪《注》"挑也"。《说文》:"抉,挑也。"《慧琳音义》卷八十二有"抉目"条注云"挑抉目也"。《慧琳音义》卷四十一"刀挑"注引《字书》:"抉,剜也。""抉眼"即挑剜其眼,与毁坏其眼义近。于义亦通。《史记·伍子胥列传》:"而抉吾眼,县吴东门之上,以观越寇之入灭吴也。"司马贞《索隐》:"抉,音乌穴反。抉亦决也。"可证。

三

第五章"训诂的方法"第一节"据古训"有如下文字:

《论衡·宣汉》:"非以身生汉世,可褒增颂叹,以求媚称也。"有的本子注释道:"媚,喜爱,宠幸。称,称赞。"(北京大学历史系《论衡》注释小组《论衡注释》册三页1103,中华书局版)按:此注以称字为称赞之义,非是。"称"也是媚的意思,"媚称"乃同义复词(即王念孙所说的"古人自有复语")。怎么知道"称"有媚义呢?试看以下语言材料:

《论衡·逢遇》:"偶以形佳骨娴,皮媚色称。"这里"佳"与"娴"、"媚"与"称"各为对文,均是形容词,"娴"亦佳也,"称"亦媚也。同篇又云:"或以丑面恶色称媚于上。"这里"称媚"即是媚称,因为"称、媚"二字同义,故词序可以颠倒,意思不变。

《论衡·定贤》:"或骨体娴丽,面色称媚。""娴丽、称媚"为对文,"娴丽"是同义复词,则"称媚"也应是同义复词,"称"亦媚也。

《论衡·幸遇》:"无德薄才,以色称媚。""以色称媚"即是以色取悦于主上之意,"称、媚"乃同义复词,"称"决不作称赞解。

《荀子·礼论》:"使死生终始莫不**称宜而好善**,是礼义之法式也,儒者是也。""称、好"对文,是"称"亦好也,"好、媚"义近,则"称、媚"亦义近。

---

① "敦煌本《后语》"即法藏敦煌西域文献伯二五六九《春秋后语略出本》,见上海古籍出版社、法国国家图书馆编:《法藏敦煌西域文献16》,上海古籍出版社,2001年,第29页。

② 萧统编,李善等注:《六臣注文选》,中华书局,2012年,第307页。

③ 杨钥:《"射不主皮"榷诂》,《西藏民族学院学报(哲学社会科学版)》2009年第2期。

根据以上语言材料，并加以类比推勘，我们得出了"称有媚义"的结论，应该说这个结论是可靠的。①

以上这段文字，郭先生通过语言材料的类比推勘，提出"称有媚义"，结论可靠。但是，其所举最后一例《荀子·礼论》的材料却有待商榷，所云"称、好对文，是称亦好也，好、媚义近，则称、媚亦义近"的推论亦不足凭信。

《荀子》之"称宜"一词实为同义复词。"称""宜"同义，且都可训为"当"：

《汉书·刑法志》："一物失称，乱之端也。"颜师古《注》："称，宜也。"

《荀子·礼论》："贫富轻重皆有称者也。"杨倞《注》："称，谓各当其宜。"

《诗·郑风·缁衣》："缁衣之宜兮。"朱熹《集传》："宜，称。"

《文选·扬雄〈剧秦美新〉》："愧无以称职。"吕延济《注》："称，当也。"

《玉篇·宀部》："宜，当也。"

同义复词之词序可颠倒，词义不变，故"称宜"亦可作"宜称"，如：

《新书·容经》："故身之倨佝，手之高下，颜色声气，各有**宜称**，所以明尊卑，别疏戚也。"

《史记·孝文本纪》："臣伏计之，大王奉高帝宗庙最**宜称**，虽天下诸侯万民以为宜。"

《汉书·赵尹韩张两王传》："卑君尊臣，非所**宜称**，失大臣体。"

《荀子》"好善"一词亦为同义复词，"好""善"同义，如：

《礼记·仲尼燕居》："敢问礼也者，领恶而全好者与？"郑玄《注》："好，善也。"

《吕氏春秋·慎小》："故贤主谨小物以论好恶。"高诱《注》："好，善也。"

综上所述，《荀子》"称宜而好善"即适当而美好之义，故今天有些《荀子》注译本将"称宜而好善"翻译为："恰当而且完美"②，"适宜并达到完善"③，"恰当、适宜而又非常完美"④。总之，"称宜而好善"与"称媚"（或"媚称"）一词无关，以此来证明"称有媚义"显然是不合适的，当删除该例。

前引郭先生所举相关用例总计五例，其中前四例均出自《论衡》。《论衡》一书中还有如下二例见有"称媚"一词：

《论衡·逢遇》："或以丑面恶色，称媚于上，嫫母、无盐是也。"

《论衡·程材》："其高志妙操之人，耻降意损崇，以称媚取进，深疾才能之儒。"

值得注意的是，"称媚"（或"媚称"）一词先秦典籍未见，秦汉及后世其他典籍亦十分罕见，很可能应是《论衡》一书的特有词汇。从这方面来讲，将《荀子》"称宜而好善"之例掺入并与之牵合，也是不太适合的。

四

第七章"学习和研究训诂所应采取的正确态度"第二节"重证据，戒臆断"有如下一段文字：

《墨子·亲士》："入国而不存其士，则亡国矣。"有位老先生认为"入国"是"治国"的同义词，但入字不能解释为治，于是疑"入"是"乂"的形近之误，并引《尚书·尧典》、《皋陶谟》、《禹贡》的三个乂字及《尔雅·释诂》"乂，治也"为证，谓墨子习于《诗》《书》及百国春秋，所以不用"治国"而用"乂国"（说见《杭州大学学报》1979年1、2期合刊《墨子校释商兑》一文）。这好像是有根据了，其实乃

① 郭在贻：《训诂学（修订本）》，第83—84页。原文引《荀子·礼论》有误，"使"误作"吏"，参王天海：《荀子校释》，上海古籍出版社，2005年，第787页。

② 高长山：《荀子译注》，黑龙江人民出版社，2002年，第384页。

③ 蒋南华、罗书勤、杨寒清：《荀子全译》，贵州人民出版社，2009年，第353页。

④ 方勇、李波译注：《荀子》，中华书局，2015年，第318页。

是臆测。首先，这位先生说墨子因习于《诗》《书》及百国春秋，所以不用“治”而用“乂”，不说“治国”而说“乂国”，这只要一翻《墨子》本书，便知道这个话靠不住。《墨子·尚同中》：“受天子之严教，退而治国。”这不是在用“治国”吗？《墨子·兼爱上》：“圣人以治天下为事者也，必知乱之所自起，焉能治之？”这不是在用治字吗？其余各篇治字也不少见，何以《亲士》偏要用“乂国”而不用“治国”呢？《荀子·富国》：“观国之治乱臧否……入其境，其田畴秽，都邑露，是贪主已。”**《墨子》的“入国”，也就是《荀子》的“入其境”**，是绝不能随便改作乂字的（参看蒋礼鸿先生《误校七例》一文）。①

以上这段文字，郭先生首先引出有人将《墨子》此“入国”之“入”解释为“乂”而训为“治”的说法，之后参照蒋礼鸿的说解来对该说提出质疑和批判，并引《荀子》的“入其境”为证，指出“《墨子》的‘入国’，也就是《荀子》的‘入其境’”。

按，郭先生对所引说法的批判是十分正确的，但将《墨子》此“入国”与《荀子》之“入其境”等同看待，则似不确。就上下文义而言，《荀子》之“入”就是普通意义上的“进入”，而《墨子》此“入”严格来讲与之并不同义。为论述方便，现将《墨子·亲士》相关原文引录如下：

> 《墨子·亲士》：“入国而不存其士，则亡国矣。见贤而不急，则缓其君矣。非贤无急，非士无与虑国。缓贤忘士，而能以其国存者，未曾有也。昔者**文公**出走而正天下，**桓公**去国而霸诸侯，**越王勾践**遇吴王之丑而尚摄中国之贤君。三子之能达名成功于天下也，皆于其国抑而大丑也。太上无败，其次败而有以成，此之谓用民。”

《墨子》该篇的篇名是《亲士》，而这段文字首先就讲述了“入国”之后要存恤士人和急用贤人的道理，这就体现出此种“入国”其实并非简单的普通意义上的进入某国，也并非普通人进入某国，而是指类似国君之人的“入国”。《墨子》该段文字后文还分别列举了晋文公、齐桓公和越王勾践三人事迹为例，此三人均为国君，更能体现出这一点。

值得注意的是，《墨子》所举三人都曾有过离开本国的经历，正如原文中所提到“文公出走”“桓公去国”和“越王勾践遇吴王之丑”。此三人后来又都返回本国，而且也都在返国之后有存士用贤的事迹。其中，晋文公是在晋国发生骊姬之乱时被迫流亡在外十九年，之后在秦穆公的支持下返国即位，重用了狐偃、赵衰、胥臣和先轸等贤士；齐桓公是在齐襄公时逃亡莒国避难，之后在鲍叔牙的保护下返国即位，重用了管仲、鲍叔牙和隰朋等贤士；越王勾践是在夫椒兵败之后入吴为臣，三年后才返国重新执政，重用了范蠡和文种等贤士。此三人最终也都成就霸业，正如《墨子》后文所言“三子之能达名成功于天下也”，从而也进一步呼应并印证了前文所言“入国”之后需存士用贤的重要性。

春秋诸国君中成就霸业者，至少还有楚庄王和秦穆公，此二人也都存士用贤，如楚庄王重用了苏从、伍举、孙叔敖和申叔时等贤士，秦穆公则重用了公孙枝、百里奚、蹇叔和由余等贤士，但此二人均为《墨子》该篇所不取。考其缘由，当是因为此二人均无离开本国后又返国的经历，不存在“入国”之事。

“入”字古确有“返国”之义。《国语·晋语四》：“吾以君为已知之矣，故入。”韦昭《注》：“入，返国也。”杨伯峻、徐提所著《春秋左传词典》将《左传》“入”字字义分为十一个义项，其中第七项又细分为“出奔后返国”“被欢迎返国”两义②，以“返国”为核心词义。就晋文公、齐桓公和越王勾践三人的实际情况而言，“返国”之义显然要比“进入”之义来解释《墨子》此“入”更符合实际。但正如前文所言，《墨子》此“入国”者当是类似国君之人，而单纯的“返国”义则无法体现出这一层意思，所以也并不完全符合要求。

《左传·成公十八年》：“凡去其国，国逆而立之曰入。”杜预《注》：“谓本无位，绍继而立。”孔颖达

① 郭在贻：《训诂学(修订本)》，第126—127页。

② 杨伯峻、徐提编：《春秋左传词典》，中华书局，1985年，第9页。

《疏》引《释例》曰“凡去其国者，通谓君臣及公子母弟也。国逆而立之，本无位，则称入；本有位，则称复归。齐小白入于齐，无位也；卫侯郑复归于卫，复其位也。……国逆又以立为例，逆而不立，则皆非例所及”。又引沈氏云“国逆而立之曰入，唯谓国君。知不兼臣者，以臣而无位，本贱不书，故知臣无国逆之例也”。

《左传》“凡去其国，国逆而立之曰入”这句话的字面意思并不难理解，应该是：凡是离开国家，而国家又迎接并使其即位，叫做“入”。但据前引杜《注》和孔《疏》的相关解释，关于“入”之人的具体身份，其实还是有争议的。杜《注》和孔《疏》所引《释例》的看法是类似齐公子小白一样的“本无位”之人，而孔《疏》所引沈氏则认为就是国君。对于这一分歧，孔《疏》并未作出进一步的解释和评判。笔者认为，就典籍用例的实际情况来看，以上两种情况其实都是存在的。

第一种情况如：

1.《管子·入国》：“**入国**四旬，五行九惠之教。”

2.《左传·庄公十年》：“齐侯之出也，过谭，谭不礼焉。及其**入**也，诸侯皆贺，谭又不至。”

3.《史记·齐太公世家》：“桓公之中钩，详死以误管仲，已而载温车中驰行，亦有高、国内应，故得先**入**立，发兵距鲁。”

4.《国语·晋语二》：“子盍尽国以赂外内，无爱虚以求**入**，既入而后图聚。”

5.《史记·晋世家》：“始夷吾以河西地许君，今幸得**入**立。”

6.《左传·僖公二十七年》：“晋侯始**入**而教其民，二年，欲用之。”

7.《史记·晋世家》：“文公恐初**入国**，国人卖己，乃为微行，会秦缪公于王城。”

8.《说苑·复恩》：“晋文公**入国**，至于河，令弃笾豆茵席。”

9.《左传·成公十八年》：“使荀罃、士鲂逆周子于京师而立之。……庚午，盟而**入**。”

以上9例分别记载了齐桓公小白（第1—3例）、晋惠公夷吾（第4—5例）、晋文公重耳（第6—8例）和晋悼公周子（第9例）的相关事迹，以上诸人都曾是离开本国的公子，后又被本国迎立即位。在其正式即位之前，显然都是前引杜《注》和孔《疏》所引《释例》所言之“本无位”之人，而在原文中关于其返国都使用了“入”。特别是第9例“使荀罃、士鲂逆周子于京师而立之……庚午，盟而入”，与前引《左传》“国逆而立之曰入”的情况十分吻合。可见，前《墨子》所云之晋文公和齐桓公应当就属于这种情况。

第二种情况如：

1.《左传·僖公三十年》：“卫侯使赂周歂、冶廑。曰：‘苟能纳我，吾使尔为卿。’周、冶杀元咺及子适、子仪。公**入**，祀先君。”

2.《左传·襄公十四年》：“卫侯在郲，臧纥如齐唁卫侯。卫侯与之言，虐。退而告其人曰：‘卫侯其不得**入**矣。其言粪土也。亡而不变，何以复国？’子展、子鲜闻之，见臧纥，与之言，道。臧孙说，谓其人曰：‘卫君必**入**。夫二子者，或挽之，或推之，欲无**入**，得乎？’”

3.《左传·哀公二十六年》：“卫出公自城钼使以弓问子赣，且曰：‘吾其入乎？’子赣稽首受弓，对曰：‘臣不识也。’私于使者曰：‘昔成公孙于陈，宁武子、孙庄子为宛濮之盟而君**入**。献公孙于齐，子鲜、子展为夷仪之盟而君**入**。今君再在孙矣，内不闻献之亲，外不闻成之卿，则赐不识所由**入**也。’”

以上3例分别记载的是卫成公郑（第1例）、卫献公衎（第2例）和卫出公辄（第3例）的相关事迹。卫成公郑在其在位时因得罪晋文公而被其大夫元咺攻击而出国逃亡，两年后在周襄王的求情下得到晋文公的谅解，并在其国内大臣周歂和冶廑的帮助下返国复位。《左传》原文中对其返国使用了“入”。卫献公衎在其在位时被其大夫孙文子和宁惠子驱逐而流亡到了齐国之郲，十二年后才在齐景公和晋平公的帮助下返国复位。但是据《左传》所记，臧纥在衎流亡期间仍称其为“卫侯”或“卫君”，并对其预期中的返国亦称为“入”。卫出公辄在其在位时，其父亲蒯聩（即卫庄公）胁迫孔悝发动政变，卫出公被迫出逃到鲁国,四年后才返国复位。据《左传》所记,在卫出公与子赣的言辞中,关于其预期中的返国亦都使用了"入"。子赣还提到了卫成公、卫献公之事,将他们的返国也称之为"入"。

郑、衎和辄原本都是卫国国君,都有离开本国后又返国的经历。他们的情况与勾践类似,勾践是兵败后和大臣范蠡作为臣隶去了吴国,三年后才被释放返国复位,在此期间则一直是大夫文种守国。所以《墨子》此言"入国"之人中包含着越王勾践也就不难理解了。

《公羊传·庄公六年》:"夏六月,卫侯朔入于卫。"何休《注》:"国人立之曰'立',他国立之曰'纳',从外曰'入'。"徐彦《疏》:"隐四年'卫人立晋'是也;哀二年夏'晋赵鞅纳卫世子于戚'是也;即庄九年夏'齐小白入于齐'是也。"卫侯朔即卫惠公朔,在其在位时被左公子洩和右公子职攻击而出逃齐国,八年后才在齐襄公帮助下返国复位。《公羊传》原文中对其返国使用了"入",何休《注》对此的解释是"从外曰'入'",徐彦《疏》的解释则将之与"齐小白入于齐"等同。卫惠公朔返国前名义上仍是国君,与郑、衎、辄和勾践相同,而齐公子小白返国前则是前引杜《注》和孔《疏》所引《释例》所言之"本无位"之人。由此可见,不论是国君还是"本无位"之人返国,只要"国逆而立之",均可称为"入"。

当然,就客观情况来讲,不论郑、衎、辄、朔还是勾践,在其离开本国之后虽均有国君的名号,但其实并非其国的实际掌控者。从这方面来讲,将当时身处异国的郑、衎、辄、朔和勾践理解成"本无位"之人,似乎也不是完全说不通的。

综上所述,《墨子·亲士》之"入国",实为特指"凡去其国,国逆而立之"之人的返国,"入"之人之所以"入"的目的,就是返国后执掌本国政权,成为正式的国君,所以该"入"字不仅与普通意义上的"进入"有所不同,不能将之与《荀子》"入其境"之"入"等同看待,亦与字面意思上的"返国"存在差异。

Some Flaws in *Exegesis*

Bai Yulan　Kong Tingyan

(Center for the Study and Application of Chinese Characters,
East China Normal University, Shanghai 200241, China)

Abstract: There are some problems in individual discourses and examples in *Exegesis* written by Guo Zaiyi. Referring to historical documents, this paper reinterprets the words "yuannv(怨女)" "yuanshi(怨士)" "pimian(皮面)" "chengyi(称宜)" "haoshan(好善)" and "ruguo(入国)", and makes a new research on the relevant issues.

Key words: *Exegesis*; yuannv; pimian; chengyi; ruguo

法式善及其家族诗人汉文诗歌的用韵研究*

王　冲

【摘　要】法式善及其家族诗人创作的汉文诗歌数量位于清代蒙古族之最，现存诗歌3 200余首，该家族的汉文诗作不仅在八旗诗人中具有举足轻重的地位，同时在整个清代诗坛也有着重要的影响。通过对法式善家族汉文诗歌的考察，发现其近体诗与古体诗用韵皆分为18部，同时保留了入声韵-k、-p、-t三尾，阳声韵依然存在-m尾。法式善及其他诗人的用韵具有清代官话音的特点，而来秀的用韵则带有明显的方音痕迹。

【关键词】法式善；蒙古族；近体诗；古体诗；用韵；文学家族

【作者简介】王冲，内蒙古大学文学与新闻传播学院教授，硕士生导师，研究方向为汉语音韵学。（内蒙古 呼和浩特　010070）

少数民族作家群体用汉语进行创作是一种独特的文学现象，是充满活力的中华多民族文化遗产中不可或缺的一个重要组成。清代少数民族诗人家族的汉文创作对整个清代文学的繁荣起到了重要的作用，他们创作出的诗文是中华各民族文化交流的结晶和见证，具有重大的学术价值和社会意义。但长期以来，学术界始终侧重于这些家族的诗文创作理念、诗学思想、交游活动、作品考证等方面的研究，并没有对其诗歌用韵进行系统分析。家族是以婚姻和血统关系为基础而形成的社会组织，它可以包括同一血统的几辈人。同一个家族成员的创作时间一般而言不会相差过于久远，家族中各成员操持的语言也大多为同一种方言，创作语言亦是如此，因此将同一个家族的所有诗人放在一起研究，不仅可以增加诗文语料的数量，扩大样本量，同时也可以研究在同一种方言下，一个家族的语音在百年之间可能会发生哪些细微的变化。

一　法式善家族诗人简介

法式善家族创作的汉文诗歌的数量是清代蒙古族之最，该家族在八旗诗人群体中占有举足轻重的地位，在整个清代诗坛也有着重要的影响。其诗歌带有明显的蒙古族特色和清代官话音特点，因而探究法式善家族诗歌用韵，不仅能知晓其用韵风格，还可以发现清一代诗歌用韵的整体风貌。为了保证一个家族中诗人的完整性，本文将家族男性诗人的配偶及其女婿也列入该家族当中，尽管这些配偶及女婿所操持的方言不一定与家族男性相同，但是一方面其诗文数量不是特别多，不会对数理统计的运算有特别大的影响，另外一方面也存在着夫妻二人的创作语言都在一个方言区的事实或可能性，因此我们没有遗弃这部分诗人及其语料。法式善的文学家族一共包含七位诗人，该家族诗文创作历程近百年，他们留下了诸多文质兼备的诗文作品，具体如下：

1. 广顺（1734—1794），字熙若，号秀峰，法式善的父亲，乾隆庚辰举人。任内务府银库六品库掌，官至织染局司库。无诗集传世，《熙朝雅颂集》卷八十三录其诗歌6首。

2. 端静闲人（？—1774），乾隆年间的女诗人，本姓韩，原属汉军八旗人，广顺之妻，法式善之母。善诗，诗作散失较多，现存的是其遗诗，七律30首，七绝1首，编为一卷，名为《带绿草堂遗诗》。存诗

* 基金项目：本文为国家社科基金项目“清代蒙古族诗人汉文诗歌用韵研究”（编号19XYY016）的阶段性成果。

31首。

3. 法式善(1753—1813),原名运昌,诏改法式善,字开文,号时帆,又号梧门、陶庐、小西崖居士等。蒙古乌尔济氏,祖籍察哈尔,隶内务府正黄旗。乾隆庚子进士,大考降员外郎。诗歌成就颇丰,主要有《存素堂诗集》四卷、《续集》两卷、《槐厅载笔》二十卷、《陶庐杂录》六卷、《存素堂诗初集存录》二十四卷、《存素堂诗二集》八卷、《续集存录》九卷、《诗龛咏物诗》二卷、《梧门诗话》十二卷、《同馆赋钞》二十四卷等。存诗约3048首。

4. 来秀,生卒年未详,字子俊,号鉴吾,伍尧氏,蒙古正黄旗人,法式善为其祖父。道光三十年进士及第,后官居曹州府知府,又升盐运使。著有《扫叶亭咏史诗集》四卷、《扫叶亭诗集》与《草叶亭花木杂咏》。存诗约158首。

5. 妙莲保,恽太夫人女孙,麟庆女,满洲镶黄旗完颜氏,字锦香,来秀之妻。著《赐绮阁诗草》,单士厘《闺秀正始再续集》录其诗1首。

6. 世泰,蒙古正黄旗人,一说是法式善女婿。曾任三等侍卫、侍卫什长、四川参将等,累官至松潘总兵。长于诗文,著有《诗龛甥馆集》,今已不传。存诗2首。

7. 文璲子佩,诗人世泰的儿子,法式善外孙。道光二十年同榜举人,有《寄成都旧交小绝》2首。

七位诗人的诗作总数达到3200余首,其中包括近体诗2200余首,古体诗1000首左右,语料数量足够支撑本文的研究。

二　法式善家族近体诗用韵特点

依据《广韵》206韵,对所有诗人近体诗的音韵地位进行填写,并运用韵离合指数法和卡方检验法统计、计算相关的诗韵材料,最终将近体诗划分为支微、侯尤、皆来、鱼模、宵萧、歌戈、先寒、阳唐、庚清、真谆、东钟、监廉、德质、屋烛、薛月、铎觉、合盍以及叶帖18部。

(一) 阴声韵用韵特点

侯尤部中,侯尤大量合韵,两韵的通押说明了侯、尤韵已经从前代的分立走向了合并。如:猷(尤)、流(尤)、侯(侯)(来秀《飞将军》),牛(尤)、侯(侯)、流(尤)(来秀《岑君然》),休(尤)、侯(侯)、流(尤)(来秀《嵇叔夜》),猷(尤)、侯(侯)、头(侯)(来秀《温始安》),侯(侯)、由(尤)、谋(尤)、猷(尤)、留(尤)、刘(尤)、侔(尤)(法式善《读鬻子》)。

鱼模部中,鱼、虞、模三韵一般不与其他韵部合韵,而三个小韵内部合韵现象较为明显。如:图(模)、徒(模)、瓿(虞)、雏(虞)、儒(虞)(端静闲人《雁字三十首次韵·其七》),孤(模)、夫(虞)、都(模)(来秀《孔文举》),呼(模)、儒(虞)、如(鱼)(来秀《辛忠敏》),树(虞)、芋(虞)、露(模)、路(模)、鹭(模)(法式善《五华寺》)。三个小韵的元音不同,介音也有所差别,造成三者发音位置、方式和特点不同,如:缕、吐、五、午、乳、努、古、鼓、虎、舞、俯、户、坞、弩、酤(法式善《上元前二日雪后煦齐招同谢芗泉陈每田士雅萧云巢李莲石华饮香书屋》)。"缕""乳""舞""俯"的主要元音是[-ĭu],为遇摄合口三等字;"吐""五""午""努""古""鼓""虎""户""坞""弩""酤"的主要元音是[-u],为遇摄闭口一等字,可以看出,虞、模二者发音方式不同,模韵字没有介音,虞韵有-i介音。

宵萧部中,宵、萧、豪、肴合韵符合语音演变规律。肴部的拟音为[-au],宵、萧韵部的拟音为[-ɛu],豪的拟音为[-ɑu],主要元音存在-a、-ɛ、-ɑ的差别。如姚(宵)、貂(萧)、摇(宵)(来秀《浑忠武》),朝(宵)、蒿(豪)、高(豪)(来秀《严子陵》),朝(宵)、爻(肴)、巢(肴)(来秀《汉高祖》),肖(宵)、貌(肴)、窍(萧)、叫(萧)、陗(宵)、照(宵)、妙(宵)、料(萧)、啸(萧)、笑(宵)(法式善《观蒋最峰学正画竹》)。

歌戈韵在法式善家族近体诗用韵中出现频率较高,中古歌、戈二韵均为一等韵,其中歌韵为开口一等,戈韵为合口一等,两韵有逐渐合流趋势,这种合并趋势在《中原音韵》中亦有体现。《中原音韵》

歌戈韵的一等舒声字，除喉牙音外，其他小韵皆已合并。而明清以来，汉语方言的果摄一等字读音的分立主要见于山西的部分地区，混并主要见于江淮官话、西南官话、闽南地区等。在法式善家族诗人的韵文中，歌、戈二韵仍然保留合流趋势。

（二）阳声韵用韵特点

先寒部中，先仙、寒桓、删山的合韵次数在法式善家族近体诗中占据近三分之二的比例，三韵的用韵频率非常高，反映了作者个人的韵字选择喜好。仙、山、删、先、寒、桓、元七韵内部纷繁复杂，其主要元音可以分为三类：山、删、寒韵的拟音是[-æn]，仙、先韵的拟音为[-ĭɛn]，桓、元韵的拟音为[-uan]，其主要元音分别为-æ、-ɛ、-a。这几个小韵在不同的诗人用韵中体现出的特点并不完全相同。在法式善的诗文中先仙、寒桓、删山三韵各自押韵的痕迹较为清晰，而在其孙来秀的诗文中，先寒部内部诸小韵混押频繁，无法看出每个小韵具体的界限，看来祖孙相差的几十年间，先寒部的内部变化已经产生。大体上无介音的小韵在一起合韵，如：韩（寒）、潸（删）、闲（山）（来秀《张留侯》），艰（山）、潸（删）、奸（寒）（来秀《赵忠简》）；有介音的小韵在一起合韵，如：官（桓）、天（先）、眠（先）（来秀《刘伯伦》），源（元）、烟（先）、天（先）（来秀《唐明宗》），天（先）、然（仙）、年（先）（来秀《吕高后》）。这与普通话的进程趋同，也可能说明来秀的韵脚字选用更为随意，不再拘泥于韵书，体现了其方音。

庚清部中，庚、耕、清三韵互相押韵，但三韵均各自独立，尚未合并。主要元音-ɐ、-e、-ɛ之间的差别造成了其发音方式的不同。如：声（清）、明（庚）（广顺《晚坐》），清（清）、盟（庚）、明（庚）（端静闲人《咏盆中松树》），明（庚）、名（清）、兵（庚）（来秀《贾太傅》），声（清）、名（清）、盈（清）、铿（耕）、琤（庚）、清（清）（法式善《潄玉泉》）。

阳唐部中，阳、唐韵是诗人使用频率较高的两个小韵，基本上各家都是两小韵混合押韵，二者只在介音上有所区别。如：皇（唐）、长（阳）、肠（阳）（来秀《汉高祖》），王（阳）、藏（唐）、郎（唐）（来秀《淮阴侯》），苍（唐）、庄（阳）、阳（阳）、郎（唐）、王（阳）（端静闲人《雁字三十首次韵·其二十二》）。来秀还使用了险韵江韵，他使用江小韵既与阳唐部相押，也与庚清部相押，这也可以看出其用韵并不严谨，随意成分较多。如：双（江）、长（阳）、郎（唐）（来秀《司马长卿》），降（江）、郎（唐）、生（庚）（来秀《宗留守》）。

东钟部中，东、冬、钟三韵皆为后鼻音韵尾-ŋ，东、钟二韵有元音-u和-o的差别。《中原音韵》之后，北方官话音系中普遍出现了东韵合口细音与合口洪音混并的情况。如：虫（东）、工（东）、龙（钟）、穹（东）、雄（东）（端静闲人《雁字三十首次韵·其一》），龙（钟）、雄（东）、宫（东）（来秀《汉武帝》），公（东）、东（东）、中（东）、宫（东）、雍（钟）、宗（冬）、容（钟）、红（东）、风（东）、庸（钟）、同（东）（法式善《秦小岘太常约同人作东坡生日越月补以诗》）。值得注意的是，来秀的诗文中东钟部与庚清部的韵字大量混押，两个韵部的韵尾完全相同是通押的前提，但是来秀通押的数量较大，这种押韵方式与其他诗人截然不同，具体原因让人费解，只能推测可能是作者个人的用韵习惯，其审音不够精准，也可能是其方音的一种表现。如：龙（钟）、鸣（庚）、兵（庚）（来秀《袁侍郎》），名（清）、龙（钟）、宗（冬）（来秀《范太傅》），功（东）、城（清）、闳（耕）（来秀《董圣卿》），空（东）、平（庚）、名（清）（来秀《何博士》），盟（庚）、红（东）、风（东）（来秀《王丞相》），名（清）、功（东）、弓（东）（来秀《和中侍》）。

监廉部中，覃、谈、盐、添、严五韵内部合韵现象较为复杂，这种无原则的互相混押，说明监廉部各小韵几无区别。《中原音韵》时期就已经出现-m尾变入-n尾的现象，但《中原音韵》时期的这种变化仅限于唇音字，而且只是唇音字中的一部分发生变化。反映17世纪北京话音系的《等韵图经》中"侵""寝""沁"与真韵细音字"秦"混列，说明《等韵图经》取消-m尾韵，将真文部与侵寻部合并。此外，《韵略汇通》也将真文部与侵寻部合并为真寻部，《五方元音》将真文部和侵寻部合并为人部，由此看来，官话方言区的韵书都反映出了-m尾变入-n尾的现象，这也说明了在明清之际，北方官话区大体上已经完成了-m尾并入-n尾的过程。但是在清代法式善家族的诗文中，多位诗人都保留了监廉部的韵脚字，如：酣（谈）、潭（覃）、函（覃）、含（覃）、昙（覃）（端静闲人《雁字三十首次韵·其二十八》），拈（添）、函（覃）、馋（咸）（来秀《马伏波》），帘（盐）、添（添）、檐（盐）、恬（添）（法式善《秋日感怀》）。同时一些诗人还存在-n尾与-m尾相押的韵例，如：峦（桓）、喃（咸）、函（覃）、凡（凡）、衫（衔）（端静闲人《雁字三十首次韵·其三十》）。尤其在来秀的诗文中，监廉部不仅与先寒、真谆-n尾韵合韵，同时与东钟部-ŋ尾韵也开始通押，合韵现象仍然较为混乱，看来在来秀的口语音中这些韵尾是无法清晰分辨的。韵例：今（侵）、闻（文）、勋（文）（来秀《王右军》），心（侵）、神（真）、臣（真）（来秀《杨处道》），心（侵）、痕（痕）、恩（痕）（来秀《宣华夫人》），传（仙）、谈（谈）、惭（谈）（来秀《冯可道》），颁（删）、嫌（添）、炎（盐）（来秀《李忠定》），深（侵）、门（魂）、魂（魂）（来秀《郝给谏》）。

（三）入声韵用韵特点

入声韵只出现在法式善的五绝和七绝诗歌中，其他诗人的诗作中未见入声韵，近体诗中出现入声韵较为罕见。在法式善近体诗的诗文中，入声-k尾内部合韵163韵次，入声-p尾内部合韵42韵次，入声-t尾内部合韵25韵次，入声-t尾与入声-k尾合韵6韵次，-p尾与-t尾合韵次数较少，-p尾不与任何韵部合韵，可以发现其内部结构较为稳定。

三　法式善家族古体诗用韵

古体诗各韵划分为支微、鱼模、皆来、尤侯、萧豪、歌戈、家麻、监廉、侵寻、寒先、真文、庚青、江阳、东钟、铎觉、屋烛、德质、月帖18部。

（一）阴声韵用韵特点

支微部中，各小韵多次通押，尤其是之、支、脂三韵。通过数理统计法运算，得出之、支、脂三韵在古体诗中合并为一韵。齐韵与止摄之、支、脂三韵出现了数次合韵，而与蟹摄各韵字只出现了两次互押，这不排除法式善受方音或个人用韵习惯的影响，说明齐韵韵字从蟹摄已基本进入到止摄。齐韵字是四等，之、脂、支是三等韵，齐小韵进入止摄后，逐渐变为-i。同时，微韵与之、支、脂互押次数不多，与之、支、脂三韵保持分立。

鱼模部中，在模、鱼、虞的拟音中，[-u]为模和虞两个韵的韵腹，[-o]为鱼韵的韵腹，音位相近，因而通看法式善的古体诗，遇摄平声三韵模、鱼、虞互押频率较高。诗人的古体诗中，模与虞合韵次数为247，模与鱼合韵次数为27，鱼与虞合韵次数为25，鱼、模已基本分韵，四呼可能趋于形成。

（二）阳声韵用韵特点

侵寻部内侵韵独用次数为80，仅同臻摄中真、谆二韵有1次合韵情况，说明深摄-m尾侵韵虽然保留相对完整，但是也有开始并入臻摄的趋势。侵覃合韵例：凛（侵）、寝（侵）、谂（侵）、懔（覃）（法式善《李介夫编修》）。侵韵与覃韵拟音分别为[-im][-əm]。

元韵历来在真谆部与寒先部间徘徊，经过数理统计法运算，可知元韵归属于真谆部，而元韵的牙音、重唇音、喉音（除匣之外）则与寒先部多次押韵。元韵与真谆部的诸小韵存在各种形式的合韵现象。如：村（魂）、门（魂）、温（魂）、昏（魂）、轩（元）、存（魂）、论（魂）、言（元）、烦（元）、播（元）、园（桓）、樽（魂）（法式善《王柳村寄群雅集至谢以诗》）。拟音为[-uan]。真谆部其他各韵之间也存在多种形式的合韵。如：陈（真）、门（魂）、论（魂）（法式善《曹定轩给谏》），问（文）、信（真）、认（真）（法式善《汪瑟菴阁学》）。真韵拟音为[-in]，文韵拟音为[-ən]。

东钟部中以东与钟的押韵为主，经过数理统计可知东与钟两韵分立，与《平水韵》一致。东钟小韵一、三等的对立不是特别明显，看来其三等韵字介音[-i]仍存在，但是趋于消亡。如：中（东）、弄（东）、冻（东）、纵（钟）、洞（东）、閧（东）、玒（东）、贡（东）、哢（东）、凤（东）、甕（东）、空（东）、痛（东）、送（东）（法式善《莫韵亭瞻菉侍郎邀同梦禅居士小酌观梦禅作画即题其画鹰后》)。东拟音为韵[-uŋ][-oŋ]，钟拟音为韵[-iuŋ][-ioŋ]。

庚清部各韵呈现互押的状态，庚青、蒸登韵字亦有混押的情形出现，通过数理统计法，可知梗摄中庚、耕、清三韵合并，与《平水韵》庚韵一致。如：名(清)、平(庚)、行(庚)、情(清)(法式善《施小铁朝干侍郎为亡友砥峰英柱作传感赋・其一》)，棚(登)、更(庚)、清(清)、羹(庚)(法式善《豆》)。庚韵拟音为[-əŋ][-uəŋ]。

(三) 入声韵用韵特点

入声韵尾趋于弱化。在法式善家族诗人近1000首的古体诗中，《广韵》所包含的入声韵各韵其实均有出现，绝大多数入声韵仍然保留完整，但是入声韵三尾各韵字混押次数异常频繁，同时存在阴声韵与入声韵混押的情况，表明入声韵虽有留存，但是入声韵尾有渐弱甚至逐渐消亡的趋势，入声韵尾逐渐变为喉塞尾音。

结语

通过对法式善家族汉文诗歌的韵脚字与音韵地位进行考察，发现其家族的近体诗与古体诗用韵均可划分为18部。作为清代著名的少数民族作家群体，其汉文诗歌的用韵规律，不论是近体诗还是古体诗，大体上都沿袭了宋元以来的诗韵传统，当然其中也包含了许多自由、灵活与宽松的用韵方式，因而借韵、出韵、换韵现象频发，这体现了清代时音、方音以及诗人个人用韵习惯的创作特点。法式善及其家族成员长居北京，清代北方方言以及北方官话对他们的创作产生了巨大的影响，而作为少数民族，法式善及其家族诗人在创作过程中，并没有一味地模仿汉民族，而是在遵循规律的同时，充分发挥了自身的民族特色。因而对法式善家族汉文诗歌用韵特点及其规律进行考察，不仅对研究清代语音的发展大有裨益，同时在对清代整个蒙古族作家群的诗歌用韵规律的研究方面也具有重要的借鉴意义。

【参考文献】

[1] 法式善.同馆赋钞[M].乾隆五十八年(1793).

[2] 法式善.存素堂诗初集录存二十四卷诗稿二卷[M].嘉庆十二年(1807).

[3] 铁保.钦定熙朝雅颂集首集二十六卷 正集一〇六卷 余集二卷[M].嘉庆九年(1804).

[4] 端静闲人.带绿草堂遗诗[M].乾隆六十年(1795).

[5] 来秀.扫叶亭咏史诗集四卷[M].同治十二年(1873).

[6] 《清代诗文集汇编》编纂委员会编.清代诗文集汇编[M].上海：上海古籍出版社，2010.

[7] 多洛肯.清代蒙古族文学家族述论[J].铜仁学院学报，2020(04)：13－23.

[8] 丁声树.古今字音对照手册[M].北京：中华书局，1984.

[9] 赵相璧.历代蒙古族著作家述略[M].呼和浩特：内蒙古人民出版社，1990.

[10] 杨耐思.近代汉语音论[M].北京：商务印书馆，1997.

[11] 王冲.元代少数民族汉文古体诗用韵特点研究[J].内蒙古社会科学(汉文版)，2017(03)：154－160.

[12] 王冲.清代江浙地区蒙古族诗人汉文诗歌用韵研究[J].古汉语研究，2021(02)：106－117＋128.

[13] 麦耘.隋代押韵材料的数理分析[J].语言研究，1999(02)：112－128.

[14] 高丽荣.清代蒙古族诗人法式善古体诗用韵研究[D].呼和浩特：内蒙古大学，硕士学位论文，2019.

[15] 刘婧.清代蒙古族诗人法式善近体诗用韵研究[D].呼和浩特：内蒙古大学，硕士学位论文，2019.

A Study on the Rhyme of Qing Dynasty Mongolian Poets FaShishan's Chinese Poems

Wang Chong

(School of Literature & Journalism, Inner Mongolia University, Hohhot 010070, China)

Abstract: FaShishan is the Mongolian poet who retained most of the achievements of Han poetry in Qing Dynasty. There are more than 3100 existing poems, among which 2200 are modern-style poems and 848 are ancient-style poems. On the Status of Rhyme and Rhyme in his Chinese Poetry, FaShiShan's modern-style poems are divided into 18 rhymes, ancient-style poems are also divided into 18 rhymes. The characteristics and rules of rhyme used in his poems are investigated and compared with those in the *Zhong Yuan Yin Yun*. Finally, it is found that the characteristics of FaShiShan's rhyme are closely related to his Mongolian language usage, dialect and Qing Dynasty Mandarin.

Key words: FaShishan; Mongolian; modern-style poems; ancient-style poems; rhymes

[汉字规范与应用研究]

东干文能为汉字拼音化提供借鉴吗? *

——兼议“文字进化论”与“汉字落后论”

武和平　康小明

【摘　要】东干文的成功创制与使用,重新激起了学界对汉字拼音化的热情与兴趣,有些学者认为东干文可以为汉字拼音化提供借鉴。本文回溯了汉字拼音化的百年探索历程,并结合近年来汉字认知加工研究及汉语与汉字关系等视角对汉字拼音化进行了学理反思。通过对东干文构词的分析可以看出,东干文无法成功破解汉字拼音化书写时简单音节结构和普遍存在的“同音异义”这一结构性难题,而其源自综合语中后缀叠加的书写方式不符合汉语作为孤立语的特点,本质上仍属于一种“注音符号”,所以很难承担作为汉字拼音化“借鉴”的重任。论文结合东干文创制的个案讨论了在国内流播甚广的“文字进化论”与“汉字落后论”。

【关键词】东干文;汉字拼音化;汉字认知加工;文字进化论;汉字自信

【作者简介】武和平,西北师范大学国际文化交流学院教授、博士生导师,研究方向为应用语言学、第二语言习得。康小明,西北师范大学文学院博士研究生,研究方向为应用语言学、国际中文教育。(甘肃 兰州 730070)

一　引言

二十世纪九十年代初,随着中亚各国宣告独立,中国与中亚地区的人文交流日趋频繁。这时,一个与中国存在特殊关系的中亚民族——东干族,逐渐进入国人的视野。他们长相与中国人相近,说着与中国西北方言相似的语言,保留着中国晚清时期的各种风俗。其实,所谓东干人,就是清末时期的西北回民后裔。由于复杂的历史原因,他们长途迁徙并最终到中亚楚河两岸及伊塞克湖地区等地定居。百余年来,东干人在中亚异域多民族多元文化环境中生活劳作,把中国西北地区的语言和民族习俗保存和传承下来。

东干语是东干族民众的母语,其性质“是以我国近代西北方言基本词汇和语法结构为主体,以甘肃话语音为标准音,创新发展,融合了中亚地区常用的俄语、突厥语族诸语言及阿拉伯、波斯语的某些语言成分,在语言要素上发生了一定变化的一种汉语跨境方言”①。而东干文,顾名思义,就是东干人使用的记录东干语言的文字。目前的东干文字就是几经演变之后自二十世纪五十年代起正式采用的基于斯拉夫字母的东干文拼写系统。② 半个多世纪以来,东干文在提升中亚东干族民众识字和文化水平、翻译和创作文学作品、记录和整理该民族独特的历史文化和风俗习惯,保护和传承东干民族文化等方面,发挥了不可替代的重要的作用。

东干语为汉语方言的域外变体,而东干文则被认为是可以与汉字相并列的汉语书写系统。例如,德国语言学家吕恒力认为“汉语语支包括好多方言,但只有两种书面语:1. 以汉字为标准文字的汉语普通话(台湾、香港的国语和新加坡的华语);2. 用斯拉夫文字书写的苏联(东干)回族民族语言——回

---

* 项目基金:本文为国家语委重点项目“中亚东干族汉语语料库建设及跨境濒危汉语资源保护研究”(项目编号:ZDI135-55)、汉考国际科研基金一般项目“基于《国际中文教育中文水平等级标准》的线上汉字课程开发与评估研究”(项目编号:CTI2021B01)的阶段性成果。

① 林涛:《东干语调查研究》,中国社会科学出版社,2012年,第28页。

② 丁宏:《东干文与东干语》,《西北民族研究》1999年第2期。

族语言”。①

基于拼音文字的东干文的成功创制与使用，重新激起国内外学界对汉语文字拼音化这个话题的热情与兴趣。早在二十世纪五十年代，杜松寿就指出“正是由于东干语是汉语的方言变形，所以它的拼音文字的经验对汉语拼音文字的建立具有重大的参考价值”②。近年来，国内很多学者也持类似的观点，认为东干文是拼音文字拼写汉语的“成功范例”，对我国现代汉语音素文字的创制和词式书写的语言规划理论和实践提供了有益的经验和启发，因此用拼音文字书写汉语是“完全可行的”。③ 也有学者根据东干文创制的成功经验，认为汉字也要遵循世界文字由“象形”到“表意”再到“表音”的“进化”规律，他们认为以表意为主的汉字最终演变为表音为主的拼音文字的大趋势不可逆转。④

那么，随之而来的问题是：东干文真的可以为汉字拼音化提供借鉴吗？通过对东干文的创制过程及其特点的分析，并结合我国语言学家及文字革命者在汉字拼音化进程中的艰苦探索和汉字拼音化学理反思，我们对这一论断提出质疑。

二　东干文及其特点

在东干人进入中亚的约半个世纪的时间里，东干语是没有文字形式的。十月革命后，苏联政府为没有文字的民族创制文字。1955 年，苏联科学院吉尔吉斯共和国分院最后通过了东干语字母方案和拼写方案，正式形成共包含 33 个俄文字母和 5 个自创字母的东干文拼音文字方案。自此以后，斯拉夫化的东干文成为东干人编写本民族语言教材、创办东干文报刊和进行东干文学翻译和创作的书写符号系统。⑤

以下是一段东干文及其对应的中文转写示例。⑥

Жун-янхуа(中原话)⑦	中 文 转 写
Шывазы Ясырди сывын дэ щёфэшон ба Жунгуйщеди бушо. Йин цысы Жунгуйсы Жун-ян жынди зўгуй. Та суйди сыхур ба Жунгуйди кучуан-вынщүә тингуә. Жун-янди фәфужынму бавида ЧүЙүан, ДуФу зә данлинди сыжынмуди зоЖы е тингуә.	十娃子·亚瑟尔的诗文带小说上把中国写的不少，因此是中国是中原人的祖国。他岁的时候儿把中国的口传文学听过，中原的说书人们把伟大屈原、杜甫再单另的诗人们的造制也听过。

值得注意的是，东干文的词与中文中的词并非精确的对应关系。上例中的东干文“Жунгуйщеди”“Жунгуйсы”“Жунгуйди”都书写为一个词，转写为中文分别是“中国写的”“中国是”和“中国的”，在中文中都超出了一个词的范畴。东干文书写的这个特点我们将在后文进一步讨论。

---

① 〔德〕吕恒力：《30 年代苏联(东干)回族扫盲之成功经验——60 年来用拼音文字书写汉语北方话的一个方言的卓越实践》，《语文建设》1990 年第 2 期。

② 杜松寿：《东干语拼音文字资料》，《文字改革》1959 年第 2 期。

③ 林涛：《东干文——汉语拼音文字的成功尝试》，《西北第二民族学院学报(哲学社会科学版)》2005 年第 4 期；丁宏：《东干语的走向》，《回族研究》2007 年第 4 期；常立霓：《东干拼音文字与汉字拉丁化的回顾与思考》，《社科纵横》2011 年第 12 期；王超：《中亚东干人语言文字变迁与当代发展思考》，《西北民族论丛》2015 年第 2 期。

④ 曾宝芬、曹家鹏、彭泽润：《东干文和世界两大文字家族的演变对汉语文字发展的启发》，《江西科技师范大学学报》2014 年第 2 期。

⑤ 王森、王毅、王晓煜：《中亚东干话调查研究》，商务印书馆，2015 年，第 18 页。

⑥ 本文中的东干文及其中文转写，除非特别说明，均引自武和平、吴良平、康小明：《东干文—中文双语平行语料库》，http://114.251.154.212/cqp/h2d/。

⑦ “Жун-ян”意为中原，中亚东干人常自称“中原人”或“老回”，“东干”是苏联在二十世纪二三十年代对境内民族识别时对定居在中亚的中国回民的称呼。

三　汉字拼音化百年探索历程

鸦片战争后，近代中国陷入“数千年未有之变局”，战争失败和国土沦丧让许多有识之士提出了“师夷长技以制夷”“中体西用”的主张，他们为实现救亡图存的目标，在反思中国积贫积弱、国运衰微根源的同时也开始了向西方学习的进程。经历了学习“器物”“制度”均告失败之后，他们把批判的靶子直接指向数千年来担负传承中华文化重要角色的方块汉字，力图实现汉字拼音化。于是历经百年之久的汉字拼音化运动在此背景下拉开了序幕，后又经历了世界语运动、国语罗马字运动与拉丁化新文字运动及新中国的文字改革等阶段。无数语言学家和文字革命者在汉字拼音化道路上进行了艰苦的探索和实践。

1. 切音字运动

1892 年，晚清学者卢戆章基于罗马字母，首创了我国第一个汉字拼音方案，定名为“中国第一快切音新字”。到 1910 年，根据汪林茂的统计“全国各地提出的切音字方案至少有 28 种”①，这些切音字方案都以“至灵至浅，至简至易”为纲进行编写②。值得注意的是，虽然切音字方案的创作者对切音字方案都很自信，但仍然无法割舍对汉字的“情感”，王照在《官话合声字母》序中指出自己创制的官话字母“但为吾北方不识字之人，便于俗用，非敢用之于读书临文”③。由此可以看出，汉字在这一时期读书人心中仍被视为“圣物”，“西来”的罗马字母，仍是为“中体”的汉字所服务的。

2. 世界语运动

相比于对汉字持有敬畏心理的切音字方案创作者，推行“世界语”（即“Esperanto”，也称为万国新语）的新世纪学派对待汉字的态度则相当激进。其领军人吴稚晖指出，“弃吾中国野蛮之文字，改习万国新语之尤较良文字，直如脱败絮而服轻裘，故无所用其更计较”④。在他们眼中“语文的优劣可以简单地用拼音文字或表意文字来判断。表意文字，尤其是象形文字，是原始的也是落后的，而拼音文字则是进化的”⑤，并激进地提出了“废除汉字”的主张。该主张在当时的影响是极大的，很多文字革命者，如陈独秀、钱玄同、鲁迅、傅斯年、黎锦熙，赵元任等人都全部或部分接受了废除汉字的主张，甚至连一向以学术态度谨慎著称的胡适也希望“将来能有一种拼音的文字，把我们所用的国语拼成字母的语言，使全国的人只消学二三十个字母，便可读书看报”⑥。自此以后，拼音文字优于汉字且汉字一定要拼音化的主张在文字革命者心中基本达成了共识，这也成为此后半个多世纪我国文字改革运动的主导思想。

3. 国语罗马字运动与拉丁化新文字运动

汉字拼音化已然在文字革命者心中达成了共识，并在实践路径上形成“国语罗马字运动”和“拉丁化新文字运动”两大阵营。前者以蔡元培等人率先发起，以赵元任、林语堂、钱玄同和黎锦熙等人为核心成员成立“国语研究会”“国语统一筹备会”作为工作机构，旨在规范和推行中华民族共同语，其成果于 1928 年以《国语罗马字拼音法式》为名由国民政府教育部正式发布；后者则主要依托由瞿秋白、吴玉章、林伯渠及参与东干文创制的苏联汉学家龙果夫等人为骨干的“中文拉丁化委员会”⑦，

① 汪林茂：《工具理性思路下的清末文字改革运动》，《浙江大学学报（人文社会科学版）》2008 年第 5 期。

② 蔡锡勇：《传音快字》，文字改革出版社，1956 年，第 11 页。

③ 倪海曙：《中国拼音文字运动史简编》，时代出版社，1950 年，第 23 页。

④ 吴稚晖：《新语问题之杂谈》，《新青年》1908 年 4 月 25 日，第 44 版。

⑤ 周质平：《晚清改革中的语言乌托邦：从提倡世界语到废灭汉字》，《二十一世纪》2013 年第 6 期。

⑥ 赵凡：《试论胡适汉字改革的矛盾态度》，《新文学评论》2018 年第 3 期。

⑦ 苏联语言学家龙果夫（Alexander Dragunov，俄语名 АлександрАлександровичДрагунов）也是参与东干文创制的主要成员，参见王森：《中亚东干话调查研究》，商务印书馆，2015 年，第 15 页。

其研究成果《拉丁化中国字》于 1931 年在海参崴最终确定。到新中国建国前后，用拉丁化新文字出版的书刊已达 200 多种，新文字书刊的销售量则达 130 多万册，上海新文字工作协会出版的《语文知识》杂志每月发行 15 万册，拉丁化新文字也在电报、旗语、无线电通讯、注音、速记、索引等方面得到广泛应用。①

应该指出的是，拉丁化新文字和国语罗马字二者殊途同归，在一些根本问题的认识上是一致的，只是在声调标注及分词连写等局部细节问题上存在分歧。②

4. 新中国文字改革

新中国把文字改革的工作放在重要的议事日程，建国伊始就于 1949 年 10 月 10 日设立中国文字改革协会。1952 年 2 月 5 日成立中国文字改革研究委员会，并于大会上传达了毛泽东主席的指示："文字必须改革，要走世界共同的拼音方向"。1954 年 10 月 8 日，第一届全国人民代表大会第二次会议批准设立"中国文字改革委员会"，由中央政府直接领导，文字改革也由研究阶段推进到实施阶段。1956 年 1 月 10 日，中国文字改革委员会通过《汉语拼音方案(草案)》。1958 年 1 月周恩来总理在政协全国委员会上做了《当前文字改革的任务》的重要报告，把"简化汉字，推广普通话，制定和推行汉语拼音方案"作为我国文字改革的三大任务，并对汉字应该"向着汉字自己的形体变化呢？还是被拼音文字代替呢？"这一核心问题，给出开放、客观、理性的答复："关于汉字的前途问题，大家有不同的意见，可以争鸣。"③1958 年 2 月 11 日，一届人大五次会议正式批准《汉语拼音方案》④，该方案整合国语罗马字和拉丁化新文字等汉字拼音化探索方面的成果，广泛征求国内外群众的意见，汇聚了中外多名专家的智慧，是国家通用语言普通话的拼写工具和国家通用文字规范汉字的注音工具，并已成为世界文献工作中拼写中国专有词语的国际标准。⑤ 2000 年，国家颁布《中华人民共和国国家通用语言文字法》，立法规定"国家通用语言是普通话，国家通用文字是规范汉字"，而《汉语拼音方案》则是汉语拼写、注音和教学的工具。至此，历时百余年的汉字拼音化运动终于告一段落，而伴随着这一运动的争议和喧嚣也渐渐归于沉寂。

从切音字运动的对汉字心存敬畏，到世界语运动的废除汉字，再到国语罗马字运动和拉丁化新文字运动设计实施汉字拼音化方案，我国语言学家或文字革命者在汉字拼音化道路上进行了近百年艰苦卓绝的探索和实践。其时间跨度之长，参与知识精英之多，决策层意志之坚决，产生影响之深远，其意义远远超出语言文字领域，是近代中国思想史和文化史的重要事件，远非苏联时期为东干民族创制东干文的过程所能比拟。但从汉字拼音化进程之初直至今日，汉语书写形式并未发生任何实质性的改变，汉字仍然是我国法定的记录汉语的书写符号系统，这是我们需要深入反思的现象。

四　汉字拼音化的学理反思

20 世纪初，现代语言学理论的奠基者索绪尔认为，世界上只有两种文字类型，一种为表音文字，一种为表意文字。索绪尔认为：表意文字与符号赖以构成的声音无关，而是间接地与文字所表达的观念

① 倪海曙：《中国拼音文字运动史简编》，时代出版社，1950 年，第 29 页。

② 项开喜：《中国共产党与百年语言文字事业》，《中国语文》2021 年第 4 期。

③ 周恩来：《当前文字改革的任务(1958 年 1 月 10 日在政协全国委员会举行的报告会上的报告)》，《文字改革》1958 年第 2 期。

④ 胡锦贤：《百年汉字改革运动的反思》，《湖北大学学报(哲学社会科学版)》2007 年第 1 期。

⑤ 马庆株：《〈汉语拼音方案〉研制历程及当代发展——兼谈普通话的推广》，《语文建设》2018 年第 19 期；冯志伟、余卫华：《〈中文罗马字母拼写法〉标准的国际意义》，《外语教学与研究》2016 年第 6 期；项开喜：《中国共产党与百年语言文字事业》，《中国语文》2021 年第 4 期。

发生关系，这种文字最典型的例证就是汉字。① 索绪尔的这一广为人知的文字分类体系也受到一些语言文字学家的质疑。例如，美国汉学家德范克（J.DeFrancis）认为，汉语中汉字的表意性被过分夸大了，因此否认表意文字的存在，他认为所有的文字只不过是“可见的口语”（visible speech），都是某种形式的表音文字。② 德范克也是汉字拼音化改革的积极支持者，在他的另一本有关汉语的专著中，他列举了汉字的六个需要破除的“神话”，并对汉字未能最终实现拉丁化感到不无失望。③

汉字拼音化的另一个理论依据就是所谓的“文字进化论”的观点。这一观点把文字类型上的差异类推到文字从低级到高级发展的不同阶段，认为文字的发展沿着“象形/表意文字—音节文字—音素文字”的路径进化和演变，而最后的音素阶段则是文字系统最终走向成熟的标志，有些学者甚至认为这一进化顺序不可跨越、不可逆转。④ 这一文字进化论的观点在我国也流播甚广，曾一度写入《辞海》和语言学教科书⑤，也是“将汉字视为原始的落后文字的主要依据”⑥。其实，汉字是目前世界上唯一的自源性文字，其造字原理从古至今一脉相承，而现存的字母文字都是他源性或借源性文字。从这个意义上说，如果有哪一种文字能完整地表现文字的历史演化和进化规律，汉字是当之无愧的代表。

文字发展三阶段进化论的观点具有强烈的欧洲中心论和字母文字至上论的色彩⑦，是 19 世纪欧洲殖民扩张历史条件下的产物。⑧ 一些语言文字学家发现，文字进化阶段论的单向发展、不可逆转、不可跨越等核心观点，都经不起世界文字发展历史事实的考验。⑨ 同样，文字进化论所推崇的拼音文字也并非“最优”的文字，因为拼音文字的这种“优势”是建立在书写符号系统和语音之间存在着形—音对应规则（即“GPC 规则”，grapheme-phoneme correspondence rules⑩）。GPC 规则使拼音文字字形和字音之间的联系较为紧密，可以做到见形知音，听音拼词。但即使在拼音文字内部，也存在着形—音之间的正字法深度（orthographic depth）差异。有些拼音文字（如芬兰文、希腊文、德文）的单词拼写与读音之间存在完全对应关系，属于浅正字法文字；但在英文这样的深度正字法拼音文字中，拼写规则与语音规则之间的不匹配的情形较多，无法做到形—音之间的自由切换，这也是很多学习者感到英文单词难记的根源。

近年来，随着文字学，特别是不同类型文字认知神经加工机制研究的深入发展，一些研究者也开始反思文字研究中字母文字至上（Alphabetism）观点的缺陷和不足。⑪ 例如，研究发现，语音意识在文字识别过程中起重要作用，但大多数研究中的所说的语音意识其实主要是音素意识，所以这一结论就不能想当然地类推到以音节为表音单位的文字，如阿拉伯文、日文和汉字。⑫ 同时，基于不同类型文字认知加工的对比研究表明，无论是汉字还是拼音文字，在阅读加工过程中都涉及语音系统的参与，这

---

① 〔德〕索绪尔著，高名凯译：《普通语言学教程》，商务印书馆，1996 年，第 50 页。

② DeFrancis J.. Visible Speech: The Diverse Oneness of Writing Systems. University of Hawaii Press, 1989.

③ DeFrancis J.. The Chinese Language: Fact and Fantasy. University of Hawaii Press, 1986.

④ Gelb I. J.. A Study of Writing. University of Chicago Press, 1963.

⑤ 王蕴智：《六十年来关于汉字性质问题的探讨》，《河南大学学报（社会科学版）》1993 年第 2 期。

⑥ 万业馨：《应用汉字学概要》，商务印书馆，2012 年，第 31 页。

⑦ Share D. L.. Alphabetism in reading science. Frontiers in Psychology, 2014, 5: 752.

⑧ 聂鸿音：《从文字发展史看汉字的现状与前途》，《语文建设》1993 年第 5 期。

⑨ Daniels P. T.. Fundamentals of grammatology. Journal of the American Oriental Society, 1990: 727 - 731; Pettersson J. S.. Evolutionary accounts of writing and the disobedient history of scripts. Language & Communication, 1994, 14(2): 129 - 153.

⑩ Hanna P. R., et al.. Phoneme-grapheme correspondences as cues to spelling improvement. Department of Health, Education, and Welfare, 1966; Mazurkiewicz A J.. Phoneme-grapheme correspondences as cues to spelling improvements: A further appraisa. Literacy Research and Instruction, 1978, 17(3): 190 - 196.

⑪ Share D. L.. Alphabetism in reading science. Frontiers in psychology, 2014, 5: 752.

⑫ Perfetti C., Cao F, Booth J.. Specialization and universals in the development of reading skill: How Chinese research informs a universal science of reading. Scientific Studies of Reading, 2013, 17(1): 5 - 21.

是所有文字阅读的普遍性;而其差异主要表现在文字系统对语言中语音信息编码的差异,中文把字形映射到语素,字母文字把字形映射到音素,但这种文字系统和加工方式的差异不应该解释为文字系统的优劣。①

一种语言选择什么样的文字系统,一般是由这种语言的性质和特点决定的。汉字与汉语有数千年相矛盾、相制约、相依存、相适应的"磨合期",通过不断调整字形、字义合成、连音变读、扩展词汇、字义虚化等手段,二者之间不断达到新的动态平衡状态。② 汉语之所以选择采用方块汉字这种"语音透明度最低"的表意文字,就是为了实现"语义透明度最高"的认知加工优势。③ 而汉语以单音节为音义结合的基本单位和轻形态的特点,决定了"汉字—音节—语素"三位一体的音形义对应关系。

同时,汉语是以声韵组合为主的简单声韵组合音节结构,赵元任先生据此认为单音节性(monosyllabism)是汉语的根本属性,是汉语"最真实的神话"。④ 比起复杂的音节结构的语言,简单音节结构的声韵排列组合数目非常有限,而在绝大多数情况下,汉语中的音节同时又是一个语素——最小的表意单位,也就是每个音节同时都是一个表意单位。这种音节—语素之间的对应关系使得同音异义成为汉语言的普遍现象,特别是在汉语以单音词为主的早期阶段更是如此。赵元任先生所作《施氏食狮史》奇文,以 110 个发音相同的汉字讲述了一个完整而有趣的故事,正是用游戏文字来夸张地凸显汉语的这一特点。赵文以单音节词为主的文言体写就,近代汉语词汇双音化虽然大大降低了同音词的比例,但同其他音节结构和构词形态更复杂的语言相比,汉语中同音异义现象依然非常普遍。仍以赵文所采用"shi"音的双音词为例,"实事、时事、十世、时势、时世、时式"都是读音和声调完全相同的词语,读音相同但声调不同的组合更有"史诗、实施、试试、事实、实时、适时、时时、事事、逝世、史实"等等,无论采用何种拼音文字都难以辨别和区分词义。

根据丁大斌和黄昌宁⑤对《现代汉语词典》所录词汇的统计数据(见表 1),汉语中单音节、双音节、三音节以及四音节无调同音词的总比例高达 48.46%,带调同音词的比率也高达 25.53%。也就是说,即使加了声调,汉语中仍有超过四分之一的词汇为同音词。该文还统计了汉语的实际平均带调拼音载词量(即每一个相同的声韵调组合所负载的词汇量),单音节带调拼音实际载词量高达 6.02,双音节带调拼音实际载词量也达到了 1.45(见表 2)。换言之,对于在汉语中占绝对优势的单、双音节词而言,即使是采用严格的带调拼音书写,词语意义完全不同但拼写形式完全相同的比例分别为 602%和 145%。如果汉字真的实现了拼音化,我们很难做到文本快速浏览中经常用到的"扫读"和"略读"这样的策略,而不得不把大量的认知资源耗在"循音索义"这一类似于训诂学中的"音训"过程。

表 1 《现汉》同音词表(根据丁大斌、黄昌宁,2009)

音节数	词形数	百分比	无调同音词形数	百分比	带调同音词形数	百分比	无调拼音数	拼音数	同音词组数(无调/带调)
1	8 465	14.4	8 404	99.9	8 292	97.6	416	1 408	295/1 104
2	39 879	68.1	19 691	50.3	6 434	16.1	27 501	36 743	7 603/3 011

① 李辉、王晶颖:《汉字加工神经机制的特异性与一般性问题》,《当代语言学》2016 年第 4 期;Li X, et al.. Universal and specific reading mechanisms across different writing systems. Nature Reviews Psychology, 2022, 1(3): 133 - 144.

② 李如龙:《论汉语和汉字的关系及相关的研究》,《语言教学与研究》2009 年第 4 期。

③ 〔法〕白乐桑:《跨文化汉语教育学》,中国大百科全书出版社,2018 年,第 12 页。

④ Chao B. A grammar of spoken Chinese. Journal of the American Oriental Society, 1965, (1).

⑤ 丁大斌、黄昌宁:《从信息处理角度看汉语同音词》,《语言文字应用》2009 年第 4 期。

续　表

音节数	词形数	百分比	无调同音词形数	百分比	带调同音词形数	百分比	无调拼音数	拼音数	同音词组数(无调/带调)
3	5 006	8.54	126	2.64	80	1.28	4 940	4 981	64/32
4	4 824	8.23	61	1.18	47	0.89	4 795	4 803	28/21
总和	58 174	99.27	28 282	48.46	14 853	25.53	37 652	47 935	7 990/4 168

表 2　音节数小于等于 3 的拼音载词量分析(根据丁大斌、黄昌宁,2009)

音节数	理　论		实　际		拼音载词量	
	带调拼音数	无调拼音数	带调拼音数	无调拼音数	理　论	实　际
1	3 080	770	1 408	416	2.75	6.02
2	9 486 400	592 900	27 500	36 742	0.004	1.45
3	约为 290 亿	456 533 000	4 941	4 982	0	1.01

黎锦熙《国语新文字论》一书中,通过用自己参与创制的拼音文字写日记的亲身实践,证明了汉语拼音文字造成的阅读困难:

我用注音字母写日记,……前后近三十年,每天平均总有半小时的工作——脱离汉字以练习一种国语新文字的工作。结果是:写是写得很纯熟了(测验过:写"完全形式"的国语罗马字,比写那"行楷"体的汉字,约快三分之一。)看起来可就慢得多(看汉字的书,要快时,普通可以"一目三行";看这个,必须"一目一行",逐字认读,时间至少加三倍。……因为日记内容是繁杂的,许多词儿更要从句子的上下文猜想出意义来,所以读的时间比读汉字有时多到十倍。)①

作为我国现代语言学科的奠基者、国语运动的倡导者和国语罗马字的创制者,黎锦熙先生一开始就对拼音和汉字的关系有着清醒的认识。早在 1913 年他就把注音符号定位于"伺候汉字,偎傍汉字"。② 尽管如此,他还是三十年如一日地"练习一种国语新文字",通过躬身亲为的拼音书写实践,最终得出了拼音文字"易写难读"的结论,与赵元任先生通过《施氏食狮史》戏文说明的道理如出一辙,殊途同归,揭示了汉语语言特点与文字拼音化方向二者之间的学理悖谬。

五　东干文能否为汉字拼音化提供借鉴?

汉语言特殊的音节结构和普遍存在的同音异义现象,与汉语拼音化的诉求之间存在巨大的结构性悖论,因此,有学者指出"能否区分汉语同音语素,是衡量汉语拼音文字能否胜任记录汉语工作的基本前提所在"。③ 东干语是汉语西北陕、甘方言的域外变体,在语言性质上仍属于汉语。因此,东干文

① 黎锦熙:《国语新文字论》,北京师范大学出版社,1951 年,第 13 页。
② 冯志伟:《汉语拼音运动的历史回顾》,《术语标准化与信息技术》2004 年第 4 期。
③ 柳英绿、关黑拽:《汉语拼音化运动的历史进程与现实困境》,《吉林大学社会科学学报》2014 年第 2 期。

能否为汉字拼音化提供“借鉴”，关键要看这种文字能否成功地解决这一结构性反差。因为《汉语拼音方案》是我国几代学人在汉字拼音化道路不懈探索的智慧结晶，具有“科学性、实用性、远见性”①，也被认为是现阶段汉语拼音化书写的“最佳方案”②，我们将采用汉语拼音以及与之对应的《汉语拼音正词法基本规则》国家标准(GB/T16159—2012)与东干文相互参比和印证的书写系统。

和汉语类似，东干语的音节结构也是由一个声母和一个韵母组合起来的简单音节结构。东干语中有三个声调，但东干文不标声调，因此东干文中的同音异义词出现的概率比汉语拼音中的还要高。如表3所示，不区分声调的东干文中的“**за**”，根据上下文转写为汉字则为咋、扎、榨、杂、砸和炸。具体是哪一个“**за**”，也需要我们像黎锦熙阅读自己用注音字母写的日记那样“循音索义”，需要耗费很多认知资源来进行文本识读。

表3　东干文“за”和相应汉字转写示例

序号	东　干　文	汉 字 转 写
1	Та сылён зугуэди лӯдини，сылён **за** вулп колхоз，ба йүнчи зоЖуэди жызыг дини.	他思量走过的路的呢，思量**咋**入哩卡勒霍子，把运气找着的日子的呢。
2	Нэхур дэфу кэ ё ги ни **за** Жынни.	那候儿大夫可要给你**扎**针呢。
3	Зэ бу Жё та **за** щели жынди шынпюн.	再不叫他**榨**血哩人的身上。
4	ЖяЖунди **за** сы вэ ё гуан.	家中的**杂**事我要管。
5	Вэ ги вэ анэ бонди **за** суанчини.	我给我阿奶帮的**砸**蒜去呢。
6	Вэ анэ щян бу хома，хан хуэй **за** махуарни.	我阿奶嫌不好嘛，还会**炸**麻花儿呢。

和汉语一样，双音节词在东干语中也占绝对多数，相应地双音节的同音词的比例也居高不下。表4是我们从芬兰学者Olli Salmi③编纂的东干语词典中摘录的一些东干文双音节同音词。从表中可以看出，两个意义大相径庭的双音节同音词在东干文中拼写为同一形式，在阅读时同样需要根据上下文提供的线索来辨识和确认。如果采用语义更加透明的汉字书写，其意义则一目了然。

表4　东干文双音节同音词例证(摘录自Salmi,2018)

序号	东干文	汉字转写	序号	东干文	汉字转写	序号	东干文	汉字转写
1	быйбый	伯伯、辈辈	5	ЖёнЖю	将就、讲究	9	йиба	一把、尾巴
2	дашын	大声、打胜	6	Жошы	着识、照实	10	йисы	意思、一丝
3	доди	到底、稻地	7	Жынчи	蒸汽、整齐	11	йүЖян	遇见、狱监
4	ёнхуэ	洋火、养活	8	ЖюЖю	九九、舅舅	12	йүншы	匀实、永世

① 陈章太：《〈汉语拼音方案〉的功绩、发展及问题》，《语言文字应用》2008年第3期。

② 吕叔湘：《〈汉语拼音方案〉是最佳方案》，《语文建设》1983年第2期。

③ Olli Salmi. Dungan-English Dictionary. Хуэйзӯ-Англияхуадян. Eastbridge Books，2018.

续　表

序号	东干文	汉字转写	序号	东干文	汉字转写	序号	东干文	汉字转写
13	кəшын	可身、咳声	23	мола	毛拉、毛蜡	33	фищин	费心、睡醒
14	ланган	懒干、烂杆	24	мущён	木香、谋想	34	фонкуэ	爽快、放宽
15	лёзы	料子、疗治	25	нянжин	年馑、眼睛	35	цэсы	差使、才是
16	лийи	礼义、利益	26	пынжян	棚间、碰见	36	чигə	妻哥、七个
17	лищин	离心、礼行	27	пэзы	排字、牌子	37	чиннян	青年、亲眼
18	лоба	老爸、涝坝	28	сыфи	死水、是非	38	чунфу	重复、椿树
19	лянщи	联系、练习	29	тёжян	挑拣、条件	39	шызы	十字、式子
20	мажон	马掌、骂仗	30	тўди	土地、徒弟	40	щинжин	心劲、形近
21	маза	蚂蚱、麻渣	31	фанлуан	反乱、翻乱	41	янчи	厌弃、咽气
22	мищён	米箱、蜜香	32	фачи	乏气、法器	42	янщи	宴席、演习

很显然，增加拼音文字的音节数是降低同音词出现比例的重要手段，因此东干文和汉语拼音不约而同都采用了以词为拼写单位的方式来增加音节数。如果我们对比一下我国发布的《汉语拼音正词法基本规则》国家标准和苏联吉尔吉斯共和国科学院发布的《东干语新正字法和标点法》①，就会发现二者在很多规则上都大同小异，如三个音节及以下用词语连写（如例1），容易混淆的字中间用分隔符（如例2）等等。但在细节上存在一些差异，如东干文中四个音节复合词一般在前后两个双音节之间加短线连词符（例3a），而汉语中仅在2—2音节结构的语词中间加连词符（例3b），前者是一个语音单位，后者是一个意义单位。此外，东干文和汉语拼音在数量词、代词、助词等具体此类的拼写方法上也有不同的规定。

1a. быйёнфу（白杨树）、нифижён（泥水匠）、хушонжя（后晌价）、

1b. báiyángshù（白杨树）、níshuǐjiàng（泥水匠）、fēijīnshǔ（非金属）

2a. чин-ю（情由）、сын-ё（生养）、пын-ю（朋友）

2b. xī'ān（西安）、pí'ǎo（皮袄）、zǒng'éryánzhī（总而言之）

3a. шыщин-шыйиди（实心实意）、фужы-цомё（树枝草苗）、хифи-ханлю（黑水汗流）

3b. shíxīn-shíyì（实心实意）、wǔhú-sìhǎi（五湖四海）、céngchūbùqióng（层出不穷）

相比较而言，汉语拼音正词法坚持“以词为拼写单位，适当考虑语音语义因素，兼顾词的长度”的原则，对单词连写的规定比较严格，而东干文正字法则对词儿连写的规定则相对比较宽松。二者之间最大的差异在于东干文词汇书写中对一些虚词书写采取虚化程度更高的“后缀化”处理策略，如前文中引述的东干文 Жунгуйщеди（中国写的）、Жунгуйсы（中国是）和 Жунгуйди（中国的）在汉语拼音的处理中都会作为两个或三个词语，东干文中均通过加词缀的办法处理为一个词。下面我们分别以名词 база（巴扎）和动词 жёхуан（交换，叫唤）为例，来观察东干文对汉语虚词的后缀化处理（见表5）。

① 杜松寿：《东干语词儿书写规则》，《拼音》1956年第2期。

表 5　汉语虚词在东干文和汉语拼音中拼写方式的对比

序号	东干文	汉　字	汉语拼音	东干文	汉　字	汉语拼音
1	база	巴扎	bāzhā	жёхуан	交换(叫唤)	jiāohuàn(jiàohuàn)
2	базар	巴扎儿	bāzhār	жёхуандё	交换掉	jiāohuàndiao
3	базарди	巴扎儿的	bāzhār de	жёхуанли	交换哩	jiāohuàn li
4	базарли	巴扎儿哩	bāzhār li	жёхуанди	叫唤(交换)的	jiāohuàn(jiàohuàn)de
5	базарни	巴扎儿呢	bāzhār ni	жёхуантуәли	叫唤脱哩	jiàohuàn tuo li
6	базаршон	巴扎儿上	bāzhārshang	жёхуандини	叫唤的呢	jiàohuàn de ni
7	Базар-шон	巴扎儿上	Bāzhārshang	жёхуанкәли	叫唤开哩	jiàohuàn kai li
8	базаршонли	巴扎儿上哩	bāzhārshang li	жёхуанлихар	叫唤哩下儿	jiàohuàn li xiar
9	базашон	巴扎上	bāzhāshang	жёхуантуә	叫唤脱	jiàohuàn tuo
10	базашонди	巴扎上的	bāzhāshang de	жёхуандини-он	叫唤的呢哦	jiàohuàn de ni o

从表 5 的例证中可以看出,可以作为东干文后缀有儿化音标记(р),表示方位和趋向意义的-шон(上)、-ха(下)、-дё(掉)、-туә(脱),表示结构关系或动作状态的-ди(的、地、得)①及表示语气的-ни(呢)、-ли(哩),等等②。在汉语拼音的正词法中,只有少数几种情形下规定可以与前面的词连写,如儿化音标记-r,单音节词后的"的",以及动态助词"着、了、过"等,其他情况下均与前面的词分开书写。

从表 5 中还可以看出,东干文的同音现象虽然可以通过加后缀在一定程度上降低,但并不能完全避免汉语词汇的同音现象。如 жёхуанди 一词,既可以理解为"叫唤的",也可以理解为"交换的",究竟应该如何释读,仍需要在上下文语境中才可以甄别。

我们注意到,东干语的词缀与词根之间的关系比较灵活。如以下 4—7 例句中的东干文—中文转写所示,东干语中的复合词缀-дини(的呢),相当于汉语普通话中的"着呢",表示持续和进行的体貌意义,与其关系最紧密的应该是动词 сылён(思量)。但在实际的语境中,可以附着在名词 лў(路)、疑问代词 са(啥)、人称代词 ниму(你们)的后面。

4a. Жын сылён**дини.**

4b. 正思量的呢。

5a. Та сылён зугуәди лў**дини.**

5b. 他思量走过的路的呢。

6a. Ни кә сылён са**дини**?

6b. 你可思量啥的呢。

7a. Вә фанчон сылён ниму**дини.**

---

① 汉语中的结构助词的、地、得在东干语中都用词缀-ди 表示,在东干语和西北方言中也可以用来表示动词持续意义,类似于汉语普通话中的"着",参见徐丹:《从北京话"V 着"与西北方言"V 的"的平行现象看"的"的来源》,《方言》1995 年第 4 期。

② 除了这两个例子中所显示的后缀外,东干语中的后缀还有很多,如,表示判断意义的-сы(是)、表示趋向意义的单纯和复合后缀-лә(来)、-чи(去)-че(起)、-гуә(过)、-челә(起来)、-шонлә(上来)、-гуәчи(过去),等等。其中以趋向动词居多,它们很多都进一步虚化,来表示动词体貌特征的后缀。

7b. 我泛常思量你们的呢。

此外，如 8—12 等例句所示，-дини 也可以和动词或名词＋趋向动词 ха（下）、шон（上）和 челэ（起来）三个成分连写为一个词，用更复杂的复合后缀形式，表示更复杂的动作状态意义。这种相对自由的后缀化书写方式，与东干文吸收中亚地区综合语（如俄语、突厥语等语言）构词书写方式不无关系。

8a. Вэ йинха**дини.**

8b. 我应下的呢。

9a. Ду бажёкуэфу зуэзоха**дини.**

9b. 都把教科书做造下的呢。

10a. Панпанзышон**дини.**

10b. 方向盘子上的呢。

11a. Лю дян Жуншон**дини.**

11b. 六点钟上的呢。

12a. Туфа панчелэ**дини.**

12b. 头发盘起来的呢。

这种综合语中常见的后缀叠加的书写方式，是否适合于拼写汉语这种缺少形态变化的孤立语，抑或这种书写方式究竟会促进还是阻碍汉语的理解，还有待于通过实证研究的检验。但可以肯定的是，类似于把“盘盘子上的呢”拼写为一个词（Панпанзышондини）的拼写方式，与汉语母语者对于心理词库中一个“词”的语言直觉大相径庭，相去甚远。

六　余论

古老的汉字是世界上唯一千年未绝的自源性表意文字，具有独特的文字类型学价值。数千年来，汉字负载着中华民族厚重的历史文化，将不同人种、不同血脉、不同方言聚集在一起，并最终形成了多元一体的中华民族共同体，维系着中国各民族的融合与团结、国家的统一与稳定，是中华文明最深层的“基因”。同时，汉字很早就走出国门，远播东亚诸国，形成了影响深远的“汉字文化圈”。在近现代，汉字经受了拉丁化和信息化的双重挑战，表现出强大的生命力。

东干文是用拼音字母书写域外汉语变体的有益尝试，为提高中亚东干族民众的教育水平，保护和传承东干族独特的语言和民族文化起了重要的作用，也是非常宝贵的域外中国语言文字遗产。由于东干文同样无法成功地破解汉字拼音化书写时简单音节结构和普遍存在的“同音异义”这一结构性难题，而其源自综合语中后缀叠加的书写方式不符合汉语作为孤立语的特点，本质上仍属于一种“注音符号”，仍需通过“循音索义”的方式才能在上下文中理解词义，所以很难承担作为汉字拼音化“借鉴”的重任。

数代中国学人探索汉字拼音化道路的百年历程告诉我们，视汉字为原始、以拼音为进步的“汉字落后论”其实是一种学术上不成立、实践上行不通、也被历史事实证明是错误的伪命题。[①] 国内外学者之所以认为东干文可以为汉字拼音化提供“借鉴”，其根源还是由于长期形成的“拼音文字优越论”和“汉字落后论”的固化思维和惯性焦虑。今后，中国学人应致力于建构文字研究的中国话语体系，揭示被拼音文字遮蔽的汉字之谜，树立汉字文化自信，向全世界讲好汉字故事。

① 武和平、李乐：《走出两个误区，讲好汉字故事》，《光明日报》2020 年 11 月 28 日，第 12 版。

Can Dungan Writing Provide Reference for the Latinization of Chinese Character?
— A Tentative Refutation against "A Revolutionary Theory of Writing Systems"

Wu Heping　Kang Xiaoming

(College of International Cultural Exchange; College of Chinese Language and Literature.
Northwest Normal University, Lanzhou 730070, China)

Abstract: The successful creation and use of Dungan writing rekindles the enthusiasm and interest of academic circles in Chinese Pingyin character. Dungan Writing is considered to be a reference for the Chinese Pingyin character. This paper retraces the century-long exploration process of Chinese Pingyin character, and makes a theoretical reflection on Chinese Pingyin character from the perspectives of Chinese character cognitive processing research and the relationship between Chinese and Chinese characters in recent years. Through the analysis of the word formation of Dungan writing, it can be seen that Dungan writing cannot successfully solve the structural problem of simple syllable structure and the prevalence of "homonym" in wrinting Chinese Pingyin character. What's more, its writing style, which is derived from the superposition of suffixes in synthetic language, is not in line with the characteristics of Chinese as an isolated language. In essence, it still belongs to a kind of "phonetic notation", so it is difficult to undertake the improtant task of being a "reference" for the Chinese Pingyin character. Based on the case of Dungan writing, the paper also tentatively discuss the flaw of evolution theory of writing systems, and the belief that Chinese character is a obsolescent.

Key words: Dungan writing; Chinese Pingyin character; Chinese character cognitive processing; evolution theory of writing systems; confidence in Chinese characters

日本西药译名对中国西药译名用字的影响探微*
——以音译西药名为视角

牛　振

【摘　要】测查1851—1889年间中国西医学文献中的音译西药名用字，涉及58种西药，未发现受到日本译名影响的证据。测查1890—1933年间前述58种西药在中国文献中的译名用字，规范性文献中发现有19种西药的译名存在日源书写形式，至少在1908—1933年间日本西药译名对中国西药译名规范工作持续产生影响；译著中则有29种西药的译名存在日源书写形式，译自日本著作的《增订药物学纲要》中日源书写形式最多，得到沿用的日源书写形式的稳定性比较强。日源书写形式得以沿用，与特定的时代背景有关，也与当时日本西药译名多用汉字记录的特点有关。

【关键词】清末民初；中日语言接触；西药译名；用字；影响

【作者简介】牛振，汉字文明传承传播与教育研究中心、郑州大学文学院副教授，研究方向为汉语言文字学。（河南 郑州　450001）

近代中日词汇交流研究领域中，西药译名的互相影响是重要研究课题之一，但目前学界相关研究成果很少，有待深入探讨。清末民初中国音译西药名变化较大，故本文以音译西药名①为研究视角，以清末西医学文献中的音译西药名用字考察为基础，测查清末民初文献中这些西药译名的用字情况，比对同时期日本西医学著作中的西药译名，力图以局部的考察结果揭示日本西药译名对中国西药译名用字的影响。

根据现有文献，自1851年合信所著的《全体新论》刊行起，西医学知识开始大规模输入中国，我们以此为研究时间的起点；1890年博医会(China Medical Missoonary Association)成立名词委员会，主要目标是统一医学译名，中国有了第一个规范西药译名的专门机构，我们以其为中国西药译名规范工作的开端；1933年，国立编译馆编订的《药学名词》正式出版，西药译名有了官方专门机构颁布的规范标准，是为本文研究的时间下限。据此，本文将分别测查1851—1889及1890—1933年间中国西药译名的用字情况。

一　1851—1889年间中国音译西药名用字概貌

清末刊行的西医学文献数量众多。据陈永生等统计，1851—1913年，江南制造总局和益智书会两个机构出版西医学译著近百种，博医会出版了22种。② 按译者进行统计，合信撰写的西医学译著有6部，嘉约翰编译的西医学书籍共34种。③ 从内容看，文献种类包括解剖学、生理学类，西医学类，外科

* 基金项目：本文为国家社科基金一般项目“外来科技名词汉译用字的历史研究”(项目编号：20BYY132)阶段性成果。

① 为实现用字测查全面覆盖，本文将1889年以前译著中出现的音兼意译西药名也作为考察对象，但只考察其音译部分。为方便称说，除具体讨论外，统称为音译西药名。测查1890年以后译名的演变则照录文献中的书写形式，包括音译名、意译名及音兼意译名。笔者有专文讨论化学元素译词用字，本文不再考察相关译词用字，参牛振：《清末化学文献中的异字同用现象探析——以元素译词用字为考察对象》，《汉字汉语研究》2021年第4期。

② 陈永生、张苏萌：《晚清西医学文献翻译的特点及出版机构》，《中华医学杂志》1997年第27卷第2期。

③ 梁碧莹：《嘉约翰与西医学在中国的传播》，《中山大学学报(社会科学版)》1996年第3期。

类，五官科类，内科类，妇科、儿科类，医方、药方类，卫生、救护类等 8 类。[①] 根据研究需要，我们从中选取 1851—1889 年间刊行的、影响比较大的四种文献作为研究文本：《医学英华字释》(1858)[②]、《西药略释》(1875)[③]、《新增西药略释》(1886)[④]、《西药大成》[⑤]。

经测查，《医学英华字释》《西药略释》中共有 58 种西药有音译名，有 77 条音译名书写形式。上述 58 种西药在《新增西药略释》中有 47 种有音译名，有 52 条音译名书写形式；在《西药大成》中仍有 50 种有音译名，有 54 条音译名书写形式。58 种西药的外语名罗列如下：Aloes，Ammoniac/Ammoniacum[⑥]，Amonia，Aspidium，Atropin/Atropia，Balsam of Peru/Balsamum of Peruvianum，Balsam of Tolu/Balsamum of Tolutanum，Belladonna，Calabar Bean/Physostigma，Calomel，Calumba，Carbolio Acid/Acid Carbolio，Caustic，Chenopodium，Chiretta，Chloroform，Cimicifuga，Cinchona/Quina，Cocculus Indicus/Picrotoxine，Coffee/Coffea，Colchicum，Colocynth，Copaiba，Creasote/Kreosot/Kreosote，Elaterium，Ether/Ethers，Ergot，Guiacum/Guaiacum，Hemlock/Conium，Iodine，Ipecac，Jalap，Kameila/Kamelia/Kamala，Kino，Krameria/Rhatany，Lobelia，Magnesia，Morphia，Podophyllin，Quassia/white wood，Quinine/ke-na/Quinia，Sago，Sal Rochelle/Rochelle Salt，Santonin/Santonine，Sarsaparilla，Sassafras，Savin，Scammony，Seneka，Senna，Soda/Soda Carb，Soda Bi-carb，Spigelia，Squill/Squills，Strychnine/Strychnia，Tartar-emetic，Veratrum，Veratrum Album。限于篇幅，其音译名书写形式不再一一列出。

为考察本时期日本译名对中国音译西药名用字的影响，笔者比对了上述西药译名的用字与日本文献中汉字记录的译名有无相同相近之处，以及上述西药译名的用字在日语中的音读与日本文献中记录译名的片假名的读音有无相同相近之处。所涉日本西医学著作包括《泰西本草名疏》[⑦]、《西医方选》[⑧]、《〈草木图说〉目录》[⑨]、《药物学大意》[⑩]等。测查结果表明，中日文献中 58 种西药的译名书写形式没有相同相近的地方，笔者未找到能够说明本时期中国音译西药名用字受日本译名影响的证据。

二　1890—1933 年间中国西药译名用字规范情况的测查

考察本时期中国西药译名用字情况，需从用字规范和实际使用两个层面进行，笔者分别搜集本时期的相关规范性文献及译著，测查前述 58 种西药的译名用字。测查结果将与同时期及之前的日本西医学著作中的译名进行比对，包括《西医方选》(下简称《方选》)、《〈草木图说〉目录》《药物学大意》(下简称《大意》)、《药物学提纲》(下简称《提纲》，第 1 版)[⑪]、《提纲》(第 8 版)[⑫]等。本节首先从用字规范层面进行探讨。

---

① 李传斌：《近代来华新教医学传教士的西医译、著》，《中华文化论坛》2005 年第 1 期。

② 〔英〕合信：《医学英华字释》，美华书馆，1858 年。

③ 〔美〕嘉约翰口译，林湘东笔述：《西药略释》，博济医局，1875 年。

④ 〔美〕孔继良译撰，嘉约翰校正：《新增西药略释》，博济医局重刊，1886 年。

⑤ 〔英〕来拉、海德兰著，〔英〕傅兰雅口译，赵元益笔述：《西药大成》，江南制造总局，1887 年。本文依据〔英〕傅兰雅、赵元益编译：《西药大成药品中西名目表》，江南制造总局，1887 年。

⑥ 19 世纪西药学正处于迅猛发展的时期，加上语言差异，测查所及的部分源语词的词形有歧异，本文据实照录以备查。

⑦ 〔瑞典〕春别尔孤著，〔日〕伊藤舜民译：《泰西本草名疏》，1828—1829 年写本。

⑧ 〔日〕藤林纪元：《西医方选》，玉山堂藏版，1828 年。

⑨ 〔日〕田中芳男、小野职慤选：《〈草木图说〉目录》，大阪"博物馆"藏板，1874 年。

⑩ 〔日〕太田雄宁纂述：《药物学大意》，岛村利助刊行本，1878 年。

⑪ 〔日〕铃木幸太郎编纂：《药物学提纲》(第 1 版)，半田屋医籍商店，1894 年。

⑫ 〔日〕铃木幸太郎编纂：《药物学提纲》(第 8 版)，半田屋医籍商店，1908 年。

本时期中国境内开展西药译名规范工作的机构主要有博医会（以高似兰为主）、中华药学会、中华医学会、医学名词审查会、科学名词审查会、民国政府“卫生部”、国立编译馆等。这些机构或提出西药译名规范方案，或编纂药学辞书，对西药译名的规范统一作出了重要贡献。我们选取其中影响比较大的四种文献，测查文献中 58 种西药的译名用字情况。四种文献分别为：

1. 高似兰：《高氏医学辞汇》，中国博医会，1908 年初版，1931 年鲁德馨、孟合理增订第 7 版；

2. 民国政府“卫生部”药典编纂委员会：《中华药典》，中华书局，1930 年；

3. 科学名词审查会：《医学名词汇编》，科学名词审查会，1931 年；

4. 国立编译馆：《药学名词》，国立编译馆，1933 年。

测查所见，58 种西药在文献中共出现 55 种，其中 19 种西药的音译名被意译名替换，前文所测这些西药的音译名书写形式被淘汰；其余 36 种西药，其音译名书写形式也并非全部沿用自前一时期。总体来看，55 种西药中，有 19 种西药的译名用字与日本译名有关，其译名书写形式如下：

表 1　1890—1933 年间中国西药译名用字规范测查表

序号	源语词	《高氏医学辞汇》书写形式	《中华药典》书写形式	《医学名词汇编》书写形式		《药学名词》书写形式	
				决定名	日文译名	决定名	日文译名
1	Aloes	阿羅	**蘆薈**	**蘆薈**	**蘆薈**	**蘆薈**	**蘆薈**
2	Aspidium	**綿馬**;貫衆	**綿馬**;貫衆			**綿馬根**	
3	Calomel	**甘汞**				**甘汞**	**甘汞**
	Calomelas		卡羅美			卡羅美；**甘汞**;一氯化汞	
4	Calumba	非洲防己根;卡倫巴	非洲防己根			**古倫僕**	
5	Carbolic Acid					**石炭酸**	**石炭酸**
	Carbolic	**石炭酸**					
6	Chiretta	印度龍膽				**當藥**	**當藥**
7	Ergot	**麥角**		**麥角**	**麥角**	**麥角**	**麥角**
	Ergota		**麥角**				
8	Guaiacum	**癒創木**				**癒創木**	**癒創木**
9	Iodine	碘		碘	**沃度**	碘	
	Iodum		碘				
10	Ipecac			**吐根**	**吐根**		
	Ipecacuanha	衣必格	**吐根**				
	Ipecacuanha root					**吐根**	**吐根**

续　表

序号	源语词	《高氏医学辞汇》书写形式	《中华药典》书写形式	《医学名词汇编》书写形式		《药学名词》书写形式	
				决定名	日文译名	决定名	日文译名
11	Jalap	**藥喇叭**;乍拉				瀉根	
	Jalapa		**藥喇叭根**				
12	Magnesia	苦土;氯化鎂;鎂氯	**煆鎂**;氯化鎂	**煆製鎂**;***煆苦土***	**煆製,譯音**		
13	Sarsaparilla	菝葜				**撒爾沙根**	
14	Sassafras	**薩薩弗拉斯**;洋擦木	**薩沙富拉斯**;洋擦木			***蘇木***	***蘇木***
15	Senega	**美遠志**;森伊加				**美遠志**	
16	Senna	森那;**旃那**;番瀉葉	番瀉葉			**旃那**	
17	Squill	***海葱***				***海葱***	***海葱***
18	Strychnine	士的寗		***番木鼈素***		***番木鼈鹼***	
	Strychnium		士的甯;***番木鼈素***				
19	Tartar-emetic	***吐酒石***		***吐酒石***	***吐酒石***		
	Tartarus-emeticus		***吐酒石***			酒石酸銻鉀	

由表1可知:

(一)有13种西药的意译名(加粗斜体标示)受日本译名影响而拟订,或采用《方选》《大意》《提纲》中的汉字译名,如"甘汞""海葱"在《方选》中使用,"蘆薈""綿馬""吐根""癒創木""蘇木""海葱"在《大意》中使用,"蘆薈""綿馬根""甘汞""石炭酸""麥角""吐根""海葱""吐酒石"在《提纲》第1版、第8版中都有使用,"當藥""癒創木"在《提纲》第8版中使用。或化用日本文献中的汉字译名,如"番木鼈素""番木鼈鹼",《大意》中有汉字药名"番木鼈",为传统中药名;《提纲》中有汉字药名"番木鼈子",外文名称为Semen Strychn/Semen Strychni;Strychnine为从"番木鼈子"中提取的药用成分,意译为"番木鼈素""番木鼈鹼","番木鼈"说明原材料,"素""鹼"提示是从原材料中提取的药用成分。此外,《提纲》中的"綿馬根"被化用为"綿馬","遠志根"被化用为"美遠志",前者去掉了提示药用部分的"根",后者去掉"根"后增加了表明产地的"美"。

(二)7种西药有音译名或音兼意译名(加粗标示),但受日本西药译名的影响,其音译用字与前一时期完全不同。

1. Jalap在前一时期被音译为"渣笠""渣臘伯",表1中被译为"藥喇叭""藥喇叭根",《提纲》第1版中被译为"葯刺[刺]巴根"①"約刺[刺]巴根",第8版中被译为"葯刺[刺]巴根"。《大意》中"葯刺巴"

① 文献中讹误字形照录,其后用"[ ]"注出正确字形,下同。

的片假名注音为ヤーラッパ，汉字“葯”“約”在日语中的音读同为ヤク①，但“約”只记音，而“葯”可表药物义；则“約剌巴”记录音译名，“葯剌巴”记录音兼意译名。译名增加“根”字，提示药喇叭的药用部分为其植株的干燥块根。《高氏医学辞汇》《中华药典》中分别记作“藥喇叭”“藥喇叭根”，将“葯”换用为异体字形“藥”，将书写形式中的“剌巴”替换为记音兼表意的“喇叭”。因为药喇叭(Jalap)属于旋花科植物，其花呈喇叭状，故译名{藥喇叭}{藥喇叭根}②音义兼备，被沿用至今。

2. Magnesia 在前一时期被音译为“嘚呢吵”，在《中华药典》《医学名词汇编》中被记作“煆鎂”“煆製鎂”，《医学名词汇编》列出日文译名为“煆製，譯音”，但是没有给出记录译音的书写形式。《提纲》第8版中 Magnesia usta 的译名记作“煆性麻虞涅矢亞”，“煆性”说明药物的制备方法，“麻虞涅矢亞”记录 Magnesia 的译音，因此《医学名词汇编》收入的日文译名为“煆製，译音”。Magnesia 作为镁元素的外语名，在清末被音译为“鎂”，且在清末民初得到广泛使用③，所以日文译名“煆性麻虞涅矢亞”又被化用为“煆鎂”“煆製鎂”。Magnesia 作为药物，在当时又被意译为“苦土”(《高氏医学辞汇》)，将音译的“鎂”换为意译的“苦土”，就有了表1中的“煆苦土”及表2中的“煆製苦土”。

3. Sarsaparilla 在前一时期被音译为“沙沙把列”“沙沙把列拉”，在《提纲》第8版中被译为“撒兒沙巴利剌”“撒兒沙根”，《药学名词》编者采用后者，将“兒”换作同音字“爾”。

4. Sassafras 在前一时期被音译为“沙沙法”“沙沙法拉司”，《提纲》第8版中被译作“薩撒布拉斯”，《高氏医学辞汇》中记作“薩薩弗拉斯”，《中华药典》中记作“薩沙富拉斯”，撒在日语中的音读为サッ、サン，布在日语中的音读为フ；薩、弗在日语中的音读分别为サツ、フツ；沙、富在日语中的音读分别为サ、フ，则“薩薩弗拉斯”“薩沙富拉斯”都是译者换用音近字的结果。

5. Senna 在前一时期被音译为“新拿”“辛拏”，在《方选》《大意》中被音译作“旃那”，《提纲》中被音译作“旃那”。“旃”“旃”“旃”为异体字形，在汉语中读为 zhān，“旃/旃那”在汉语中的读音与源语词 Senna 的发音相似度低；但“旃/旃”在日语中的音读为セン，“那”在日语中的音读为ナ，“旃/旃那”在日语中的音读与源语词 Senna 的发音比较接近。《高氏医学辞汇》和《药学名词》中使用的“旃那”“旃那”都沿用日本译名书写形式。

此外，Calumba 原来被译作“加林箄”“高林布”，《药学名词》中记作“古倫僕”，沿用了《提纲》中的音译名书写形式。Iodine 原来被译作“挨阿顛”，《医学名词汇编》中收有日文音译名“沃度”，笔者对此及相关译名书写形式有专文论及④，不再赘述。

(三) 四种文献的出版时间有先后，但其中均有日源西药译名书写形式，涉及西药的数量依次为11种、8种、6种、15种，说明至少在1908—1933年间，日本西药译名对中国西药译名规范工作持续产生影响。在由官方颁布的《药学名词》中，则有15种西药的译名用字受日本译名影响，数量最多。这些日源书写形式或直接采用、或化用日本文献中的西药译名，对当时中国西药译名的用字实际也产生了比较大的影响。

三　1890—1933年间中国西药译名用字实际测查

为从实际使用层面测查中国西药译名用字情况，我们选取该时期影响比较大的10部西医学译著作为考察对象，根据时间分布、同一作者避免重复及源语词与译名共现等条件，最终选定四种文献进

① 本文中汉字的日语音读均利用 Kanji Dictionary Online 网站在线查询，网址：https://kanji.jitenon.jp。

② 本文采用裘锡圭先生的标注方式，用“{ }”标明书写形式所记的词，{ }内为该词的代表性书写形式。

③ 牛振：《清末民初音译元素名规范方案用字探析》，《汉字汉语研究》2020年第3期。

④ 牛振：《日本元素译名对中国元素译名用字的影响探微》，《中国文字研究》，华东师范大学出版社，2020年第三十二辑。

行测查，分别为：

1.［美］洪士提反编译：《万国药方》，美华书馆，1890 年初版，1910 年第 9 次重印本；

2. 丁福保译述：《增订药物学纲要》，医学书局，1914 年初版，1920 年再版；

3. 美国 Parke Davis 等药厂：《美国西药谱》，中华书局，1923 年；

4. 江清编译：《西药概论》，博医会，1931 年。

经测查，前述 58 种西药在上述四种文献中共出现了 52 种，其中 2 种西药的音译名被意译名替换，其前一时期的音译名书写形式被淘汰。52 种西药中，译名用字与日本译名相关的为 29 种，其译名书写形式如下：

表 2　1890—1933 年间中国西药译名用字实际测查表

序号	源语词	《万国药方》书写形式	《增订药物学纲要》书写形式		《美国西药谱》书写形式	《西药概论》书写形式
			采用译名	其他译名①		
1	Aloes	啞囉；鸦囉；洋沉香；***番蘆薈***	**蘆薈**	啞囉；鴉羅；洋沈香；***番蘆薈***；阿羅	洋沈香	**蘆薈**
2	Ammoniacum	阿麽㥿；阿麽㥿膠	**安母尼亞屈謨**	**護謨安母尼亞幾；護謨阿魏**；阿摩特		
3	Aspidium	亞必安；非利瑪；公蕨			非利瑪	洋贯衆；非利瑪
	Rhizoma filicis maris		**棉馬根、綿馬根**	西必安；公蕨；非利瑪		
4	Atropina	丫刀邊精；丫刀邊；顛茄精				阿刀平
	Atropinum		**亞篤羅必涅**	丫刀邊；阿刀便		
	Atropine				龍葵碱	
5	Calomel					**甘汞**；氯化低汞
	Hydrorgyrum chlorot ummite		**格魯兒化汞；甘汞**	**亞格魯兒汞**；單綠汞；迦路末		
6	Calumba	高林布；加林箄			加侖巴	卡倫巴
	Radix, Colonbao		**古倫僕根**	**格倫撲根**；加林啤根		

① 《纲要·凡例》："本书药名之下详注本药之异名及博医会所定之名。"（参丁福保：《增订药物学纲要》，医学书局，1920 年再版，目录第一页）通观该书体例，每一种药以字号较大的汉字记录该书采用的译名，下为外文药名，再下用小字记录该药"之异名及博医会所定之名"。"异名"多用"旧作""又作""又名""一名""一作""或曰""省名"等词语进行标注，"博医会所定之名"用"博医会作"进行标注。为穷尽性测查该书译名用字情况，本文将书中各种药物的采用译名和采用译名之外的其他译名分别列出。

续　表

序号	源语词	《万国药方》书写形式	《增订药物学纲要》书写形式		《美国西药谱》书写形式	《西药概论》书写形式
			采用译名	其他译名		
7	Carbolic Acid	架波匿酸；加播沕酸				
	Acidum Carboricum		***石炭酸***	架波匿酸；烸醇；加播沕酸	***石炭酸***	***石炭酸***；炭困醇
8	Chloroform	哥羅方；炭輕綠	嗬**囉仿謨**	哥羅方	哥羅仿姆	哥羅芳
9	Creasote	幾阿蘇；蒸木油				
	kreosotum		**結列阿曹達、結列阿曹篤**	蒸木油；幾阿蘇		
	Creosote				木油	木焦油
10	Ergot				***麥角***	***麥角***
	Ergota	耳臥達；丫葛；霉麥				
	Secale cornutum		***麥角***	耳臥達；丫葛；霉麥；***麥奴***		
11	Ether	伊打；以脫；磺强伊打			以脫	醚
	Aether		**依的兒**	**依兒**；伊打；以脫		
12	Guaiacum	圭厄禁；古阿苦木			硬木樹脂	***癒創木樹脂***
	Lignum guacjai		***癒創木***	圭厄禁；怪阿克		
13	Iodine				碘；伊阿碘	碘
	Iodum	海碘；挨阿顛；碘				
	Iodium		**沃度**	海碘；**沃素；沃土**；沃顛		
14	Ipecac	衣必格、衣畢格			依必格、衣必格	***吐根***；衣必格
	Radix ipecacuanhae		***吐根***	衣必格；衣畢格		
15	Jalap/Jalapa	渣笠；渣蠟；架勒巴			渣笠巴	**藥喇叭**；乍拉
	Tubera Jaiapae		**藥剌巴根**	渣笠		

续　表

序号	源 语 词	《万国药方》书写形式	《增订药物学纲要》书写形式		《美国西药谱》书写形式	《西药概论》书写形式
			采用译名	其他译名		
16	Kamala	記薇喇[喇]；卡瑪拉	**加麻剌**	記薇喇；卡瑪拉		
17	Kino	佳奴；雞羅	**吉納**	雞羅；佳奴	濃紅樹膠；佳奴	奇諾
18	Lobelia	路卑利；野菸；山梗菜；野烟			路卑利亞；羅卑利亞	山梗菜
	Lobeliae		**魯別利亞**	路卑利		
19	Magnesia	馬格尼西亞；鎂養			鎂養	
	Magnesia usta		**煆性麻倔涅矢亞**	**麻倔涅矢亞**；***煆製苦土***；酸性苦土；鎂養		
20	Morphinna	莫非精；莫非亞；麼非；鴉片精				
	Morphium		**莫兒比涅**	**莫比**；嗎啡；莫非		
	Morphine				嗎啡	嗎啡
21	Quassia	瓜沙；苦白木			苦白木；瓜沙	苦木；夸夏
	Lignum quassia		**括矢亞**	苦白木；瓜沙		
22	Santonin	山道年；山道年可精			山土寧	
	Santonine					
	Santoninum		**珊篤甯**	山道年；**攝綿支奈素**		除蛔蒿素；山道年
23	Sarsaparilla	沙沙把列			洋菝葜；撒賽撥立拉；沙撒巴立拉	西洋菝葜
	Radix,Sarsaparillae		**撒兒沙根**	**撒兒沙巴利剌**；洋茯苓		
24	Sassafras	沙沙法；黃樟				西洋擦木
	Lignum sassafras		**薩沙富拉斯**	**薩撒布拉斯**；沙沙法；黃樟		

续　表

序号	源语词	《万国药方》书写形式	《增订药物学纲要》书写形式		《美国西药谱》书写形式	《西药概论》书写形式
			采用译名	其他译名		
25	Senega	辛衣加、辛衣格;辛衣格蛇参;辛衣格蛇参			辛尼加;辛伊加	森伊加;***西洋遠志***
	Radix, senegae		***遠志根***	攝涅瓦;辛衣格;辛伊加		
26	Senna	辛拏;新拿			辛那;辛拿	森那;**旃那**
	Folia sennae		**旃那**	瀉葉;辛拏;新拿;辛那		
27	Squill	士圭鳌;士圭盧;***海葱***			***海葱***	***海葱***
	Bullus scillae		***海葱***	士圭鳌;士圭盧;***海葱***		
28	Strychnine	士的年精;***番木鼈精***;馬錢冰			士的年	***番木鼈素***;士的年
	Strychnium		**斯篤利幾尼涅**	***番木鼈精***;馬錢冰;士的年		
29	Tartar-emetic				***吐酒石***	***吐酒石***
	Tartarum stibidtus		***吐酒石***	葡酸鉟銻;鉟銻吐藥;銨鉟菓礬		

从表2可知：

(一) 表中12种西药的意译名书写形式受到日本译名的影响。这些西药的译名，或直接采用日本文献中的汉字译名(加粗斜体标示)，如“甘汞”“海葱”在《方选》中使用，“蘆薈”“吐根”“癒創木”“海葱”在《大意》中使用，如“蘆薈”“綿馬根”“甘汞”“石炭酸”“麥角”“麥奴”“癒創木”“吐根”“海葱”“吐酒石”在《提纲》第1版、第8版中都有使用，“遠志根”在《提纲》第8版中使用。或化用日本文献中的汉字译名(加粗斜体标示)，包括“番蘆薈”“棉馬根”“癒創木樹脂”“煆製苦土”“西洋遠志”“番木鼈精”“番木鼈素”等7条。除前文述及的“煆製苦土”“番木鼈素”外，其他书写形式均为通过增加意译成分、换用同音字等方式化用日本译名而成，具体来说：“番蘆薈”为日本译名书写形式“蘆薈”前加“番”字，“番”表明其所指称的植物为外来物种，“西洋遠志”的构成与此类似；“棉馬根”由“綿馬根”换用“棉”字而成；“癒創木樹脂”由药名“癒創木”增加表明该药性状的“樹脂”而成；“番木鼈精”为药名“番木鼈”增加表明原材料药用成分的“素”构成。

这12种西药的意译名书写形式主要出现在《增订药物学纲要》(下简称《纲要》)和《西药概论》中，《美国西药谱》中只有“石炭酸”“麥角”“海葱”“吐酒石”4条。《纲要》以《提纲》为底本，自然采用了较多《提纲》中使用的译名；但刊行于《纲要》之后的《美国西药谱》由美国 Parke Davis 等药厂编著，编译《西药概论》的江清毕业于教会大学——上海圣约翰大学，并有留学英美的背景。因此，《美国西药谱》《西药概论》中这些书写形式的使用情况，能够说明当时日源西药译名的使用比较广泛。

（二）与前一时期相比，表中出现了35条新的音译西药名书写形式与音兼意译西药名书写形式（加粗标示），共涉及22种西药，除“沃度”及相关译名书写形式外，以下分类进行讨论。

表中的音译名书写形式都来自《纲要》，与该书的底本《提纲》有关，包括沿用、化用《提纲》中的书写形式，以及音译日文西药译名三种情况。

1. 直接沿用《提纲》书写形式的有10条，“吉納”“魯別利亞”“括矢亞”“薩撒布拉斯”在《提纲》第8版中使用；“哥囉仿謨”“結列阿曹篤”“依的兒”“加麻刺”“撒兒沙巴利刺”“旃那”在《提纲》第1版、第8版中都有使用。

2. 化用所得的书写形式共9条，分属换用音近字、换用异体字及缩略三种情况。除前文述及的“薩沙富拉斯”外，以下分别讨论。

（1）换用音近字

① “結列阿曹達”与前述“結列阿曹篤”都记录 kreosotum 的译名，篤、達在日语中的音读分别为タツ、トク，译者换用音近字而出现了不同书写形式。

②《提纲》第8版中将 Magnesia usta 译为“煆性麻虞涅矢亞”，《纲要》中记作“煆性麻倔涅矢亞”，倔、虞在日语中的音读分别为クッ、グ，属于音近换用。《纲要》中又收“麻倔涅矢亞”，只保留了音译部分。

（2）换用异体字

① 上述日本译名“煆性麻虞涅矢亞”中的“涅”在进入中国药名系统的过程中被换用为异体字形“湼”。此外，《纲要》中“亞篤羅必湼”“莫兒比湼”“斯篤利幾尼湼”等书写形式中的“湼”在同时期日本文献中均记作“涅”，没有记作“湼”的用例，在《纲要》中也都被换用为“湼”。

②《提纲》中“珊篤寧”记录 Santoninum 的译名，《纲要》中记作“珊篤甯”。汉字系统中寧、甯为异构字，译者将“寧”换用为“甯”。

（3）缩略

《纲要》中“莫比”“依兒”两条书写形式，分别为“莫兒比湼”“依的兒”的缩略形式。

3. 音译日文西药译名而得的书写形式有3条：安母尼亞屈謨；護謨安母尼亞幾；攝湼瓦。

（1）“安母尼亞屈謨”在《提纲》第8版中对应的片假名为アムモニアクム，二者读音接近，“安母尼亞屈謨”为后者的音译形式。

（2）“護謨”为汉字记录的日语外来词书写形式，是荷兰语 gom 的日语音译形式，所记的词指称橡胶。① 《纲要》称“安母尼亞屈謨”为“一种大繖形科植物之護謨树脂”②，则此处“護謨”指从植物中提取的药用成分；幾在日语中的音读为キ，与（1）日文アムモニアクム中的ク音近；因此，“護謨安母尼亞幾”为日源音译名书写形式：“護謨”提示药用成分，“安母尼亞幾”为日文アムモニアクム的节译。

（3）“攝湼瓦”中的瓦为瓦的异构字形，瓦的甲骨字形作“[illegible]”，《正字通·瓦部》中字头作“[illegible]”，与测查到的字形接近。攝、湼、瓦在日语中的音读分别为セッ、ネ、ガ，《提纲》第8版中“遠志根”下的片假名注音为セ子ガ，“攝湼瓦”在日语中的音读与セ子ガ的读音接近，为セ子ガ的音译形式。

（三）另有音兼意译名书写形式11条：護謨阿魏；格魯兒化汞；亞格魯兒汞；古倫僕根、格倫撲根；攝綿支奈素；煆性麻倔涅矢亞；沃素；撒兒沙根；藥刺巴根；藥喇叭。除“藥喇叭”外均出现在《纲要》中，

① 据 weblio 在线辞书，网址：https://www.weblio.jp/。

② 丁福保：《增订药物学纲要》，医学书局，1920年再版，第394页。

涉及8种西药。其中后5条前文已经论及，此处讨论前6条。

1. Ammoniacum在《纲要》中又被译为“護謨阿魏”。《提纲》中有“阿魏”（Asafoetida），本为中药名；因Ammoniacum这种药的性状与阿魏相似，译者将其音兼意译为“護謨阿魏”。

2. Hydrorgyrum chlorot ummite[①]在《提纲》中被译为“格魯兒化汞”。《提纲》第8版中chlor音译为“格魯兒”，Hydrorgyrum意译为“汞”；加上表示“化合”的“化”，Hydrorgyrum chlorot ummite就被音兼意译为“格魯兒化汞”。《纲要》译者沿用“格魯兒化汞”，并收入“亞格魯兒汞”，后者加上了表示氯（Cl）元素较低化合价的“亚”。

3.《提纲》第8版中Radix Colonbo被译为“格倫撲根”，书后附表中又有“古倫僕”；《药学名词》中记作“古倫僕”，片假名记为コロムボ；日语中格、古的音读分别为コウ、コ，撲、僕的音读分别为ボク、ボク，“古倫僕”为“格倫撲”换用音近音同字而成。《纲要》中采用了“古倫僕根”的书写形式，并收入了“格倫撲根”。

4. Santoninum在《提纲》中被音译为“攝綿支奈”，加上表意的“素”，就构成了音兼意译名“攝綿支奈素”。

上述音译名书写形式和音兼意译名书写形式在《提纲》之前的日本文献中也有为数不多的用例，个别用字有差异：《方选》中有“旃那”“麻倔涅矢亜”，与表中书写形式相比，“麻倔涅矢亜”中使用了异体字形涅[②]、亜；《大意》中有“葯刺巴”“吉納”“魯鼈里亞”“括失亞”“薩児沙巴里刺[剌]”“旃那”，与表中书写形式相比，“魯鼈里亞”“括失亞”“薩児沙巴里刺[剌]”等都出现了同音字形的差异，“薩児沙巴里刺[剌]”中还使用了异体字形“児”。

表中的音译名书写形式和音兼意译名书写形式，沿用到《西药概论》中的只有“藥喇叭”“旃那”。究其原因，主要是当时西药译名规范以意译为规范方向。[③] 查阅《药学名词》，“撒爾沙根”“旃那”还被定为规范形式。上述例证，能够从西药译名用字实际的角度说明当时日本译名对中国西药译名用字产生的广泛影响。

四　日源西药译名书写形式的存废及其原因分析

表2所列的日源西药译名书写形式的使用随时间推移呈下降趋势，结合表1中对规范性文献的测查情况，可以考察清末民初日源西药译名书写形式的存废，进而探究背后的原因。

（一）日源西药译名书写形式的历时变化

表2中一共有29种西药存在日源译名书写形式。从时间分布看，不同时间点的日源书写形式的数量分布并不平衡：刊印于1890年的《万国药方》中只出现3条日源书写形式，均记录意译名；1914年初版、1920年再版的《纲要》中则出现了50条日源书写形式，包括15条意译名书写形式和35条音译名书写形式；1923年出版的《美国西药谱》中出现4条日源书写形式，均记录意译名；1931年出版的《西药概论》中出现了12条日源书写形式，包括10条意译名书写形式和2条音译名书写形式。可见，民国初年译自日本著作的《纲要》中日源书写形式最多，其中包括数量较多的音译名书写形式，这些音译名书写形式中只有2条沿用到本文测查的最晚材料《西药概论》中，在官方规范方案《药学名词》中有3条得以保留；其中的意译名书写形式虽然数量只有15条，但沿用到《西药概论》中的有10条，《药

① 《提纲》第8版中Hydrorgyrum chlorot ummite，《提纲》第1版中Hydrorgyrum chloratum mite，《纲要》照录《提纲》第8版中词形。查《提纲》第8版中“赤色沃度化汞”“黄色沃度化汞”“赤色酸化汞”等书写形式中“汞”对应的源语词词形都为Hydrargyrum，前述源语词词形中Hydrorgyrum疑有误。

② 牛振：《日本元素译名对中国元素译名用字的影响探微》。

③ 日本国立编译馆：《药学名词》，日本国立编译馆，1933年，凡例。

学名词》中也采用了10条之多。

表2中沿用至《西药概论》的日源书写形式有4条发生了变化：癒創木/癒創木樹脂；藥剌巴根/藥喇叭；遠志根/西洋遠志；番木鼈精/番木鼈素。表1中沿用至《药学名词》的日源书写形式只有2条发生变化：綿馬/綿馬根；番木鼈素/番木鼈鹼。可见，得以沿用的日源书写形式的稳定性比较强。

（二）日源西药译名书写形式得以沿用的原因

日源西药译名书写形式能够在中国西药译名规范方案和西医学著作中得以沿用，有其特定的时代背景，也与日本西药译名书写形式多用汉字记录的特点有关。

1. 特定的时代背景

清末民初，在大规模的西医东渐过程中，中国主动向日本学习西医，方式主要包括派遣留日医学生、派员考察、翻译日文书籍、聘请日医来华任教等。日本对中国西医学知识的引进与普及影响深远，以下主要从留日医学生和翻译日文书籍两个角度加以分析。

据潘荣华等研究，清末的赴日留学生在规模、深度和影响方面，远远超过中国学生留学其他国家，1896—1937年中国留日学生总数不下5万人。[①] 统计表明，1905—1939年间，仅从日本23所高等医学校毕业的中国留学生即多达414人，约占同期留日毕业生总数的3.5%。如果加上综合性大学医药科学习的留学生以及中途转学、留学者，留日医学生的数量会更多。[②] 留日医学生在学习期间和学成回国后，不但从事西医诊疗、西医教育，还积极探索传播西医知识的路径，创办报刊、翻译书籍，成为西医学知识的践行者和传播者。

留日医学生在西药译名规范过程中发挥了重要作用。比如负责编纂《中华药典》的5人中，除孟目的外，严智钟、於达望、薛宜琪、陈璞均为留日医学生；而参与《药学名词》译定工作的18人中，至少有包括主任委员於达望在内的8人为留日医学生。参与西药译名规范工作的留日医学生人数多，为日源书写形式在规范方案中得以沿用创造了有利条件。日源书写形式被官方机构制订的规范方案采用，扩大了日本西药译名的传播与影响。

除了留日学生，其他译者也是日文书籍翻译活动中不可忽视的力量，故在清末民初"师日"浪潮中，汉译日文书籍数量多、在翻译书籍中占比大。据统计，1896—1911年间，汉译日文书籍在全部汉译外文著作中占比超过60%。其中，医学书籍共有96种，在学科分布中排位第7。就个人译者而言，致力于翻译日本医学书籍的丁福保译著数量排名第二，出版书籍52种。[③] 前文测查结果表明，丁福保译述的《纲要》，其中的日源西药译名书写形式数量多、影响大。汉译日文医药书籍为传播西医知识、发展西医事业做出了重要贡献，自然也扩大了日本西药译名的影响。

2. 日本西药译名多用汉字记录

日本为汉字文化圈国家，虽然日本在明治维新以后积极向西方学习，但并未废除汉字，包括西药译名在内的西方科技译词多用汉字记录，记录这些译词的汉字或与固有汉字同形，或符合汉字的构形方式，容易被汉字使用者接受。

其实早在19世纪末，身在中国的传教士傅兰雅已经关注日本西医学著作，将其作为自己翻译西医学著作的参考资料。他在《日本国〈新订草木图说〉》中介绍了饭沼欲斋著，田中芳男、小野职慤增订的《新订草木图说》一书[④]，证明他至迟在该书出版后第5年已经阅读了该书。他在《西药大成》中也述及《新订草木图说》对他翻译《西药大成》的影响："各种药品，有中土所有者，则应用中土之名，此非译

① 潘荣华、杨芳：《清末民初留日医学生报刊传播西医活动述论》，《华侨华人历史研究》2011年第3期。

② 马伯英、高晞、洪中立：《中外医学文化交流史——中外医学跨文化传通》，文汇出版社，1993年，第447页。

③ 田雁：《日文图书汉译出版史》，南京大学出版社，2017年，第35、39页。

④ 〔英〕傅兰雅：《日本国〈新订草木图说〉》，《格致汇编》第三年(1880)第4卷。

述者所能周知，必详考他书，方能得其一二。是书所引据者，日本《新订草木图说》为多，外此如《西药略释》《华英字典》等书，亦搜采及之。”①田中芳男、小野职慤在增订《草木图说》时编选了《〈草木图说〉目录》，其中的西药译名多为意译名，经我们逐一核对，未发现与测查范围内西药译名书写形式相同或接近的例子。但到了 20 世纪初，日本西药译名对中国西药译名用字产生了不可忽视的影响。

余论

综上所述，清末民初日本西药译名对中国西药译名用字的影响显著，至少在 1908—1933 年间日本西药译名对中国西药译名规范工作持续产生影响；1890—1933 年间中国西医译著中日源译名书写形式的使用比较广泛，得到沿用的日源书写形式的稳定性也比较强。日源书写形式得以沿用，有其特定的时代背景，也与当时日本西药译名多用汉字记录的特点有关。

讨论以上内容，又引发出相关的问题，主要涉及两个方面，分述如下：

（一）中日医学知识的互动与影响

中药学是中华民族古代优秀文化遗产的重要组成部分，它起源于原始社会，国人在长期的医疗实践中不断总结、积累，至清末已经形成门类齐全、系统化的知识体系。日本在长期向中国学习的过程中，引入了完备的中药学知识系统。西药译名进入日语词汇系统，难免受到中药学知识系统的影响，如表 1、表 2 中源自日本文献的汉字译名{蘆薈}{當藥}本来就是传统中药名；日本文献中的汉字译名{番木鼈子}{遠志根}源自中药名{番木鼈}{遠志}，中国译者据此创制了{番木鼈素}{番木鼈鹼}{美遠志}{西洋遠志}等译名。由此可见，讨论近代日本西药译名对中国西药译名用字的影响，还要考虑日本译名所受到的中国文化的影响，深入探讨中日医学知识的互动与影响，方能作出扎实的结论。

（二）日本科技译词对中国科技译词用字的影响具有不平衡性

据笔者测查，1890—1921 年间，日本元素译名对中国元素译名用字产生了显著影响，“蒼鉛”“白金”“亞鉛”等意译名和“素”类译名等在中国化学教科书中大量使用；中国化学教科书中的复音节音译元素名全部音译自日本元素译名。但 1921 年后日源元素译名书写形式全部被淘汰，仅有“硅素”中的“硅”被用来记录硅元素译名；日本元素译名对中国元素译名用字的影响极其有限。② 相比之下，本文仅测查了 58 种西药的译名用字情况，不管是用字实际层面，还是规范层面，1890—1933 年间日本西药译名对中国西药译名持续产生了比较大的影响。因此，探讨清末民初日本科技译词对中国科技译词用字的影响，须注意不同学科之间的不平衡性，以穷尽性测查为基础，分学科作出研究结论，比较不同学科之间的异同，更深入地探究中国科技译词用字的历史及规范过程。

关注以上两个问题，将为科技译词用字研究开辟更大的研究空间。

附记：本文在写作过程中得到郑州大学李运富教授、日本早稻田大学笹原宏之教授和河南大学洪建园博士的指导与帮助，特致谢忱！

① 〔英〕来拉、海德兰著，〔英〕傅兰雅口译，赵元益笔述：《西药大成》，江南制造总局，1887 年，凡例第 2 页 b。

② 牛振：《日本元素译名对中国元素译名用字的影响探微》。

Analysis of the Effect What Japanese Terms for Western Medicine Have on that of Chinese Characters Used
— Take the Transliteration of Western Medicine Names as the Perspective

Niu Zhen

(Research Center for the Inheritance, Dissemination and Education of the Chinese Characters Civilization;
School of Chinese Language and Literature, Zhengzhou University, Zhengzhou 450001, China)

Abstract: The transliteration of western medicine terms in Chinese western medical literature from 1851 to 1889 were investigated, involving 58 kinds of western medicines, and no evidence was found to be affected by the Japanese translations. The characters used in terms of 58 western medicines in Chinese literature from 1890 to 1933 were investigated, and terms for 19 western medicines were found in the normative literature to be written in Japanese origin, which indicated that Japanese western medicines had a continuous influence on the standardization of western medicines translation in China at least from 1908 to 1933. In the translated works, there are terms for 29 western medicine in the form of Japanese-originated writing. There are the most Japanese-originated writing forms in the *Updated Pharmacology Outline* translated from Japan, among which the Japanese-originated writing forms that have been used are more stable. The use of Japanese-originated writing forms is related to the specific background of the times, and also to the characteristics that Chinese characters were often used in the translation of western medicines in Japan at that time.

Key words: the late period of the Qing Dynasty and the Republic of China era; Sino-Japanese Language Contact; terms for western medicine; characters used; influence

汉语学习者陈述语调的停延率习得研究*

刘育雁　金晓艳

【摘　要】本文以“语调格局”为研究思路，以停延率为声学参考量来考察汉语学习者陈述语调的习得情况，并与母语者停延率的数据进行对比，发现两阶段的汉语学习者在时长方面习得具有以下特点：句首普遍存在被停延现象，初级阶段句首停延时长远大于中级阶段；句末韵律边界不明显，是习得的难点；从初级到中级的时长发展，除动词外，其余音节均呈向母语者无限靠近的发展状态。

【关键词】语调格局；停延率；陈述句语调；习得

【作者简介】刘育雁，女，东北师范大学国际汉学院讲师，研究方向为国际中文教育。金晓艳，女，东北师范大学国际汉学院教授、博士生导师，研究方向为国际中文教育。（吉林 长春　130024）

引言

对留学生的汉语口语输出研究发现，除声母、韵母、声调等不准确外，音高、时长、音强等语调方面的因素也是影响其发音流利、准确的重要原因。其中时长是影响汉语韵律产出的重要因素：许毅注意到语言当中的音联现象，认为“音联”是自然语言当中各语音单元之间的连接和分界，并对普通话中的音联现象进行了分析。① 吴洁敏首次提出“停延”的概念，认为停延是指说话或朗读时，语流中声音的中断和延连，停延包括停顿和延连两类。② 曹剑芬认为语言各个语音单元的断连停延及其有机结合是语言节奏的核心。③ 石峰等通过实验研究发现，时长在语句中主要的作用在于区分不同等级的边界，主要表现为边界后的停顿和边界前、后音段的延长，运用相对化的方法对时长进行测算统计，对普通话陈述句的停延进行了考察。④ 石峰等从广义的语调观出发，对普通话命令句的时长及音量特征进行分析，发现命令句命令部分或否定词部分具有时长延长，音量增加的凸现表现。⑤ 对于留学生汉语产出中的时长习得，学界进行了系列研究：陈默对初、中级韩国留学生汉语动词谓语句停延习得进行了分析，并针对韩国留学生的停延偏误现象，提出了节律操练法的教学对策。⑥ 李芳兰结合留学生朗读的录音，分析了停延偏误的成因和类型，并提出了停延意识的培养、停延专项训练、语块教学等三方面的教学对策。⑦ 李亚男以停延率为工具，从音长角度考察越南留学生汉语陈述句语句调域、词调域和字调域不同层级的韵律边界表现。⑧ 温宝莹等从广义的语调出发，运用语调格局的研究思路，对日本学习者汉语陈述句语调的音高、音长和音强进行定量分析，并用韵律匹配的方法对这三者量进行了整

---

* 基金项目：本文是吉林省教育厅“十三五”社会科学研究规划项目“基于汉语口语产出的二语语调模型构建及应用研究”（项目编号：2005209）、吉林省教育厅“十三五”社会科学研究规划项目“大数据背景下来华留学预科教育的发展路径研究”（项目编号：1805313）、东北师范大学哲学社会科学校内青年基金项目“来华留学生疑问语调发展路径研究”（项目编号：1809222）的阶段性成果之一。

① 许毅：《普通话音联的声学语音学特性》，《中国语文》1986 年第 5 期。

② 吴洁敏：《停延初探》，《语文建设》1990 年第 3 期。

③ 曹剑芬：《汉语普通话语音节奏的初步研究》，《语音研究报告》，中国社会科学院语言研究所语音室，1998 年。

④ 石锋、王萍、梁磊：《汉语普通话陈述句语调的停延率》，《语调格局——实验语言学的奠基石》，商务印书馆，2013 年，第 178—188 页。

⑤ 石锋、焦雪芬：《普通话命令句语调的时长和音量分析》，《汉语学习》2016 年第 1 期。

⑥ 陈默：《初、中级韩国留学生汉语动词谓语句停延习得分析和教学对策》，硕士学位论文，南开大学，2006 年，第 31—37 页。

⑦ 李芳兰：《留学生朗读说话中停延能力研究》，硕士学位论文，暨南大学，2007 年，第 38—45 页。

⑧ 李亚男：《越南留学生汉语陈述句停延率习得研究》，《现代语文》2017 年第 10 期。

合，综合考察日本学习者汉语陈述语调的习得。①

目前学界对于汉语学习者停延问题的习得研究成果不多，尚缺乏对初、中级阶段汉语学习者陈述句语调的时长习得情况的描写。停延现象最为汉语节律的核心和基础，通过对学习者汉语停延研究，可以发现不同教学模式下，第二语言口语节律产出的深层机制。

本文从广义语调研究角度出发，运用语调格局的研究方法，通过声学实验手段，对汉语学习者陈述句的停延实验进行数据分析，对学习者陈述句语调时长产出的分布规律进行描写，除与母语者进行对比外，将两阶段分布规律进行对比分析，有助于加深对第二语言学习者的韵律发展的认识，并提供相应的教学策略。

一 实验说明

（一）实验语料

本文考察初、中级汉语学习者自然焦点陈述句停延率的习得情况，考虑到被试的实际汉语水平，实验句设计避免过长且朗读自然：每个实验句共七个音节，可以划分为三个韵律词，即第1、2音节为句首韵律词；第3、4个音节为句中韵律词；第5、6、7个音节为句末韵律词；同一实验句句首、句末韵律词均为同一调型，句中韵律词第1个音节与全句调型相同，第2音节与全句调型不同，但是四个实验句的句中第2个音节涵盖汉语四个调型。实验句尽量选取其所学过的字词。实验句以汉字形式呈现：

张晶清晨喝咖啡。

刘明前天学篮球。

马好午后取粉笔。

孟路下午做作业。

（二）录音

发音人为东北师范大学预科部2017—2018级预科生，8男7女，年龄介于18—25岁之间，初级水平为短期强化模式下，学习7个月汉语，从零基础达到新HSK四级水平，中级水平为学习11个月汉语，从零基础达到新HSK五级水平；汉语发音人为东北师范大学2017级国际汉语教育硕士，3男3女，普通话一级乙等以上。录音在安静的教室完成，使用Cool Edit Pro 2.0录音，录音格式为11 025 Hz，16位，单声道。每位发音人以自然平稳的语速发音，无明显情感及语义强调，每个实验局连续读三次，句子之间间隔为3秒，共得到3×4×21=252个样品句。

（三）实验过程

使用南开大学“桌上语音工作室”语音分析软件对样品句进行声学分析，测算出每个音节的时长的数据，对时长数据进行相对化处理，使用Excel进行数据的统计分析。采用石峰的停延率计算方法②，计算过程如下：

首先，使用minispeech软件分别测量各个音节的时长数据，句首塞音、塞擦音的闭塞段时长统一加50毫秒，由于毫秒单位比较小，所以在记录时长数据的时候，采取四舍五入的方法，只保留整数位；

其次，将测得数据输入Excel表格进行处理，停延率测算公式如下：

Dx=Sx+Gx/S#（公式中，Dx代表某个音节x的停延率，Sx代表一段音节组合中音节x的时长，Gx为音节后出现的停顿，S#指的是该段组合的音节平均时长）

如果计算后停延率结果大于1，则被认为发生了音段延长。

---

① 温宝莹、谢郴伟：《日本学习者汉语陈述句语调的韵律匹配》，《南开学报（哲学社会科学版）》2018年第4期。

② 石锋、王萍、梁磊：《汉语普通话陈述句语调的停延率》。

最后，使用 Excel 和画图板进行作图，从字长和词长两个层级来反映语调的时长。

问题预测：

1. 两阶段的学习者汉语陈述句的输出是否存在明显的韵律边界？

2. 两阶段的学习者汉语陈述语调是否存在一定的发展？能否根据其发展绘制一条汉语陈述语调时长的发展轨迹？

二　实验结果分析

停延率所反映的语句中语调时长的变化有两个方面：一是句子中每个音节的停延率；二是句首、句中、句末韵律词停延率起伏度的变化。通过观察不同发音人同一调型语句字、词停延率的变化，及同一发音人四个不同调型语句字、词停延率的变化，综合考察两个阶段汉语学习者停延率的变化，并比较学习者与母语者的异同。

（一）字长的停延率分析

石峰、焦雪芬采用量化的方法，对句子语调各音节的停延率进行相对化处理，使不同发音人之间具有可比性，研究数据更加客观清晰。① “字长”反映的是语句中每个音节的停延率，从静态角度反映音节停延率数值上的差异。

1. 同一调型停延率分析

将不同发音人各调型样品句测量及计算后，所得到的同一调型停延率数据进行一元方差分析（ANOVA）和 Post Hoc 检验，相同组别不同发音人同一调型之间停延率无显著性差异，用 Excel 对各调型的停延率进行均值运算，运算结果保留小数点后两位，不同组别样品句四个调型各音节平均停延率见表 1—4。

表 1　阴平句平均停延率

停延率 组别	音节 1	音节 2	音节 3	音节 4	音节 5	音节 6	音节 7
初级	1.32	1.06	1.04	1.09	0.85	0.76	0.86
中级	1.25	1.13	0.98	1.14	0.81	0.73	0.95
母语	1.12	1.13	0.98	1.13	0.81	0.82	1.02

从表 1 中可见，阴平句初级学习者音节 1—4 的停延率都大于 1，都发生了音段延长；中级学习者音节 1、2、4 的停延率大于 1，发生了音段延长；母语者音节 1、2、4、7 的停延率大于 1，发生了音段延长。

表 2　阳平句平均停延率

停延率 组别	音节 1	音节 2	音节 3	音节 4	音节 5	音节 6	音节 7
初级	1.12	1.04	1.02	0.93	1.05	0.84	0.98
中级	0.86	1.07	0.96	1.06	1.09	0.84	1.12
母语	0.84	1.06	1.08	1.15	0.90	0.84	1.14

① 石峰、焦雪芬：《普通话命令句语调的时长和音量分析》。

从表2可见,阳平句初级学习者音节1、2、3、5的停延率大于1,发生了音段延长;中级学习者音节2、4、5、7的停延率大于1,发生了音段延长;母语者音节2、3、4、7的停延率大于1,发生了音段延长。

表3 上声句平均停延率

组别＼停延率	音节1	音节2	音节3	音节4	音节5	音节6	音节7
初级	1.06	1.30	0.89	1.06	0.89	1.00	0.79
中级	0.98	1.17	0.91	1.08	1.00	1.01	0.85
母语	0.91	1.09	0.91	1.14	0.97	0.92	1.06

从表3可见,上声句初级学习者音节1、2、4、6的停延率大于1,发生了音段延长;中级学习者音节2、4、5、6的停延率大于1,发生了音段延长;母语者音节2、4、7的停延率大于1,发生了音段延长。

表4 去声句平均停延率

组别＼停延率	音节1	音节2	音节3	音节4	音节5	音节6	音节7
初级	1.02	1.07	1.26	1.01	0.85	0.84	0.94
中级	0.96	1.07	1.17	1.06	0.93	0.90	0.91
母语	0.85	1.10	1.09	1.18	0.92	0.87	1.00

从表4可见,去声句初级学习者音节1、2、3、4的停延率大于1,发生音段延长,中级学习者音节2、3、4的停延率大于1,发生了音段延长;母语者音节2、3、4、7的停延率大于1,发生了音段延长。

从表1—4中结果可知,母语者除阴平音节1测算结果为1.12外,其余调型音节1测算结果均小于1,母语阴平音节1发生了音段延长;各调型音节2、音节4、音节7测算结果均大于等于1,故认为上述音节发生了音段延长,由此可见,句中三个韵律词的最后一个音节都被延长了,即韵律边界前发生了停延,这与前人研究结果一致。

综上可知,初级学习者阴平和去声句音节的音段延长都发生在句首和句中;阳平和上声句各音节停延杂乱无规律;各调型的被停延的音节与母语者差异很大。中级学习者阴平和去声句除音节7停延率均小于1,未发生音段停延,其余发生停延的音节与母语者基本一致;阳平和上声句音节1、2的停延率与母语者接近;阳平音节3、5、6与母语者不同,上声音节5、6、7被停延的音节与母语者不同。

不同组别样品句四个调型各音节平均停延率见图1—4。

从图1—4,不同调型的平均停延率表现为:

母语者四个调型的音节2、4、7均被停延,这与前人汉语陈述句韵律边界前发生停延的研究结果一致。

初级学习者四个调型的音节1均发生停延,且停延率远大于母语者,与母语者差异较大,初级学习者各音节被停延时长比较杂乱,各调型停延率无明显规律,韵律边界前没有明显的停延现象,未掌握汉语陈述句的停延规律。

中级学习者除阳平外,其余调型的音节1的停延率明显大于母语者,仍存在明显被停延现象,同时,除阳平外,音节7停延率小于母语者,各调型句末韵律词末音节无明显被停延;阴平、阳平四个调型音节2、4、7都明显被延长,与母语者接近;上声、去声音节2、4被延长,但是音节7未表现出明显延长,特别是上声音节7,与母语者停延率差异较大。

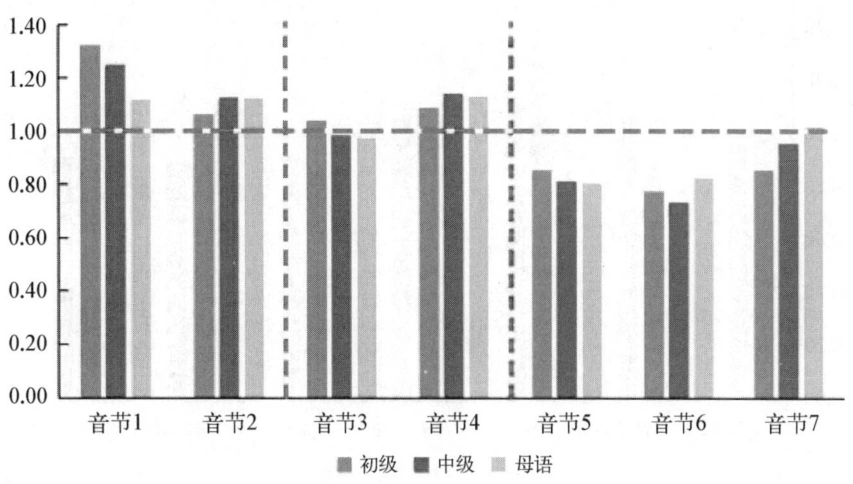

图 1　阴平句平均停延率

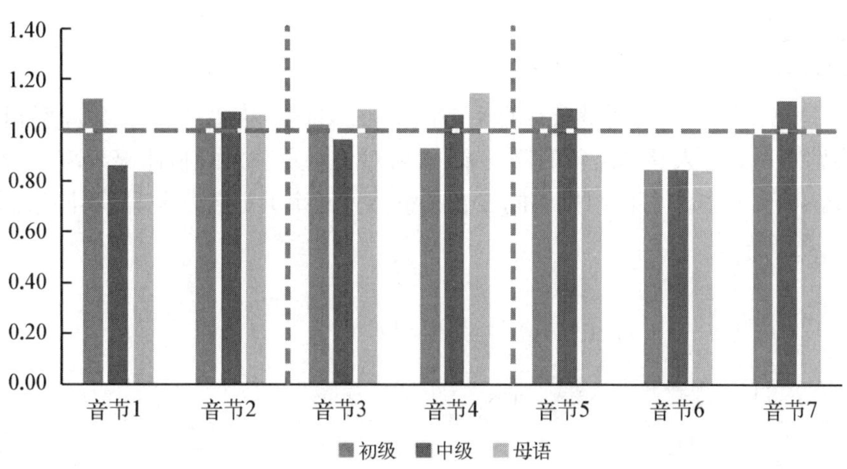

图 2　阳平句平均停延率

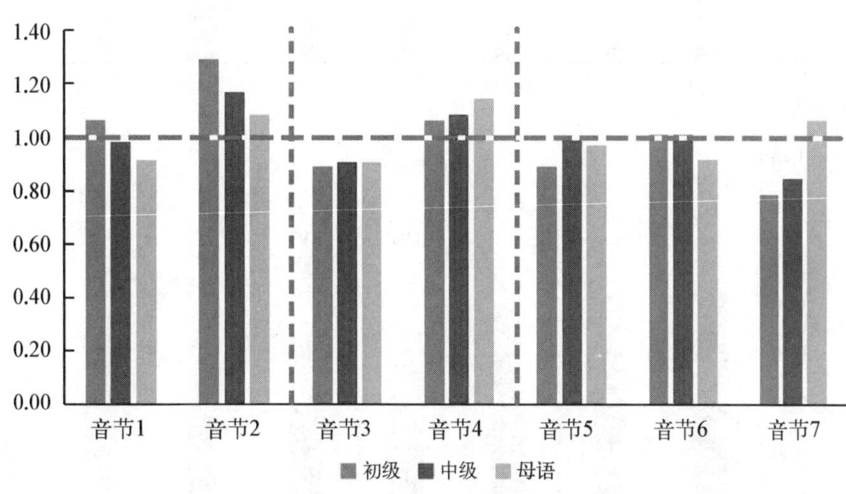

图 3　上声句平均停延率

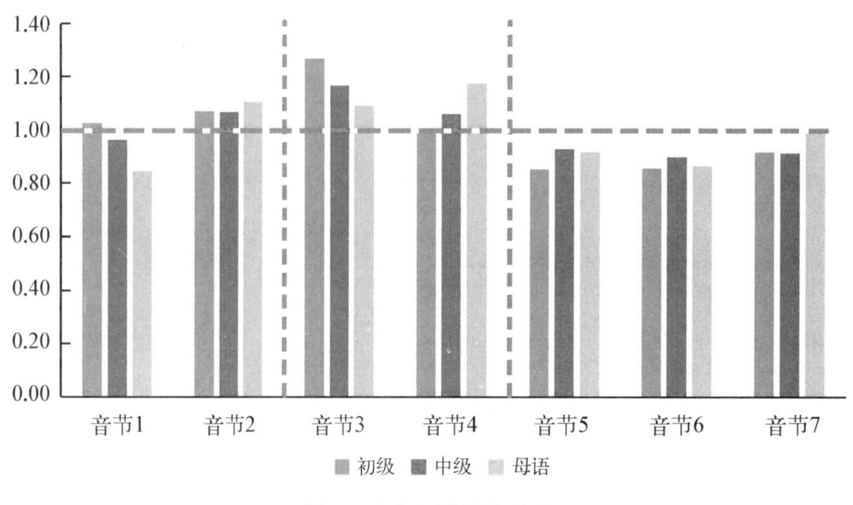

图4 去声句平均停延率

综上可见，初级学习者尚未习得汉语陈述句的各声调停延，中级学习者阴平、阳平较接近母语者，上声、去声的停延与母语者还有差距。

2. 不同调型停延率分析

将同一发音人各调型样品句测量及计算后，用 Excel 对同一发音人的四个调型相对时长数据进行均值计算，得到同一发音人整体语句的停延率，然后对不同发音人的整体停延率进行一元方差分析(ANOVA)和 Post Hoc 检验，相同组别不同发音人整体停延率无显著性差异，不同组别各发音人的整体语句停延率见图 5—7。

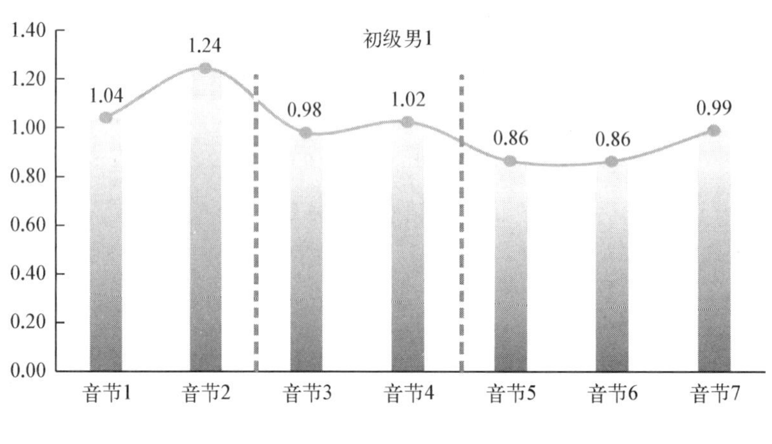

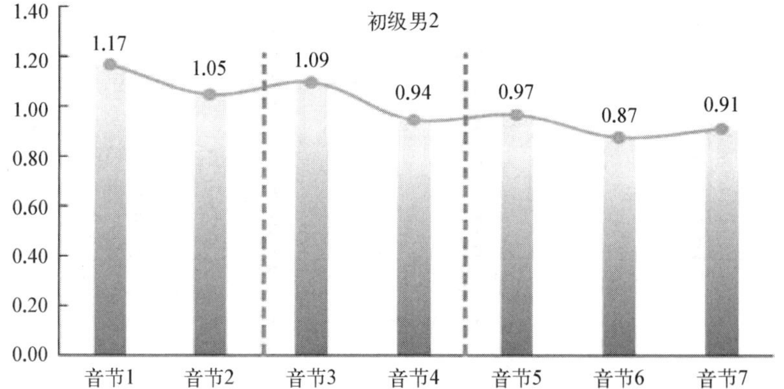

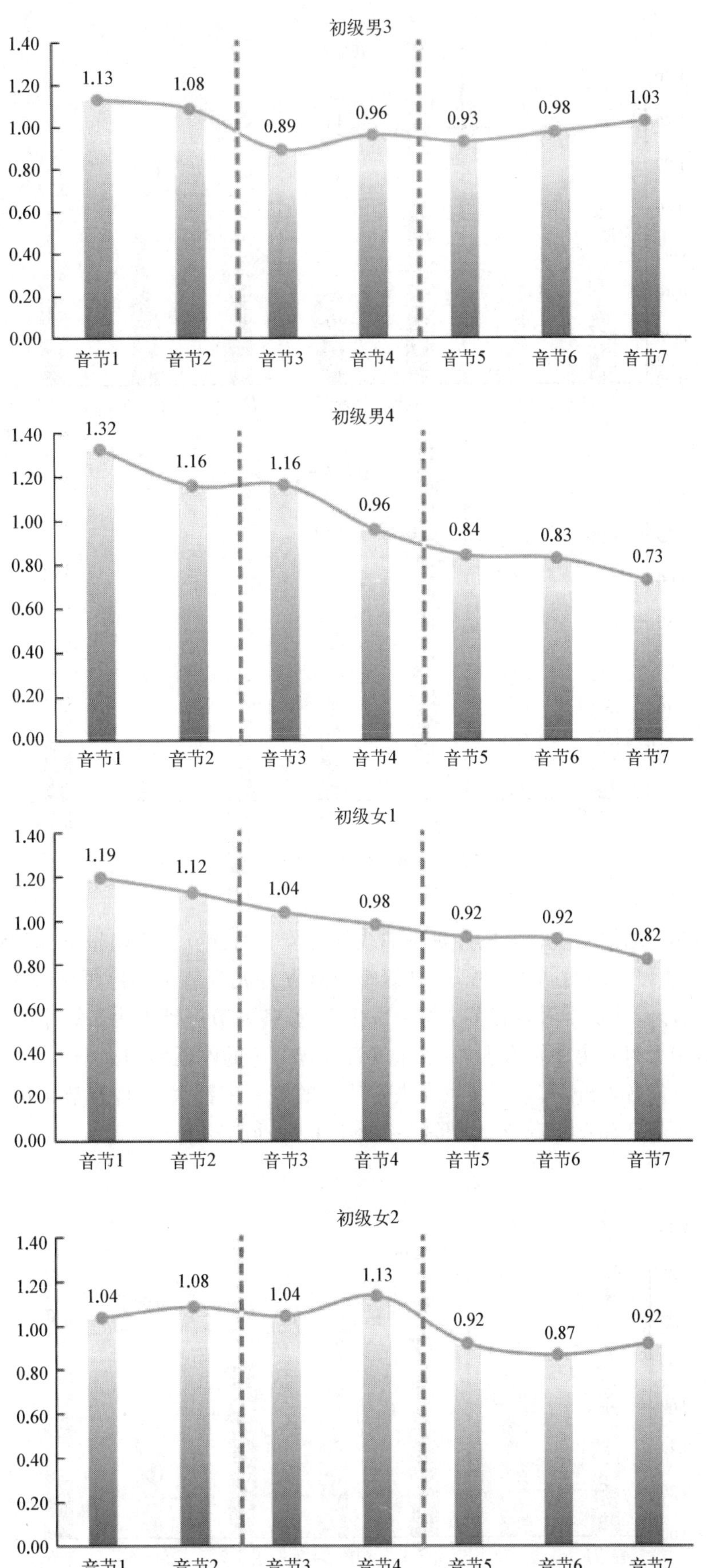
初级男3
1.40
1.20
1.00
0.80
0.60
0.40
0.20
0.00
1.13
1.08
0.89
0.96
0.93
0.98
1.03
音节1
音节2
音节3
音节4
音节5
音节6
音节7
初级男4
1.32
1.16
1.16
0.96
0.84
0.83
0.73
初级女1
1.19
1.12
1.04
0.98
0.92
0.92
0.82
初级女2
1.04
1.08
1.04
1.13
0.92
0.87
0.92

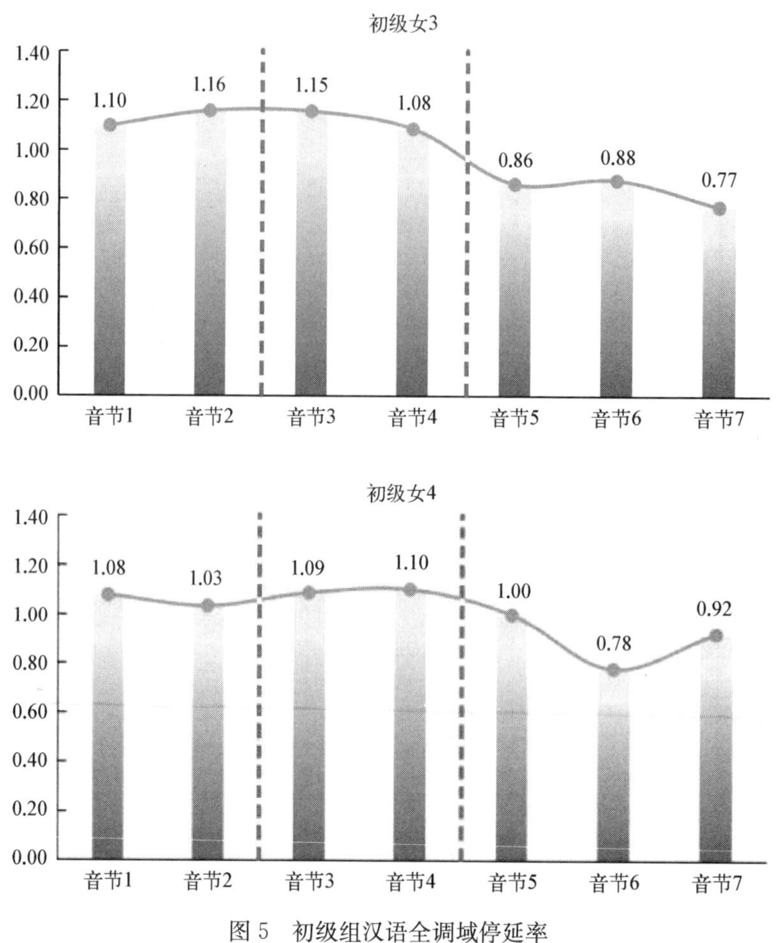

图5 初级组汉语全调域停延率

由图5可见,初级组男女发音人的停延率曲线从音节1到音节7普遍呈下降趋势,这表示从句首音节到句末音节发生停延的时间逐渐缩短;初级组所有发音人音节1的停延率都大于1,被停延时长最长;除一名学习者外,其余学习者音节7均未发生停延,各音节停延无明显规律可寻。

由图6可见,中级组除男4发音人外,其余发音人音节7的停延率均小于1,句末韵律词边界未被停延;男生组除男4发音人外,其余三位发音人音节1的停延率都大于1,音节1仍被停延,女生组音节1均未发生停延;男2和女1音节5的停延率大于1,即动词发生了停延。

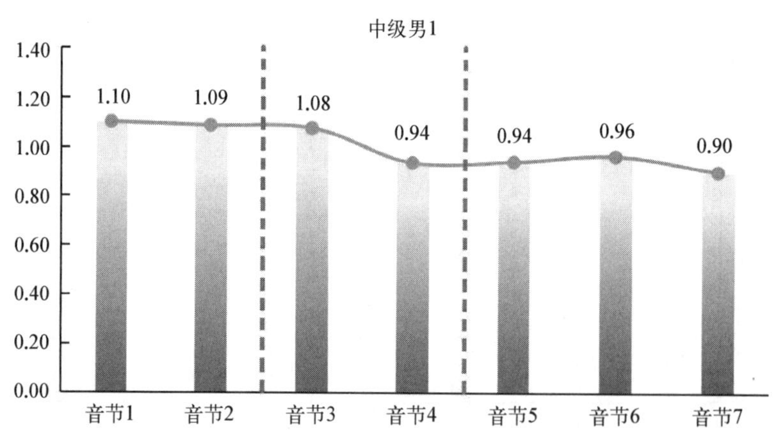

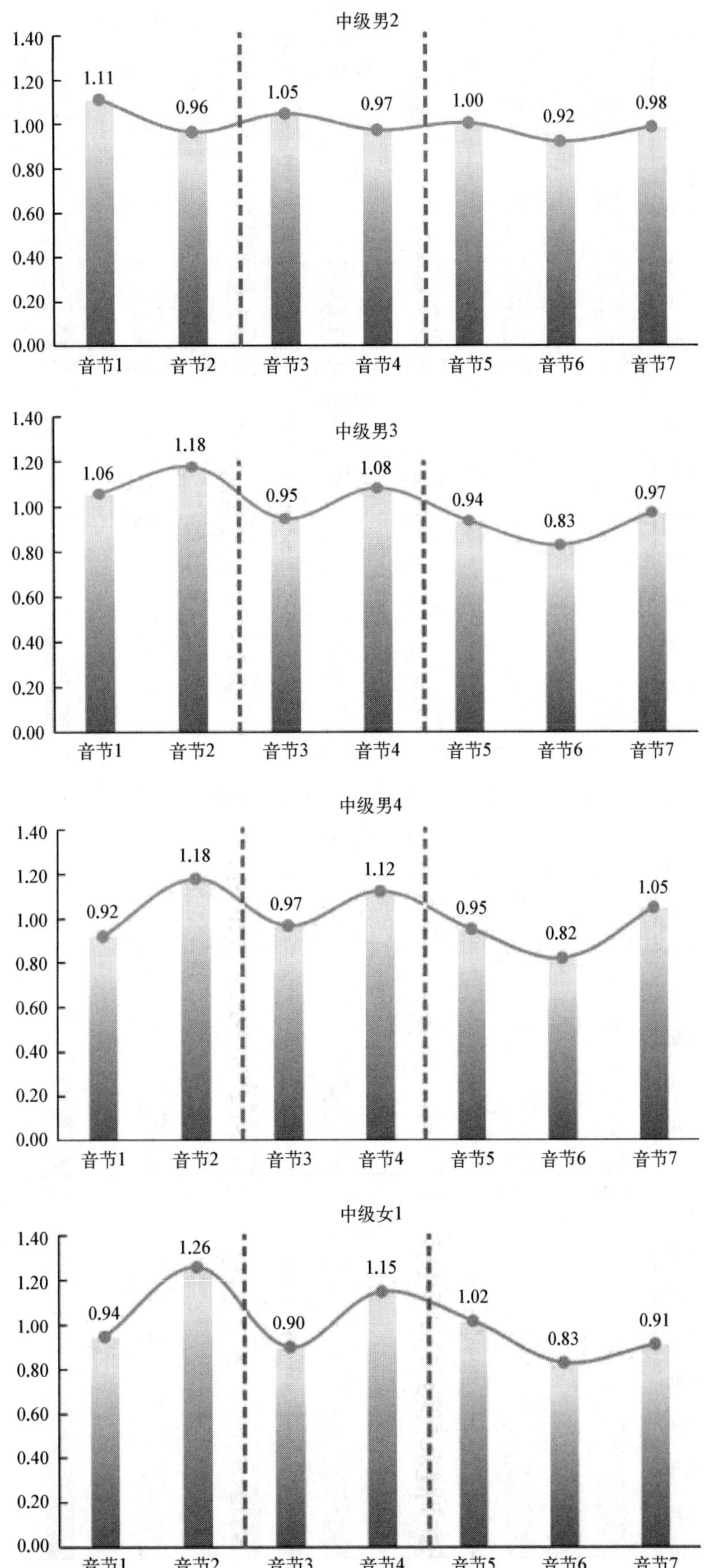
中级男2
1.40
1.20
1.00
0.80
0.60
0.40
0.20
0.00
1.11
0.96
1.05
0.97
1.00
0.92
0.98
音节1
音节2
音节3
音节4
音节5
音节6
音节7
中级男3
1.06
1.18
0.95
1.08
0.94
0.83
0.97
中级男4
0.92
1.18
0.97
1.12
0.95
0.82
1.05
中级女1
0.94
1.26
0.90
1.15
1.02
0.83
0.91

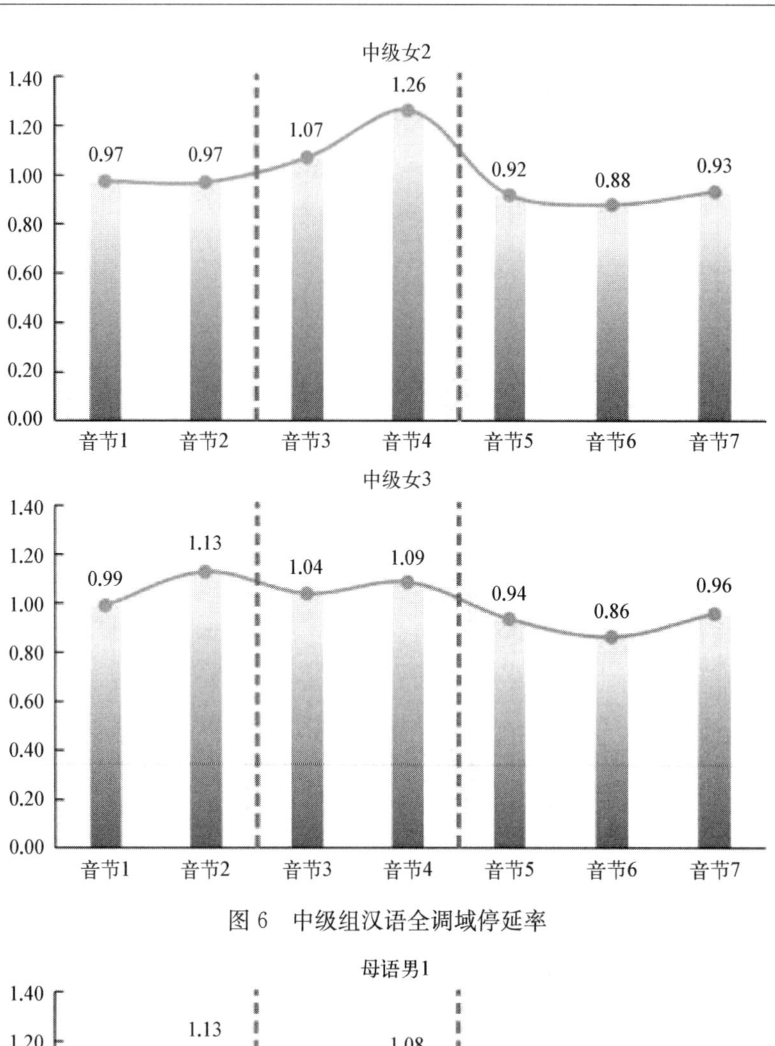

图 6 中级组汉语全调域停延率

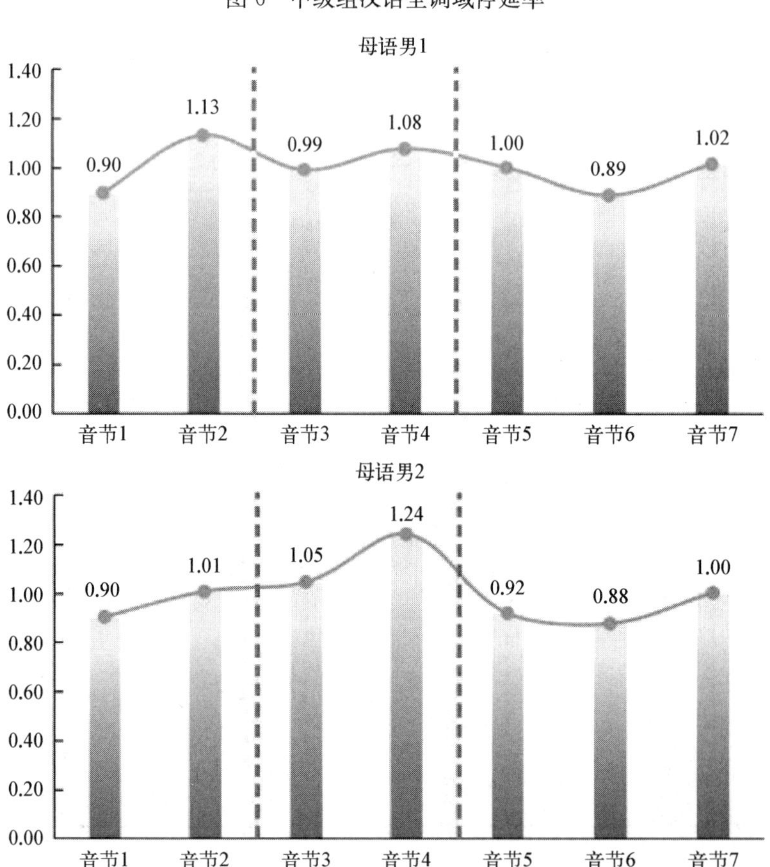

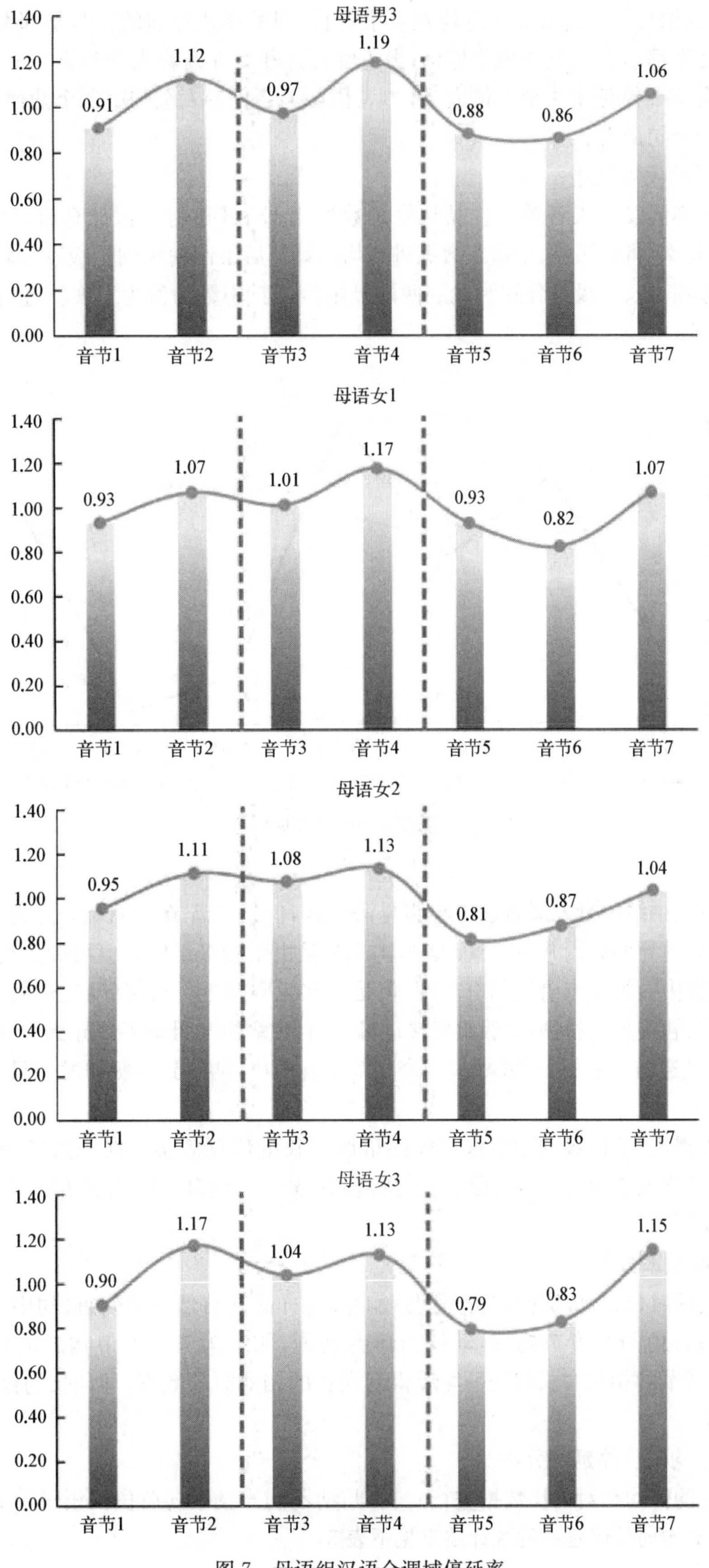

图 7　母语组汉语全调域停延率

由图 7 可见，汉语母语者音节 2、4、7 均发生了延长，即韵律边界前的音节全部发生停延；所有发音人音节 1 的停延率都小于 1，均未发生停延；男 1 发音人和女 3 发音人全句第一个韵律词的韵律边界前一个音节即音节 2 停延率为全句最大，男 2、3 和女 1、2 发音人全句第二个韵律边界前一个音节即音节 4 停延率为全句最大。

3. 两阶段停延的发展轨迹

将各组别组内不同发音人各调型样品句停延数据用 Excel 进行均值计算后，得到初级组、中级组、母语组整句停延率，将初级组、中级组数据进行均值计算后绘制初级到中级发展轨迹，以母语组各音节停延率为参考项，初、中级组分别为轨迹两端极限值，初、中级均值为发展轨迹，得到两阶段停延发展轨迹图，见图 8：

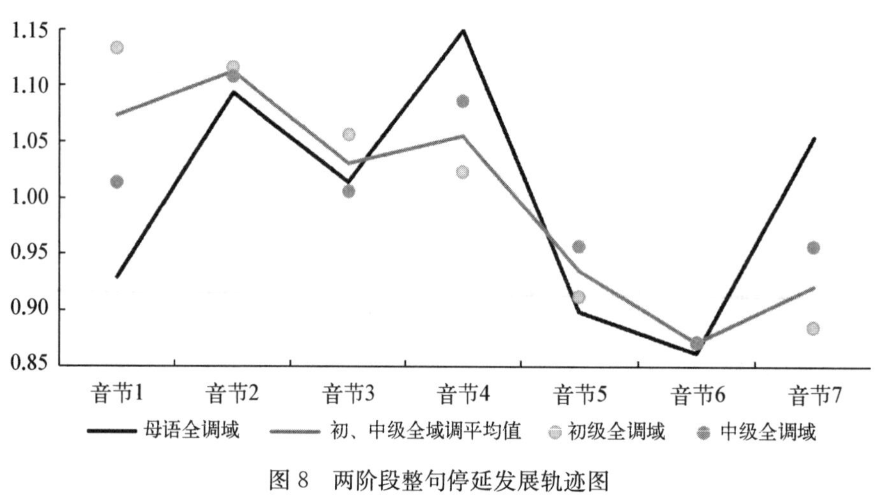

图 8　两阶段整句停延发展轨迹图

从图 8 可见，初、中级停延发展轨迹走势与母语一致，但是在音节 1、4、5、7 折点上与参照组即母语组差异较大，造成差异的原因并不一致：音节 1、4、7 是由于初级组的均值与母语组差异较大，中级组呈发展趋势，尽管中级组与母语组仍有差距，但是处在无限接近母语组的状态，故音节 1、4 呈正向发展；音节 5 的发展轨迹较为特别，初级组更接近母语组，中级组与母语者差异更大，中级组的逆势发展，是造成音节 5 呈逆向发展的主要原因，在全句 7 个音节中，初级到中级的发展只有音节 5 呈逆向发展。

上述数据可以得出，从初级到中级汉语陈述语调字长的停延确实存在一条发展轨迹，即除动词外，其余字长的停延均处于向母语者无限靠近的状态中，故可预测高级阶段汉语陈述语调的停延也应按照此轨迹继续发展。

（二）词长的停延率分析

词长即韵律词的时长，文中实验句按照朗读韵律，将样品句自然分为句首、句中、动词、句末四部分，句首、句中调域各由两个音节构成，动词为单音动词，句末为三个音节构成的双音节名词。用 Excel 将韵律词各音节的相对时长数据平均后得到词长的相对时长数据，即词长的停延率，运算结果保留小数点后两位。

1. 同一调型平均词长停延率分析

对同一调型各韵律词相对词长数据进行对比，归纳不同声调中各阶段汉语学习者词长的发展特点，样品句各声调平均词长停延率的统计结果见下表 5：

表 5　平均词长停延率表

调型	停延率／组别	句首	句中	动词	句末
阴平	初级	1.19	1.06	0.85	0.81
	中级	1.19	1.06	0.81	0.84
	母语	1.12	1.05	0.81	0.92
阳平	初级	1.08	0.98	1.05	0.91
	中级	0.97	1.01	1.09	0.98
	母语	0.95	1.11	0.90	0.99
上声	初级	1.18	0.98	0.89	0.90
	中级	1.07	1.00	1.00	0.93
	母语	1.00	1.03	0.97	0.99
去声	初级	1.05	1.14	0.86	0.89
	中级	1.02	1.11	0.93	0.90
	母语	0.98	1.13	0.92	0.93

表 5 表明，母语者句中韵律词均被停延，这与实验句设计有关，为使留学生自然表达，实验句设计时句中音节即音节 3、4 为不同调型，这导致母语者将句中韵律词视为整句焦点，句中韵律词韵律边界较为明显；母语者句末韵律词的停延率小于 1，均未被停延，这与发音人、音节结构、不同调型组合特点相关。

两个阶段各调型句末的停延率都小于 1，但停延率数值都小于母语者，可见句末词长停延率与母语者仍存在差异；初级阶段各调型句首词长停延情况表现一致，停延率都大于 1，句首词长均被停延；中级阶段阳平、上声动词发生停延，这一特点具有特异性，不仅与母语者存在差异，而且不符合初级到中级词长停延无限靠近母语者的整体发展轨迹。母语者与初、中级学习者各调域平均词长停延率的比较见图 9—12。

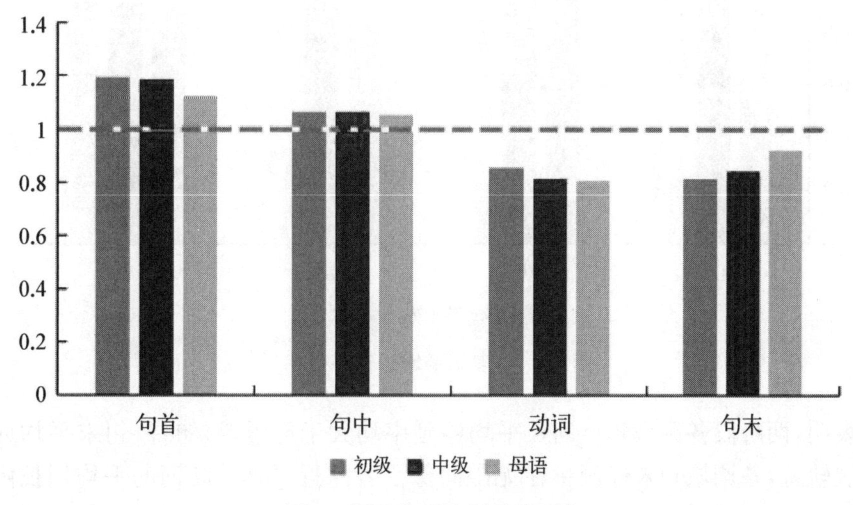

图 9　阴平句平均词长停延率

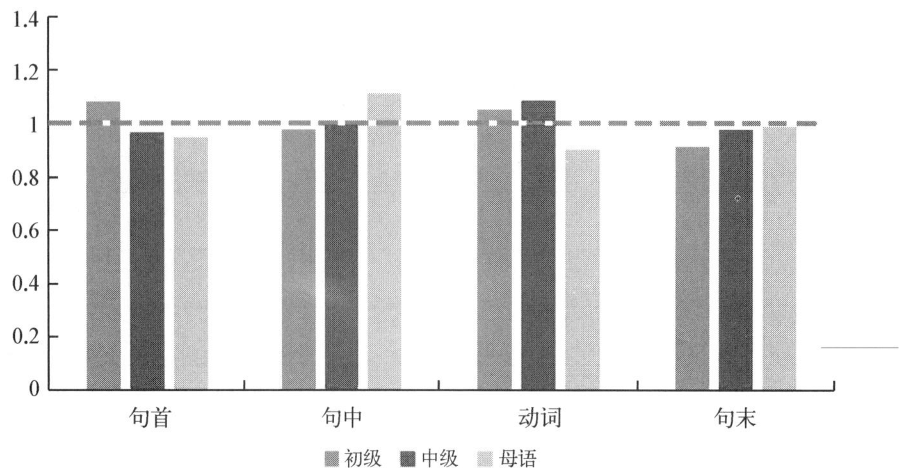

图 10　阳平句平均词长停延率

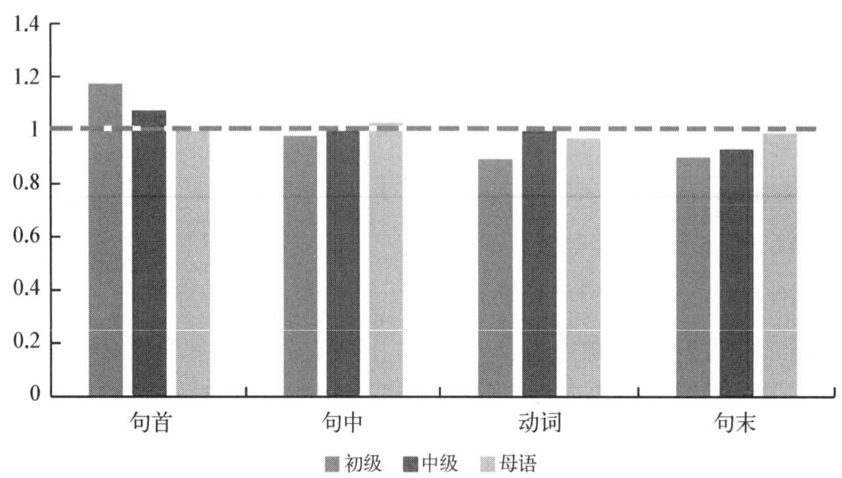

图 11　上声句平均词长停延率

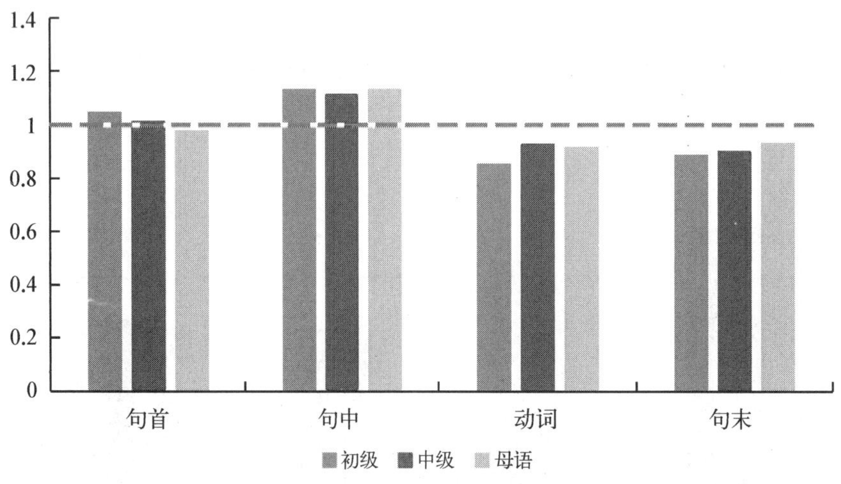

图 12　去声句平均词长停延率

图 9—12 表明，两阶段各调型句首词长平均停延率均大于母语者，句首、句末平均词长停延率初级到中级呈发展轨迹，各调域句末停延率在无限向母语者靠近；句中、动词的平均词长停延率轨迹比较杂乱，没有明显规律可寻。

2. 不同调型平均词长停延率分析

对不同组别组内所有发音人各韵律词相对词长数据进行对比，得到各组整体语句平均词长的停延率，样品句整体语句平均词长停延率的统计结果见下表 6：

表 6　整句平均词长停延率表

组别＼停延率	句首	句中	动词	句末
初级组	1.13	1.04	0.91	0.88
中级组	1.06	1.05	0.96	0.91
母语组	1.01	1.08	0.90	0.96

表 6 表明，初、中级组及母组者句首、句中的平均词长停延率均大于 1，这表明句首、句中韵律词都被停延；动词级句末的整句平均词长停延率均小于 1，这表明动词及句末韵律词并未发生停延。句首的平均词长停延率母语者最小，初级组最大，中级组居中；句中的平均词长停延率母语者最大，初级组最小，中级组居中；动词的平均词长停延率母语者最小，中级组最大，初级组居中；句末的平均词长停延率母语者最大，初级组最小，中级组居中。三组数据中，中级组除动词外，平均词长的停延率都是向母语者无限靠近，只有动词的停延率逆向发展。母语者与初、中级学习者整句平均词长停延率的比较见图 13。

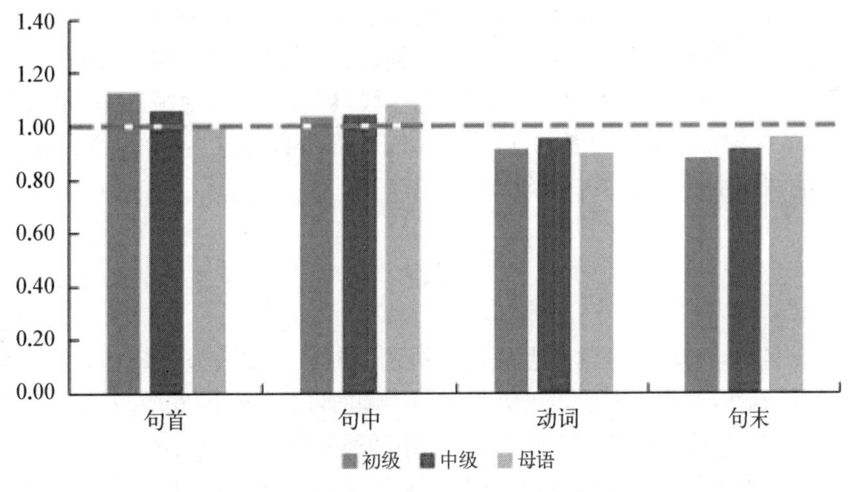

图 13　整句平均词长停延率

图 13 表明，母语组句末韵律词未发生停延，结合文中不同调型发音人各音节停延率图表可知，音节 7 虽发生停延，但是停延的时长较短，且各调型的不同发音人音节 6 均未发生停延，故句末韵律词的均值小于 1，未发生停延。从初级到中级，韵律词平均词长的停延率呈发展状态，仅动词的平均词长出现逆势发展。

三　教学对策

初、中级汉语陈述句语调的时长习得呈发展趋势，但是仍存在句首韵律词过度停延、句末韵律词停延时长不够的"虎头蛇尾"现象。语调上时长的偏误导致即使到高级阶段，汉语学习者在口语产出上仍受“洋腔洋调”的困扰，因此语调教学应贯穿留学生汉语学习的始终，课上及课下都应注重韵律节奏的输入。

1. 注重“读”的输入

“读”的作用至关重要，读分为朗读、诵读、齐读、默读等方式，朗读能够使学生自己课上教学安排除教师领读的环节，还应注重汉语学习者朗读、诵读、齐读等能力的培养。朗读除了可以使学习者自己感受大汉语韵律节奏，还能使同班的学习者通过他人的朗读进而深度自省，直观地感受到习得过程中汉语语调的发展；诵读可以增强汉语口语输出流利度的表达，使汉语学习者对汉语韵律节奏进行自我表达的调节；齐读能够使开口度差或汉语韵律感较低的学习者在大环境中跟读，以便学习者自我调整整句中字长的停延及韵律词的划分。

从初级阶段开始，在完成声母、韵母、声调等语音教学后，应及时兼顾语调教学，不过分强调单一字音，将不同层级的字、词、句的结合，课上重视语调的输入。根据初级汉语学习者特点，除了对课文原文进行朗读外，还可以对课文内容改编后诵读，设计合理的教学环节，避免读的过程中使学生感觉到枯燥乏味；中级阶段开始，随着汉语水平的提升，学习难度增加，多数学习者更习惯“默读”的方式，教师也由于更注重阅读、书写能力的培养，而忽视朗读的作用。中级阶段更应该加强课上朗读、诵读、齐读等课堂环节的设置，尤其是中级阶段的口语课，除了关注汉语学习者汉语口语输出流利的能力，更应当注重句内韵律感的培养。

2. 增强节律的“沉浸”

汉语学习者“沉浸”在汉语环境中，这对汉语语调习得有一定的促进作用。同时，应当注意到儿歌、绕口令、诗词、歌曲对汉语节律习得的作用。

在语音教学阶段，就可以通过朗读绕口令来进行汉语的语音训练，帮助汉语学习者感知汉语的节律特点。初级阶段，可以选择适当的儿歌作为朗读的辅助材料，将一些朗朗上口的中国歌曲歌词用拼音标注，便于汉语学习者演唱；中级阶段，除上述辅助手段，还可以增加中国诗词，先从注音朗读开始，逐渐进行朗诵训练。为增加汉语学习者的学习兴趣，可以举办朗诵比赛、绕口令大赛、中国歌曲大赛等，以汉语学习者的课下生活为习得汉语韵律节奏的途径。

结论

本文通过对 15 名不同阶段汉语学习者陈述句语调的时长实验研究，分析同一调型字、词的停延率及陈述句整句的停延率，观察不同阶段汉语陈述句语调的停延情况的发展，发现：

1. 初级阶段韵律边界不明显，中级阶段句首、句中韵律边界明显

初级阶段句首字、词被停延时长最大，句首与句末停延率之差最大，从句首到句末停延时长逐渐缩短；不同调型字的停延，除首字外，其余多集中在音节 2、3、4，不过分布比较杂乱，无明显规律可循；初级学习者韵律边界不明显。中级阶段句首、句中韵律边界明显，句首、句中末字（音节 2、4）均被停延；句末韵律边界不明显，句末末字（音节 7）均未发生停延。句末韵律边界与母语者存在明显差异。

2. 从初级阶段到中级阶段学习者陈述句语调存在一定的发展

通过对初、中级阶段汉语学习者陈述句语调的时长的实验研究我们发现，初级阶段全句中各音节时长分布无明显规律，中级阶段句首、句中末字均被停延，这与母语者韵律边界前发生停延的规律具有相似性，两个阶段汉语学习者陈述句语调存在一定的发展。在绘制的初、中级停延率发展轨迹图中可见，从初级到中级整句的停延率除音节 5 外，其余音节均呈正向发展，即停延率向母语者逐渐靠近。音节 5 呈逆向发展，说明中级阶段开始在时长停延中，学习者更注重动词的停延，故在音节 5 上呈逆向发展。

3. 时长发展轨迹

从初级到中级汉语陈述语调字长的停延存在一条发展轨迹，即除动词外，其余字长的停延均处于向母语者无限靠近的状态中。故可预测高级阶段汉语陈述语调的停延也应按照此轨迹继续发展。

汉语学习者汉语水平提升迅速，高强度的学习及全课堂沉浸式的学习方式，对汉语学习者语调的产出产生了巨大的影响，这种影响是否对汉语语调的习得产生推进作用，还需进一步对比普通模式下不同阶段学习者语调的产出，这是本文需要进一步探讨的地方，同时根据本文时长发展轨迹，高级阶段学习者时长停延率的习得轨迹也是本文需要进一步研究的方向。

【参考文献】

[1] 许毅.普通话音联的声学语音学特性[J].中国语文，1986(5).

[2] 吴洁敏.停延初探[J].语文建设，1990(3).

[3] 曹剑芬.汉语普通话语音节奏的初步研究[R]//语音研究报告[R].北京：中国社会科学院语言研究所语音室，1998.

[4] 石锋，王萍，梁磊.汉语普通话陈述句语调的停延率[A].语调格局——实验语言学的奠基石[C].北京：商务印书馆，2013，178 - 188.

[5] 陈默.初、中级韩国留学生汉语动词谓语句停延习得分析和教学对策[D].天津：南开大学，2006，31 - 37.

[6] 李芳兰.留学生朗读说话中停延能力研究[D].广州：暨南大学，2007，38 - 45.

[7] 李亚男.越南留学生汉语陈述句停延率习得研究[J].现代语文，2017(10).

[8] 石锋，焦雪芬.普通话命令句语调的时长和音量分析[J].汉语学习，2016(1).

[9] 温宝莹，谢郴伟.日本学习者汉语陈述句语调的韵律匹配[J].南开学报(哲学社会科学版)，2018(4).

[10] 王萍，石锋.试论语调格局的研究方法[J].当代外语研究，2011(5).

A Study on Chinese Learners' Acquisition of the Pause of Declarative Intonation

Liu Yuyan　Jin Xiaoyan

(International School of Chinese Studies, Northeast Normal University, Changchun 130024, China)

Abstract: This paper takes the "intonation pattern" as the research idea and the pause rate as the acoustic reference quantity to investigate the acquisition of Chinese learners' declarative intonation pause, and compares it with the data of the pause rate of native speakers. It is found that the acquisition of Chinese learners in the two stages has the following characteristics: the phenomenon of pause at the beginning of sentences is widespread, and the pause delay at the beginning of sentences in the primary stage is longer than that in the intermediate stage; The difficulty of acquisition is that the prosodic boundary at the end of sentence is not obvious; From primary to intermediate, except for verbs, all syllables are infinitely close to native speakers.

Key words: intonation pattern; delay rate; The intonation of declarative sentences; acquisitio

[少数民族文字研究]

契丹语“巳蛇”解读检讨

唐　均

【摘　要】契丹大小字记录的十二生肖之一“巳蛇”①，由于参与拼写的一个小字原字的拟音经历了重大修改，原来甚为规整的满蒙语对应形式出现了明显的扞格。经过重新审视和调整，我们在阿尔泰语中找到了跟修订的拟音形式能够系联的多个相关语汇。进而，契丹大字拼写的“巳蛇”术语，我们也能给出较为完整、圆融的解释了。

【关键词】契丹文；巳蛇；阿尔泰语

【作者简介】唐均，上海外国语大学全球文明史研究所教授，研究方向为丝绸之路多民族语言文化交流。（上海　201620）

十二生肖在契丹文字中的记载留存，是以十二地支的面目来标记年月日，而在现当代不断出土的契丹大小字墓志铭中得以陆续释读成功的。它们的语义表现较早确定，而其语音形式则还多有探讨的余地。本文基于阿尔泰语的视角，对契丹大小字都有记载的“巳蛇”进行详细的解读剖析。

“巳蛇”的契丹小字拼写形式（**仕扎及**），最早由20世纪上半叶的民国学者在其初步研究过程中就已释读出来了②；至于其拟音，长期以来一直认为当作* m-γ -o＝* moγo③（Kane 作* mu-ho-o，音理接近）④，这个语音形式由于可以得到来自达呼尔文（[illegible]）mogo≈mogu≈mog≈mowo、托忒蒙文（[illegible]）moɤoi＞卡尔梅克蒙语（моһа）moɤā̈≈moɤā、蒙文（[illegible]）moγai＞喀尔喀蒙语（могой）mogoj、鄂尔多斯蒙语 moɢō̈、东乡语 mogvei 等等蒙古语族以及雅库特语（моҕой）moğoy 等突厥语族语汇的明显支撑⑤，进而还能与女真文（**[illegible]**）* meihe^{he}＝* meihe 以及满文（[illegible]）meihe⑥、那乃语（муйки）mujki 等指称蛇的语汇也遥遥系联，长期以来一直认为是不刊之论而无需赘言。从而，文革后中国大陆学者首度解读出来的契丹大字拼写形式“巳蛇”（[illegible]～[illegible]牛/[illegible]～日牛）⑦也与之对应拟音了⑧。

然而，近些年间更多契丹文墓志的最新解读，促进了我们对契丹小字部分原字拟音的深入认识。其中就包括记录“巳蛇”的关键性原字（**扎**）拟音的根本性颠覆：由* γ ⑨变更为* ur。

首先，契丹小字《许王墓志》第48行和《萧查剌墓志铭》第20行中都有出现的人名**扎冊[illegible][illegible]出** * ur-il-γa-a-án＝* urilğan，在汉文《萧查剌墓志铭》中对应音译形式“乌里懒”⑩，这就提示了原字**扎**的正

① 文中所引多文种语料，除了明确标注出处的以外，都是笔者自行零散搜集的，不赘。

② 契丹小字研究小组：《关于契丹小字研究》，《内蒙古大学学报（哲学社会科学版）》1977年第4期，第16页。

③ 清格尔泰编著，吴英喆协助：《契丹小字释读问题》，日本东京外国语大学亚非语言文化研究所，2002年，第70页。

④ Kane，Daniel. The Kitan Language and Script. Brill，2009：61.

⑤ 即实：《契丹小字字源举隅》，《民族语文》1982年第3期，第56—57页。Starostin Sergei；Anna Dybo & Oleg Mudrak：Etymological Dictionary of the Altaic Languages，Brill，2003：932.

⑥ Kane，Daniel. The Kitan Language and Script. 118.

⑦ 刘凤翥：《关于混入汉字中的契丹大字“乣”的读音》，《民族语文》1979年第4期，第265页。刘凤翥：《契丹文字研究类编》第二册，中华书局，2014年，第432页。

⑧ Kane，Daniel. The Kitan Language and Script. 176/176/181.

⑨ 即实：《契丹小字字源举隅》，第57页作* gə；刘凤翥：《契丹小字解读再探》，《考古学报》1983年第2期，第267页作* hə—* ha；Kane，Daniel. The Kitan Language and Script. 61 作* ho。音理接近。

⑩ 清格尔泰、吴英喆、吉如何：《契丹小字再研究》（壹），内蒙古大学出版社，2017年，第384页。

确拟音跟原来的拟音形式*γ 迥乎不同，由此得出的更新拟音形式*ur，结合《大契丹国广陵郡王墓志铭记》第 4 行的人名**圠欠不***ur-γu-on=*urğu-on“乌鲁古(之)”以及**圠为不***ur-a-on=*ura-on“後”①就能得以进一步确证。

其次，在已出土文献中出现频率较高的契丹小字拼写的名词(**圠巾丹伏**)*url-b-ń=*ulibuń“序、朔，【人名】讹里本、乌卢本”②，其中原字(**巾**)*l 作为原字(**圠**)*ur 的音补(phonetic complement)存在，用以变更其末尾辅音，同时也就表明两个原字(**圠～巾**)之间语音成分的接近关系，而这种情形基于原字(**圠**)以往的拟音*γ 而言则无法加以解释。此外，有汉文对译的契丹小字记录人名(**芍及圠**)*d-o-ur=*dowor“铎鲁斡”③和(**丙圠余**)*i-ur-qu=*yurqu“繇古”④同样可以佐证原字(**圠**)*ur 拟音形式的合理性，其间阴声韵尾汉字“繇”在对音中的出现规律，或可参考跟契丹文记录出现时代距离并不遥远的鄂尔浑突厥文记录部族名(𐰉𐰖𐰺𐰴𐰆)bayïrgu“拔野古”，其中反映的是隋唐史籍汉字记音中阴声韵尾汉字“野”的对音(𐰖𐰺)yïr。

再者，契丹小字记录序数词“第五”的两种形式(**今币及圠**)*t-od-o-ur=*todor 和(**今亦及圠**)*t-t-o-ur=*todor⑤，如果比较同属序数词的(**列化么**)*χu-úr-er=*χurer“第三”⑥，就可以看出原字(**圠**)*ur 拟音的改进使得契丹语的序数词形态词尾表现得更为一致了。还有《圆铜镜》契丹小字铭文中出现的(**伞圠圠**)*s-ur-?、《耶律抄只墓志铭》第 13 行出现的(**伞圠圡为本**)*s-ur-γa-a-ar、《萧胡睹堇墓志铭》第 10 行出现的**伞圠圡为丰***s-ur-γa-a-ai⑦，都是动词“学”的不同派生形式，从而也都反映原字(**圠**)*ur 拟音在同一词根进行黏着变化时的有效性。

最后，契丹小字《宣懿皇后哀册》中的“乌(鸦)”(**列圠**)一词，以往拟音作*χ-γ =*χuγu 并可参证以达呼尔文(ᠭᠠᠭᠤ)gaawu、达斡尔语 gaga、女真文**㐯巾***γa-χa=*γaχa⑧；由于拼写词干第二个原字拟音的变更，全词拟音即可更改为*χ-ur=*χur，这样亦可同原始突厥语指称乌鸦的词根*Karga 及其孳生语汇——回鹘文(ᠬᠠᠷᠭᠠ)qarğa、喀喇汗文(قرغ)qarɣa、中古突厥语 qarqa、维文(قاغا)qagha<qa(r)ɣa、土库曼语 ɢarɢa≈garga、哈卡斯语(харға)xarɣa、卡拉卡尔帕克语 ɣarɣa⑨，克里米亚鞑靼语 qarğa⑩、阿塞拜疆语 qarğa、巴什基尔语(ҡарға)qarğa、库慕克语(къаргъа)qarğa、哈萨克语(قارعا≈ҡарға)qarğa、绍尔语(ҡарға)qarğa、吉尔吉斯语(карга)karga、鞑靼语(карга)karga、乌兹别克语 qarg‘a、土耳其语 karga和蒙文(ᠬᠡᠷᠢᠶ᠎ᠡ)keriy-e>喀尔喀蒙语(хэрээ)heree、蒙文(ᠬᠠᠷ᠎ᠠ ᠬᠡᠷᠢᠶ᠎ᠡ)qar-a keriy-e>喀尔喀蒙语(хар хэрээ)khar kheree“渡鸦(←大+乌鸦)”等一系列语汇建立起同源关系——这一词系曾被认为是不甚可靠的同源词系联⑪，而契丹小字记录的“乌鸦”在拟音方面的“拨乱反正”则改变了上述意见，从而可以确认上述突厥语词同蒙古语族相关语汇之间的同源性质；而维语形式 qa(r)ɣa 又提示：女真语形式*γaχa乃至满语形式 gaha 等通古斯语“乌鸦”语汇，其实也是这一系列在经历词中辅音-r-脱落后再加以语音

① 爱新觉罗・乌拉熙春：《契丹文墓志より見た遼史》，松香堂，2006 年，第 111 页、第 129 页。这里不用简体字“后”而刻意使用繁体字“後”，是因为在缺乏语境的单词标义时需要明确其方位概念，而同皇后概念区分开来。

② 清格尔泰、吴英喆、吉如何：《契丹小字再研究》(壹)，第 384 页。拟音为笔者所加。

③ 清格尔泰、吴英喆、吉如何：《契丹小字再研究》(壹)，第 386 页。拟音为笔者所加。

④ 康鹏：《契丹小字〈萧敌鲁副使墓志铭〉考释》，《辽金历史与考古》第四辑，辽宁教育出版社，2013 年，第 265—266 页。

⑤ Kane, Daniel. The Kitan Language and Script. 97/143. 拟音为笔者所改。

⑥ Kane, Daniel. The Kitan Language and Script. 121/143.

⑦ 清格尔泰、吴英喆、吉如何：《契丹小字再研究》(壹)，第 361 页。拟音为笔者所加。

⑧ 刘凤翥：《契丹小字解读再探》，《考古学报》1983 年第 2 期，第 266—267 页。金启孮编著：《女真文辞典》，文物出版社，1984 年，第 187 页。

⑨ Starostin Sergei, Anna Dybo & Oleg Mudrak. Etymological Dictionary of the Altaic Languages. 691.

⑩ Мірєєв. В. А. & С. М. Усеїнов. Українсько-кримськотатарський словник. Долия, 2002: 426.

⑪ Robbeets, Martine. Is Japanese related to Korean, Tungusic, Mongolic and Turkic?. Wiesbaden: Harrassowitz, 2005: 10.

换位(metathesis)而成的同源词。由此可见,契丹小字原字(**扎**)* ur 拟音的凿实,即为“乌鸦”一词在阿尔泰语内部建立更为广泛的语汇对应关系提供了坚实的语料基础。

鉴于记录“巳蛇”的其他两个契丹小字原字(**仕**)* mu 和(**及**)* ú[1] 在拟音上并无多少本质性的争议,故而,“巳蛇”的契丹小字拼写形式应当拟音(**仕扎及**)* mu-ur-ú=* muro,契丹小字记录的这个蛇术语,在语音形式上与之最为接近的恐怕要算曾经分布在伏尔加河下游一带的不里阿耳语 vereni“龙、蛇”了,由此可以关涉这一区域内的诸种突厥语汇:奥斯曼文(اورن)evren“龙”、尕尕乌孜语 ievrem“暴蛇”、土耳其语 evren“天穹(←蛇+虹)、宇宙”<evirmek“转换、转圈”>evrim“革命”、中古钦察语(اورن)ewren“蝰蛇”以及楚瓦什语(авăр)avăr“漩涡、研磨”>(вĕвре çĕлен)vevreśĕlen[vəʷreśəlen]“龙(←蛇+蛇)”等,它们都可以归结为一个原始突厥语词根* ebren“蛇”<* ebir-“旋”;更远的关涉来自原始通古斯语* ūre“虫”及其后裔语汇:埃文基(鄂温克)语(ӯpe)ūre“虫”,涅吉达尔语(ye)uje“虫”,乌利奇语(вере(н))were(n)“蛇”,乌德盖语(вē)wē～(ye)uje“虫”,以及原始日语* əbərəti>* bərəti(～ -ua-)>古日语 woroti>中古日语(をろち)woroti>wòròtì≈wòròdì>大蛇(おろち)orochi[2]。这样一个词根唯独不见于蒙古语族,可见作为准蒙古语(Para-Mongolic)[3]的契丹语中这一词根的明显舶来特征。

“巳蛇”的契丹大字拼写形式(乎～罒牛/旱～日牛)皆有字符(牛)结尾,而此字符同时见于可以对应契丹语“申猴”:契丹大字(旱～日中)≡契丹小字(**业及**)* b-o=* bo≈(**业及及**)* b-o-o=* boǧo[4],从而可以确定其拟音* o,下面我们来推断大字字符(罒)和(日)的音值。

契丹大字字符(罒)很明显借自汉字“爪”的异体“罒”,参考晚期朝鲜吏读(潑)* pal>中古朝鲜语(·발)pál>朝鲜语(발)bal“足、腿”以及原始蒙古语* sabar“爪、叉、〔贬〕手”>蒙文(ᠰᠠᠪᠤᠷ)sabar>布里亚特蒙语(һабар)habar～喀尔喀蒙语(савар)savar～土族语 sawar 等语汇,可以推测同这些语言之间关系密切的契丹语也是采用类似的词根训读汉字“罒(爪)”从而称为一个契丹大字字符的。故而,契丹大字拼写形式(罒牛)及其合文形式(乎)即可拟音为* mur-o=* muro。

而契丹大字字符(日)显然也是径行借用汉字“日”而成的字符。注意到“日”字早在先秦时代就已出现了与其汉藏语词根* s-nəj>日* ȵiɪt～藏文(ཉི་མ)nyi-ma～缅文(နေ)ne“太阳”～(နေ့)ne.“天日”～克伦语(ꤒꤢꤩ)neē“天日”～凉山彝文(ꆈ)nyip“白昼”之间毫无干系的另外一个语音形式——见诸如下的两个例证。

一是楚辞骚体鼻祖屈原殒身之处“汨罗江”之“汨”字,该字上古音白一平和沙加尔拟为** m.nˤik、郑张尚芳拟为** meːg,对应中古音拉丁转写形式为* mek˥;相应的,作为江名的“汨罗”二字中古音转写为* mek˥ -lɑ,颇能对应于缅文(မြစ်)mrac“河、曾孙、根”一词[5]。

二是见于两《汉书》中出现的人名“日磾”,无论是西汉中期的金日磾[6]还是东汉晚期的马日磾[7],他们的字都是翁叔,虑及汉化人名与其字之间高度的语义相关性,“日磾”二字连缀的中古音拉丁转写

---

① Kane, Daniel. The Kitan Language and Script. 50/61.

② Starostin Sergei, Anna Dybo & Oleg Mudrak. Etymological Dictionary of the Altaic Languages. 491.

③ Janhunen Juha. The Mongolic Languages. Routledge, 2003: 391-392.

④ Kane, Daniel. The Kitan Language and Script. 107/175. 拟音为笔者所改。

⑤ 聂鸿音:《说“日”字——非汉民族借用汉字的早期证据》,《中国民族古文字研究》第四辑,天津古籍出版社,1994年,第154页。

⑥《汉书·霍光金日磾传》:金日磾字翁叔,本匈奴休屠王太子也。武帝元狩中,骠骑将军霍去病将兵击匈奴右地,多斩首。昆邪、休屠恐,谋降汉。休屠王后悔,昆邪王杀之,并将其众降汉。父以不降见杀,日磾与母阏氏、弟伦俱没入官,输黄门养马,时年十四矣。

⑦《后汉书·袁绍列传》引《三辅决录注》:马日磾字翁叔,马融之族子。《后汉书·孔融传》:太傅马日磾奉使山东,及至淮南,数有意于袁术。术轻侮之,遂夺取其节,求去又不听,因欲逼为军帅。日磾深自恨,遂呕血而毙。

形式*mek˥ -tei 就可以对应粟特文(mrty≈mrtˀy)marti≈(mrtyy)martī>雅格诺布语(мōрти)mōrti“男人”①，正好切合“翁”字作为丈夫、男性尊称的语义项。

颇具巧合而也就更为重要的是，突厥语族的楚瓦什语(хĕвел)hĕvel“太阳”和雅库特语(куйаас)kuyaas“热”在词形上竟然和前述契丹大字异体(ㄫ)可能渊源所自的蒙古语族“足、爪”语汇甚为相近。由是观之，契丹大字(冂)和(ㄫ)确有互为异体表征同一个词形的可能性，那么，契丹大字拼写形式(日牛)及其合文形式(旱)亦可很好拟音为*mur-o=*muro。

根据上述操作，我们便将契丹大小字记录的“巳蛇”术语统一为纯粹音符记录的拼写形式，它们还可以对应于突厥语、通古斯语乃至日语中某些指称“龙、蛇、虫”的词根孳生形式，这样就可以在更为宏大的阿尔泰语视阈范围内解决了契丹文拼写的“巳蛇”一词的定位问题了。

【参考文献】

[1] Gharib, B.. Sogdian Dictionary: Sogdian — Persian — English. Tehran: Farhangan Publications, 1995.

[2] Janhunen, Juha. The Mongolic Languages. London and New York: Routledge, 2003.

[3] Kane, Daniel. The Kitan Language and Script. Leiden Boston: Brill, 2009.

[4] Robbeets, Martine. Is Japanese related to Korean, Tungusic, Mongolic and Turkic?. Wiesbaden: Harrassowitz, 2005.

[5] Starostin, Sergei; Anna Dybo & Oleg Mudrak. Etymological Dictionary of the Altaic Languages, Volumes 3. Leiden Boston: Brill, 2003.

[6] Мірєєв, В. А. & С. М. Усеїнов. Українсько-кримськотатарський словник. Сімферополь: Долия, 2002.

[7] 爱新觉罗・乌拉熙春.契丹文墓志より見た遼史[M].京都：松香堂，2006.

[8] 即实.契丹小字字源举隅[J].民族语文，1982(03)：54－60.

[9] 金启孮编著.女真文辞典[M].北京：文物出版社，1984.

[10] 康鹏.契丹小字《萧敌鲁副使墓志铭》考释[A]//辽金历史与考古(第四辑)[C].沈阳：辽宁教育出版社，2013：261－292.

[11] 刘凤翥.关于混入汉字中的契丹大字“乣”的读音[J].民族语文，1979(04)：263－267.

[12] 刘凤翥.契丹小字解读再探[J].考古学报，1983(02)：255－271.

[13] 刘凤翥.契丹文字研究类编(第二册)[M].北京：中华书局，2014.

[14] 聂鸿音.说“日”字——非汉民族借用汉字的早期证据[A]//中国民族古文字研究(第四辑)[C].天津：天津古籍出版社，1994，150－154.

[15] 契丹小字研究小组.关于契丹小字研究[J].内蒙古大学学报(哲学社会科学版)，1977(04)：1－97.

[16] 清格尔泰编著，吴英喆协助.契丹小字释读问题[M].东京：东京外国语大学亚非语言文化研究所，2002.

[17] 清格尔泰，吴英喆，吉如何.契丹小字再研究[M].呼和浩特：内蒙古大学出版社，2017.

The Decipherment of Khitan Terms for "Snake the Sixth Zodiac" Revisited

Tang Jun (John Tang)

(Institute of the Global History of Civilizations, Shanghai International Studies University, Shanghai 201620, China)

Abstract: The Khitan terms "Snake the sixth zodiac" recorded in macroscript (大字) and microscript (小字) have their phonetic reconstruction largely revised on account of one of the spelling protoscript

① Gharib B. Sogdian Dictionary: Sogdian — Persian — English. Farhangan Publications, 1995: 218－219.

(原字)'s renewed decipherment, just to being an obvious contradiction among the alleged Mongol-Tungusic cognates. From the broader Altaic perspective, there appear quite a few unexcavated proper cognates to the revised spelling forms in Khitan microscript; furthermore, the terms in Khitan macroscript can be elucidated smoothly based on the renewed reconstruction.

Key words: Khitan scripts; Snake the Sixth Zodiac; Altaic languages

族际互动视域下的辽代契丹语文献平阙格式研究*

徐世康

【摘　要】契丹王朝时期，“平阙”之制不仅见于汉语文献，在契丹语文献中也有所反映。契丹语文献中的平阙语词一方面包含了诸多汉语固有的词汇，另一方面也增加了部分游牧民族特有的词汇。从已释读契丹文平阙语词的情况看，与君主相关的语词最为常见，这表明唐代“平阙式”用以维护、尊重皇帝而非国家权威的传统在辽代也得到了延续。此外，契丹语文献所见的平阙格式虽并不严谨，但毫无疑问反映出了辽代中后期统治者对这一文书抬头制度的接受，而这也与其时统治者对儒家思想中“中国观”以及“正统观”的认同逐渐增加之趋势互为表里。

【关键词】辽代；契丹语；墓志铭；平阙；正统观

【作者简介】徐世康，上海师范大学旅游学院讲师，上海师范大学人文学院在站博士后，研究方向为历史文献学。（上海　201418）

一　引言

所谓“平阙格式”，是我国古代一种独特的文书抬头制度，指在缮写文书时，将特定的词句或空一至数格、或另起一行平格、或另行高出数格书写，以示尊敬。其中采用空格书写的，称为“空抬”；另起一行平格书写的，称为“平抬”；另起一行高出一格书写的，称为“单抬”，高出两格书写的，称为“双抬”，高出三格书写的，称为“三抬”。① 目前来看，这一文书抬头制度首见于秦代，如王国维在《秦阳陵虎符跋》中指出：行文平阙之式，古金文中无也，惟琅琊台残石则遇“始皇帝成功盛德及制曰可”等字皆顶格书，此为平阙之始。② 此后，从汉代直至清末，不同类型公私文书中涉及平阙制度的事例屡见不鲜，而除了汉语文献外，在部分少数民族语言文献中，亦可见到平阙的现象，如在辽代的契丹语文献中，便有许多生动的案例。

据《契丹小字再研究》统计，截至 2016 年，已公布的主要契丹文字材料计有 55 种，包含 40 种契丹小字文献资料以及 15 种契丹大字资料。③ 至笔者撰文时，又有《耶律天你太师墓志铭》《萧迪烈郎君墓志》与《耶律阿姆哈娘子墓志铭》《留隐太师墓志铭》《孟父房耶律统军使墓志》（残石）、《维南赡部洲大

* 基金项目：本文为 2019 年度上海市哲学社会科学规划冷门“绝学”、国别史等研究专项课题“辽代契丹语文献的跨学科研究”（项目编号：2019ZJX006）；2019 年度上海市晨光计划项目“文化资本视域下的辽代官方语言行用问题研究”（项目编号：19CGB12）的阶段性成果。

① 冯惠玲：《我国封建社会文书抬头制度》，《历史档案》1985 年第 1 期。

② 王国维：《观堂集林》，上海书店出版社，1989 年，第 143 页。

③ 本文中出现的契丹语文献之全称与简称与《契丹小字再研究》中保持一致，参见清格尔泰、吴英喆、吉如何：《契丹小字再研究》，内蒙古大学出版社，2017 年，第 18—23 页。（以下同，不另注明）2017 年以后新公布的契丹语文献参见吉如何：《新发现契丹小字〈耶律天你太师墓志铭〉研究》，博士学位论文，内蒙古大学，2017 年。Wu Yingzhe, Ji ruhe, Peng daruhan. Interpretation of the epitaph of Changgun Yelu Zhun of Great Liao in Khitan large script, Acta Orientalia Academiae Scientiarum Hung, Volume 70(2), 2017: 217 - 251.彭鞑茹罕：《契丹小字〈萧迪烈郎君墓志〉与〈耶律阿姆哈娘子墓志铭〉研究》，硕士学位论文，内蒙古大学，2019 年。其力木尔：《新发现契丹大字〈留隐太师墓志铭〉研究》，硕士学位论文，内蒙古大学，2019 年。白原铭：《新发现契丹大字〈孟父房耶律统军使墓志〉（残石）研究》，硕士学位论文，内蒙古大学，2019 年。包阿如那：《新发现契丹大字〈维南赡部洲大辽国铭〉研究》，硕士学位论文，内蒙古大学，2019 年。苏龙嘎：《新发现契丹大字〈萧陈哥别胥墓志铭〉研究》，博士学位论文，内蒙古大学，2021 年。

辽国铭》《大辽国常衮耶律準墓志铭》等资料陆续公布，不过由于保密原因，部分契丹文字资料的拓本照片尚未公开。从实际看，在统和四年契丹大字《耶律延宁墓志铭》(公元986年)中，既已存在平阙现象，如志文中的圣光皇帝(天授皇帝)一语，另起一行平出书写。① 而在重熙二十二年的契丹小字《大契丹国广陵郡王墓志铭记》(公元1053年)中，则"有平有阙"，如志文中 (承天皇太后)一语提行书写，而 (景宗皇帝)前则只使用了空抬。②

当前，学界对契丹语文献的平阙格式已有了一定的认识，如在分析《道宗皇帝哀册》出现多处重刻的原因时，一般将其推导为与原刻在遇见皇帝的尊号、庙号之类时未注意提行或空格以示尊敬，犯下了大不敬的错误，但发现时间较晚，已无法磨掉重刻，只好在有字的原石上该空格或该提行的地方空格或提行重刻。③ 不过总体而言，对于契丹语文献的平阙格式予以系统梳理的论著尚付阙如，故而笔者不揣浅陋，尝试对这一问题进行分析，力求为契丹语文献的研究提供新的视角，疏漏之处，敬请指正。

二　辽代契丹语文献所见平阙格式概况

公元10世纪，中国北方地区出现了由契丹族人建立的大辽王朝，其极盛之时，曾一度握有主导整个东亚地区局势的显赫实力，而契丹族人在建立政权之后，也同时创制了自己的语言文字，并将其行用于刻纪功碑、著诸部乡里之名、外交书函、旗帜、刻符牌、写诗、译书、撰刻哀册和墓志等方面。④ 由于传世的辽代文献数量稀少，故此类契丹语文献资料便成为了研究辽代文史过程中不可或缺的组成部分，并具有与汉语文献不同的独特价值。

在辽代出土的契丹语文献中，以墓志铭最为重要。在通常情况下，中国古代成熟的墓志铭包含有首题、序辞和铭辞三个主要部分。其中首题实际上是墓志的标题，一般以"某某墓志铭"或"某某墓志"的形式出现，以标明作者的姓名和身份，如契丹小字《故宋魏国妃墓志铭》首题为 (大耶律之故宋魏国妃之墓志铭序并)，简单罗列了志主的信息。⑤ 亦有部分墓志铭在首题中会详细罗列墓主姓名、籍贯、官职、爵位等内容，如辽代汉文《耶律宗允墓志》首题为"大契丹国故保顺协赞推诚功臣、天雄军节度、魏州管内观察处置等使、开府仪同三司、检校太师、守司徒、兼中书令、行魏州大都督府长史、判匡义军节度、饶州管内观察处置等使、上柱国、鲁王、食邑一万五千户、食实封壹仟伍佰户、进封郑王、谥曰恭肃、耶律王墓志铭并引"⑥，详细罗列了志主的功臣号、官职、勋、爵位、食邑、谥号等信息。而序辞一般以散文形式呈现，个别序辞也会用韵。序辞的主要内容包含志主的姓名、表字、世系、籍贯、生平事迹、仕宦经历、死亡时间、年寿、埋葬地点、配偶与子女的情况。铭辞则通常使用四言韵语，也有三言、五言、七言、杂言甚至楚辞体的形式，有隔句用韵，也有句句用韵；有一韵到底，也有数句一换韵，部分墓志的铭文还有若

① 对于"圣光皇帝"的含义，丰田五郎以及刘凤翥曾将其假定为"天赞皇帝"，此后刘凤翥又更定为"天授皇帝"，后经爱新觉罗·乌拉熙春考证，应译为"天授皇帝"，参见康鹏：《契丹大字〈耶律祺墓志铭〉补释》，《形象史学研究(2013)》(第三辑)，人民出版社，2013年，第265—271页。

② 清格尔泰、吴英喆、吉如何：《契丹小字再研究》，第673页。

③ 刘凤翥编著：《契丹文字研究类编》，中华书局，2014年，第201页(以下同，不另注明)。

④ 清格尔泰、刘凤翥、陈乃雄、于宝林、邢复礼：《契丹小字研究》，中国社会科学出版社，1985年，第12—13页。

⑤ 清格尔泰、吴英喆、吉如何：《契丹小字再研究》，第1304页。

⑥ 向南：《辽代石刻文编》，河北教育出版社，1995年，第319页。(以下同，不另注明)

干章组成，章各一韵等。[①] 此外，在一些墓志铭中，还会在铭辞之后记载刻石时间、志主亲属、撰书人等信息作为附记，如《秦晋国妃墓志》在铭辞之后，附有“维咸雍五年岁次己酉十一月甲子朔十日癸酉，儒林郎、试大理评事、守显州山东县令、武骑尉邢教之书”。[②] 契丹小字《耶律智先太尉墓志铭》则在行文末尾记录了刻石时间以及墓志铭书写者的信息[illegible](长子阿信书)等。[③]

大体而言，一篇完整的墓志铭会在首题、序辞与铭辞之间以提行、空格等方式显示区别，而铭辞的每一句句子之间或不同章节之间，有时也会以空格隔开，此外，留空待谥、名讳留空、葬地空缺、葬期空缺等情况亦可能造成墓志留白，显然，诸如此类的原因导致的提行或空格均与平阙格式无甚关联。[④] 此外，由于契丹文字尚未完全破译，故对于契丹文墓志铭中出现的提行或空格是否都属于平阙之制，还不能给出精确判断，如已有学者指出在辽代契丹语《耶律抄只郎君墓志铭》中可能存在以空格表示句子结束的标志。[⑤] 然而需注意的是，在《耶律抄只郎君墓志铭》中[illegible](圣元？天金？皇帝)一词前的空格明显较大[⑥]，因此笔者推测个别词汇前的空格或许在表示句子结束标志的同时，也有表示平阙的含义。

若通论有关辽代的平阙，则在刻写于辽初会同四年(公元 941 年)的汉文《耶律羽之墓志》中，“大圣大明升天皇帝”一词已提行书写，此外诸如“人皇王”“嗣圣皇帝”“皇上”等语词前均空了数格。[⑦] 不过由于其为汉人邢明远书写，尚难判定其时的契丹统治者是否已对平阙格式有所了解，而契丹文墓志铭因出自契丹族人之手，故其中体现的平阙格式显然可视为是契丹族人对其的认识。同时，考虑到截至目前发现的辽代契丹语墓志铭主要刻写于辽道宗与天祚帝两朝，因此其中体现的平阙格式也主要代表辽代后期的情况。

通常情况下，出于奉敕书写的契丹文哀册与墓志铭对平阙格式的遵循较为严格，如前述契丹小字《道宗皇帝哀册》为了满足平阙格式的需求而不得不改刻便是一个典型，而其他一些臣僚奉敕书写的文献中，平阙之制也有较好的体现，如《皇太叔祖哀册》第 6 行[illegible](皇帝)提行书写；而在辽道宗谥号简称[illegible](仁圣)以及辽兴宗谥号简称[illegible](孝章)前则使用了空抬，显示了区别。[⑧] 与之相反的是，亦有部分契丹语墓志铭中几无平阙的痕迹，如《耶律详稳墓志》中对[illegible](天金？皇帝)、[illegible](可汗)、[illegible](天皇帝)、[illegible](皇帝)、[illegible](先皇)等语词均未使用平阙。[⑨] 大体而言，在多数的契丹语墓志铭中均可见到平阙现象，然并无严谨的体例，表现出一定的随意性，如在契丹小字《大辽国尚父于越宋国王墓志铭》中，因书写紧凑，通篇在提及[illegible](天皇帝)、[illegible](圣兴宗皇帝)以及[illegible](房可汗)等语词时，仅使用了空抬，而志文中多次出现的[illegible](皇帝)一词，则“有空有不空”。[⑩] 契丹大字墓志铭中同样存在这一问题，如契丹大

① 毛远明：《碑刻文献学通论》，中华书局，2010 年，第 117 页。(以下同，不另注明)

② 向南：《辽代石刻文编》，第 342 页。

③ 清格尔泰、吴英喆、吉如何：《契丹小字再研究》，第 1221 页。

④ 毛远明：《碑刻文献学通论》，第 119—120 页。

⑤ 清格尔泰、吴英喆、吉如何：《契丹小字再研究》，第 1350 页。

⑥ 清格尔泰、吴英喆、吉如何：《契丹小字再研究》，第 768 页。

⑦ 盖之庸：《内蒙古辽代石刻文研究》，内蒙古大学出版社，2002 年，第 1 页。

⑧ 清格尔泰、吴英喆、吉如何：《契丹小字再研究》，第 742 页。

⑨ 清格尔泰、吴英喆、吉如何：《契丹小字再研究》，第 815 页。

⑩ 清格尔泰、吴英喆、吉如何：《契丹小字再研究》，第 659 页、第 1025—1083 页。

字《耶律祺墓志铭》第 5 行与第 6 行的丢皇帝（天皇帝）均提行书写，然第 25 行的丢皇帝（天皇帝）前则仅使用空抬，而第 3 行好永皇帝（庄敬皇帝）未使用平阙。①

在辽代，由于通晓契丹语的外族人员为数极少，故若某位契丹族人同时拥有契丹文与汉文墓志铭或哀册，通常会由不同民族的撰者书写，而二者在平阙格式的运用上，往往也存在差异。如在汉文《太叔祖哀册文》中，对皇太叔祖、皇帝、诏、兴皇、圣庙、道宗、日月、乾坤、今上、圣人、我后、王者、大驾、圣心、吾皇等语词无一例外均提行另行书写，而契丹小字《故太叔祖哀册》中，除主 主（皇帝）提行外，其余可释读的语词如主　丞　戈刃　伞斗（皇太叔）、叔企（敕）、九闸　伞当（景宗）、亜廾化屮　伏叐犳（仁圣）、关　仐乍及扎（昭圣?）等，都只运用了空抬，只是后三个语词前的空格明显较大。②又如契丹大字《耶律延宁墓志铭》中丢先皇帝（天授皇帝）提行，然位于同一墓志下半部分的汉志中，在皇亲、景宗、今上等语词前均只使用了空抬。③而部分汉文墓志铭本身在平阙上似乎也表现随意，如汉文《大辽国尚父于越宋王墓志铭》第 5 行“兴宗”与“圣宗”前均空两格，但第 14 行“兴宗”前只空一格。汉文《萧查剌相公墓志铭》第 4 行“淑妃”未平阙，而第 13 行“淑妃”前空两格，第 26 行“淑妃”则只空一格，前后不一。④

契丹语文献中所见的另一些怪异平阙现象，则似乎证明契丹族人对于平阙格式的理解尚嫌不足，如《大横帐节度副使墓志》第 3 行丢爪␣皇帝（天子␣皇帝）一语显系指辽太宗而言，然墓志中却在皇帝（皇帝）前空格将其与丢爪（天子）割裂，着实令人费解。⑤《南赡部洲大辽国故迪烈王墓志文》第 16 行叉公␣伏叐犳冇（今␣圣之），系汉语“今上”之义，二者之间不应空格。⑥

三　契丹语文献有关君主平阙语词概况

中国古代最早对平阙语词予以系统总结的论著出现于唐代，《唐六典》曰：“凡上表、疏、笺、启及判策、文章如平阙之式。”⑦这一“平阙之式”的规定基本是唐代开元年间的制度，有关唐代平阙的规定还见于敦煌文书 P2504 号《天宝令式表残卷》以及 S6537 号《大唐新定吉凶书仪》之中，其中《天宝令式表残卷》反映了天宝时期的制度，而《大唐新定吉凶书仪》则可能反映的是唐文宗太和年间的制度。⑧不过唐代实际涉及平阙语词的范围当远超平阙式之规定，如据胡倩雯统计，仅在敦煌公文书中，就额外发现有与君主权威有关的词汇、表示感恩的词汇、与“台”有关的词汇、部分官名词汇以及与吐蕃有关的词汇等平阙语词，处于平阙式的规定之外。⑨

截至当前，对于辽代是否曾颁布过与平阙有关的具体规定尚未可知，不过结合出土文献的实例以及释读情况看，与君主有关的平阙语词在契丹语墓志中最为常见。有鉴于此，下文将主要以释义一般已得到学界公认的契丹语词汇为主，重点讨论与君主有关的平阙语词，同时也尝试对其余平阙语词的情况做简单梳理。

---

① 刘凤翥编著：《契丹文字研究类编》，第 556—563 页。
② 清格尔泰、吴英喆、吉如何：《契丹小字再研究》，第 742、748 页。
③ 刘凤翥编著：《契丹文字研究类编》，第 1063 页。
④ 清格尔泰、吴英喆、吉如何：《契丹小字再研究》，第 668、852 页。
⑤ 刘凤翥编著：《契丹文字研究类编》，第 570 页。
⑥ 清格尔泰、吴英喆、吉如何：《契丹小字再研究》，第 1175 页。
⑦ 李林甫等：《唐六典》，中华书局，2014 年，第 113 页。
⑧ 黄正健：《平阙与唐代社会政治》，《走进日常：唐代社会生活考论》，中西书局，2016 年，第 295—313 页。
⑨ 胡倩雯：《从敦煌吐鲁番文书看唐代平阙》，《中山大学研究生学刊(社会科学版)》2014 年第 1 期。

（一）有关君主庙号的平阙语词

庙号制度的起源可溯源至殷商时期，不过在周秦两代并未被延用。西汉王朝建立后，庙号之制慢慢恢复。在汉代，君主惟有大功大德者方有庙号，然自三国时代起，庙号渐趋泛滥，不论君主功绩如何，一般都有庙号，而辽代的庙号制度则要晚至圣宗耶律隆绪即位后才得到完善。[①] 有辽一代，计有九位君主先后称帝，除辽太宗、辽穆宗以及末代的天祚帝外，对其余诸帝的庙号予以平阙的现象在契丹语文献中均有发现，如[契丹字]（太祖，《故》/《许》）、[契丹字]（世宗，《查》）、[契丹字]/[契丹字]/[契丹字]（景宗，《道》;《玦》/《太》/《公》）、[契丹字]/[契丹字]/[契丹字]/[契丹字]/[契丹字]（圣宗，《南》/《敌》/《许》/《弘》/《北》）、[契丹字]/[契丹字]/[契丹字]/[契丹字]/[契丹字]（兴宗，《兴》/《宋》/《梁》《弘》/《故》/《南》）与[契丹字]/[契丹字]/[契丹字]（道宗，《道》《许》/《故》/《祺》）等，而除了曾经实际在位的君主外，在辽兴宗时期，还曾“追尊太祖之祖为简献皇帝，庙号玄祖；祖妣为简献皇后。太祖之考为宣简皇帝，庙号德祖。”天祚帝即位后，先是追尊其父耶律浚为“大孝顺圣皇帝，庙号顺宗”，不久又“尊太祖之高祖曰昭烈皇帝，庙号肃祖，……。曾祖曰庄敬皇帝，庙号懿祖……”。[②] 而对其人庙号的平阙也出现于契丹语文献中，如（[契丹字]）[契丹字]［（先祖）懿祖，《故》］、[契丹字]（玄祖，《南》）、[契丹字]（德祖，《故》）、[契丹字]（顺宗，《梁》）等。辽代君主的契丹语庙号一般表现为对汉语庙号的直接音译，其中圣宗、兴宗与道宗的契丹语庙号音译形式较多，明证其并无统一的标准。对辽代君主庙号予以平阙的最晚事例见于金代天德二年（公元 1150 年）契丹小字《越国王萧仲恭墓志铭》，志文第 2 行[契丹字]（道宗）一词前使用了空抬，按志主萧仲恭之母为辽道宗三女[③]，故此处的平阙或仅是出于对志主亲属的敬意。

（二）有关君主尊谥的平阙语词

在君主生前由臣僚为君主“上尊号”的做法始于唐代，此后历代不绝，并形成一种礼制，且为君主“上尊号”的做法往往不止一次，如在辽圣宗登基后，群臣即上尊号“昭圣皇帝”，至开泰元年（公元 1012 年）十一月，其尊号经过累加，已变为“弘文宣武尊道至德崇仁广孝聪睿昭圣神赞天辅皇帝”[④]。在契丹语文献内所见对于君主尊号的平阙，主要有专指辽太祖的[契丹字]/[契丹字]（天皇帝，《南》/《习》）；涉及辽太宗的[契丹字]/[契丹字]（天子皇帝，《奴》/《习》）；辽世宗的尊号[契丹字]/[契丹字]（天授皇帝，《清》/《延》）、辽穆宗的尊号[契丹字]（天顺皇帝，《习》）以及辽景宗的尊号[契丹字]（天赞皇帝，《习》）、末帝耶律延禧的尊号（[契丹字]）[契丹字]［（圣之）天祚皇帝，《许》］等。与庙号基本为对汉语的音译不同，契丹语文献中对于君主的尊号通常会进行意译，且并不罗列其全称，如据《辽史》可知，天祚帝的尊号全称为“惠文智武圣孝天祚皇帝”，然契丹语文献中仅选取（[契丹字]）[契丹字]［（圣之）天祚皇帝］部分，而《太叔祖哀册》中，则可能选取了辽圣宗尊号内的[契丹字]（昭圣？）以指代君主本人，而未详细罗列辽圣宗尊号全称“睿文英武遵道至德崇仁广孝功成治定昭圣神赞天辅皇帝”。

在唐代的平阙格式中，未见有对君主尊号的平阙，而与之相似的“皇帝谥”，可能也因在现实

① 肖爱民：《辽朝皇帝庙号三题》，《河北大学学报（哲学社会科学版）》2020 年第 5 期。

② 脱脱等：《辽史》，中华书局，2016 年，第 278、356、358 页。（以下同，不另注明）

③ 清格尔泰、吴英喆、吉如何：《契丹小字再研究》，第 947 页、第 635 页。

④ 脱脱等：《辽史》，第 115、188 页。

中不便使用，故虽在日本的《养老令》与《大宝令》中留有痕迹，但唐代平阙式中没有“皇帝谥”的结论大致可行。[①] 不过契丹语文献中也偶见对皇帝谥号予以平阙的现象，如契丹小字《萧令公墓志铭》对□ □ □ □ □ □（大圣天金？皇帝）[②]以及《耶律抄只郎君墓志铭》中对□ □ □ □ □ □（圣元？天金？皇帝）的平阙，当即对辽太祖谥号的平阙[③]，其中□ □（圣元?）虽在传世文献中不见踪影，但在辽人的汉文墓志铭或哀册中多次出现，如汉文《道宗皇帝哀册》中“猗欤圣元，天帝之孙”以及《韩椅墓志墓志铭》中“我圣元皇帝凤翔松漠，虎视蓟丘”等，可为其提供例证。[④] 其他方面，在《南赡部洲大辽国故迪烈王墓志文》与《耶律祺墓志铭》中分别对契丹小字□和契丹大字□ □ □进行了平阙，二者之间应是相互对应的关系，或可释作辽太宗谥号中的“惠文”。[⑤] 此外，《太叔祖哀册》中还曾出现有对辽兴宗谥号“神圣孝章皇帝”中的□ □（孝章）以及辽道宗谥号“仁圣大孝文皇帝”中的□ □（仁圣）平阙的情况，《道宗皇帝哀册》中另对□ □ □ □ □ □ □ □进行了平阙，其中□ □（孝章）与□ □（皇帝）已释读，惟中间四字意义不详，但应同指辽兴宗而言，此处暂列入谥号中，以待进一步的研究。[⑥]

（三）有关君主的其他平阙语词

作为由游牧者建立的政权，契丹人除了沿用中原王朝传统的“□ □（皇帝）”称谓外，亦使用“□ /□（可汗/汗）”来称呼最高统治者。文献上最早以“可汗”为高级政治体元首称谓者为柔然君主社崙，“自号豆代可汗”，其中“豆代，犹魏言驾驭开张也；可汗，犹魏言皇帝也”[⑦]。在契丹建国之前，“可汗”之号便已传入其部族，如武则天时期契丹首领李尽忠起兵反周时，曾自称“无上可汗”。[⑧] 契丹政权建立后，阿保机称“天皇王”，已有学者撰文指出这一称号包含“皇帝”与“可汗”的双重属性，并为后世君主继承。[⑨] 在有关辽代的汉文史料中，不见有自辽太宗以下诸帝称“可汗”的记录，然在契丹语文献中则对此有着清晰的反映，其中既包含有对于个别君主的敬称，如□ □ □ □（第六代之圣汗，《兴》）、□ □（家汗，《广》）、□ □（房可汗，《梁》）、□ □（嗣汗，《道》）、□ □（圣汗，《玦》）等；也有对多位君主的敬称，如□ □（二可汗，《仁》）、□ □（诸可汗，《迪》）、□ □（六汗，《道》）等，而对上述语词使用平阙格式的做法，也反映出契丹族人对平阙制度

① 冈野诚：《有关唐代平阙式的一个考察（下）——以对敦煌写本〈唐天宝职官表〉的检讨为中心》，《中国古代法律文献研究》第十二辑，社会科学文献出版社，2017年，第309—312页。

② 对□的解读存在争议，但□ □可作“天皇帝”用，契丹小字资料中也发现有□ □省作□，表明“天皇”帝号的核心是“天”。（冯科：《契丹部落联盟时期“王”“汗”称号及其关系——兼论“天皇王—天皇帝”称号及其双重性》，《内蒙古社会科学（汉文版）》2019年第6期）。

③ 刘凤翥、丛艳双、于志新、那仁高娃：《〈耶律兀里本·慈特墓志铭〉考释》，《燕京学报》新二十期，北京大学出版社，2006年，第225—278页。

④ 向南：《辽代石刻文编》，第513页、第203页。

⑤ 刘凤翥：《契丹大字〈耶律祺墓志铭〉考释》，《内蒙古文物考古》2006年第1期。

⑥ 清格尔泰、吴英喆、吉如何：《契丹小字再研究》，第742、1291、906、613页。

⑦ 李延寿：《北史》，中华书局，1974年，第3251页。

⑧ 刘昫：《旧唐书》，中华书局，1975年，第5350页。

⑨ 冯科：《契丹部落联盟时期“王”“汗”称号及其关系——兼论“天皇王—天皇帝”称号及其双重性》。

的认识，已不仅仅停留在对中原制度的简单模仿，且有了一定的创制，并将其运用于本民族特有的词汇之上。

以年号称呼君主的做法，盛行于明清时期，然而这一做法实际早在唐代便已出现，如开元九年（公元721年）《唐故济阴郡王墓志铭》中出现有“开元皇帝”一词，且提行书写。① 辽代的汉文墓志铭中不见有直接使用“年号＋皇帝”以称呼君主的做法，不过在契丹语墓志铭中却多次出现，如[契丹小字]（重熙皇帝，《北》）以及[契丹小字]（清宁皇帝，《于》）等，并对其进行了平阙。契丹语文献中所见涉及君主的平阙语词还有[契丹小字]（祖父，《广》）与[契丹小字]（伯父，《广》），二者分别指代辽景宗与辽圣宗，是对先帝的平阙；[契丹小字]（兴陵，《太》），指辽兴宗永兴陵，是对陵号的平阙；[契丹小字]（敕，《宋》），是对君主颁布文书的平阙；[契丹小字]/[契丹小字][圣人，《兴》/《道》]、[契丹小字]（今之圣，《故》），是泛论君主而言等。在《大契丹国广陵郡王墓志铭记》中还出现了在“[契丹小字]”前空格的现象，其汉语释义为“先代日之事”，考虑到志主耶律宗教的身份为辽景宗之孙，显然此处对“[契丹小字]”的平阙同是出于对先帝的敬意。②

四　契丹语文献君主之外平阙语词概况

（一）皇室女性亲属的平阙语词

除了君主之外，对于皇室女性亲属称谓的平阙同样见于契丹语文献中，与涉及君主的平阙语词中既包含诸如“[契丹小字]（皇帝）”等传统平阙语词外，也出现了对以“[契丹小字]（可汗）”为代表的民族语词之平阙类似，涉及皇室女性眷属的平阙语词亦存在多种形式，并大致可分为四类，其中第一类主要有[契丹小字]（皇太后，《仁》）、[契丹小字]（太皇太后，《许》）、尊号[契丹小字]/[契丹小字]/[契丹小字]（承天皇太后，《广》/《敌》/《北》）、[契丹小字]（仪天皇太后，《弘》）以及谥号[契丹小字]（仁懿皇后，《仁》）等传统平阙语词，在契丹语文献中只是对其进行了音译。第二类则为民族语平阙语词，如[契丹小字][耨斡么（皇后），《于》]、[契丹小字]（圣母，《太》）、[契丹小字]（八圣后，《宣》）等。第三类为民族语与汉语音译组合而成的平阙语词，如[契丹小字]（宣懿皇后，《宣》）、[契丹小字]（圣后，《宣》）、[契丹小字]（大行皇太后，《仁》）等。第四类则是已故女性眷属的代称，如[契丹小字]（先妣，《宣》）、[契丹小字]（遗体，《仁》）、[契丹小字]（女，《仁》）等。从上文看，与民族语相关的平阙语词在数量上要多于纯粹以汉语音译形式出现的语词，这可能和契丹族人更愿意使用本民族语言称呼皇后的风气有关，如康鹏在研究契丹小字“[契丹小字]”（地皇后）时，便已发现契丹小字资料中用汉语借词“[契丹小字]”称皇后的，仅见《仁懿皇后哀册》，而“[契丹小字]”与“[契丹小字]（特指地皇后）”则是契丹人称呼皇后的常用词汇。③

① 王仁波主编：《隋唐五代墓志汇编 · 陕西卷》第1册，天津古籍出版社，1991年，第100页。

② 清格尔泰、吴英喆、吉如何：《契丹小字再研究》，第673，1109—1110页。

③ 康鹏：《契丹小字“地皇后”考》，《西北师大学报（社会科学版）》2016年第5期。也有学者认为“忒里蹇”或“腻俚寋”应是契丹自有词汇。参见白玉冬、赖宝成：《契丹国语“忒里蹇”浅释》，《华西语文学刊》2013年第1期。

契丹语文献中所见有关皇室女性眷属的平阙语词还有“发仲公 业关”(元妃),出现于《故耶律氏铭石》第12行与第17行,其人应系天祚帝元妃,从志文中提及的亲属关系来看,“元妃”系志主耶律氏大姐之女,属于志主晚辈。[①] 故此处对“发仲公 业关(元妃)”的平阙似乎只能从“元妃”系天祚帝庶妻的身份入手来考虑,然对君主庶妻的平阙从未出现在唐宋时期的平阙规定之中,在契丹语文献中也不多见。

(二)涉及皇储封号的平阙语词

涉及皇储封号的平阙语词有“万文夯 九火 杰”(燕国王),出现于寿昌五年《耶律奴详稳墓志铭》(公元1099年)以及大安十年《耶律智先太尉墓志铭》(公元1094年)中,系指天祚帝耶律延禧,其人于大安七年(公元1091年)奉道宗之命,“总北南院枢密使事,加尚书令,为天下兵马大元帅”[②],邱靖嘉以为,至辽代后期,“天下兵马大元帅”一职并不是一个具有明确性标志意义的皇储封号,然已逐渐有了皇位继承的象征意义,同时辽道宗增强对延禧的护卫,并派知制诰王师儒等辅导燕国王的做法,更是明确了其人的准皇储身份,其传位意向可能已为臣僚所知。[③] 而契丹语文献中出现的这一特殊平阙现象,更可为此提供力证,其应大致相当于唐代文献中对“皇太子”的平阙。

与“天下兵马大元帅”相似者另有“皇太叔”,在辽代同样具有象征性的皇储身份,对这一语词的平阙见于《故太叔祖哀册》与《故宋魏国妃墓志铭》,然均作“主 丞 戈药 伞乎”(皇太叔祖),并同指辽兴宗之次子耶律和鲁斡(汉名耶律弘本),这可能与墓志的撰写者耶律固有较高的汉语水平,因而按照汉人的伦理观念,将其改为“主 丞 戈药 伞乎(皇太叔祖)”,以使其封号与行辈名实相副有关。[④] 值得注意的是,近年新公布的契丹小字墓志铭《萧查剌相公墓志铭》第9行亦出现了对“主 丞 戈药 伞乎(皇太叔祖)”的平阙,并同样由耶律固撰写,或可为此推断提供补充证明。[⑤]

(三)辽代墓志散见的平阙语词

辽代独特的“行国”体制,使其政治中心是“由车帐组成的移动的单于庭或汗庭,实际上就是一座移动的都城”。[⑥] 这一特殊体制在元人纂修《辽史》时,已有了一定的认识,如《辽史》特设《营卫志》,其开篇云:“居有宫卫,谓之斡鲁朵;出有行营,谓之捺钵。”[⑦]在《故耶律氏铭石》第3行以及第13行,也出现了对仕丞芍 公东生东(圣捺钵)以及及米丞(斡鲁朵)的平阙[⑧],体现出了游牧民族的政治特色。

在辽代的契丹语文献中,还零星发现一些对于志主个人及其亲属的平阙现象,如《萧太山将军永清郡主墓志》中对志主名讳“丞 又为关(太山)”平阙、《韩氏夫人墓志碑铭》中在提及志主夫君“令化公 丹力 全企当 火及 九夯 个 又为(第四子特免窟哥驸马)”时,使用了平阙等。[⑨]

此外,如上文提及的《耶律抄只郎君墓志铭》开头部分,用了大量篇幅,介绍了从志主七代祖直

---

① 刘凤翥编著:《契丹文字研究类编》,第272页。

② 脱脱等:《辽史》,第355页。

③ 邱靖嘉:《再论辽朝的“天下兵马大元帅”与皇位继承——兼谈辽代皇储名号的特征》,《民族研究》2015年第2期。

④ 邱靖嘉:《辽天祚朝“皇太叔”名号的政治文化解析》,《民族研究》2014年第1期。

⑤ 清格尔泰、吴英喆、吉如何:《契丹小字再研究》,第847页。

⑥ 肖爱民:《辽朝政治中心研究》,人民出版社,2014年,第44页。

⑦ 脱脱等:《辽史》,第409页。

⑧ 清格尔泰、吴英喆、吉如何:《契丹小字再研究》,第653页。

⑨ 清格尔泰、吴英喆、吉如何:《契丹小字再研究》,第757、1316、763、1343页。

至志主本人的世系情况，其中对志主的先辈多使用平阙，一些学者将由此产生的空格归结为句子结束的标志[①]，这一说法有一定的合理性，不过笔者以为这一书写体例可能还反映了契丹语墓志铭“引谱入志”的情况。如从《耶律抄只郎君墓志铭》所引世系情况看，在介绍志主从七代祖直至其父辈的情况时，一般仅简单罗列其名讳与官职，而在提及志主母亲时，还介绍了志主外祖父[契丹小字]［昭详稳，（名讳与官职）］以及外祖母[契丹小字]（奉？神奴夫人），这一书写体例与中古时期家族谱系只叙官爵不叙行状、叙及母系世系，且要追述父祖的官爵、所有子息全部收录，不厌其烦等有一定的相似性，同时中古墓志铭所见的谱系书写也使用平阙格式[②]，因而此处的平阙格式或是直接沿袭自志主的家族谱牒。按理，此种“引谱入志”的书写方式，在入唐以后，由于门阀士族的衰落，门第观念的淡薄等原因，已渐渐消失。[③] 然而在辽代，此种风气却因为君主的提倡，反而可能持续发挥着影响，其源头或可追溯至辽圣宗时期，如《辽史·萧朴传》载：“时太平日久，帝（辽圣宗）留心翰墨，始画谱牒以别嫡庶，由是争讼纷起。”[④]契丹王朝时期还出现过对于谱牒之学极为通晓之人，如《耶律世良传》载其人“才敏给，练达国朝典故及世谱”[⑤]。在现存的其他契丹语墓志铭中，类似《抄》志这样不厌其烦的叙述志主家族世系之情况也极为常见，这似乎是契丹语墓志铭的某种“标准格式”，不过有关于此的内容尚需进一步研究。

鉴于契丹文字尚未完全破译，上文对于平阙格式的分析仅仅是基于部分已释读的契丹语语词，此外笔者注意到诸如《宣懿皇后哀册文》第23行以“[契丹小字]（圣）”开头的未释读语词以及《故耶律氏铭石》第8行以“[契丹小字]（圣于）”开头的未释读语词等，无疑均代表平阙的含义，相信随着今后对契丹文字认识的不断推进，越来越多的契丹语平阙语词也会逐渐浮出水面。

结论

王素、任昉以为：“现代的墓志整理，仅收释文的图书，一般只标识转行，不标识平阙；而即使标识转行，也不一定都遵照原式。而图版、释文兼收的图书，则干脆平阙转行均不标识”。[⑥] 从实际看，目前较为常用的《唐代墓志汇编》《唐代墓志汇编续集》《新出魏晋南北朝墓志疏证》等图书中，也基本未涉及平阙的情况。幸运的是，以《契丹小字研究》《契丹文字研究类编》与《契丹小字再研究》为代表的著作在整理契丹语文献时，基本原封不动的保留了其原始格式，这使得本文的研究成为可能。

目前来看，中国古代的非汉语墓志铭可追溯至北周时期使用粟特文书写的《凉州萨保史君墓志》（公元579年），之后还有婆罗钵文《苏谅妻马氏墓志》（公元874年）、鲁尼文《回鹘葛啜王子墓志铭》（公元795年）、粟特文《游泥泥槃陁墓志》（公元580年）以及新近发现的粟特文《大唐故安优婆姨塔铭并序》（公元739年）等，其刻写时间均在契丹建国之前。但严格意义上来说，《大唐故安优婆姨塔铭并序》已是一种变化的志幽文字，《凉州萨保史君墓志》则书写于石椁南壁椁门上方的横坊上，与一般墓志铭安置的位置不同。[⑦] 同时参考前辈学者的释读成果可知，《苏谅妻马氏墓志》与《回鹘葛啜王子墓

① 清格尔泰、吴英喆、吉如何：《契丹小字再研究》，第1350页。

② 陈爽：《出土墓志所见中古谱牒研究》，学林出版社，2015年，第72—74页。（以下同，不另注明）

③ 陈爽：《出土墓志所见中古谱牒研究》，第214页。

④ 脱脱等：《辽史》，第1411页。

⑤ 脱脱等：《辽史》，第1524页。

⑥ 王素、任昉：《墓志整理三题》，《故宫博物院院刊》2013年第6期。

⑦ 李浩：《摩石录》，台北联经出版事业股份有限公司，2020年，第236—239页。

志铭》在书写体例上与中古时期传统的墓志铭格式大相径庭。[①] 因此,契丹文字墓志铭虽然并不是我国历史上最早出现的非汉语墓志铭,确是首次成体系的运用汉语书写体例撰写的非汉语墓志铭,而本文考察的平阙格式,又是书写体例中较为重要的部分。

综合来看,契丹语文献中所体现出的书写格式,既有对于中原王朝传统的延续和继承,亦有创新和发展。在延续与继承方面,契丹文字虽然与汉字迥然有异,然二者在墓志铭与哀册的书写体例上却呈现出高度的一致性,如契丹文字墓志铭与汉字墓志铭同样具备首题、序辞、铭辞以及附记等部分,在书写顺序上,二者同样遵循从上到下,由右向左的方式。同时,虽然契丹语尚未完全破译,但仅从已释读的平阙语词来看,与君主有关的词汇无疑最为重要,不仅对君主的尊号、庙号、谥号等使用了平阙,指代君主的相关语词如生 丰(祖父)、仕及犸 几穴 / 仕及犸 几(圣人)等语词也被使用了平阙,唐代"平阙式"用以尊重、维护皇帝权威的作用,在契丹语文献中同样展现得淋漓尽致。

而从创新和发展方面来看,契丹语文献中除了对一些汉语平阙语词予以音译外,也对诸如穴夯 丙(耨斡么)、圡圡(可汗)等本民族语词中指称帝后的语词使用平阙,此外,契丹族人对表示皇储含义的丙文考 九火 杰(燕国王)、主 丞 戈刃 伞伞(皇太叔祖)等语词也运用了平阙,表明契丹族人对于平阙制度的了解已不停留于简单的模仿,而是对其背后所反映出的尊卑观念有了实际的认识和理解。

辽代契丹语文献中的平阙运用,也直接影响到了后续王朝,如金代天德二年(公元 1150 年)《越国王萧仲恭墓志铭》中沿袭辽代的平阙,在志文第 2 行穴及 伞当(道宗)前空格,而刻写于大定十年(公元 1170 年)或之后的《镇国上将军墓志铭》,于第 12 行公关勺 九安(女古国)前空格。金代之后,少数民族文献中使用平阙的现象更为常见,如元代碑刻及典籍中遇"上天""长生天""天地"等字样必抬头提行,汉字与八思巴字文献情况相同等。[②]

刘浦江在《穷尽·旁通·预流: 辽金史研究的困厄与出路》一文中,曾指出"当今辽金史领域最有价值的新材料,则非契丹大、小字及女真文字石刻资料莫属"。然长期以来,"一方面,辽金史研究者大都不能掌握利用契丹、女真文字资料;另一方面,民族语文学家又未能向历史学家充分展示这些资料在历史研究方面的价值"。[③] 本文正是希望在民族语言学家已释读成果的基础之上,从历史文献学的角度出发,对契丹语文献所体现的平阙格式进行一些初步研究。而通过上文的梳理也不难发现,虽然契丹语尚未完全破译,其文献中所见平阙格式也尚不严谨,但毫无疑问反映出了契丹族人对中国传统文书抬头制度的接受,这一变化固然与辽代后期政治体系逐渐完备密切相关,但更为重要的,则是表现出了其时统治者对儒家思想中"中国观"与"正统观"的认同。[④]

---

① 参见张铁山:《〈故回鹘葛啜王子墓志〉之突厥如尼文考释》,《西域研究》2013 年第 4 期。刘迎胜:《唐苏谅妻马氏汉、巴列维文墓志再研究》,《考古学报》1990 年第 3 期。

② 方龄贵:《关于〈元朝秘史〉书名问题之再探讨》,《蒙古史研究》第八辑,内蒙古大学出版社,2005 年,第 24—25 页。

③ 刘浦江:《穷尽·旁通·预流: 辽金史研究的困厄与出路》,《历史研究》2009 年第 6 期。

④ 有关其时辽代"正统观"与"中国观"的演变,可参见刘浦江:《德运之争与辽金王朝的正统性问题》,《中国社会科学》2004 年第 2 期;赵永春:《试论辽人的"中国观"》,《文史哲》2010 年第 3 期;赵永春、王观:《10—13 世纪民族政权对峙时期的"中国"认同》,《陕西师范大学学报(哲学社会科学版)》2018 年第 1 期。

The Pingque (平阙) System of the Khitan Literature in the Liao Dynasty on the Sight of Ethnic Interaction

Xu Shikang

(School of Humanities/Shanghai Institute of Tourism, Shanghai Normal University, Shanghai 201418, China)

Abstract: During the Liao Dynasty, Pingque(write in a new line or leave a space when meet some special words in writing) not only appeared in Chinese Literature but also Khitan Literature. The Pingque words of the Khitan Literature contained some inherent Chinese words as well as a few unique nomadic words. According to the research, the Pingque words which concerned to the emperor were quite common in the translated Khitan words, proved that the function of Pingque to maintain and respect the emperor himself by the Tang Dynasty was still followed in the Liao Dynasty. Although the Pingque in the Khitan literature was not very rigorous, it obviously represented the accept of the Official Writing System in line with the acceptable of the Chinese orthodoxy of the Khitan rulers.

Key words: Liao Dynasty; Khitan; Epitaph; pingque; Chinese orthodoxy

东北师范大学藏清代满汉篆文官印考释

孙力楠　李　想

【摘　要】 东北师范大学文物陈列室收藏有十方清代官印，其中八方为满洲八旗官印，两方为鄂伦春官印。通过对官印形制及印文的考释，可以佐证清代官印制度，也为研究清代八旗制度提供了实物资料，特别是两方鄂伦春官印，对清代的边疆治理及少数民族治理提供了宝贵的实物资料。

【关键词】 清代官印；满洲八旗；鄂伦春；满语文

【作者简介】 孙力楠，女，东北师范大学历史文化学院副教授，研究方向为东北区域历史考古、文化遗产；李想，东北师范大学历史文化学院文物与博物馆专业硕士，研究方向为东北区域历史考古。（吉林 长春　130024）

一　官印基本信息

东北师范大学文物陈列室收藏十方清代官印，官印印文及背文侧款清晰，印台两侧分别为制印时间及官印编号，藏品来源均为1956年征集品，未见著录。按照东北师范大学文物陈列室藏品编号序列，印玺类藏品分类为N类，该十方官印藏品编号为N187－N196。按照官印类别及编号介绍如下。

（一）“镶白旗满洲四甲喇参领之关防”印

藏品编号：N190。印为黄铜质，扁方体台，印面呈长方形，长9.6厘米，宽6.0厘米，印面边框宽0.55厘米，印台边部高1.75厘米，印台中间较边缘略厚，柱状直纽，上细下粗，截面呈椭圆形，印纽高9.5厘米，通高11.3厘米，重1 245克（图1）。

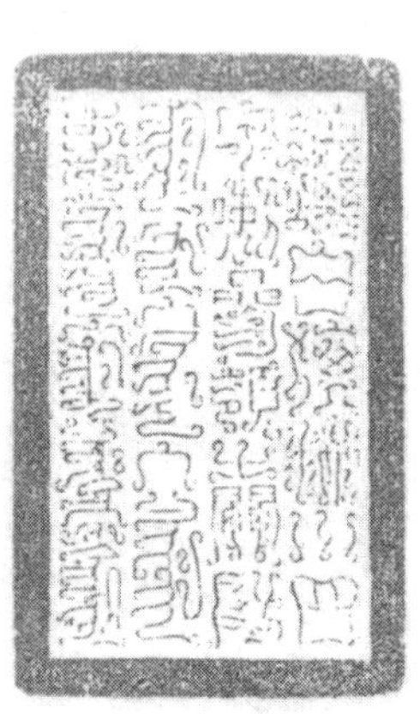

图1　“镶白旗满洲四甲喇参领之关防”印及印文

印面右侧印文为阳文汉字篆书，两行，右上起顺读：镶白旗满洲四甲喇参领之关防；左侧为阳文满文殳篆，两行，左上起顺读，内容转写为：kubuhe shanggiyan manzhu guusai das'huuwan meiren zhalan i zhanggin i kadalan①。印背面右侧为汉文楷体印文及“礼部造”，左侧为满文楷体印文及

① 本文为排版方便，文中满文以拉丁转写形式表述，转写规则以胡增益主编《新满汉大词典》为准。参见胡增益主编：《新满汉大词典（第二版）》，商务印书馆，2020年。

“dorolon i zhurgan i araha”，印台左右两侧分别刻有“乾字二千三百三十九号”“乾隆十四年十月 日”。

（二）“正黄旗满洲头甲喇十佐领图记”印

藏品编号：N189。印为黄铜质，扁方体台，印面大体呈正方形，边长为 5.5 厘米，印面边框宽 0.5 厘米，印台边部高 1.35 厘米，印台中间较边缘略厚，柱状直纽，上细下粗，截面呈椭圆形，印纽高 7.7 厘米，通高 9.2 厘米，重 573 克（图 2）。

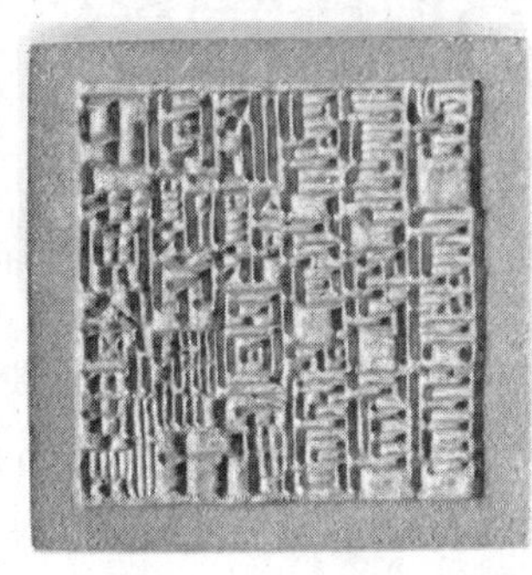
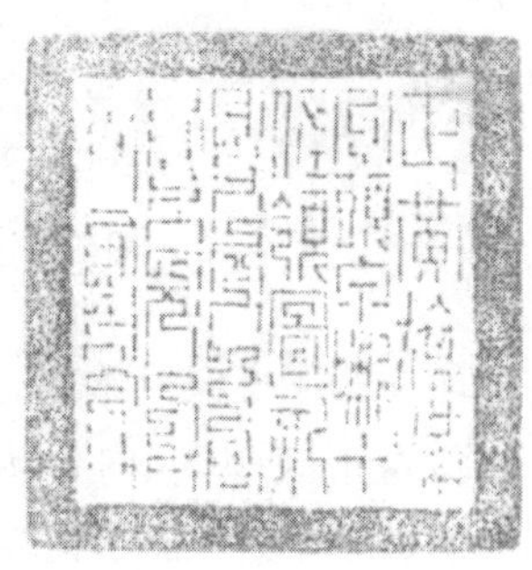

图 2　“正黄旗满洲头甲喇十佐领图记”印及印文

印面右侧印文为阳文汉字篆书，三行，右上起顺读：正黄旗满洲头甲喇十佐领图记；左侧为阳文满文悬针篆，三行，左上起顺读，内容转写为：gulu suwayan i manzhu fere zhalan zhuwanci nirui temgetu。印背面为阴刻满文楷书，内容与印文相同；印台三侧立面有阴刻汉字楷书边款，前侧为“礼部造”；左侧为“乾字二千五百四十九号”，右侧为“乾隆十四年十一月 日”，左右两侧“乾”字迹模糊。

（三）“正白旗满洲头甲喇十佐领图记”印

藏品编号：N191。印为黄铜质，扁方体台，印面大体呈正方形，边长为 5.55 厘米，印面边框宽 0.4 厘米，印台边部高 1.25 厘米，印台中间较边缘略厚，柱状直纽，上细下粗，截面呈椭圆形，印纽高 8.0 厘米，通高 9.4 厘米，重 600 克（图 3）。

图 3　“正白旗满洲头甲喇十佐领图记”印及印文

印面右侧印文为阳文汉字篆书，三行，右上起顺读：正白旗满洲头甲喇十佐领图记；左侧为阳文满文悬针篆，三行，左上起顺读，内容转写为：gulu shanggiyan i manzhu fere zhalan zhuwanci nirui temgetu。印背面为阴刻满文楷书，内容与印文相同；印台三侧立面有阴刻汉字楷书边款，前侧为“礼部造”；左侧为“乾字二千七百八号”，右侧为“乾隆十四年十二月 日”。

（四）“正红旗满洲头甲喇四佐领图记”印

藏品编号：N193。印为黄铜质，扁方体台，印面大体呈正方形，边长为 5.5 厘米，印面边框宽 0.5 厘米，印台边部高 1.35 厘米，印台中间较边缘略厚，柱状直纽，上细下粗，截面呈椭圆形，印纽高 8.0 厘米，通高 9.4 厘米，重 622 克（图 4）。

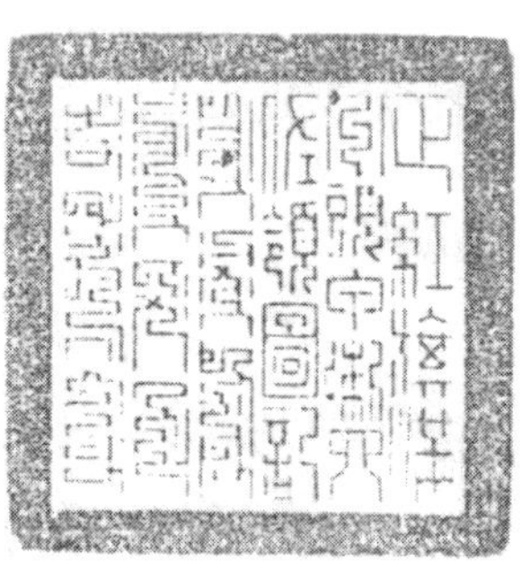

图4 “正红旗满洲头甲喇四佐领图记”印及印文

印面右侧印文为阳文汉字篆书，三行，右上起顺读：正红旗满洲头甲喇四佐领图记；左侧为阳文满文悬针篆，三行，左上起顺读，内容转写为：gulu fulgiyan i manzhu fere zhalan duici nirui temgetu。印背面为阴刻满文楷书，内容与印文相同；印台三侧立面有阴刻汉字楷书边款，前侧为“礼部造”；左侧为“乾字二千八百五十七号”，右侧为“乾隆十五年正月 日”。

（五）“正蓝旗满洲三甲喇十二佐领图记”印

藏品编号：N187。印为黄铜质，扁方体台，印面大体呈正方形，边长为5.5厘米，印面边框宽0.3厘米，印台边部高1.25厘米，印台中间较边缘略厚，柱状直纽，上细下粗，截面呈椭圆形，印纽高7.6厘米，通高9.1厘米，重551克（图5）。

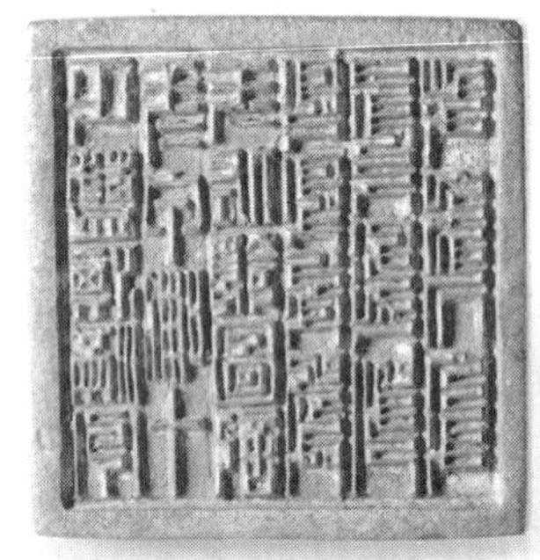

图5 “正蓝旗满洲三甲喇十二佐领图记”印及印文

印面右侧印文为阳文汉字篆书，三行，右上起顺读：正蓝旗满洲三甲喇十二佐领图记；左侧为阳文满文悬针篆，三行，左上起顺读，内容转写为：gulu lamun i manzhu zhebele dube zhuwan zhuweci nirui temgetu。印背面为阴刻满文楷书，内容与印文相同；印台三侧立面有阴刻汉字楷书边款，前侧为“礼部造”，左侧为“乾字三千三百二十八号”，右侧为“乾隆十五年正月 日”。

（六）“正蓝旗满洲四甲喇九佐领图记”印

藏品编号：N188。印为黄铜质，扁方体台，印面大体呈正方形，边长为5.5厘米，印面边框宽0.5厘米，印台边部高1.35厘米，印台中间较边缘略厚，柱状直纽，上细下粗，截面呈椭圆形，印纽高7.7厘米，通高9.3厘米，重566克（图6）。

印面右侧印文为阳文汉字篆书，三行，右上起顺读：正蓝旗满洲四甲喇九佐领图记；左侧为阳文满文悬针篆，三行，左上起顺读，内容转写为：gulu lamun i manzhu dashuuwan meiren uyuci nirui temgetu。印背面为阴刻满文楷书，内容与印文相同；印台三侧立面有阴刻汉字楷书边款，前侧为“礼部造”；左侧为“乾字三千三百四十二号”，右侧为“乾隆十五年正月 日”。

图 6　“正蓝旗满洲四甲喇九佐领图记”印及印文

（七）“镶白旗满洲头甲喇头佐领图记”印

藏品编号：N192。印为黄铜质，扁方体台，印面大体呈正方形，边长为 5.5 厘米，印面边框宽 0.5 厘米，印台边部高 1.35 厘米，印台中间较边缘略厚，柱状直纽，上细下粗，截面呈椭圆形，印纽高 7.8 厘米，通高 9.2 厘米，重 561 克(图 7)。

图 7　“镶白旗满洲头甲喇头佐领图记”印及印文

印面右侧印文为阳文汉字篆书，三行，右上起顺读：镶白旗满洲头甲喇头佐领图记；左侧为阳文满文悬针篆，三行，左上起顺读，内容转写为：kubuhe shanggiyan i manzhu fere zhalan uzhui nirui temgetu。印背面为阴刻满文楷书，内容与印文相同；印台三侧立面有阴刻汉字楷书边款，前侧为“礼部造”；左侧为“乾字二千九百九十一号”，右侧为“乾隆十五年二月 日”。

（八）“镶黄旗内府满洲三佐领”印

藏品编号：N194。印为黄铜质，扁方体台，印面大体呈正方形，边长为 5.55 厘米，印面边框宽 0.55 厘米，印台边部高 1.45 厘米，印台中间较边缘略厚，柱状直纽，上细下粗，截面呈椭圆形，印纽高 7.8 厘米，通高 9.3 厘米，重 648 克(图 8)。

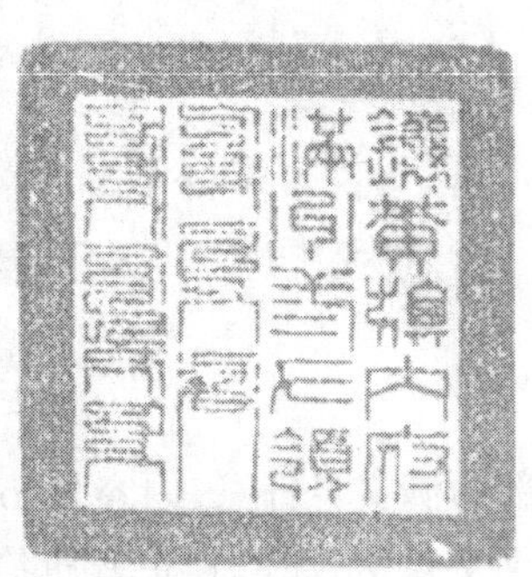

图 8　“镶黄旗内府满洲三佐领”印及印文

印面右侧印文为阳文汉字篆书，两行，右上起顺读：镶黄旗内府满洲三佐领；左侧为阳文满文悬针篆，两行，左上起顺读，内容转写为：kubuhe suwayan i booi manzhu ilaci niru。印背面右侧为阴刻汉文楷体“厢黄旗内府满洲三佐领”及“礼部造”，左侧为阴刻满文楷体印文及“dorolon i zhurgan i araha”，文字刻痕较深；印台左右两侧分别刻有“乾字六千一百十二号”“乾隆十六年五月 日”，文字刻印清晰。

（九）“鄂伦春厢黄旗第二佐领图记”印

藏品编号：N195。印为黄铜质，扁方体台，印面大体呈正方形，边长为5.4厘米，印面边框宽0.6厘米，印台边部高1.25厘米，印台中间较边缘略厚，柱状直纽，上细下粗，截面呈椭圆形，印纽高8.2厘米，通高9.5厘米，重544克(图9)。

图9 “鄂伦春厢黄旗第二佐领图记”印及印文

印文全部为满文悬针篆，内容为“oronchun i kubuhe suwayan i zhuweci nirui zhanggin i temgetu”。背面右侧为阴刻汉文释文“鄂伦春厢黄旗第二佐领图记”及“礼部造”，左侧为满文楷体印文及“dorolon i zhurgan i araha”，满文楷体不甚工整，且有拼写错误；印台左右两侧分别刻有“光字八百六十九号”及“光绪十年四月 日”。

（十）“鄂伦春正蓝旗第一佐领图记”印

藏品编号：N196。印为黄铜质，扁方体台，印面大体呈正方形，边长为5.4厘米，印面边框宽0.45厘米，印台边部高1.2厘米，印台中间较边缘略厚，柱状直纽，上细下粗，截面呈椭圆形，印纽高8.2厘米，通高9.5厘米，重546克(图10)。

图10 “鄂伦春正蓝旗第一佐领图记”印及印文

印文全部为满文悬针篆，内容为“oronchun i gulu lamun i uzhui nirui zhanggin i temgetu”。背面右侧为阴刻汉文释文“鄂伦春正蓝旗第一佐领图记”及“礼部造”，左侧为满文楷体印文及“dorolon i zhurgan i araha”，楷体满文亦有拼写错误；印台左右两侧分别刻有“光字八百七十五号”及“光绪十年

四月 日”。

二　十方清代官印考证

(一) 印文所示旗佐隶属关系

该十方官印共涉及满洲镶白、正黄、正白、正红、正蓝、镶黄六旗及鄂伦春厢黄、正蓝两旗。

按《八旗通志》所载，镶白旗第四参领下辖十七佐领，其中第二、四、六、十、十三、十四、十七佐领为万历四十三年(1615)设置八旗制度时编立，其他佐领皆是该七佐领人丁滋生分编①；正黄旗第一参领(即头甲喇)第十佐领，系该参领第八、第九两佐领滋生人丁，康熙二十三年分编而成，首任佐领为八十②；正白旗第一参领第十佐领系第八、第九两佐领滋生人丁，康熙六年分编而成，首任佐领为随赫图③；正红旗第一参领第四佐领为该参领第五佐领等佐领内滋生人丁于康熙三十四年编成，首任佐领由都统七十监管④；正蓝旗第三参领第十二佐领为该参领第十四佐领人丁分编，首任佐领为色勒⑤；正蓝旗第四参领第九佐领为清初以乌喇地方人丁编为半个佐领，以魏赫德管理，魏赫德故后陆续由克什图、德普特临管理，德普特临管理时期增一百丁，编为整佐领⑥；镶白旗第一参领第一佐领系以觉罗伍什佐领内余丁编立，由永开管理⑦；厢黄旗内府三佐领，系康熙三十四年编立，初为灵普管理，后陆续为那木萨利、五硕色、百喜等人管理⑧。

鄂伦春厢黄旗、正蓝旗皆属库玛尔路⑨，厢黄旗二佐驻地呼玛县宽河下屯，光绪十九年(1893)起佐领有德克金保、阿栋阿、依精额、孟通山、关庆祥等；正蓝旗头佐驻呼玛县呼玛河左岸倭勒和河，光绪十九年(1893)起历任佐领为庆山、刚通、伦吉善。其中正蓝旗头佐佐领刚通即是著名的刚通事件主人公。⑩

(二) 印文所见清代官印制度

“凡印之别有五：一曰宝，二曰印，三曰关防，四曰图记，五曰条记。”从印文来看，印 1 为参领关防，印 2—7 为佐领图记；印 8 为内府佐领铜印；印 9、10 为鄂伦春八旗佐领图记。(见表 1)

表 1　东北师范大学藏清代官印一览表(依官印制作时间排序)

序号	旗	参领	佐领	编号	制作时间	尺寸 (长×宽·通高)	重量 (克)
1	镶白	四		乾 2339	乾 14.10	9.6×6.0·9.5	1 245
2	正黄	头	十	乾 2549	乾 14.11	5.5×5.5·9.2	573
3	正白	头	十	乾 2708	乾 14.12	5.55×5.55·9.4	600

① 鄂尔泰等修，李洵、赵德贵主点：《八旗通志·初集》，东北师范大学出版社，1985 年，第 2,115—118 页。

② 鄂尔泰等修，李洵、赵德贵主点：《八旗通志·初集》，第 48—49 页。

③ 鄂尔泰等修，李洵、赵德贵主点：《八旗通志·初集》，第 71 页。

④ 鄂尔泰等修，李洵、赵德贵主点：《八旗通志·初集》，第 91—92 页。

⑤ 鄂尔泰等修，李洵、赵德贵主点：《八旗通志·初集》，第 157 页。

⑥ 鄂尔泰等修，李洵、赵德贵主点：《八旗通志·初集》，第 159 页。

⑦ 鄂尔泰等修，李洵、赵德贵主点：《八旗通志·初集》，第 107 页。

⑧ 鄂尔泰等修，李洵、赵德贵主点：《八旗通志·初集》，第 42—43 页。

⑨ 张伯英总纂：《黑龙江志稿》，黑龙江人民出版社，1992 年，第 1802 页。

⑩ 冯君实、高尚志、高振铎：《解放前黑河地区鄂伦春族历史调查》，《吉林师大学报(历史)》1959 年第 3 期；张伯英总纂：《黑龙江志稿》，第 1865 页。

续　表

序号	旗	参领	佐领	编号	制作时间	尺寸（长×宽·通高）	重量（克）
4	正红	头	四	乾 2857	乾 15.1	5.5×5.5·9.4	622
5	正蓝	三	十二	乾 3328	乾 15.1	5.5×5.5·9.1	551
6	正蓝	四	九	乾 3342	乾 15.1	5.5×5.5·9.3	566
7	镶白	头	头	乾 2991	乾 15.2	5.5×5.5·9.2	561
8	镶黄(内府)		三	乾 6112	乾 16.5	5.55×5.55·9.3	648
9	鄂伦春厢黄		二	光 869	光 10.4	5.4×5.4·9.5	544
10	鄂伦春正蓝		一	光 875	光 10.4	5.4×5.4·9.5	546

从印章所用满文字体来看，本文所述十方官印，九方为悬针篆，一方为殳篆。“因八旗佐领图记，止镌清文，易于假摹，而人又难于辨别。”乾隆十三年九月开始统一官印样式，官印按照官员品级不同有质地、形制、尺寸和印文字体的区别，特别是在满文篆书字体上加以区别。统一后的官印印文以满汉合璧篆书官印为主，个别还有满汉蒙三语合璧及四语合璧等样式。“清篆左，汉篆右，印文以品秩为序……武职一二品，柳叶篆；三四品，殳篆；四五品以下，悬针篆。”“印文清汉本字镌于印背，年月号数镌于印旁。”参领，即甲喇章京①，顺治八年(1651)定汉名为参领，品秩为正三品；佐领，即牛录章京②，顺治十七年(1660)定汉名为佐领，品秩为正四品；内府佐领即包衣牛录章京③，品秩为从四品④。其官印品级对应满文字体与文献所载相符。

从官印尺寸规格上来看，参领“关防”印面长方形，尺寸为 9.6 厘米×6.0 厘米，重量大，在这几方印中形状特殊，其余佐领“图记”印面皆为正方形，尺寸大约为 5.5 厘米×5.5 厘米。“护军统领、参领、协领、云梯健锐营翼长、各处总管铜关防，长三寸，阔一寸九分，俱清、汉文殳篆。八旗佐领，宗室、觉罗族长铜图记。凡图记皆直纽。方一寸七分，厚四分五厘，俱清文悬针篆。”⑤，按照清代尺度计算，三寸合 9.6 厘米，一寸九分合 6.08 厘米，一寸七分合 5.44 厘米，四分五厘合 1.44 厘米，本文所述官印尺寸与文献记载大体相符。

在更换官印时，存在销去旧有字迹，另行改镌的情况，此种印台较薄，“印文清汉本字镌于印背，年月号数镌于印旁。”表 1 中印 2—7 背面只有楷体满文释文，并无汉文释文，或存在该种改镌的情况。

在印背楷体满文书写方面。乾隆时期大部分官印背面满文楷体基本工整美观规范，如 N190“镶白旗满洲四甲喇参领之关防”印背楷体满文极为工整，甚至有恭书体风格。但至光绪时期的两方鄂伦春官印背面楷体满文则敷衍潦草，且错误频出，如 N195“鄂伦春厢黄旗第二佐领图记”印背楷体满文中“oronchun”之“r”多刻一笔；“i kubuhe”中“i”与“k”相连，两词似为一词；“i”与“zhuweci”相连，似为“gioweci”；“zhanggin”一词写错。N196“鄂伦春正蓝旗第一佐领图记”印文虽错误较少，但也存在“gulu”之“lu”写为“lo”的现象。从相关材料及研究中也可了解到其他鄂伦春官印文字中也有类似

① 甲喇章京，满文为 zhalan zhanggin。
② 牛录章京，满文为 niru zhanggin。
③ 包衣牛录章京，满文为 booi niru zhanggin。
④ 赵尔巽等撰：《清史稿》，中华书局，1970 年，第 3368—3373 页。
⑤ 赵尔巽等撰：《清史稿》，第 3075 页。

的问题。[①] "凡篆写印文，由仪制司查据原定字样发局，清汉篆字由局书写。"清晚期满族满语文水平逐渐下降，中央行政机构已经基本以汉文为主要官方行文语言，甚至"满文概不收阅"，京城行政人员满语文水平的下滑，是导致印文中满文错误频出的主要原因。

在官印材质方面。两方鄂伦春印章在材质上与乾隆时期官印皆为黄铜，但在观感上则有差异，主要表现在三点：官印表面颜色略显青黑；印台高度变薄，重量略轻；印纽略细有内凹曲线，且做工不精以致印纽侧弯，不似早期官印更具厚重感。

三　两方鄂伦春官印相关问题

（一）鄂伦春的旗佐制度

鄂伦春实行的旗佐制度，与满洲八旗形式略有不同，从印文上也有所体现。清初，鄂伦春归布特哈总管衙门管辖，康熙二十四年（1685），将部分鄂伦春壮丁编入八旗，其隶属布特哈八旗为官兵者，称为摩凌阿鄂伦春；其散处山野，仅以纳貂为役者，称为雅发罕鄂伦春。[②]

清末沙俄入侵黑龙江流域，割占黑龙江以北、乌苏里江以东大片土地，并企图继续南进蚕食中国领土，为加强黑龙江地区防务，咸丰九年（1859），咸丰皇帝令黑龙江将军对鄂伦春人善为收笼。同治十年（1871），清政府将大兴安岭内外的雅发罕鄂伦春人按照活动的河流流域分为五路八佐，由布特哈总管衙门管辖，库玛尔路、阿里路、多布库尔路、托河路属西布特哈，分别归镶黄旗、镶白、正红、正蓝旗兼辖；毕拉尔路属东布特哈，归正白旗兼辖。

因布特哈总管衙门官员对鄂伦春人的经济盘剥与任意欺凌，"牲丁为谙达所苦，难保不投俄国挑为卒伍"[③]，为避免"激生事端，滋起边衅"以及"强兵固边"的边防军事需要，光绪八年（1882）四月，时任黑龙江将军文绪奏请废除布特哈总管衙门对鄂伦春人的管辖权[④]，遂另设兴安城总管衙门统管鄂伦春事务，将原五路八佐改为五路八旗十六佐。兴安城总管衙门成立后，并未收到预期效果，"徒有虚名尚在，究无实效可观"，光绪十九年（1893），因无法履行其职，"建城专治，事无实效""收笼漫无成效"，黑龙江将军依克唐阿奏请将兴安城总管衙门裁留，将鄂伦春事务拨归各副都统衙门就地管理，光绪二十年（1894）五月二十九日，奉旨准行，兴安城总管衙门裁撤。[⑤] 库玛尔路、毕拉尔路归黑龙江副都统衙门，多布库尔路归墨尔根副都统衙门，阿力路归布特哈副都统衙门，托河路归呼伦贝尔副都统衙门，各路成立协领公署，设试用协领一员。光绪三十年（1906），改为四路八旗十六佐[⑥]，"库玛尔一路，人丁较多，原设佐领三员；今拟添设佐领五员，共八员，编为左翼厢黄、正白、厢白、正蓝四旗；毕拉尔阿里河、托河、多普、库尔河等四路，原有佐领四员，今拟添佐领四员，共八员，编为右翼正黄、正红、厢红、厢蓝四旗。……佐领十六员，骁骑校十六员，各办一佐领下之事"[⑦]。光绪三十四年（1908）年，协领官职由试任改为实缺正任。

自光绪八年（1882）至清朝灭亡期间，鄂伦春旗佐的隶属关系、官员配置等多次发生变化，但各路仍以八旗十六佐为基本建制。民国时期继续沿用该制度，并于民国十八年（1929）将收抚的滚都善等人

① 李洪伟、李健民：《兴安城鄂伦春佐领满文图记述论》，《满语研究》2020 年第 1 期。

② 摩凌阿，满文为 moringga，骑马的、乘马的；雅发罕，满文为 yafahan，步行、徒步。

③ 中国第一历史档案馆等编：《清代鄂伦春族满汉文档案汇编》，民族出版社，2001 年，第 438 页。

④ 张伯英总纂：《黑龙江志稿》，第 1801 页；冯君实、高尚志、高振铎：《解放前黑河地区鄂伦春族历史调查》；于学斌：《布特哈总管衙门与鄂伦春族》，《黑龙江民族丛刊》1990 年第 3 期。

⑤ 郭美兰：《论兴安城总管衙门的兴废》，《历史档案》1987 年第 4 期。

⑥ 郭美兰：《论兴安城总管衙门的兴废》；陈鹏：《清代东北地区鄂伦春编旗初探》，《东北师大学报（哲学社会科学版）》2011 年第 2 期。

⑦ 中国第一历史档案馆满文部、黑龙江省社会科学院历史研究所合编：《清代黑龙江历史档案选编（光绪朝八年——十五年）》，黑龙江人民出版社，1986 年，第 35 页。

添设为正蓝旗三佐①。伪满时期,在日本侵略者统治下,鄂伦春旗佐制度名存实亡,且被逐步撤销,伪满大同元年(1932),阿里多布库尔路因协领金纯德去世,协领公署被趁机取消;伪满大同元年(1932)6月以原托河路建立鄂伦春旗,但于次年7月将其裁撤。抗战胜利后,协领公署作为管理鄂伦春的政府机构仍继续存在,至1956年6月黑河鄂伦春协领公署撤销,1957年、1959年黑河鄂伦春协领公署呼玛、逊克分署分别撤销,鄂伦春的旗佐制度才彻底告别历史舞台。

(二)鄂伦春佐领图记

光绪八年(1882)兴安城总管衙门成立时,设有满洲加副都统衔总管一员,专司掌印;鄂伦春总管一员;分设两司副管四员;佐领、骁骑校各十六员。② "其总管及佐领左右两司,铸给关防;副管四缺,铸给钤记。"可知兴安城总管衙门设署后颁给官印有关防3方,钤记4方,加之佐领图记16方,共计23方铜印,皆于光绪十年(1884)铸造,光绪十一年(1885)二月"将该城印信共二十三颗全数领出,于是月初十日押解到省"③。光绪二十年(1894)兴安城总管衙门撤销后,鄂伦春各佐领仅是变更隶属关系,数量未变,铜制佐领图记一直沿用。

鄂伦春佐领还有使用木制图记的情况。庚子俄难(1900)时,数万俄军大举入侵黑龙江地区,库玛尔路鄂伦春兵丁在瑷珲副都统凤翔指挥下参与对沙俄作战,期间正蓝旗二佐、正白旗二佐图记丢失,宣统三年(1911)由瑷珲兵备道发给两佐木制图记,该两图记印文为汉文"鄂伦春正蓝旗第二佐之图记"④"鄂伦春正白旗第二佐之图记"⑤,无满文对译。此外,民国十八年(1929)为安置滚都善等人添设的正蓝旗三佐颁发木制图记一颗,印文为满汉合璧样式,汉文印文为楷书"库玛尔路鄂伦春正蓝旗三佐佐领图记",满文为楷书对译"kuumar zhuguun i oronchun i gulu lamun ilachi nirui nirui zhanggin temgetu"⑥;伪满洲国大同二年(1933),因匪患,正白旗头佐佐领携图记被劫,期间代理佐领使用木制图记,后铜图记交回,木制图记作废。

鄂伦春佐领铜图记已知8方有具体收藏地点:黑龙江省民族博物馆收藏4方⑦;东北师范大学文物陈列室收藏2方;民族文化宫收藏1方⑧;原中国社会科学院民族研究所收藏1方⑨。本文所述两方鄂伦春佐领图记与已见发表的6方鄂伦春佐领图记按照编号顺序列表如下,并按照已知顺序推测暂缺的官印编号:

表2 鄂伦春佐领图记统计表(以编号为序)

序号	旗	牛录	编号	制作时间	尺寸(长×宽·通高)	重量(克)	现存地点
1	厢黄	一	光868?				不明
2	厢黄	二	光869	光10.4	5.4×5.4·9.5	544	东北师范大学

① 冯君实、高尚志、高振铎:《解放前黑河地区鄂伦春族历史调查》。

② 郭美兰:《论兴安城总管衙门的兴废》。

③ 中国第一历史档案馆满文部,黑龙江省社会科学院历史研究所合编:《清代黑龙江历史档案选编(光绪朝八年——十五年)》,第160页。

④ 印模参见《库玛尔路协领公署档案汇编》编委会编:《库玛尔路协领公署档案汇编》,黑龙江大学出版社,2020年,第38页。

⑤ 印模参见《库玛尔路协领公署档案汇编》编委会编:《库玛尔路协领公署档案汇编》,第112页。

⑥ 该印模满文部分不清晰,根据词义及词形推断出满文内容。参见《库玛尔路协领公署档案汇编》编委会编:《库玛尔路协领公署档案汇编》,第244页。

⑦ 李洪伟、李健民:《兴安城鄂伦春佐领满文图记述论》。

⑧ 民族文化宫博物馆编著:《中国少数民族文物图典·民族文化宫博物馆卷》,辽宁民族出版社,2009年,第13页。

⑨ 赵复兴:《鄂伦春佐领图记考述》,《内蒙古社会科学(文史哲版)》1993年第4期。

续　表

序号	旗	牛录	编号	制作时间	尺寸（长×宽·通高）	重量（克）	现存地点
3	正红	一	光 870	光 10.4	5.6×5.6·9.8	564	黑龙江民族博物馆
4	正红	二	光 871?				不明
5	厢白	一	光 873	光 10.4	5.68×5.68·9.7	558	黑龙江民族博物馆
6	厢白	二	光 874?				不明
7	正蓝	一	光 875	光 10.4	5.4×5.4·9.5	546	东北师范大学
8	厢蓝	一	光 876		5.5×5.5·?	?	原中国社会科学院民族研究所
9	正白	一	光 902	光 10.5	5.67×5.6·9.7	530	黑龙江民族博物馆
10	正白	二	光 903?		9.5×6(木制)		原铜图记于庚子俄难遗失
11	正黄	一	光 921	光 10.8	5.5×5.5·10	537	民族文化宫
12	正黄	二	光 922	光 10.8	5.6×5.6·9.8	555	黑龙江民族博物馆
13	厢红	一	?				不明
14	厢红	二	?				不明
15	正蓝	二	?		9.5×6(木制)		原铜图记于庚子俄难遗失

结语

本文介绍的十方官印都刻有明确的制作时间，但编号与制作时间顺序并不完全一致，说明礼部铸印局并非仅有一处铸印场所，应是礼部铸印局将不同内容的铸印任务交付多处完成。印文中“厢”“镶”两种写法皆有，或是提供印文人员书写习惯原因，仅从本文所述十方印文来看，用“镶”字的为满洲八旗，而用“厢”字的为内务府包衣印背及鄂伦春八旗，两字通用，但亦或有通过文字不同写法来区分不同人群的作用。官印材质从乾隆时期的红紫色变化为光绪时期略显青黑色，官印背面楷体满文潦草，甚至讹误频出，不仅是清末满语文的衰落，也或是清末国力衰弱的体现。

两方鄂伦春官印虽年代较晚，但印文为全满文，黑龙江北部地区将满语文作为教学及官方行文文字使用一直持续到二十世纪三四十年代；[①]从已公开的库玛尔路鄂伦春档案来看，1945 年仍有以纯满文缮写的公文[②]；布特哈地区至 1946 年尚存有满文私塾[③]，从这两方官印及相关满文档案等也可窥见清末至民国时期黑龙江北部地区以满语文为主要官方行文文字的使用情况。这两方官印也为清代边疆少数民族的治理和清代官职研究提供了文字史料和实物资料。

---

① 佟永功：《对清末至民国年间呼伦贝尔地方公文中使用满文情况的考察》，《满语研究》2000 年第 2 期；徐小慧：《齐齐哈尔满文文献、档案调查报告》，《满语研究》2003 年第 1 期；吴春娟：《论库玛尔路鄂伦春的满语文应用》，《满语研究》2020 年第 1 期。

② 《库玛尔路协领公署档案汇编》编委会编：《库玛尔路协领公署档案汇编》，第 377 页。

③ 毅松：《达斡尔族的满文私塾》，《满语研究》1999 年第 2 期。

The Research and Interpretation of the Manchu and Chinese Language Official Seals of the Qing Dynasty in the Northeast Normal University

Sun Linan　Li Xiang

(School of History and Culture of Northeast Normal University, Changchun 130024, China)

Abstract: There are ten official seals of the Qing Dynasty in the Collection of Cultural Relics Exhibition Room of Northeast Normal University. Eight of them are official seals of the Eight Banners of Manchuria, and two are official seals of Oroqen. Through the textual criticisms and explanations of the official seal shape and text, it can corroborate the official seal system of the Qing Dynasty, and also provide tangible for the study of the Eight Banners system in the Qing Dynasty. In particular, the official seals of the Oroqen and Oroqen sides provided valuable material information on the frontier governance and ethnic minority governance in the Qing Dynasty.

Key words: official seal of Qing Dynasty; Eight Banners of Manchuria; Oroqen; Manchu language

从回鹘式蒙古文献汉语借词读音看《蒙古字韵》的几个标音问题*

宋洪民　王润柯　吴亚凤

【摘　要】回鹘式蒙古文中的汉语借词注音与《蒙古字韵》八思巴字标音存在明显区别，我们认为，前者反映的是当时元代大都汉语的实际口语读音，而后者在音类上则多与韵书韵图保持一致，这也就决定了《蒙古字韵》中的有些八思巴字标音不是元代实际语音的反映。

【关键词】回鹘式蒙古文；八思巴字；《蒙古字韵》

【作者简介】宋洪民，济南大学文学院教授，研究方向为八思巴字与汉语音韵学。王润柯，女，济南大学文学院硕士研究生，主要从事八思巴字与汉语音韵学研究。吴亚凤，女，济南大学文学院硕士研究生，主要从事八思巴字与汉语音韵学研究。（山东 济南　250022）

一　《蒙古字韵》标音与回鹘式蒙古文文献等散见译音材料的关系

元代韵书《蒙古字韵》因其用表音文字八思巴字给汉字注音而受到了学者们的关注。无论其音类的划分会受到哪些因素（诸如汉语传统韵书、韵图等）的影响，而其音值的标注肯定要参考北方官话的实际读音①。

为了进一步澄清问题，我们对回鹘式蒙古文文献中汉语借词的读音进行了梳理。当然，《蒙古字韵》中的标音和蒙古语中汉语借词的读音，二者虽然有关但不是一回事。从性质上说，前者是蒙古族说的汉语词汇，后者是蒙古语中的词汇；就发音特点来看，后者的读音已经经过了蒙古语语音系统的改造，其背景和依托是蒙古语；前者则只是在一定程度上受到了蒙古语的影响而已，其背景和依托是语言接触促动下的"蒙式汉语"。尽管二者受蒙古语影响的程度有浅深之别，但通过回鹘式蒙古文中汉语借词读音的研究，可以使我们对元代语音有一个更好地认识，有助于一些问题的澄清。基于这种考虑，下文的讨论中，我们将把这种材料作为重要的参证来研究《字韵》中的汉字标音。对回鹘式蒙古文中汉语借词的基础方音我们是这样理解的。回鹘式蒙古文中汉语借词所表现出的汉语声韵特点与近代汉语官话方言的普遍特点比较接近，如三四等韵合流、浊音清化、疑喻合流为零声母，而这与《蒙古字韵》的表现很不相同。那回鹘式蒙古文中汉语借词反映的是何处的语音系统呢？回鹘式蒙古文在元朝建立之前就已经采用了，在整个元代它是与八思巴字并行而不悖的，而到元朝灭亡后的明代中期我们还能见到不少回鹘式蒙古文的文献。其中的汉语借词读音肯定依据官话方言，这是比较容易接受的假设，再加上蒙古学者很早就有的正音、正字的语文传统，就更会使得蒙古文的拼写中汉语借词会被比较严肃地对待。基于此，我们认为，回鹘式蒙古文中汉语借词表现的是当时官话方言的实际读音，是以口语为主的。

---

* 基金项目：本文是国家社科基金重点项目"《蒙古字韵》的语音系统及其与金元韵书韵图的相互影响研究"（项目编号：18AYY015）成果之一。

① 参看刘海阳：《韵图三四等对立在现代方言中的反映》，《方言》2017 年第 4 期；麦耘：《论重纽及〈切韵〉的介音系统》，《语言研究》1992 年第 2 期。

早年龙果夫在研究八思巴字拼写系统时也曾提出:“我们没有充足的理由说古官话的语音组织是统一的。在另一方面,我们的这些材料使我们可以说有两个大方言。从声母系统来看,它们是极端彼此纷歧的:一个我们叫做甲类,包括八思巴碑文,《洪武正韵》,《切韵指南》;那一个我们叫做乙类——就是在各种外国名字的对音和波斯对音里的。并且甲类方言(就是八思巴碑文所代表的)大概因为政治上的缘故,在有些地方拿它当标准官话,可是在这些地方的口语是属于乙类的。结果这些地方有两种并行的读音——一种是官派的,象八思巴文所记载的;另一种是近代的土话,象波斯的对音所记载的。”①罗常培先生评论说:“我对于他这种解释相当地赞成,这两个系统一个是代表官话的,一个是代表方言的;也可以说一个是读书音,一个是说话音。前一个系统虽然不见得是完全靠古韵书构拟出来的,可是多少带一点儿因袭的和人为的色彩,它所记载的音固然不是臆造的,却不免凑合南北方言想作成‘最小公倍数’的统一官话。我们从明朝李登的《书文音义便考私编》里所定的声类,便可反映出一些痕迹来……那个时候全浊声母的分立,只是因为平声分作阴阳两调,所以没有合并,实际上并不是真有带音的声母存在了。那末,我们若从元代北音演进成现代北京音的观点看,就可以说,元代‘官话’的音类尽管不是臆造的,不过北方一系的土话特别发展,两者抗衡起来,前一种‘虽时时争持于纸上,实则节节失败于口中’罢了。”②关于《蒙古字韵》标音与一些译音材料的关系问题,沈钟伟先生在龙果夫著《古官话的波斯译音》的“译者前言”中谈到:“《蒙古字韵》……八思巴字拼写必须按照口语作出音值描写,但是受到汉语传统韵书、韵图的影响,按照音类排列,八思巴字拼写所体现出的汉字音值显得过于系统化。……与韵书字音不同,波斯译音则不受汉语传统音韵学影响,而是根据当时个人语言译音。这样的材料是对活语言的真实描写,直接体现当时的口语实际。这样的译音材料可以让我们从一个不同的角度认识元代语音,因此有其不可替代的学术价值。”③我们认为,沈先生针对波斯译音提出的这个看法完全适用于我们这里谈到的回鹘式蒙古文文献中汉语借词的读音标注。

如龙果夫、罗常培、沈钟伟诸先生所说,因译音材料与《蒙古字韵》标音存在着口语与书面语等方面的差异,所以其语音系统会存在不一致。

二 回鹘式蒙古文献汉语借词与《蒙古字韵》标音差异示例及分析

2.1 明母三等字“牧”“目”:《蒙古字韵》作 w 母而回鹘式蒙古文作 m 母

轻、重唇音的分化一直是汉语史上的热门话题,而明母三等字与微母的分合则仍然存在争论,因为《蒙古字韵》中明母三等字“牧”“目”等字的八思巴字标音不是 m,而是 w:

牧:ꡓꡟ · wu;目:ꡓꡟ · wu

如果认为这些字反映的是实际读音,那就需要认定这些字的声母先变成微母,以后又变成了明母。如果不做这种假设则需对《蒙古字韵》拼作微母作出解释。

我们认为,《蒙古字韵》在这些字的处理上与《五音集韵》保持了一致,遵循“轻重交互”门的规定,这是恪守等韵门法所致。《五音集韵》东三(钟)和尤的唇音次浊声字都归微母,但是在“瞢”小韵、“寱”小韵、“谋”小韵下都有一段说明,如“瞢”小韵下的说明:“此上一十一字,形体可以归明,却谟中为切,

① 〔苏〕龙果夫:《八思巴字与古官话》,原发表于《苏联科学院通报》人文科学部分(1930 年),唐虞译、罗常培校订。今收于罗常培、蔡美彪编著:《八思巴字与元代汉语》,中国社会科学出版社,2004 年,第 181—220 页。

② 罗常培:《罗常培语言学论文集》,商务印书馆,2004 年,第 417—418 页。

③ 龙果夫著,沈钟伟译注:《古官话的波斯译音》,《历史语言学研究》第八辑,商务印书馆,2014 年,第 276—277 页。

正按第三互用，违其门法。今昌黎子改于微母，以就俗轻，风丰逢瞢，共同一类。引先人《澄鉴论》云：'随乡谈无以凭焉，逐韵体而堪为定矣。'正明此义也。"①由此可知，口语中这些字是读明母的，为了迎合等韵门法，昌黎子改于微母。当然，如果有时代的其他佐证，那就更能说明问题。

为了弄清这一问题，我们据道布《回鹘式蒙古文文献汇编》②，阿伦③等论著中收录的蒙古语中的汉语借词考察了元代回鹘式蒙古文中汉语借词的拼写情况。其中明母三等字出现了"牧""目"二例，一律作 m 母，与《蒙古字韵》不同。今列如下（为便于比较，列出几个其他明母字），先列出其回鹘式蒙古文拼写形式，下列对应汉字，再写出回鹘式蒙古文的拉丁转写，后面同时列出该字所在的词语和其所从出的回鹘式蒙古文文献名称（文献名称后附数字乃该词在文献中的页数和行数）：

[illegible]	[illegible]	[illegible]	[illegible]	[illegible]	[illegible]	[illegible]	[illegible]	[illegible]
马	缅	命	明	蒙	牧	毛	目	密
ma	meŋ	miŋ	miŋ	muŋ	muu	mau	mu	mui
马侍郎 [illegible]《[illegible]》27a〔4〕	缅 [illegible]《[illegible]》2〔1〕	命 [illegible]《[illegible]》1a〔3〕	大明 [illegible]《[illegible]》〔4〕	荷蒙 [illegible]《[illegible]》〔3〕	群牧监 [illegible]《[illegible]》〔37〕	毛怜卫 [illegible]《[illegible]》8a〔2〕	头目 [illegible]《[illegible]》〔1〕	枢密院 [illegible]《[illegible]》〔37〕

可以看出，回鹘式蒙古文文献中明母三等字"牧""目"与其他几个明母字一律作 m 母。但在《蒙古字韵》中它们是有轻、重唇的区别的。见下④：

马：[illegible]·ma；缅：[illegible]·men；命：[illegible]·miŋ；明：[illegible]·miŋ；蒙：[illegible]·muŋ；

牧：[illegible]·wu；毛：[illegible]·maw；目：[illegible]·wu；密：[illegible]·mue

回鹘式蒙古文与《蒙古字韵》八思巴字标音之所以有此区别，我们认为，前者反映的是当时汉语北方官话的实际读音，而后者则是因恪守等韵门法"轻重交互"门的规定而牺牲了实际语音。即在轻唇化音变的过程中，明母三等的一些字掉队了，一直保持了古代的重唇音。

2.2　喻三常用字"有右"：《蒙古字韵》归疑母而回鹘式蒙古文献中为零声母

《蒙古字韵》：有 [illegible]·ŋiw；右 [illegible]·ŋiw

回鹘式蒙古文文献中汉语借词的读音中为零声母。下面我们看一下其具体标音情况（为便于比较，同时列出相关韵字并列出这些韵字在《蒙古字韵》中的八思巴字拼写形式及其拉丁转写。其回鹘式蒙古文拼写形式，先列出对应汉字，再写出回鹘式蒙古文的拉丁转写，后面同时列出该字所在的词语和其所从出的回鹘式蒙古文文献名称（文献名称后附数字乃该词在文献中的页数和行数，下同，不赘）⑤：

---

① 韩道昭著，宁忌浮校订：《校订五音集韵》，中华书局，1992 年，第 3 页。

② 道布：《回鹘式蒙古文文献汇编（蒙古文）》，民族出版社，1983 年，第 501 页等。

③ 阿伦：《回鹘式蒙古文文献中汉字的蒙文转写特点研究（蒙古文）》，硕士学位论文，内蒙古师范大学，2007 年，第 65—80 页。

④ 照那斯图、杨耐思编著：《蒙古字韵校本》，民族出版社，1987 年，例字见所属各韵。

⑤ 阿伦：《回鹘式蒙古文文献中汉字的蒙文转写特点研究（蒙古文）》，第 65—80 页。照那斯图、杨耐思：《蒙古字韵校本》，例字见所属各韵。

鹰：· iŋ；由 · jiw；有 · ŋiw；右 · ŋiw；阳 · jaŋ；杨 · jaŋ；永 · 'ėuŋ；荣 · 'ėuŋ；于 · jėu；欲 · jėu；慰 · ue

鹰	由	有	右	阳	杨	永	荣	于	欲	慰
jiŋ	jiu	jiu	jiu	jaŋ	jaŋ	juŋ	juŋ	juu	ju	jui
打捕鹰房《》[6]	由《》[15]	有壬《》[11]	右卫《》8a[1] 右丞《》[29]	辽阳《》[2]	杨信《》3a[1]	永昌《》[23]	荣禄《》[2] 荣禄《》[25]	于《》[8]	欲《》1a[6]	宣慰《》2[1]

从回鹘式蒙古文文献中汉语借词“有右”的读音为零声母，我们不得不怀疑《蒙古字韵》中归入疑母的真实性。诸方家如杨耐思等先生都指出，元代汉语音系中，疑母即[ŋ]声母是在逐渐消失中的①。其中一部分跟影、喻合并，一部分跟泥、娘合并。但在《蒙古字韵》中，非但不是疑母字变入影、喻成为零声母，相反，一些韵的喻母三等字却并入了疑母。如果说疑母三等字尽管已经零声母化了，但为了某种形式上的要求在书写层面上依然维持疑母的写法，这倒是可以接受同时也是比较常见的做法，这就是平常所谓的“存古”或说“守旧”。可是八思巴字拼写系统中喻母三等字也有一些写作疑母的，这可就大不近人情了，而且在语音史上也可谓是“绝无仅有”的现象。

现在基于回鹘式蒙古文的标音材料，我们认为，《蒙古字韵》中“有右”归入疑母反映的不是真实情况，造成这种情况的是韵书、韵图所规定的等第之别及八思巴字拼写规则的制约。疑、喻的分合情形是：

三等 [喻三] → 疑

四等 喻四 ← [疑]

即四等韵中疑母并入喻(四)，但在三等韵中喻(三)却又归到了疑母的阵营中。质言之，三等的喻三与疑无论其真实读音如何，字面上统一写作疑母，四等的疑母和喻四则都写作喻母。如四支韵部中三等疑母字“宜”、云母字“矣”为一类，假四等以母字“移”与四等字“倪”为一类。

2.3 影、疑、喻诸母在回鹘式蒙古文文献中与《蒙古字韵》中读音迥异

为便于比较，列出相关韵字并列出这些韵字在《蒙古字韵》中的八思巴字拼写形式及其拉丁转写。其回鹘式蒙古文拼写形式，先列出对应汉字，再写出回鹘式蒙古文的拉丁转写，后面同时列出该字所在的词语和其所从出的回鹘式蒙古文文献名称(文献名称后附数字乃该词在文献中的页数和行数，下同，不赘)：

已：以母止韵 · ji；议：疑母寘韵 · ŋi；易：以母昔韵(此为“变易”之易，“难易”之易为以母寘韵) · ji；仪：疑母支韵 · ŋi；以：以母止韵 · ji；艺：疑母祭韵(重纽四等) · ji；懿：

① 杨耐思：《中原音韵音系》，中国社会科学出版社，1981年，第27页。

影母至韵 • i；宜：疑母支韵 • ŋi；驿：以母昔韵 • ji；义：疑母寘韵 • ŋi；牙：疑母麻韵（开二） • ja；亚：影母祃韵（开二） • ja；押：影母狎韵（开二） • ja；颜：疑母删韵 • jan；筵：以母仙韵 • jen；验：疑母艳韵（开三） • ŋem；沿：以母仙韵（合三） • jụen；岩：疑母衔韵（开二） • jam；音：影母侵韵 • im；银：疑母真韵 • ŋin；应：影母蒸韵（开三） • iŋ

已	议	易	仪	以	艺	懿	宜	驿	义	牙	亚	押	颜	筵	验	沿	岩	音	银	应
ji	ji	ji	ji	ji	ji	ji	ji	ji	ji	ja	ja	ja	jan	jen	jen	jen	jam	jim	jin	jiŋ
已《 》3b〔2〕	嘉议《 》〔29〕	周易《 》〔38〕	礼仪《 》〔29〕	以《 》2〔2〕	艺文《 》〔57〕	徽文懿福《 》〔11〕	宜《 》2〔4〕	驿站《 》3b〔3〕	顺义王《 》〔1〕	海牙《 》〔2〕	亚中《 》〔24〕；亚中《 》〔28〕	押《 》3b〔2〕	朵颜卫《 》7〔1〕	经筵官《 》〔57〕	验收《 》〔20〕	沿途《 》3b〔3〕	张起岩《 》〔8〕	观音阁《 》〔20〕	银青《 》〔40〕	张应瑞《 》〔2〕

我们看到，回鹘式蒙古文文献中汉语借词的声母影、疑、喻基本都合流为零声母。这些都与学界公认的反映北音口语的《中原音韵》非常一致，但与《蒙古字韵》读音格局迥异。

看《蒙古字韵》中的读音：

	八寒				十萧			
	见	溪	疑	影	见	溪	疑	影
一等	• gan 干	• k'an 看	• ŋan 岸	• an 安	• gaw 高	• k'aw 考	• ŋaw 敖	• aw 鏖
二等			• jan 颜	• jan 殷			• jaw 聱齩	• jaw 坳
二等	• gėn 间	• k'ėn 悭			• gėw 交	• k'ėw 敲		
三等	• gen 建		• ŋen 言	• ėn 焉	• gew 骄		• ŋew 鴞	• en 妖
四等	• gėn 坚	• k'ėn 牵	• jen 妍	• jėn 烟	• gėw 骁	• k'ėw 窍	• jew 尧	• jėw 要

《蒙古字韵》是一、二等对立，三、四等对立，一三等为增生的鼻音声母 ŋ，二四等为零声母，非常严格整齐。

张威娜给出的中原官话汾河片的方言倒是存在增生的鼻音声母 ŋ，但其与等相关的读音格局却与

《蒙古字韵》表现迥异，反倒是与回鹘式蒙古文文献的表现相近①。同样，刘海阳提供的方言材料与此相似。

刘海阳《韵图三四等对立在现代方言中的反映》指出："万荣疑母开口二等及韵图三等大部分字并入泥娘母（牙崖咬颜眼雁），韵图四等读零声母……"，"汾河片等地影组开口二等是和韵图三等部分字的走向相同，并入泥娘母，与韵图四等对立。这一现象与这些地区的影母开口呼读[ŋ]具有一致性：影组开口一二等与韵图三等共同增生鼻音，而韵图四等则不发生此音变"。② 而更全面地研究中原官话汾河片方言的张威娜指出："汾河片方言疑母开口一等字声母基本为[ŋ]，开口二三等部分字文读零声母，白读[n]声母，开口四等基本读零声母（'倪'[ni]除外）。""影母开口一等字声母基本为[ŋ]，开口二三等部分字文读零声母，白读[n]声母，开口四等基本读零声母。合口影疑母几乎完全合并，为零声母。"③下面转引张威娜的表格于此：

汾河片影、疑母常用字：

	等	开	合
疑母	一等	我饿偶	卧桅
	二等	牙芽颜咬	瓦顽
	三等	艺宜义	鱼渔危魏
	四等	倪霓尧	
影母	一等	阿哀	乌温汪
	二等	亚哑鸦	蛙洼
	三等	椅医意衣	委怨
	四等	烟燕	渊

影、疑母二等字读鼻音声母 n 或 ŋ：

	疑母二等	影母二等
字表	牙芽颜咬	亚哑鸦
吉县	牙芽颜咬	哑鸭
临猗	牙芽颜咬	哑鸭
永济	牙芽颜咬	哑鸭
霍州	牙芽颜咬	哑鸭
翼城	牙芽颜咬	哑鸭

① 张威娜：《中原官话汾河片语音研究》，博士学位论文，北京语言大学，2015 年，第 32 页。
② 刘海阳：《韵图三四等对立在现代方言中的反映》，《方言》2017 年第 4 期，第 408—409 页。
③ 张威娜：《中原官话汾河片语音研究》，第 32 页。

续　表

	疑母二等	影母二等
稷山	牙芽颜咬	哑鸭
万荣	牙芽颜咬	哑鸭

影、疑母三等字读鼻音声母 n 或 ŋ：

	疑母三等	影母三等
字表	艺宜义牛	椅医意衣
吉县	艺宜义	椅医意衣
临猗	牛疑银	椅意衣
永济	宜牛	椅意衣
霍州	牛疑银	椅意衣
翼城	牛疑银	椅意衣
稷山	牛疑银	椅意衣
万荣	牛疑银	椅意衣

方言中一二等与三等一致增生鼻音声母 ŋ，四等为零声母，而《蒙古字韵》是一、二等对立，三、四等对立，一三等为增生的鼻音声母 ŋ，二四等为零声母，这是非常严格整齐的格局，这是系统层面的较大差异，不易调和。下面我们再将方言、回鹘式蒙古文中汉语借词的读音及《蒙古字韵》中这些汉字的八思巴字标音做一比较：

	《蒙古字韵》标音			中原官话汾河片：影喻母材料来自韩城；疑母来自万荣			回鹘式蒙古文读音		
	疑	喻	影	疑	喻	影	疑	喻	影
一等	ŋan 岸		an 安						
二等	jan 顔		øan 殷	牙 ȵia；顔眼 ȵiæ̃		鸦丫哑 ȵiɑ	顔 jan		
三等	ŋen 言		ėn 焉	宜 ȵiᴇ，银 ȵiei	尤友又 ȵiɤu//邮有右佑 iɤu	医衣依意 ȵi	宜義 ji 銀 jin		音 jim 懿 ji
四等	jen 延	jėn 煙		艺 i；尧 iɑu	悠由 iɤu	烟宴 iã		以已易 ji	

从表中可以看到,《蒙古字韵》中疑、喻、影几声母都恪守着等第之别,其主要手段就是靠声母的书写变化,因为在书写层面上,一、二等字的韵母相同,三、四等也多混同。而《蒙古字韵》中疑、喻的分合情形是:四等韵中疑母并入喻(四),但在三等韵中喻(三)却又归到了疑母的阵营中。质言之,三等的喻三与疑无论其真实读音如何,字面上统一写作疑母 ᥴ,四等的疑母和喻四则都写作喻母 ꡖ。影母则分为影与幺,影拼一、三等,幺拼二、四等。但在回鹘式蒙古文的拼写中,这些声母一律写作 j,该符号代表的是一个舌面中浊擦音[①],在八思巴字蒙古语中,其一种功能是代表舌面浊擦音 y,其另一种功能就是标写零声母。从语音学上来说,舌面浊擦音 y 与半元音 j 再到元音 i,它们本就十分相近。回鹘式蒙古文统一作零声母处理,就使得我们不由不怀疑《蒙古字韵》中疑、喻、影几母标音的真实性。我们认为,回鹘式蒙古文借词标音反映了元代疑、喻、影声母混同合流为一个零声母的事实(指总体情形,有部分字如疑母一等字变为零声母要晚得多),而《蒙古字韵》的标音未能反映实际语音则因为有传统韵书、韵图的影响存在。这一问题后文还要讨论。

如前文所说,方言中一二等与三等一致增生鼻音声母 ŋ,四等为零声母,而《蒙古字韵》是一、二等对立,三、四等对立,一三等为增生的鼻音声母 ŋ,二四等为零声母,这是非常严格整齐的格局),这是系统层面的较大差异。可以说,中原官话汾河片方言在这一点上是与大北方方言保持了一致,而《蒙古字韵》则表现出了比较明显的遵循韵书、韵图的人为痕迹。

从回鹘式蒙古文的标音可以看出,元代官话方言中影、疑母二三四等字都应该读成零声母,而今天中原官话汾河片影、疑母二三等字的声母应是后来增生的,特别是其声母格局与《蒙古字韵》格局迥异:三等字在回鹘式蒙古文的标音中全读成零声母,这令人怀疑《蒙古字韵》格局的真实性;二等字在中原官话汾河片的声母读音也与《蒙古字韵》格局迥异,当然这可以用后起增生声母来解释,但这样就不能说二四等趋同了,因为这里表现得是二三等趋同,四等独立。另外,这里中原官话汾河片的声母表现出了在韵字读音上的离散性,即不是整韵的字整齐划一的变化,而是呈现出了参差的局面;而《蒙古字韵》格局迥异,表现得非常整齐,人为操作痕迹明显。

三 《蒙古字韵》虚假音变现象的甄别

如前文所说,《蒙古字韵》更多地表现出了读书音的特点,所以就与表现口语音的一些译音材料及其元代的重要韵书《中原音韵》多有龃龉,而与近代韵图则表现出了不少一致性。对于《蒙古字韵》中的个别语音表现我们找不到音理上的解释,如明母三等字"牧""目"作 w 母、喻母三等字"有右"归入疑母等等,这些我们认为属于虚假音变现象,其出现原因是由于迁就韵图分类或八思巴字拼写规则。当然,这些需要仔细甄别。为清楚起见,我们将几种现象列入下表:

《蒙古字韵》的语音表现	是否符合《中原音韵》	是否符合回鹘式蒙古文标音	是否符合现代北京官话	是否符合近代韵图分类	是否符合语音演变规律	备　注
明母三等字"牧""目"作 w 母	否	否(回鹘式蒙古文作 m 母)	否	是	否	语音演变一般不走回头路
喻母三等字"有右"归入疑母	否	否(回鹘式蒙古文作零声母)	否	否	否	迁就韵图分类和八思巴字拼写规则

① 嘎日迪:《中古蒙古语研究》,辽宁民族出版社,2006 年,第 163 页。

续　表

《蒙古字韵》的语音表现	是否符合《中原音韵》	是否符合回鹘式蒙古文标音	是否符合现代北京官话	是否符合近代韵图分类	是否符合语音演变规律	备　注
韵图三四等格局(一、二等对立,三、四等对立,一三等为增生的鼻音声母ŋ,二四等为零声母)	否	否	否	是		迁就韵图分类和八思巴字拼写规则

【参考文献】

[1] 阿伦.回鹘式蒙古文文献中汉字的蒙文转写特点研究(蒙古文)[D].呼和浩特：内蒙古师范大学,2007.

[2] 道布.回鹘式蒙古文文献汇编(蒙古文)[M].北京：民族出版社,1983.

[3] 道布.回鹘式蒙古文研究概况[A]//道布文集[C].上海：上海辞书出版社,2005：119-130.

[4] 段亚广.中原官话音韵研究[M].北京：中国社会科学出版社,2012.

[5] 嘎日迪.中古蒙古语研究[M].沈阳：辽宁民族出版社,2006.

[6] 高本汉.中国音韵学研究[M].北京：商务印书馆,1994.

[7] 刘海阳.韵图三四等对立在现代方言中的反映[J].方言,2017(4)：401-411.

[8] 〔苏〕龙果夫著,沈钟伟译注.古官话的波斯译音[A]//历史语言学研究(第八辑)[C].北京：商务印书馆,2014,276-292.

[9] 韩道昭著,宁忌浮校订.校订五音集韵[M].北京：中华书局,1992.

[10] 罗常培.论龙果夫的《八思巴字和古官话》[J].中国语文,1959(12)：575-581.

[11] 罗常培,蔡美彪编著.八思巴字与元代汉语(增订本)[M].北京：中国社会科学出版社,2004.

[12] 麦耘.论重纽及《切韵》的介音系统[J].语言研究,1992(2)：119-131.

[13] 宁继福.中原音韵表稿[M].长春：吉林文史出版社,1985.

[14] 宋洪民.元代蒙、汉语言接触在喉音声母和复元音韵母上的表现——论蒙语音系对《蒙古字韵》标音体系的影响[J].中国语文,2017(2)：195-208+255.

[15] 杨耐思.中原音韵音系[M].北京：中国社会科学出版社,1981.

[16] 张威娜.中原官话汾河片语音研究[D].北京：北京语言大学,2015.

[17] 照那斯图,杨耐思编著.蒙古字韵校本[M].北京：民族出版社,1987.

The Study on the Several Examples of Special Spelling-forms in *Menggu Ziyun* from the Phonemic of Chinese Loanwords in Uyghur Khaganate Style Mogolian Documents

Song Hongmin　Wang Runke　Wu Yafeng

(Department of Chinese Language and Literature, Jinan University, Jinan 250022, China)

Abstract: There are many deferences between the phonemic of Chinese loanwords in Uyghur Khaganate style Mogolian documents and the hP'ags-pa Script spelling-forms in Menggu-ziyun. We think that the former reflects the real phonemic of Chinese words in Yuan Dynasty, and the latter is usually in accordance with traditional rhyme dictionary and Rhyming Table, and so this phenomenon leads to that some Phag's-pa Script spelling examples of spelling-forms in *Mengu Ziyun* don't reflects the real phonemic of Chinese words in Yuan Dynasty.

Key words: Uyghur Khaganate style Mogolia; Phag's-pa Script; *Mengu Ziyun*

本刊启事

一、本刊主办单位和办刊宗旨

1. 本刊由中华人民共和国教育部主管，教育部人文社会科学重点研究基地华东师范大学中国文字研究与应用中心、华东师范大学语言文字工作委员会主办。作为中心的专业学术辑刊，本刊严格遵循教育部关于重点研究机构创办学术刊物的法规，包括专业学术规范。

2. 本刊以为文字学及相关领域研究者提供良好服务、推动以汉字为核心的表意文字体系学科建设、及时发布海内外学人的重要研究成果和建立高水平学术交流平台为宗旨，以此推动中国文字本体研究和跨学科研究的繁荣发展。

二、本刊专业学术规范要求

来稿应严格遵守中华人民共和国《著作权法》《专利法》等国家有关法律、法规、社会公德及学术道德规范，要坚持科学真理、尊重科学规律、崇尚严谨求实的学风，恪守职业道德，维护科学诚信，应当遵守下述基本学术道德规范：

1. 必须尊重知识产权，充分尊重他人已经获得的研究成果；引用他人成果时如实注明出处；所引用部分不能构成引用人作品的主要部分或实质部分；从他人作品转引第三人成果时，如实注明转引出处。

2. 稿件要求原创，不得存在学术不端行为，如抄袭、侵吞、剽窃、篡改、编造或伪造歪曲研究客观事实以及其他违背学术活动公序良俗的行为。若查证存在学术不端行为，则投稿人自负法律责任，且本刊三年内不再受理嫌疑人投稿事宜。

3. 稿件切勿一稿多投。若查实故意为之，则投稿人将被列入不良信用名单。

4. 不得侵犯他人署名权；不得冒用或滥用署名，如未经被署名人同意而署其姓名等行为。

5. 不得利用科研活动谋取不正当利益。

三、本刊学术范畴

为及时充分反映文字学及相关领域的最新研究成果，本刊从2007年开始改为一年两辑。主要栏目包括：古文字研究、中古汉字研究、现代汉字研究、汉字数字化研究、汉字规范与应用研究、文字理论研究、古代语料文献研究、各类少数民族文字研究、海外汉字研究、对外汉字汉语教学研究。其中“汉字规范与应用研究”专栏由华东师范大学语言文字工作委员会主办。

四、稿件格式

1. 稿件用WORD排版，正文用五号宋体，简体横排。引述出土文献资料时，如无特殊需要，一律采用通行文字。

2. 凡文档中不能正常显示的古文字字形、少数民族文字、造字，均做成JPG图片格式插入。图片像素要求不低于600 DPI，大小高低适中，能够直接排印。

3. 注释采用脚注形式，每页重新编号。号码格式为①②③……，文字小五号宋体。

4. 注释格式：

(1) 发表在学术期刊上的论文依次为作者、论文名、刊物名与年份、期号。如：
吴艳红：《明代流刑考》，《历史研究》2001 年第 6 期。

(2) 发表于学术辑刊的论文依次为作者、论文名、学术辑刊名、出版社、出版年、页码。如：
吴振武：《战国货币铭文中的"刀"》，《古文字研究》第十辑，中华书局，1983 年，第 N 页。

(3) 发表在报纸上的论文依次为作者、论文名、报纸名与年月日、第 N 版。如：
崔乐泉：《行气玉铭——两千多年前的"导引"论述》，《中国文物报》1991 年 9 月 8 日，第 2 版。

(4) 发表于个人文集或纪念文集中的论文依次为作者、论文名、论文集名、出版社、出版年、页码。如：
裘锡圭：《释"弘""强"》，《古文字论集》，中华书局，1992 年，第 N 页。

(5) 发表在学术会议上的论文依次为作者、论文名、会议名称、会议所在城市(或主办单位)与举办年份。如：
林沄：《新版〈金文编〉正文部分释字商榷》，中国古文字研究会第八次年会论文，江苏太仓，1990 年。

(6) 学位论文依次为作者、论文名、学位类型(硕士或博士)、所在学校与发表年份、页码。如：
刘钊：《古文字构形研究》，博士学位论文，吉林大学，1991 年，第 N 页。

(7) 发表在网络上的论文依次为作者、论文名、网站名与发表年月日。同一网站多次出现时，只在第一次注出网址，其后省略网址。如：
李天虹：《〈郑子家丧〉补释》，简帛网 2009 年 1 月 12 日(http://www.bsm.org.cn/show_article.php?id=967)。

(8) 专著依次为作者、书名、出版社、出版年、页码。如：
龚鹏程：《汉代思潮》，商务印书馆，2005 年，第 N 页。
若作者为外国籍，用〔 〕标明国籍。如：
〔日〕下中邦彦：《书道全集(1)》，平凡社，1954 年，第 N 页。

(9) 后注同前注时采用简略形式，若是书籍，则只出作者名、论文名或书名、页码。如：
裘锡圭：《释"弘""强"》，第 N 页。
龚鹏程：《汉代思潮》，第 N 页。
若是期刊，则只出作者名、论文名。如：
吴艳红：《明代流刑考》。

(10) 一条注同时引用两篇以上的文献时，中间用分号间隔。如：
吴艳红：《明代流刑考》，《历史研究》2001 年第 6 期；龚鹏程：《汉代思潮》，商务印书馆，2005 年，第 N 页。

(11) 同书编者或著者有两个或三个时用顿号隔开；超过三个时只取第一编者或著者，其后加"等"字。

(12) 页码用"第 N 页"表示；引用的内容不止一页而又不连贯时，页码之间用顿号隔开；引用的内容不止一页而内容连贯时，首页与尾页之间用"—"表示。

5. 来稿通过电子邮件发送 WORD 文本；若文中有造字，请同时附送 PDF 文本。另外，须寄送纸质文本。

6. 本刊实行匿名审稿制，请在来稿中另纸写明作者姓名(女性加"女")、论文题目、单位、职称(在读而未获博士学位者一律标"博士生")、研究方向、详细地址、邮政编码以及电子邮箱、手机号。

本刊评审专家库由世界范围内汉字学领域专家组成。审稿处理意见一般有如下三种：(1) 直接刊用；(2) 修改刊用；(3) 不宜刊用。

7. 来稿一律不退，请作者自留底稿。自收到纸质投稿起三个月内，编辑部会与作者联系。作者在规定时间内若未收到编辑部信函，可自行处理稿件，本刊不寄送书面退稿通知。来稿一经发表，寄送当期《中国文字研究》两册和电子版抽印文本。

8. 本刊拥有首发权，凡已在网络或纸质出版物上发表过的论文本刊一概不予采用。在学术会议上以非纲要形式公开发表的论文，原则上亦不予采用。本刊已加入知网、万方、维普等网络发布系统，若作者不同意在上述网络平台发布，应事先声明。

五、来稿请寄

中国上海市东川路500号
华东师范大学文史哲楼中文系收转《中国文字研究》编辑部
邮政编码：200241
电子邮箱：zgwzyjsh@sina.com
网站地址：http://wenzi.ecnu.edu.cn/

《中国文字研究》编辑委员会

图书在版编目（CIP）数据

中国文字研究.第三十六辑 / 臧克和主编. —上海：华东师范大学出版社，2022
ISBN 978 - 7 - 5760 - 3493 - 6

Ⅰ.①中… Ⅱ.①臧… Ⅲ.①汉字—文字学—文集
Ⅳ.H12 - 53

中国版本图书馆 CIP 数据核字(2022)第 239399 号

中国文字研究（第三十六辑）

教育部人文社会科学重点研究基地
华东师范大学中国文字研究与应用中心
华东师范大学语言文字工作委员会　主办

主　　编　臧克和
责任编辑　时润民
特约审读　齐晓峰
责任校对　时东明
装帧设计　刘怡霖

出版发行　华东师范大学出版社
社　　址　上海市中山北路 3663 号　邮编 200062
网　　址　www.ecnupress.com.cn
电　　话　021 - 60821666　行政传真 021 - 62572105
客服电话　021 - 62865537　门市(邮购)电话 021 - 62869887
地　　址　上海市中山北路 3663 号华东师范大学校内先锋路口
网　　店　http://hdsdcbs.tmall.com

印 刷 者　上海昌鑫龙印务有限公司
开　　本　889 毫米 × 1194 毫米　1/16
印　　张　15.75
字　　数　455 千字
版　　次　2022 年 12 月第 1 版
印　　次　2022 年 12 月第 1 次
书　　号　ISBN 978 - 7 - 5760 - 3493 - 6
定　　价　66.00 元

出 版 人　王　焰

（如发现本版图书有印订质量问题，请寄回本社客服中心调换或电话 021 - 62865537 联系）